岩 波 文 庫

33-323-4

大 乗 仏 教 概 論

鈴 木 大 拙 著
佐 々 木 閑 訳

岩 波 書 店

凡例

一　本書はDaisetz Teitaro Suzuki, *Outlines of Mahāyāna Buddhism*, London, Luzac and Company 1907の日本語訳である。

一　底本は、『大乗仏教概論』（二〇〇四年一月、岩波書店）である。

一　原文中の英語、サンスクリットなどの明らかな誤記は、これを訂した。

一　志村武編著『青春の鈴木大拙、菩薩道の原点を求めて』（佼成出版社、一九七三年）に掲載されている抄訳を適宜参照した。これは志村の下訳にさらに楠恭が手を加えたものであり、抄訳ながらもきわめてすぐれた翻訳である。

一　鈴木大拙による注の箇所は、本文該当箇所の脇に（　）を付してアラビヤ数字で示した。翻訳者による訳注は、本文該当箇所の脇に（　）を付して漢数字で示した。注は、本文の後に置いた。鈴木大拙による注に翻訳者の訳注がつく場合は、それぞれの大拙による注の後に〔訳注〕として示した。

一　本文中の［　］の箇所は、著者大拙により補入されたものである。

一　付録の「大乗賛歌」は、原本では鈴木大拙による英語韻文として示されている。本書では、その出典を大正大蔵経の中に探し出し、漢訳原典として提示した。

序

この本には二つの目的がある。一つは西洋の批評家たちが大乗仏教の根本教義に対して懐いている多くの誤った見解を正すこと、もう一つは、世界でもひときわ強力な精神的力の一つである大乗仏教というものの発達にみられる、宗教的情操と信仰の発展、そこに世の比較宗教学者たちの注意を惹きつけることである。したがって、この本は一般性と専門性の両面を併せ持っている。他宗の宗教家たちが概して大乗仏教に対してとっている態度の誤りを指摘しようとする場合には一般性が勝ち、大乗仏教の教義の中でもとりわけ特徴的なものを歴史的、体系的に詳説しようとする場合には専門性が強くなるのである。

ただし、二番目の目的に関しては、私はさほど強くこだわるつもりはない。大乗仏教というものは紀元前六世紀の成立以来、二千年以上にわたって続いてきて、それが今現在、東洋で行われているような形態を取るに至ったのであるから、それを総合的、体系的に解明するための資料を、この限られたスペースですべて提示することなど不可能だからである。その長い年月の間に、大乗仏教の教義はインドやチベット、中国、日本の知性すぐれた人々によって練り上げられてきた。それゆえ大乗仏教の名のもとに、多様で、しかも一見互いに矛盾するように見える多くの教義が包括されているという状況は不思議なことではない。これらすべての教義をいちいち解説していくことは、たとえそれが試論としての大まかなものであるにしても、本書が扱うべき作業ではない。私がここで行おうとしているのは、大乗仏教の中で最も一般的かつ基本的な問題をいくつか取り上げて考察し、それによって本書を、大乗仏教の体系をより深く広く示すための手引きにするということなのである。

先の二つの目的のうち、第一番目の目的を考えた場合、私はあえて脇道にそれることがある。そうせざるを得ないのである。というのも、大乗仏教を批判する人たちの中には、偏見が強すぎて、自明の理と思われることがらさえも理解しようとしない人がいるからである。もちろん私自身、なにほどかの偏見は持っている。しかしながら、これほどまでに自己欺瞞でがんじがらめになった人々がいるということには再三驚かされる。

大乗仏教の教理史は、西洋の学者たちにはほとんど知られていない。その一番の理由は、資料の大部分が漢文で書かれているということにある。外国人にとって、習得するのが最も困難な言語である漢文で書かれているため、資料を利用できないのである。これほど文化交流の盛んな時代に、仏陀の教えの中にある幾多の宝石を手に取ることのできる西洋人がほとんどいないというのはまことに残念なことである。全世界を通じて、人間性というものは基本的に全く同じものであり、条件さえ整えば、いついかなる場所においても同じような精神現象が現れる。そしてこの事実こそが、真理の普遍性および慈悲の広大無辺なる力に対する我々の確信を揺るぎないものとする。私が心から願うのは、知力の限りを尽くして研究を継続し、そしてその結果を我が同朋たちと分かち合いたいということなのである。

本書には不備な点も多々あるが、それらについては、機会あるごとに補正していきたいと考えている。

大拙・鈴木貞太郎

目　次

序　論

第一節　大乗仏教と小乗仏教

ほとんどの読者諸氏にとって（おそらくは、いくらかなりとも仏教を勉強したことのある人にとってさえ）「大乗」とか「小乗」といった言葉はなじみのないものであろう。そういった人達は今まで、仏教というものはただ一つの形しかなく、大乗仏教だの小乗仏教だのと区別されるようなものではないと信じ込まされてきたのである。しかし本当は、他の宗教組織と同じく、仏教にもいろいろ違った宗派（schools）がある。仏陀が亡くなって二、三百年のうちに二十以上の部派が並び立ち、互いに自らの教義の正統性を主張し合っていたと言われているのである。(1) しかしこれらの部派は次から次と、無価値なものに成り果てていった。その時、それまでの部派とは全く異なる基本構造を持ちながら、宗教運動としてははるかに重要な意味を持つひとつの新しい宗派が現れた。この新しい宗派は、むしろ新しいシステムとも言うべきものであるが、それは当時としてはきわめて特異なものであり、他のすべての部派とは全く別個の独立した形で存在し、後にはそれ自身がひとつの部類(class)を形成したのである。その宗派は基本的には、仏教的と考えられるものは何でも説いたのであるが、その原理も方法も領域も非常に包括的であった。以上のような経過を経て、仏教は今では大乗仏教、小乗仏教という二種類のシステムに分離したのである。そのうちの小乗仏教というのは、大乗仏教に先だって成立していたという言い方もできる、すべてのマイナーな部派を丸ごと含めた呼称なのである。

大まかに言うと、大乗仏教と小乗仏教の違いは次のようなものである。大乗仏教は自由で革新的だがあまりに形而上的すぎる点も多い。深い思索に満ちており、それが輝くばかりの卓越性を示すこともしばしばである。他方、小乗仏教は保守的な面が強く、多くの点で、単なる合理的倫理体系と考えることもできる、そういうものである。大乗とは「大きな乗り物」、小乗は「小さな、もしくは劣った乗り物」という意味であり、それは救済するための乗り物の状態を指している。このような区別を考えるのは大乗仏教徒の方だけである。彼らは、自分たちの方が革新的で、同化力にすぐれていると考えて、ライバルの同朋たちを、小乗仏教という好ましからざる名称で呼んだのである。当然のことながら、小乗仏教徒たちは、大乗の教義を仏陀の正統説として認めることを拒み、自分たち以外の仏教などあり得ないと主張した。彼らにとって大乗のシステムは、言うまでもなく一種の異端だったのである。

地理的に見れば、仏教の革新派はネパール、チベット、中国、朝鮮、日本の方で支持されたのに対して、保守派の方はセイロン、(2)シャム、ビルマに根をおろした。それゆえ、大乗、小乗はそれぞれ北方仏教、南方仏教とも言われているのである。

ただし、ここで言っておくが、この北方仏教、南方仏教という区分は必ずしも正確なものではない。中国や日本にはありながら、いわゆる北方仏教つまり北インドで広がっていた仏教の中にはそれに相当するものも、あるいはそれと類似するものもないという、そのような宗派もあるからである。たとえば日本や中国の浄土系諸派のようなものはネパールにもチベットにもない。もちろん浄土思想の基本的なアイデアは馬鳴《めみょう》(Aśvaghoṣa)や無著《むじゃく》(Asaṅga)や龍樹《りゅうじゅ》(Nāgārjuna)といった人たちの著作だけでなく、経典類にも現れているのではあるが、そういったアイデアはそれ以上発展することもなく、新たな宗派の形成に繋がることもなかった。そういうことが起こったのは東アジアだけなのである。したがって仏教を地理的に分類するなら、二つではなく三つに分ける方がよい。すなわち南方仏教と北方仏教と、そして東方仏教である。

なぜ二つの教義があるのか

仏教の中に小乗仏教、大乗仏教という別々の宗派があるとはいえ、どちらもシャカムニによる未曽有の発見を共通の源泉としているのであるから、両者に共通する基本的特性が多々見られるのは当然のことである。仏陀の心の内奥に生気を与えた精神というものは、北方仏教だけでなく南方仏教の中にも見て取ることができる。両者の違いというものは、考えられているほど極端なものでも、本質的なものでもない。その違いは、宗教的意識を広く展開し、知の地平を常に拡大していこうという姿勢と、僧団規則や伝統を字義どおりに踏襲していこうという保守的な姿勢の違いに起因するのである。どちらの宗派も同じ精神から出発し、同じ方向を目指したのではあるが、しばらくすると一方は、尊師の精神を拡大する必要はないと考え、師の言葉をできるだけそのまま信奉していくようになった。それに対してもう一方は、自由で鷹揚な精神によって活性化された結果、滋養となるものならばどんなところからでもそれを吸収し、当初のシステムに内在した、活力と創生力に満ちたその胚芽をさらに芽吹かせていったのである。原始仏教世界のこのような異なる姿勢は、当然のことながら小乗仏教と大乗仏教を分かつ溝を生み出すことになった。

ここでは、仏教本体にどのような外的、内的要因が作用して大乗のシステムが生まれてきたか、言い換えれば、大乗仏教がしっくりかみ合うことのない考えと出会った時、それを吸収し同化するためにどのようにして自分自身を次第に展開していったのかという点について詳しく述べることはできない。ここでは、初心者たちからしばしば発せられる「どうして単一であったはずの仏教が、幾多の点で相互矛盾するように見える二つのシステムに分化し得たのか」という質問、言い換えれば「創始者の真の教義を代表する仏教が二つ並んで存立するとは一体どういうことなのか」という質問に、概略で答えるにとどめておく。

この質問にたいする答えははっきりしている。概して偉大な教祖の教えというものは非常に一般的で、幅広く、多面的なものである。それゆえ、弟子たちはそれをいろいろなかたちに自由に解釈することができるのである。この包括性があるからこそ、願うところも性格も修練のかたちも互いに異なる信者たちみんなが、それぞれに、師の教えによって心の欲求を満たすことができるのである。しかしこの包括性は、その師がわざとあいまいな言葉遣いをしたとか、その師自身の持っていた概念が不明瞭で混乱していたといった原因によって生じるものではない。運動の創始者というものは、その運動が知的なものであれ、霊的なものであれ、その細かい部分や、それがもたらす結果にまで思いをかける余裕などないのである。その運動の原理を同時代の人々に理解してもらい、基盤が確立した段階で、創始者としての役割は完了するのであって、残りの仕事はきちんと後継者たちが引き受けるのである。彼らはその仕事に着手し、細部にわたって仕上げていく。そしてその間、状況に応じて、必要とされるあらゆるかたちの変更、修正がなされていく。だからこそ、創始者が果たすべき役割は、必ず非限定的で包括的なものでなければならないのである。

たとえばドイツ哲学の推進者としてのカントは、ヤコービ、フィヒテ、ヘーゲル、ショーペンハウアーといった実に様々な哲学体系の生みの親となったが、彼らはそれぞれに、カントによって非限定的あるいは暗示的あるいは間接的に語られた諸問題を発展させようと努めたのである。ユダヤ教に対抗する革命的運動の煽動者であったナザレのイエスは、後のキリスト教の博士たちのようなお定まりの神学教義など何も持っていなかった。彼の考えはきわめて非限定的であったため、大方の弟子たちは神の国の地上への出現に対して空想的な期待を懐いていたにもかかわらず、すでに直弟子たちの中にさえ一種の見解の相違を生みだしていたのである。しかしそういった外面的枝葉末節はいずれ消滅するものであって、一旦偉大な指導者によって呼び覚まされた運動の精神が、さらに強力で高尚なものへと成長していくことを押しとどめることはできない。同じことが仏陀の教えについても言える。彼が信者たちに植えつけたのは、現在では仏教として知られている宗教組織の精神であり、この精神に沿って、信者たちはそれぞれの願望や環境に応じて、その教えを発展させた。それが結果として大乗仏教と小乗仏教の違いを生みだしたのである。

大乗仏教の原初的意味

大乗という名称は本来、最高の原理、最高の存在あるいは最高の知識を示すために用いられたものである。すべての生物・無生物を含むこの宇宙はその大乗の現れであって、それを通してのみ、彼らは最終的救済(mokṣa 解脱《げだつ》、あるいはnirvāṇa 涅槃《ねはん》)に到達することができるのである。もともと大乗とはなんらかの宗教的原理の呼び名ではなく、原理をめぐる論争に関係するものでもなかったのだが、後代になって進歩的なグループがそういった意味で用いるようになったのである。

我々が知る限りで最も古い大乗の解説者である馬鳴は、キリストと同時代の人とされているが、彼が書いた宗教哲学書『大乗起信論《だいじょうきしんろん》』(3)の中では大乗という言葉が「真如《しんにょ》(bhūtatathatā)あるいは法身《ほっしん》(dharmakāya)(4)」すなわち大乗仏教の最高原理の同義語として用いられている。彼は、この最高存在、最高原理を認識し、それを信頼する状態を、生死の荒海(saṃsāra 輪廻《りんね》)を越えて涅槃の彼岸へと我々を無事に渡してくれる乗り物に喩えている。(二)

しかし、馬鳴の時代のすぐあとに、保守派、進歩派とでも呼ぶべき仏教の二つの宗派の間の矛盾がますますはっきりしてきた。それはおそらく馬鳴から数世紀あとの龍樹と提婆《だいば》(Āryadeva)の時代に頂点に達したものと思われる。この時、進歩派は、すでに自分たちの宗派のスローガンとして採用していた大乗という呼び名に対立する呼称として、小乗という語を案出したのである。そして大乗教徒たちは、小乗教徒や外道たちのこと(5)を、衆生《しゅじょう》の普遍的救済を完遂するには不完全なものであるとして徹底的に非難した。

古いかたちの仏教徒の分類

龍樹あるいはそれより幾分か前の時代において、大乗、小乗という区分がはっきりしてくるわけだが、それ以前には、進歩的で広い視点を持つ方の仏教徒グループは、仏教徒を三つの乗《じょう》(yāna)に分けようとした。菩薩《ぼさつ》乗、独覚《どっかく》乗、声聞《しょうもん》乗の三乗である。ここでの乗とはクラスのことである。

菩薩というのは、人間の心への法身の反映である菩提《ぼだい》(知性あるいは智慧のこと)の存在を信じ、利他のためにそれを実現し発展させようとして、すべての精神力を振り向ける仏教徒たちのクラスを指す。

独覚というのは、「孤独に思考する者」すなわち哲学者のことであり、一人きりになって世の快楽の無常なることを黙念し、自己の救済のために邁進するのだが、他者の苦悩には頓着することのない者を指す。宗教的にみれば、独覚は冷淡で非情で利己的で人々への愛情に欠けた者といえよう。

声聞とは「聞く人」という意味であり、大乗仏教徒の立場から言えば独覚よりも劣った者である。というのも声聞は、最終的な救済に至る道を自分ひとりで考えて見つけていくための知性が全くないからである。とはいえ敬虔な気持ちは持っているので、仏陀の教えを喜んで聞き、彼のことを信じ、彼によって定められたすべての戒を遵守する。

そうして人並みな知性の狭い範囲に全く満足して留まってしまうのである。
菩薩というもの、そしてそれが大乗仏教の中で持つ重要な意味に関しては章をあらためて詳しく論じるつもりである。というのも、大乗とは菩薩の仏教にほかならず、大乗仏教徒たちは独覚や声聞たちを小乗仏教の徒と見なしていたからである。

大乗仏教の定義

大乗仏教とは何かという問いに対して、今やある程度のはっきりした考えを示すことができるようになった。大乗とは、進歩的精神に触発されることによって、仏陀の教えの真の重要性と矛盾しない限りにおいて、その本来の視野を拡大した仏教なのであり、別の宗教的・哲学的信念を同化することで様々な性格・知的資質の人々を一層広範囲に救うことができるとなれば、いつでもそれを実行してきた仏教なのである。このあと、その教義的特性を詳しく示していくことになるのであるが、そこに至るまでの当面のところは、このような説明で満足しておこう。

ここでついでに、本書における大乗という語の用法について記しておく。本書で大乗という場合、それはセイロンやビルマやその他中央アジア諸国に広まっていて、そこで用いられる文献のほとんどが、サンスクリットと起源を同じくするパーリと呼ばれる言語で書かれている、そういうかたちの仏教には属さない、それとは別のかたちの仏教を指しているにすぎない。本書で私が「大乗」という場合、それは先ほど言ったような、小乗に対する優越感を含んだ意味合いでは用いていない。大乗を歴史的に見れば、熱狂的で偏見を持った信奉者たちが、その根本精神をないがしろにして攻撃的で独断的な面ばかり不必要に強調してきたことは明らかであろう。しかし本書がそういったややこしい事柄と関係があるなどとは考えないでいただきたい。実際、大乗自身が自分のことを、あらゆるかたちの思想や信仰が違和感なく溶け込み、しっくりと落ち着いてしまう、境界なき大海であると公言している。それが、自分の仲間ともいえる小乗の教義を排撃するものであるなどとはとうてい考えることはできないのである。

第二節　大乗仏教は仏陀の真の教えか?

普通、西洋諸国に仏教として知られているものは小乗仏教であり、それは先にも述べたように、その文献がパーリ語で書かれており、主にセイロン、ビルマ、シャムで学ばれている仏教である。西欧の東洋学者たちは仏教に関する最初の知識を、このパーリ語という言語によって得たのであり、したがって当然のことながら、彼らは小乗仏教すなわち南方仏教こそが唯一の仏陀の真説であると考えた。彼らは、仏教に関する十分かつ完全な知識を得るためにはパーリ語の研究だけに邁進すべきであり、それ以外の、サンスクリットやチベット語や漢文で書かれたような別の資料から得られる知識は、パーリ語から得られる信頼に足る情報を単に傍証するものに過ぎないのであり、場合によってはそういったパーリ語以外の言語で書かれた資料からの知識は、仏教の退化したかたちを示すものとして捨て去らねばならないと主張してきたし、いまだにそう主張している者もいる。このような不幸な仮説のせいで、生きた宗教としての大乗仏教の重要性は全く無視され続けてきた。そしてこの分野における最高権威と目される人々でさえ、ひどく誤った考えを持ち、さらに悪いことに、そろって偏見でこり固まっているようなのである。

成長しない生命など存在しない

西欧の批判者たちはきわめて不公正である。というのも、人類の歴史の中で、一切なんの発展もせず、最初から最後まで、まるで花崗岩《かこうがん》のようにずっと変わらないままできたような宗教などというものがあり得るはずもないからである。一体全体、なにか活動性(vitality)のある様相を示していながら、あらゆる点で原初の形態をそのまま、全く変更せずに保持している宗教などというものがどこにあるというのだろうか。可変性すなわち刺激に対する反応性こそが、活動性を示す最も基本的な特徴ではないのか。有機体というものは成長するものである。つまりなんらかのかたちで変化するものなのである。成長も変化もしない、言い換えれば自分自身を外的環境に適応させることのできる固有の能力を全く持っていないような、そういう生命形態など、どこにもありはしないのである。

たとえばキリスト教である。プロテスタンティズムは、ナザレのイエスの教えそのままであろうか。それともカトリシズムこそが彼の真の精神を体現しているのであろうか。イエス自身ははっきりとした三位一体説は考えていなかったし、儀礼主義を提唱することも全くなかった。共観福音書によれば彼が心に懐いていた神の国の概念は、パウロが考えたような純粋で理想的なものではなく、もっと萌芽的なものであり、そのイエスの直弟子たちも師と全く同じように哲学的に無学であって、大抵が、神の国が現世で実現されることを熱望していた。しかし、カトリックにしろプロテスタントにしろ、今の文明開化の時代に、来たるべき神の国という、この物質的概念をあえて文字通りに説明しようとするキリスト教徒などいないであろう。

さらに結婚と社会生活に関するイエスの視点を考えてみるがよい。彼が独身生活を強く推奨し、既婚者に対しては厳格な節制を求めたこと、そして一般に、清貧と禁欲主義を強く志向したことは事実として確定しているのではないか。これらの点から言えば、中世の修道士たちや、現代のカトリック司祭たち(その生活が禁欲的で貧しいとは言えないが)の方がプロテスタントの信者たちよりも、より師の教えに忠実であると言わねばならない。ところが自分たちは師の歩んだ道を忠実に歩んでいるのだとはっきり宣言しているにもかかわらず、先のイエスの見解を真剣に擁護しようとするプロテスタントの信者はいない。これらのことをすべて考慮するなら、彼らが意識的にせよ無意識にせよ、約二千年前、ガリラヤの貧村ナザレに住む大工の息子の心中に燃え立ったのと同じ精神によって突き動かされている限りにおいては、これらの矛盾があるからといってそれを理由に、カトリックやあるいはプロテスタントたちが自分たちをキリスト教徒、しかも善良、敬虔にして忠実なるキリスト教徒であると自認することを否定はできない。

大乗の場合も、これと同じことが言える。したがって大乗を踏みつけにして小乗の純粋性を主張するのはばかげたことであろう。仏教の中の大乗という宗派が、外部インド社会の宗教・哲学体系から取り込まれた要素をなにほどか含み込んでいるのは間違いない。しかしだからどうだと言うのか。キリスト教にしたところで、いわゆるユダヤ、ギリシャ、ローマ、バビロニア、エジプトおよびその他の異教思想の融合体ではないのか。実際、健全で強い宗教というものは、発展過程において、常に変化しつづける外界に自己を適応させ、はじめはその存在を脅かすかに見える様々な要素を内部に取り込んできたという意味で、歴史的なのである。キリスト教の場合、この同化・適応・改造の過程は、その最初期段階から続いてきた。その結果、今日のキリスト教においては、外見を見る限り、その元の形がすっかり変形しているため、それが原形の忠実なコピーであるなどと考える者は誰もいないであろう。

生きた信仰としての大乗

大乗についても同じことが言える。それが歴史の進展の中でどれほど変化したとしても、その精神と根本思想は祖師のものそのままである。それが純正であるかどうかという設問は、その「純正」という語をどう解釈するかによって違ってくる。もしそれが、生気のないままに元の状態を保持することだと考えるなら、大乗は仏陀の純正な教えではないと言わざるを得ない。しかも大乗教徒たちはそのことを誇りに思うであろうということも付け加えておこう。なぜなら生きた宗教的活力があるからこそ、過ぎ去った過去の信仰の骸《むくろ》などに落ちぶれることが決してないからである。化石というものは、それがいかほど忠実に保持されていたとしても、しょせん生命が永遠に抜け出した、ただの硬直した無機物にすぎないのである。大乗はそれとは全く違う。それは常に成長し続ける信仰であり、古い着物がすり切れれば、いつでも即座にそれを脱ぎ捨てていくという姿勢を持つものである。しかし最初に「天と人の師(仏陀のこと)」によって励起されたその精神は、汚染されたり堕落したりしないようきわめて慎重に護られている。それゆえ、その精神に関して言うなら、それが純正であることに疑いの余地はない。そして仏教を完全なかたちで概観したいと望むなら、大乗の重要性を無視することはできないのである。

今現在、活力に満ち、あらゆる機能が活動している有機体について、その歴史的価値を問うこと、そしてそれをまるで地面の中から掘り出された考古学的遺物や古代宮殿の遺跡で見つかった骨董品のように扱うことは、全く無意味な話である。大乗は歴史的好奇心の対象ではない。その生命力と活力は、日々我々に関わるものなのである。それは偉大なる精神的有機体であり、その道徳的、宗教的な力は未だ何百万という心に絶大な影響を及ぼしており、それがさらに発展することは、宗教意識の世界的進展に対して非常に価値ある貢献をなすものであることは間違いない。それを、大乗が仏陀の純正な教えであるかどうかなどと問うて一体何になると言うのであろうか。

ここには、我々の心中にある最も悪しき矛盾の一例が現れているのだが、我々は先入観のせいでそれに気づかないのだ。キリスト教側の批判者たちは自分たちの宗教が純正であることを強く主張するが、そのキリスト教も、少なくとも外見上は混成体にすぎないものである。それなのに彼らは、ライバルの宗教を、それが自分たちの宗教と同じく様々な段階を経て発展してきたという理由で、堕落したものだと非難するのだ。大乗が純正であるかどうかという疑問は、道理の分からない仏教徒ばかりでなく、仏教外の人たちによっても頻繁に持ち出される問題であるが、そのようなナンセンスな疑問に関わり合ったところで何にもならないのである。

第三節　大乗仏教の教義に関する誤った説

本論に入る前に、大乗に関する間違った意見をいくつか見てみよう。そういう意見を持っているのは幾人かの西洋の学者であり、したがって当然のことながらその学者の書いたものを読んだ門外漢の読者たちも全員、それに同調することとなる。盲人が盲人に引かれていくようなものである。ここでそれらについてざっと批評して、大乗ならざるものを広く示しておくことはまんざら無駄なことでもなかろう。

なぜ仏教は誤解されるのか

普段、ある特定の宗教的教義によって思想や情緒が馴らされている人たちは、自分たちが新たに出会う見慣れない思想の価値を間違って判断することが多い。いわゆる偏屈者とか狂信者と呼ばれる類の人たちである。彼らは自分たちが受けた宗教的訓育の範囲内においては素晴らしい宗教的・道徳的情緒性を持っているかもしれないが、より広い視点から見れば、偏見と迷信と狂信的な信心にひどく汚染されている。それは、彼らの心が十分に発達して独自の判断を下せるようになる前の、感受性の強い子供時代から、その心の中にずっと注入され続けてきたものである。これが彼らの情緒の純粋さを徹底的にだめにし、知性の輝きをとことん曇らせてしまうせいで、彼らが言うところの異教の中に存在する、善にして真、かつ美なるいかなるものも受容できず、正しく評価することができなくなってしまう。キリスト教の宣教師たちが、普通、宗教精神を正しく理解できない一番の原因はここにある。つまり彼ら宣教師たちは東洋へやってきて、先にあった迷信の一群を別の迷信の一群と置き換えているだけなのである。

ただし、キリスト教宣教師全体に対するこの断固とした告発は、決してなんらかの党派的な思いから発したものではない。私の思いはむしろその逆であって、意識するしないに関わらず、太古の昔から最後の審判の日(本当にそんな日があればの話だが)に至るまで人間の心の中で常に活動を続ける、そういった思想や情緒を公正に判断したいと願っているのである。ところで、どの宗教においても、真髄を形成する思想や情緒がいかなるものであるかを見るためには、知らず知らずではあっても我々がつい引かれてしまう偏見を、すべてすっぱりと棄てきってしまう必要がある。そしてその宗教的意識の中で最も本質的なものにいつも視点を据え、時がたてば消えてしまう付属的なものと混同しないようにしなければならない。

不公正の諸例

キリスト教側の批判者によって大乗仏教に向けられた不公正の例として、以下、モニエル・ウィリアムスの『仏教』(*Buddhism*)、ワッデルの『チベットの仏教』(*Buddhism in Tibet*)、サミュエル・ビールの『中国の仏教』(*Buddhism in China*)を取り上げる。これらはいずれも、その分野における代表的著作である。

モニエル・ウィリアムス

モニエル・ウィリアムスはサンスクリット文学の高名なる権威であり、この分野における彼の仕事は、人類の知識に対する貴重な貢献として永く残るものであろう。しかしながら残念なことに、宗教的な議論の場に参加しようとするや、彼の知性は自分の先入観によって哀れなほどに曇ってしまう。たとえば彼は、大乗の基本的特性というものが、菩薩の数の増幅にあるという。そしてその菩薩というものは、彼の考えによれば、「天界に永遠に住み続けることに満足し、仏陀となり般涅槃《はつねはん》を得たいという欲求を嬉々として捨ててしまう者たち」であるという(p. 190)。

この考えはあまりにばかばかしいもので、大乗の体系をほんの少しでもかじったことのある者なら誰でも、反論にも値しないとして否定するであろう。しかしモニエル・ウィリアムスは、彼が考えるこの大乗の教義の特性を何とか合理的に説明しようと一所懸命である。彼は言う。「もちろん人々は本能的に、完全な無我《むが》からあとずさりした。そして仏教徒たちは涅槃の本当のかたちを変更し、非実在の状態から、天界における怠惰な幸福(!)へと変えてしまったのである。そして彼らは、出家、在家を問わずあらゆる人々に、生の完全な終息すなわち一切の努力の終わりではなく、天界における夢のような至福(!)という考えを吹き込んだのである」(p. 156)。

仏教の天界に関してのモニエル・ウィリアムスのような見方は、キリスト教の天国の概念を異教的に脚色したものにすぎない。この著名なサンスクリット学者の天空界の解釈ほど、仏教徒にとって縁遠いものはない。デーヴァ(天界の有情《うじょう》)たちの生というものは、地上の人間と同様に生死《しょうじ》の法則に従っている。最高の存在原理を追い求める大乗教徒にとって、人間界と同じように悲嘆と苦悩に満ちた天の世界へと生まれ変わってみたところで、それがなんの慰めになるというのだろう。自分たちと同じ衆生の幸福のために活動を続ける菩薩たちは、自分たち自身が地上や天界で幸せを得たいと思うことは決してない。彼らは、業《ごう》の法則の結果として、自分たちの善行によって積み上げた福徳を、自分自身のために利用しようとは考えず、他の同じ衆生たちの利益のためにすべて振り向ける(pariṇāmanā)のである。これこそが菩薩、すなわち大乗仏教信者の理想なのである。

ビール

サミュエル・ビールは西洋の学者たちによって中国仏教の権威と目されている人物であるが、彼は『中国の仏教』(6)の中で、法身《ほっしん》(dharmakāya)の大乗的概念に関連して次のように述べている。「したがって、初期の段階から、師(シャカムニ)にゆかりがあるということで神聖化された数カ所の聖地において、不可視なる存在への崇拝が、仏教徒たちによって行われていたことは疑えない。その存在が、後の仏教徒たちによって「法の体(dharmakāya)」として形式化されたのである」。

そのあとビールは、「私が涅槃に入ったあとは、私の説いた法を私だと思え」という仏陀の説示に触れたあと、次のように言う。「ここには、後に不可視なる存在という考えや形式が登場してくる、その萌芽がある。dharmakāya(仏陀の法の体)を表す法(dharma)の教えと力とが、僧団に与えられ、崇拝されることとなったのである」。

dharmakāyaを「法の体」と解釈するのはひどく不適切であり、誤解を招く。小乗仏教徒にとっては、三蔵以外に崇拝の対象はないのであって、したがって法の体という考えは何の意味も持たない。それは全く大乗仏教特有の考えなのである。それなのにビールは仏教徒たちによって考えられているその本当の重要性がよく分かっていない。彼の誤解の最大の原因は、私の考えるところ、dharmaを「法則」と訳すところにある。ここでのdharmaとは「存続するもの」あるいは「一切の瞬間的存在形態が除去された後においても存続しているもの」、一言でいえば「存在」あるいは「実在物」を意味しているのである。それゆえdharmakāyaとはあらゆる存在における、一種絶対的あるいは根源的な体である。このように、この概念は、大乗仏教の中できわめて重要な役割を持つものであるから、大乗仏教の実質をひとつの宗教組織として理解するためには、どうしてもそれを正しく理解しておくことが必要なのである。

ワッデル

西洋の学者が大乗仏教を間違ったかたちで紹介している例をもうひとつ挙げよう。『チベットの仏教』の著者ワッデルは、いわゆる北方仏教と南方仏教の違いに触れて、次のように言っている。「それは仏陀の不可知論的観念主義と単純な道徳性を、こじつけのニヒリズムによる神秘主義を背景にした不確かな有神論体系に置き換えた有神論的大乗説であった」(pp. 10–11)。

そしてさらに「この大乗(ここでは龍樹の中観派《ちゅうがんは》を指している)とは、基本的にはこじつけのニヒリズム、というよりむしろ、般涅槃というものが、生存の終息ではなくなり、いかなる定義も受け付けない神秘的な状態に変更されたものなのである」。

大乗仏教を不確かな有神論体系と呼ぶことは、広い意味においては間違っていないかもしれない。しかしワッデルがどういう根拠でその背景に「こじつけのニヒリズムによる神秘主義」があると考えたのかが問われねばならない。ある宗教が、知性だけによって救済を探求することがいかに無益であるかを示そうとして、弁証法の科学をぎりぎりまで突き詰めていく場合、その宗教体系はこじつけと呼ばれるべきであろうか。ある宗教が、具体的な個々の存在の現象性を越えたところにある最高の実在性に到達しようとして努力する場合、その宗教体系はニヒリズムと呼ばれるべきであろうか。ある教義が、絶対なるものを「空」でもなく「非空」でもないと定義する場合、その教義はニヒリスティックと呼ばれるべきであろうか。

他の西洋の仏教学者たちの文章をもっと引用してきて、彼らがどれほど大乗仏教を誤って紹介しているかを示したい。しかし本書の目的は議論することにあるのではなく、大乗の根本教義を積極的に解説するところにあるのだから、今はここでやめておく。仏教に対してキリスト教の批判者たちが下す不公正の主な原因は、自分自身ではその存在に気づいていないのかもしれないが、それだけに却って公平な判断を妨げることにもなる、彼らの先入見にあるということを指摘しておけば十分であろう。

第四節　宗教の重要性

今、仏教に関する誤った考えを紹介したが、ついでに若干脇道へそれ、宗教の形式と宗教の精神にどのような違いがあるのかを述べることにする。この違いがはっきり分かっていれば、大乗仏教に関する正しい認識を形成するのが非常に容易になるし、生きた宗教信仰としてのその重要性を的確に評価できることになる。

宗教の精神と言う場合、私が意図しているのは、宗教が連続的に発展し変化していくすべての段階を通して、変わることなく存続している要素のことである。一方、宗教の形式というのは、宗教が環境の要請によって修正される場合、その影響を被るような外殻を意味する。

啓示宗教はない

宗教というものは、その他の一切万物と同じように、進化の法則に従うものである。それゆえ、その教えが、擬人化された超人的存在から直接我々に与えられ、外部環境に応じて変化することも成長することも修正されることもなく、まるで無機物のように永遠に同じものであり続けるであろうと考えられる、そのような啓示宗教などというものがあり得ないことは明らかである。この種の宗教の存在を盲目的に信仰し、そのドグマは「啓示」以来まったく何の変化も被っていないと主張するほどの人でない限りは、どんな人でも、頭脳明晰な人たちと同様、あらゆる宗教には束の間の短命な要素というものが含まれており、それは永遠に変わることのないその宗教の真髄とは注意深く区別されねばならないということが理解できるに違いない。

この差別化に気づかないと、ただちに偏見が出しゃばってきて、その人がその真理や迷信によって馴らされてきた宗教だけが世界で唯一のまともな宗教であり、その他のすべての宗教は異教、邪神崇拝、無神論、背信宗教といったものであると考えるようになってしまう。しかしこういった似非《えせ》信仰者の態度は、彼らの心の狭さと洞察力の鈍さを露呈するだけのことである。人の心の最も深いところを見通したいと望み、人生の最も大切な意味を悟りたいと熱望するなら、絶対に、自分の中に偏狭な性質を抱いてはならないのである。

神秘

宗教とは、一見有限のように見える存在の軛《くびき》に繋がれて、苦痛にうめき苦しむ人間の心が発する内奥の声である。人は、地上に現れて以来、人生の有限性と非永遠性に対して一度も満足を覚えることがなかった。彼らは常に、この死の渦巻きへの隷属、すなわちヒンドゥーの思想家たちが言うところの輪廻の呪われた束縛から彼らを解放してくれるなにものかを求め続けてきた。しかし、このなにものかは、この現世の存在の諸現象を特徴づけている分離と個別化の原理を超越しているので、結局いつもなにか不明瞭で不十分で混沌として神秘に満ちたままのものとして残ってしまうのであった。そして知性の発展段階、時代、国の違いそれぞれに応じて、人々はこの神秘なるなにものかに、あらゆる種類の人間的感情や知性を付与しようと努力してきた。現代のほとんどの科学者は次のような仮説で満足している。すなわち、その神秘なるものは、相対性の法則によって条件づけられた人間の心によっては理解することが不可能であり、そして我々がこの世でなすべきことは、知的なものだけでなく倫理的なものについても、このいつもつきまとう神秘の問題にかかずらうことなく遂行できるという仮説である。この原理は不可知論と呼ばれる。

しかしこの仮説は、決してその神秘に対しての最後の判決とはなり得ない。科学は非相対性の領域にあえて挑もうとはしないので、科学的な視点から見れば、不可知論という処世訓はきわめてすぐれたものである。しかし我々がこの仮説によって、人の心の最後の欲求を黙らせようとすると不満が生じてくる。

知性と想像力

人の心は知性の結晶ではない。知性がその力を最大に発揮している時にも、心はなにかそれを越えたものを摑もうという欲求のうずきにもがくのである。知性は時として、心が欲求するものをついに捕まえることができたと宣言することがある。しかし時がたち、それまで考慮外にあった別の視点から神秘が考察されると、心にとってはまことに残念なことに、解決したと思われていたことには不足のあることが分かってくる。知性はまんまと一杯食わされるのである。しかし人の心は決して追慕の思いを止めることなく、一層しつこく満足を追求する。それは想像力が生み出す悪夢にすぎないと考えるべきであろうか。決してそんなことはない。ここにこそ宗教がその際だった権威を主張し、しかもその主張が完全に正当化される領域が存在しているのだから。

しかし、だからといって宗教が勝手に好きなものを造り上げることは許されない。それは知性と完全に同調したかたちで作用しなければならないのである。人の基本的性質は、知性だけで出来ているものではないし、意志や感情だけから成っているものでもない。人はそういった心理的要素の共同作用によって成立しているのである。したがって宗教は、想像力の無制限な飛翔から自分を守らねばならない。敬虔な心によって信仰されている迷信のほとんどは、宗教における知的要素を無視するところから生じているのである。

想像力は創造し、知性は弁別する。弁別なき創造は放縦であり、創造なき弁別は不毛である。宗教と科学が、互いを理解することなく作用するなら、どちらも一面的なものとならざるを得ない。そういった人の精神は特定のところだけが異常に成長し、バランスを崩し、最後には組織全体が崩壊してしまう。科学を不倶戴天の敵とみなし、全力をあげてそれを非難するような狂信的信者たちというものは、自然界のみならず精神活動の全領域をもカヴァーできるのは科学だけだと考える科学信奉者たちと同様に愚鈍で偏見に満ちていると私は考える。私はどちらの人たちにも賛同しない。どちらの主張も、同じように傲慢だからである。両方の面をしっかり調べてからでなければ、正しい意見を下すことなどできはしないのである。

しかし、想像力というものは宗教だけの専有物ではないし、一方、弁別や推理というものは科学が独占しているものでもない。それらは相互的、相補的なものである。一方がなければ他方はなにもできない。科学と宗教の間の違いは、正確さと蓋然性の間の違いではない。その違いは、むしろそれぞれの活動領域にある。科学は仮定的で相対的で限定的な事柄だけを扱う。科学は、与えられたある現象を、いくつかの法則（その法則というものがまた、個別の事実の一般化にほかならないのであるが）によって説明する時、科学としての役目を果たしたことになる。そしてそれ以上のこと、すなわちその事柄について「どこから」「どこへ」「なぜ」と問いかけることにまでは関わらない。しかし人の心は、それで満足していることができず、科学法則や仮説といわれるすべてのものの根底にある究極の原理を探し求めるのである。科学は、事柄の目的論には無関心である。機械的な説明で、その知的好奇心を満たすだけなのである。しかし宗教においては、その目的論こそが何にもまして重要なのであって、それは最も基本的な問題であり、この点についてなんらかの明確な考えを提示しないような体系は宗教ではあり得ない。繰り返すが、科学は、様々な法則や理論を越えたところ、あるいはその外側になにか特別なものがあるかどうかという問題には関わらない。しかし絶対神とかあるいはそれに類したものを持たない宗教の場合には、そのような立場をとらない。なぜならそれによって人の心に安心をもたらすことはできないからである。

信仰の内容は多様である

宗教的問題が相対的経験の領域にある限りにおいては、その解決は主に個人個人の知的発展の程度や外部環境、教育、気質などによって決定される個人的信念の問題となる。このようにして形作られた信仰の概念は、普通、際限なく多様である。ある特定のはっきりしたドグマに従う者たちの中でさえ、個々人の違いによって、それぞれが自分なりのかたちでそれを理解する。もし彼らの信仰の概念を化学者が扱う研究資料のようなものだと考えるならば、我々はそれがとりうるあらゆる変化形を調査すべきであろう。しかしそれらはすべて、宗教の外部に属するものであり、それらの根底にある本質的なものとは何の関係もないのである。

宗教の恒久的要素は、人の心の最奥に秘められている神秘的感情から起こるものであり、主にその感情によって構成されている。そしてその神秘的感情が目覚めた時には、人格の全体を揺さぶって、大きな精神的革命を引き起こし、ついには人の世界観を全く変えてしまうのである。この神秘的な感情が知的な言葉で表現され、その概念が形式化された時、それは明確な信念の体系となる。普通それが宗教と呼ばれるのだが、正しくは教条主義すなわち宗教の知性化された形と呼ぶべきである。一方、宗教の外的なかたちは、個々人の美的感情のみならず、時とともに進む知的、道徳的な発展によって主に決定される可変要素によって構成されている。

したがって、真のキリスト教徒と啓発された仏教徒との間には、我々の存在の土台を構成する内奥の宗教的感情を認めるという点で共通性を見いだせるかもしれない。ただし、この同意点があるからといって、彼らが信仰の概念と表現に関するそれぞれの独自性を放棄することは決してないのであるが。私が確信するのは以下のことである。すなわち、もし仏陀とキリストの生まれた場所が逆だったとしたら、ゴータマはユダヤ教の伝統主義に反抗するキリストとなっていたかもしれないし、一方のキリストは仏陀となって、無我や涅槃、法身といった教義を説いていたであろうということである。

人がどんなに偉大であるにしても、彼は必ずその時代の精神を反映している。そういう人のことを、本当に自力でそうなれるほど傑出し、大衆に抜きんでた人物であると考える人もいるが、決してそんなことはない。それどころか、エマーソンも言うように「彼は気がつけば、同時代人の考えや必要性によって先へ先へと流れていく、思想と出来事の川の中にいる」のである。仏陀もキリストもそうである。彼らは、どんどん堕落し続け人間性の発展をおびやかしていた当時の既存の制度に対抗する思想と感情の具体的な代表者であったにすぎない。しかし同時にまた、それらの思想と感情は「永遠の魂」の噴出である。それは時として、歴史的な偉人とか世界の大事件を通して、その意志を荘重に告げ知らしめることがある。

以上述べてきた若干の宗教的・哲学的説明により、キリスト教信者の読者諸氏も、自分たちの宗教以外の宗教組織を真摯に知ろうという気持ちをもってくれたと思うので、ここでいよいよ、現在も極東で信仰されている大乗仏教の体系的解明にとりかかることにしよう。

第一章　仏教の一般的特性

無神、無霊魂

仏教のことを神のいない宗教、魂を持たない宗教と考える人たちがいる。この意見は、そこで用いられている言葉の意味をどう解釈するかによって、真理とも、間違いともなる。

自分が創造した物と無関係に存立し、時々気が向くと人間のことに介入してくる、そういった者の存在を仏教は認めない。こういった超越者の考えは、仏教徒にとってはきわめて不快なものである。仏教徒たちは以下の諸々の仮説に、いかなる真理も認めることができない。曰く「我々と同じような存在者が、無からこの宇宙を創り、そこに一組の衆生《しゅじょう》(=生き物)を住まわせた」。曰く「創造者がそうさせようと思えば避けることもできた罪を、その衆生たちが犯したため、彼らはその創造者によって永遠の罰を科せられた」。曰く「その創造者はやがて、追放された者たちがかわいそうになったか、あるいは自分がとったいくぶん軽率な行動に対する良心の呵責にさいなまれてか、人類を普遍共通の苦痛から救済するため、最愛のひとり息子を地上につかわした」等々。もし仏教のことを、詩編を歴史的事実として考えることを拒否するという点で無神論と呼ぶのなら、仏教徒はそれに対して全く反対しないであろう。

次に、もし魂を、アートマン、すなわちあらゆる精神活動の裏側にひそみながら、まるでオルガン奏者が思いのままに様々な曲を奏《かな》でるかのようにしてそれら精神活動に命令を下している存在であると考えるなら、仏教徒たちはそのような突拍子もないものの存在を断固否定する。仏教徒は個々人が五蘊《ごうん》(1)によって構成されていると考える。その五蘊以外にアートマンなるものが独立して存在すると想定することは、エゴイズムおよびそれによってもたらされるすべての有害な結果を無条件に受け入れるということになるのである。そして仏教を、それ以外の宗教と最も明確に区別する点は、大抵の宗教的熱狂者たちが固執している霊魂(soul-substance)の存在に真正面から対立するところの無《む》我《が》(non-ātman or non-ego)の原理である。この意味においては、仏教は間違いなく、魂を持たない宗教である。

これらの点をより明確にするため、この章では業《ごう》、アートマン、無明《むみょう》、涅槃《ねはん》、法身《ほっしん》といった仏教の主要な教義についてざっと見ていくことにする。これらの教義には、小乗仏教・大乗仏教という二派の仏教に共有のものもあるので、それらをここでひととおり包括的に示すことで、読者に仏教の構造に関する一般的な概念を理解してもらえるであろうし、また、後で示すような大乗の原理についての特化した議論を理解するのにも役立つであろう。

業

仏陀によって確立された最も基本的な教義の一つに次のようなものがある。すなわち「この世に、単一の原因によって生じるものはなにもない。世界のあらゆる存在はいくつかの因(hetu)と縁(条件、pratyaya)の組み合わせから生じてくる。そしてそうやって生じてきたものは同時にまた、将来、結果を生み出すための活動力になる」というものである。現象的存在に関する限り、この因果の法則は普遍的に成り立つ。いかなるものも、それがたとえ神であっても、このように規定されているものごとの方向を、道徳的だけでなく物質的にも、妨げることは不可能である。もし神が本当に存在して、我々の世界のことに関係してくるなら、彼はまずもって、この因果の法則に従わねばならない。というのも、業《ごう》(それは道徳的な面から理解された因果性を示す仏教語である)の原理は、あらゆる場所、あらゆる時において最上位に置かれるものだからである。

業の概念は、仏教の倫理において最も重要な役目を果たす。業は宇宙を形成する原理なのである。それは出来事の方向と、我々の存在の運命を決定する。我々は過去世において各々が業を作り、さらには共同したかたちでの業も作ってきているのであるが、我々が現在の事物のありかたを自由に変えることができないのは、これらの業によってそれがすでに決定されているからなのである。しかしその同じ理由によって、我々は未来の自分たちの運命を作っていくことができる。それは現在の我々の生において活動し、かつ我々自身によって活動させられているいくつかの要因の結果にほかならないからである。それゆえ仏陀は次のように説いている。

自ら悪を為すことにより、
人はみずから汚れ、
みずから悪を為さないことにより、
人はみずから清浄《しょうじょう》となる。
清浄と不浄は、自分しだいである。
誰も他者を清めることはできない(2)。

さらには次のようにも説いている。

天空にいようが、大海の中にいようが、
山の奥深くにいようが、
人が悪業から逃れられる場所など、

この世界のどこにもない。(3)

この業の教理は、我々の倫理的領域にエネルギー保存の法則を適用したものと考えることもできよう。あらゆることは、それが為された場合、その時点で確定したものとなり、我々の道徳的、社会的進化という砂の上に永遠の痕跡を残していく。いや痕跡を残すだけではない。善であれ悪であれ、それらは活性力を持っていて、条件さえそろえばさらに成長する。物理学の世界では、我々が少しでも身体を動かせば、それがいかほど微細な動きであっても必ず地球の運行に影響を及ぼすことになる。そして適切な装置さえあれば、その効果がどれほどであるかを正確に計測することができるはずである。同じことが我々の行為についても言える。一旦なされた行為およびその主観的動機というものは、個々人の意識あるいは個人を越えた（すなわち社会的な）意識のうえになんらかの痕跡を残すことなく消滅することは決してない。

一般的な意味での業の概念が科学的に実証されるものであることは十分に理解してもらえたと思う。相対性の法則が厳として支配する我々の道徳的および物質的世界では、業の教義は全く正しいものと考えざるを得ない。そしてその妥当性がこの領域において承認される限り、ラマルク(一)が進化に関する重要な著作をナポレオンに進呈した際、宣言したように、我々は人格神という仮説に頼ることなく、この現象的な生を生きることができるのである。

しかしながら、仏教というものを、あらゆる矛盾がその中で解消される究極にして統一的な原理の存在を否定したり無視したりする不可知論あるいは自然主義的なものであると規定するのは不当である。哲学的観点のみならず宗教的観点から見ても最高のものとされるこの原理を、仏教徒たちは法身と名付けた。我々の生は、現象的な面から見れば、業の束縛およびその確固とした法則性から逃れることはできないが、その生の究極の意味を、仏教徒たちは法身の中に見いだすのである。

無　明(avidyā)

次に注目すべきは、仏教において最も基本的な特徴のひとつ、無知の問題である。仏教徒は無知(サンスクリットで avidyā　無明《むみょう》)というものを業の主観的側面としてとらえ、それが我々を生死の連続に引き入れるのだと考える。輪廻転生《りんねてんしょう》は、それ自身を見れば道徳的悪ではない。もしそこにおいて完成に到達できるのであれば、むしろそれは完成に向かって進んでいくための必要条件である。転生が悪であるのは、我々のこの世の存在の真の意味に対する無知の結果として、それがもたらされる場合である。

世の事物の無常を理解せず、それらを真の実在であると考えて頑固に執着する者たちは無知である。自分たちの愚考によってもたらされた窮状から逃れようと必死にもがいている者たちは無知である。キリスト教徒の口を借りれば、神の意志に反して自己にしがみついて離れない者たちは無知である。なにか特定のものだけを真の存在であると考え、そういったものすべての背後にひろがっている一なる実在を無視する者たちは無知である。自と他の間に鉄の壁をつくる者たちは無知である。つまり、自我魂(ego-soul)のようなものは存在せず、すべての個別存在は、法身の世界では一体化してしまうということを理解しない者たちは無知なのである。それゆえ仏教は、涅槃の至福に到達するために、この迷妄、この無知、この生の中のあらゆる悪と苦痛の根を徹底的に取り除かねばならないということを最も強く主張するのである。

無理解、無知の教えは、専門的に言うと次のような定式で表される。それは普通、十二nidāna あるいは縁起と呼ばれるもので、つまり依存関係の連鎖である[二]。

(一) はじめに無明(無知、avidyā)がある。
(二) 無明から行《ぎょう》(活動、saṃskāra)が起こる。
(三) 行から識《しき》(意識、vijñāna)が起こる。
(四) 識から名色《みょうしき》(名称と形、nāmarūpa)が起こる。
(五) 名色から六処《ろくしょ》(六の器官、ṣaḍāyatana)が起こる。
(六) 六処から触《そく》(接触、sparśa)が起こる。
(七) 触から受《じゅ》(感受、vedanā)が起こる。

(八) 受から愛(欲求、tṛṣṇā)が起こる。
(九) 愛から取《しゅ》(執着、upādāna)が起こる。
(一〇) 取から有《う》(存在、bhava)が起こる。
(一一) 有から生《しょう》(誕生、jāti)が起こる。
(一二) 生から苦(苦痛、duhkha)が起こる。(三)

世親《せしん》(Vasubandhu)の『倶舎論《くしゃろん》』によれば、この定式は次のように説明される。「前世において、存在の意味について無知であることにより、我々は自己の欲望のままに放逸に行動する。この業のせいで、我々はこの生へと生まれ、識と名色と六処と受を持つこととなる。これらの機能があることにより、我々は、究極の実在などは全く含まない、これらまやかしの存在を求め、渇望し、執着しているのである。そしてこの「生の願望」の結果として、我々はさらなる生死《しょうじ》の輪廻を生む業を、潜在的に蓄積したり、作ったりする」。

この定式は論理的なものではないし、徹底したものでもない。しかし、生は無知や盲目を起点とするという考えは正当なものである。

無　我(Non-Ātman)

無知の問題は、当然のことながらNon-Ātmanとして普通知られている無我論に通じる。それについてはこの章の始めに若干言及しておいた。この仏教独自の説は、キリスト教の学者たちによってきびしく批判されてきたもののひとつである。その無我説とは、「世俗において我々の精神活動の主体であると考えられている自我魂(ego-soul)などというものは存在しない」というものである。この説があるため、仏教は時として、先に述べたように「魂なき宗教」と呼ばれるのである。

仏教がこのように自我魂を否定するということは、思索能力がなく、霊魂は実在するという伝統的理解を盲目的に受け入れている人たちにとっては衝撃的なことであろう。彼らは霊魂と肉体の二元論を是認すること、そして霊魂というものを、感官の対象である普通の物よりはるかに霊妙ではあるが、なにか身体内に実在するものであると捉えることを、とても神聖なことであると考えている。彼らは、霊魂というものは物質的結縛から解放されたなら直ちに天へと昇っていくのだと説くが、そのような時、彼らはそれを天使のかたちをしたものと考えている。

さらに彼らは、霊魂は肉体に閉じこめられているせいで、この世の束縛に堪えられず、自由を求めて苦痛にうめいているのだと考える。霊魂の不滅性とは、この精妙で天界に属する幽霊のような実在が、物質的要素を切り離したあとにも存続するということなのであり、それはサーンキヤのリンガ(linga)やヴェーダーンタのスークシュマシャリーラ(sūkṣmaśarīra)と非常によく似たものである。自意識は、一旦物質的要素と切り離されてしまえば、その後の活動においては一切苦痛を被らない。なぜならそれが霊魂の本来の機能だからである。兄弟と姉妹、両親と息子や娘たち、妻と夫、彼らはみな形を変え昇華して天界で再会する。そして地上でおくったのと同じかたちの生活をそこでも永遠に続ける。霊魂とその不滅性をこのように考える人たちは、仏教の無我の思想を認めるように言われたなら、非常な落胆やあるいは怒りさえ覚えるに違いない。

ある神智学者たちによって教示された、ある種の天界的存在を霊魂と同一視するという不合理は、名称とそれに対応する対象との混同に原因がある。霊魂、あるいは世俗の考えによればそれと同じものだとされている我というものは、ある種の精神的共同作業に対してつけられた名称である。抽象名詞というものは、我々の知的活動を効率化するために発明されるものであり、当然のことながら、具体的な物質世界の中にある個別存在とは違って、それには対応する実在がない。世俗の者たちは、その抽象名詞成立の歴史をずっと忘れてきた。特定の名称に対する特定の客観的実在や具体的事物を見つけだすことにずっと慣れてきたため、そういった素朴な現実主義者たちは、名前というものは、その性質とは無関係にどんなものでも、この感覚世界の中にそれと対応する具体的な事物を持っているものだと想像する。彼らの観念論あるいはいわゆる心霊主義とは、実際には粗雑な物質主義にすぎない。それこそ彼らが、無神論であり、不道徳でさえあるとしてひたすらに恐れる考えではないか。まさに無知の呪いである。

無我論は、種々の精神作用の協力や統合が存在するということを否定するものではない。仏教では、この協力の体系を我(ātman)ではなく識(vijñāna)と呼ぶ。識とは意識のことである。一方、我とは具体的な実体として考えられる自我(ego)のことであり、それは心の最奥にあって自らの判断にしたがってあらゆる主観的活動をつかさどる実在の行為主体を意味する。そしてこの考えが、仏教では断固として否定されているのである。

この無我の教義をあらわすためによく用いられるのが車輪あるいは家の譬喩である。車輪というものは、スポークや車軸、外輪、轂《こしき》といった要素が特定の形に組み合わさったものにつけられた名称であるし、家というものは、屋根、柱、窓、床、壁などを特定の型にしたがって、特定の目的のために組み合わせたものの名称である。ではもし、これらの要素をすべて独立な存在と見るなら、家とか車輪というものは一体どこに見いだされるというのか。家とか車輪といったものは、部分部分が体系的かつ定まったかたちで配置された特定の形を指す名称にすぎないのである。それなのに、そういった、定まったかたちで繋げられた諸部分の結合体の背後に、主体としての車輪とか家といった独立存在があるのだと主張することはまったくばかげたことではないか。

当時のほかのすべての宗教や哲学体系が、我の性質に関する独断的迷信に固執していた時、仏教が現代の心理学的研究の結果をはっきり見越していたということは、素晴らしいことだ。魂というものは知覚や想像、感情、決断といったすべての精神的経験の総体を越えたなにものかである、という考えを否定する現代心理学は、まさに仏教の無我説の反復である。それは、意識の統一体があるということは否定しない。それを否定することは我々の日々の経験を疑うことになるからである。無我説が否定するのは、その統一体が絶対的で無条件で独立したものであるという主張なのである。この、存在の現象的な局面においては、あらゆるものは業の原理に基づいて起こる特定の因と縁の結合なのである。そして、そういった複合体として成り立っているすべてのものには限りがあり、かならず消滅する。そしてそれゆえに、常に他のものによって限定されているのである。魂の領域も、現象面に関する限りは、この普遍法則の例外とはならない。意識の現象の背後に魂という実在物があるという考えに固執することは、誤解を招くばかりでなく、有害なことであり、道徳的に危険な結論と結びつくことになる。実際にはなにもないところに、なにかが存在していると想定するなら、それは我々をその虚妄なる形態に執着させることとなり、その結果として必ず永遠の苦痛を受け続けることになるのである。『入楞伽経《にゅうりょうがきょう》』巻三にも次のように言っている。(四)

空中に咲く華や角の生えたウサギ、
あるいは子を産めない女の子供というように、
あり得ないものをあると言う、

これを誤った判断(妄分別《もうふんべつ》)という。
原因、理由の寄り集まりの中に、
愚か者は、我の実在を見る。
彼らは真実を理解せず、
生から生へと輪廻するのである。

事物の無我性

無我説に関しては、小乗仏教よりも大乗仏教の方が進歩している。大乗仏教は、我の存在を否定するだけでなく、事物の本質という概念、すなわち事物の背後になにかの絶対的な特性があるという考えをもはっきりと否定するのである。たしかに小乗仏教もそういった考えを嫌うのだが、はっきりと表明しているわけではない。人無我《にんむが》と法無我の両方を明確に主張するのは大乗仏教の方だけなのである。

世俗の人々の見方によれば、事物の本性(particular existences)は実在しており、それは不変の実体であり、永遠に変わることなく存続すると考えられている。したがって人々は、無機物が永遠に無機物のままであり続けるのと同じように有機体も永遠に有機体としてあり続けるのであり、無機物と有機物の間には根本的な相違があって、両者が相互に転換することなどあり得ないと考える。人間の魂は、それより劣る動物の魂とは別のものであり、有情《うじょう》(心を持つもの)は非有情とは別のものである。その違いははっきり決まっているのであって決して変わることのないものであるから、一方が他方へと移り変わるための架け橋は存在しないというのである。このような考えは自然主義的エゴイズムとも呼ぶべきものである。

このような利己的世界観に対抗して、大乗仏教は無我説を我々の外側の領域にまで延長した。大乗は、個々の事物が、業の原理によって生み出される因と縁の結合体である限り、そこには真の実体はないと主張する。事物は業によってここに存在するのである。その力が尽きると、それら事物の存在を可能ならしめていた諸条件は効力を失って消滅し、代わりに別の諸条件と諸存在とが現れてくるのである。したがって、今日の有機体が明日には無機物になることも、そしてまたその逆のことも起こり得るのである。たとえば炭素というものは、地中にあっては石炭や黒鉛、ダイヤモンドなどの形で存在しているが、それが地上にあると、時として他の諸要素と結合することで動物や植物のかたちを取り、また時には遊離した単独状態として現れる。どの状態にあっても炭素であることには変わりないのだが、その業にしたがって無機物にもなり有機物にもなる。炭素は、自分で自分の形態の変化を決める独自の我などは持っていないのである。双方向の形態変化というものはどこにでも見いだされる。常に力は変移し続け、要素は永遠に転変する。そのすべてが、個々の存在の無常性と無我性を示していることになる。宇宙はあたかもつむじ風のように動いている。その中では静止しているものはなにもないし、独自の存在形態を頑強に守っているものもないのである。

一方、個々の事物の背後に我というものがあり、そしてそれが絶対的で永遠で自立的に活動するものであると考えるなら、我々の現象世界というものは定常状態にあり、生命というものは全く消滅してしまうであろう。可変性こそは生命の最も基本的な特性にして条件ではないのか。そしてまた、それこそが、実体としての個々の事物が存在していないことを示す最大の証拠ではないのか。物理学ではこれをポジティヴな面から見て、普遍的事実としての双方向的変移性であると考え、それをエネルギーおよび物質の保存則と呼ぶ。大乗仏教は、そのネガティヴな側面に注目して、事物の無我性、すなわちあらゆる個別存在には永続性がないという原理を示すのである。それゆえ"sarvam anityam sarvam śūnyam sarvam anātman"(すべては無常なり。すべては空なり。すべては無我なり)と説くのである。

大乗仏教は、あらゆる生き物が同質であり、相互に移り変わり得るものであるということを否定するような粗野な見方を非難する。それが科学的に納得できないということも理由のひとつではあるが、むしろ最大の理由は、道徳的、宗教的な面から見た場合、そこには非常に危険な思想が満ちているという点にある。すなわちそこにあるのは、最終的には「人が自分の同朋を死に至らしめ、父が子を死に至らしめるように導く」思想であり、さらには「子供が両親に反逆するようにしむけ、両親を殺すよう強制する」思想である。それはなぜか。エゴイズムから生まれたこのような見方は、人間が持つ慈悲の井戸を干上がらせ、我々を獣のように自分勝手な生き物に変えてしまうからである。というのも、この見方は我々に相互依存や同情といった感覚を起こさせることができず、同朋に対する公正無私な気持ちを抱かせることができないからである。そうなると、すべてのすぐれた宗教的な暖かい思いは我々の心から去ってしまい、残されるのは鼓動もせず血も流れない、こわばった生気なき屍《しかばね》だけということになる。毎日、幾人の犠牲者が、このエゴイズムの祭壇に捧げられていることか！　彼らは必ずしも初めから不道徳であったわけではない。生命および世界に対する誤った考えに導かれ、同朋にも自分と同じ心があるということが見えなくなってしまったのである。感覚的衝動に支配されることで、彼らは人間性に対しても、自然に対しても、そして彼ら自身に対しても罪を犯すのである。

Mahāyāna-abhisamaya Sūtra（南条目録第一九六番）には次のようにある。（五）

諸法の本質は空であり、
寂静《じゃくじょう》であり、無我である。

個々の衆生は
真の実在としては存在しない。
終わりもなく、初めもなく、
その中間もない。
すべては虚妄《こもう》であり、なんらの実在もない。
それはあたかも幻や夢のようである。

それは雲や雷のようなものである。
それは蜘蛛の細糸（六）や水に浮かぶうたかたのようなものである。
それは燃えながら回転する車輪のようなものである（七）。
それは水の飛沫のようなものである。

事物は因と縁とによって生じてくる。
そこには自性《じしょう》[すなわちアートマン]というものはない。
動き、作用する一切の事物（八）は、
このようであると知れ。

無明と渇愛《かつあい》こそは、
生死《しょうじ》の源である。
正しい観想と心の修練で、
渇愛と無明はなくなる。

世の一切諸法は、
言葉と言説を越えている。
それらの究極の本質は清浄と真実であり、
それは虚空《こくう》のようである。[4]

法　身(dharmakāya)

法身《ほっしん》(その語義は存在の体あるいは存在のシステム)は、大乗教徒によればすべての個別現象の背後にある究極の実在である。それこそが個々の存在を可能とするものであり、宇宙のレーゾン・デートルであり、存在の規範であり、出来事と思想を方向付けるものである。この法身の概念はきわめて大乗的なものである。というのも、小乗仏教では宇宙の究極原理を定式化するところにまでは至っていないからである。小乗の人たちは、仏教を実証主義的に解釈するところにまでは到達しなかった。彼らにとっての法身とは、法の体すなわち仏陀の説いた真理が具現化されたものとしての仏陀の人格を指すにとどまっているのである。

法身はある意味ではキリスト教の神に対比することができるかもしれないし、別の意味ではヴェーダーンタ学派でいうところのブラフマン（梵 brahman）やパラマートマン（究極我 paramātman）にも対比できるであろう。しかし実際にはそのどちらとも異なるものである。宇宙というものはキリスト教によれば神によって造られたとされているが、大乗仏教では、宇宙は法身そのものの顕現であると考えられている。そして法身は、その宇宙を超絶したところにあるものではないとする点で、キリスト教の神とは違っている。そして、それが絶対的に非人格的なものでも、あるいは単なる生命体でもないという点でブラフマンとも違っているのである。それらとは違って、法身というものは、他を思いやる気持ちと熟慮、仏教語でいうなら悲（karuṇā 愛）と菩提《ぼだい》（bodhi 智慧）の能力を持つものであり、単なる生命体ではないのである。この、汎神論的であると同時に内神論でもある法身は、すべての衆生の内において作用している。衆生というものは、法身の自己顕現そのものだからである。個々の衆生は、一般に考えられているようにそれぞれが孤立して存在しているのではない。もし孤立しているのなら、それは無（nothing）である。宇宙の空虚の中で次々に消えていく無数の泡沫にすぎないということになる。あらゆる個別存在は、それが法身と一体化していると見なされる時にのみ、意味を持つことになる。我々は本来、法身の中においては一体なのだが、幻影(māyā)の覆い、すなわち主観的無知が、その普遍的光明を認識するのを一時的に妨げるのである。しかし、人の心への法身の反映でもある菩提すなわち智慧というものが完全に目覚めた時には、我々はもはや心の眼の前にエゴイズムの人工的バリヤー(障壁)を張ることはなくなる。自と他の区別はあとかたもなく消滅し、いかなる二元主義も、我々に絡めの網をかぶせることはなくなり、私はあなたの中に自己を見いだし、あなたは私の中にあなた自身を見いだすことになる。「それは汝なり(tat tvam asi)」。すなわち、

ここにあるものはそこにあり
そこにあるものはここにある。
ここに二元を見る者は
死から死へと移りゆく。(5)

この、悟りに関する表明は、自我の精神的拡張あるいはネガティヴに言うなら自我の観念的断滅とも呼べるであろう。宗教の命とも言うべき、涸れることなき慈悲の奔流が、法身という水源から涌きだしてくるのである。

無我の教えは、個々の存在には実体がないということ、そして我々には、自我存在(ego-substance)と呼ぶべきいかなる超越的存在も内在しないということを教えてくれる。それに加えて法身の教えは、我々全員がその「存在の体系(system of being)」の一部であり、そこにおいてのみ不死であるということを教えてくれる。前者すなわち無我の教えは、個別存在に執着して霊魂の不死を期待することの愚かさを明らかにし、後者の法身の教えは、法身と一体になって生きることによって我々が救われるという事実を確信させるものである。無我の教えは、我々を根拠のないエゴイズムの枷《かせ》から解放してくれる。しかし単なる解放では、なんら積極的なものを意味することなく、禁欲主義に陥ることにもなってしまうので、我々は放出されたそのエネルギーを法身の意志の執行に用いるのである。

「我々はなぜ他者を自分と同じように愛さねばならないのか」「なぜ我々は、何を為すにしても、自分が他の人々にしてもらいたいと思うようなことを、他の人々にしてやらねばならないのか」という質問に仏教徒は次のように答える。「それは我々全員が、法身の中では一体のものだからである。無知とエゴイズムの雲がすっかりはれた時、普遍的愛と智慧の光がおのずから照り輝くからである。そしてその輝きに包まれて、我々はそこにいかなる敵も他者も見ることはなく、我々が法身の一部であるかどうかということさえ考えなくなる。そこには「私の意志」というものはなく、「汝の意志」すなわち法身の意志だけがある。その中で我々は生き、活動し、自分の生存を保持するのである」と。

使徒パウロが「アダムによってすべての人が死ぬことになったように、キリストによってすべての人が生かされるようになる」（九）と言ったが、それは一体どういうことなのか。仏教徒はこう答える。「アダムは無知に負けて自分のエゴイズムを主張する（知恵の木とは実は無知の木なのだ。それが自他の二元性をもたらすからである）。一方、これとは対照的に、キリストは自分のエゴイズムの主張を捨てて普遍的法身の知恵を受け入れている。それゆえ我々は前者においては死んでも、後者においては生きることができるのである」と。

涅槃(nirvāṇa)

涅槃《ねはん》の意味は、非仏教徒の研究者たちにより、文献学的、歴史学的立場から様々に解釈されてきた。しかしそういった研究の結果をここでまとめて紹介するつもりはないし、以下に述べるような仏教徒としての独自の観点を示すにあたって、それらがなんらかの影響を与えることもないので、問題とする必要はない。ここで我々が一番関心を持ち、問題の核心として考えるのは、仏教徒独自の観点だからである。この涅槃の意味という問題については、従来余りにも非仏教徒の推論に重きが置かれてきた。大方の批判者は、公正公平であるとは自称しながらも、なんらかの先入観に影響されて、とうてい聡明な仏教徒たちには受け入れられないような結論へと導かれてしまうのであった。そのうえ、彼らが主な情報源としているパーリ語資料というものが、世尊の滅後から、アショーカ王時代あるいはその直後までのあいだに次々と分裂していった多くの部派の中のひとつが持っていた見方を示しているにすぎないという事実が見逃されてきた。おそらく仏陀自身は涅槃については何ら紋切り型の考えは持っておらず、大抵の偉大な精神の持ち主たちと同様、様々な状況に合わせて自分の考えを存分に表現したのであろう。ただもちろん、それら様々な考えが、彼がその宗教生活を通して持ち続けた根本的な信念と相矛盾するものでなかったことは言うまでもない。したがって、一見矛盾しているように見えるすべての面を考慮しながらある問題を理解するためには、まずその問題の提唱者の精神を把握する必要がある。一旦それが成功すれば、残りは比較的容易に理解できることになる。非仏教徒の批判者たちには、この最も重要な条件設定が欠けているのである。だから、そういった者たちの解釈を仏教徒たちが決して受け入れようとしないことは何ら不思議なことではない。

仏教徒によれば、涅槃とはよく言われるような意識の断滅でも、精神作用を一時的あるいは永遠に抑制することでもなく、自我存在という考え、およびその誤った考えから起こってくるすべての欲望を断滅することなのである。(6) しかしこれは教えのネガティヴな面を言っているのであって、ポジティヴな面から言うなら、それはあらゆる衆生に対する普遍的愛すなわち悲(karuṇā)なのである。

涅槃のこの二面性、つまりネガティヴには煩悩の破壊、そしてポジティヴには悲心の実践というこの二つの特徴は相補的なものであり、一方があれば必ず他方もそれに付随する。というのも、心がエゴイズムの首枷から解放されたとたん、その心はそれまでの冷たく固まった状態から完全に変化して活動を開始し、進んで自縛状態を抜けだし、法身の胸中にその自由を見いだすからである。法身の中に自由を見いだすという意味からいえば、涅槃は法身の人間化、すなわち「神の意志が、天国におけるが如く、この地に顕現する」(一〇)のである。もし主観的、客観的という語を用いるなら、涅槃は主観的、そして法身は客観的である。それは一つの原理の両面なのである。さらに言えば、涅槃とは心理学的に見れば悟り、すなわち菩提心(智慧の心)の実現のことである(7)。

人によっては、愛の福音と涅槃の教えが互いに矛盾しているように思えるかもしれない。前者はエネルギーと活動の源であるのに対し、後者は生命のない、非人間的な、禁欲的寂静主義のように見えるからである。しかし本当は、愛というものは、仏教徒の生活の精髄を形成する最奥の宗教意識の情緒的側面なのであり、そして涅槃は、その知的側面なのである。

涅槃が利己的欲望の破壊であることは、次の偈《げ》で平明に示されている。

布施する者には功徳が増大する。
気持ちが制御される時、怒りは生じない。
賢者は悪を捨て、
欲望と罪と迷妄を破壊することで、
人は涅槃に到達する。(8)

仏陀の感嘆の言葉である次の偈は、ある種の比丘たちに向けられたものであるが、それは涅槃が寂静主義や悲観主義の意味で理解されることを仏陀が強く拒否していたということを証明している。

生死の果てしなき連鎖と
輪廻の悲惨さを恐れ、
彼らの心は憂いで満たされる。
しかし彼らは自分の安穏だけを求める。

静かに坐り、呼吸を数えて、

彼らは息念観(9)(ānāpāna)に心を集中する。
彼らは肉体の汚らわしさに思いをこらし、
その不浄さを思い続ける。

彼らは三界《さんがい》の塵垢《じんく》を避け、
禁欲行の中に自己の安寧を求める。
彼らは慈悲の心を持つことができない。
なぜなら、彼らの気持ちは涅槃にとどまっているから(10)。

一部の比丘たちの、この禁欲的修行に対して、仏陀はいわゆる理想的な仏教生活といわれるものを説き示す。

すぐれて偉大なる意志を起こし、
慈悲を実践し、喜びと保護を与えよ。
なんじの慈愛は虚空のごとく、
一切の差別と限界を離れている。

なんじ自身のためではなく、あらゆる者への慈愛のゆえに
功徳を積め。
一切衆生を救い、解放せよ。
彼らを偉大なる道の智慧に到達せしめよ。

涅槃の教義の倫理的な適用がいわゆる黄金律(11)に他ならないことは明らかである。しかし黄金律は、なぜそのようにしなければならないのかという理由は一切示さない。それは、ある超人的存在の権威のもとに下された命令にすぎない。これは、知的に養成された精神にとっては満足し難いことである。そういった精神は、物事の奥底にまで降りていって、その依ってたつ基盤を確認したいと願うものであるから、単に権威に頼って何かを受け入れるということを拒否するものだからである。仏教は、そこから慈悲の永遠の流れがほとばしるところの法身というものがあり、事物はそこにおいて一体化しているということを発見することによって、この問題を解決した。先にも述べたように、一旦エゴイズムの呪われた障壁が破壊されると、もはや我々が他者を自分と同じように愛することを妨げるものは何も残らなくなる。

エゴイズムが断滅されたあとでは、心は完全に不毛な状態になるだけだと考えている者たちは、人間の本質を見誤っているのである。彼らは、生気は利己性からもたらされ

るものであり、我々の生活のあらゆるかたちの活動は、自己および種を保存しようという欲求によって強制されたものにすぎないと考えるからである。だからこそ彼らが、世界のすべての事物は空であり、たいていの人がその不死性を追い求める自我存在などというものはない、という教えに対してしりごみするのは当然であろう。しかし本当は、愛の泉は自己という考えの中ではなく、その考えを捨て去ったところにこそ存在しているのである。人の心は、愛と智慧そのものである法身の反映なのだから、無知とエゴイズムの覆いが取り払われた時にはじめて、その真の力と美点とを取り戻すことができる。自己中心的な意志によって示され、それゆえに徹底的にさげすまれるべき生気、活力、熱意は、エゴイズムによって取り囲まれていた時のいやらしい雰囲気が取り払われたからといって、一緒に死滅してしまうのではない。それどころかそれらは一層高貴なものへと再解釈され、一層高尚で満足のいく意義を持つようになるのである。なぜならそれらは厳しい試練を乗り越えた結果、エゴイズムの最後の痕跡までも完全に払拭したものとなるのだからである。古き邪悪な師は永遠に葬られるが、その素直な従僕たちはいまだここにあって、正当にしてより信頼に足る新たな主のために一層励んで務めを果たそうと待ちかまえているのである。

破壊という言葉は通常、無存在と関連づけられるため、エゴイズムの破壊である涅槃は普通、ニヒリズムの同義語と理解されることが多い。しかしながら暗闇を取り除くことは、荒廃ではなく悟りや秩序や平和を意味する。部屋そのものは同じである。家具の配置も以前と変わらない。そしてそこが混沌《こんとん》の支配する暗闇なら、そこには悪鬼が跋扈《ばっこ》するが、悟りの光のもとでは、すべてはあるべき場所にあるということになる。涅槃こそがその悟りなのだと考えれば容易に理解できるであろう。

仏教の知的傾向

これと関連して、仏教をなにか冷たくて無感情なもののように見せている要因について述べておく。それは仏教の持つ知性である。

インドから伝来したものはなんでも、多分に哲学の香気を含んでいる。古代インドにおいては高いカーストに属する人々はみな、知的で思索的な訓練に没頭していたようである。物資が豊富になり、生きるために努力する必要がなくなってきたことにより、バラモンやクシャトリアたちは大きな樹木の下に集まったり山の洞窟に隠棲したりして、世事にわずらわされることなく、余暇を形而上学的思索や議論に存分に費やすことができるようになった。仏教もそういった人々の中から生まれたものである。したがって当然のことながら、それは知的傾向に深く染まっている。

そのうえ、インドにおいては宗教と哲学の間に区別がない。あらゆる哲学体系はそれ自体、宗教であり、また宗教は哲学でもあった。インド人の哲学は、往々にして最後には詭弁の網でがんじがらめになってしまうような論理的難解さをひけらかす類のものではなかった。彼らの哲学の目的は、存在の意味と人間の運命に関して、知的な洞察を獲得することにあったのである。彼らは盲目的になにかを信じることも、伝統をそのまま無条件に受け入れることもしなかった。仏陀の次の言葉は、そのような思いを端的にあらわしている。彼は「仏陀の教えとしてではなく、真理に沿ったものとして私の言葉にしたがえ」と言っているのである。この自己信頼と自己救済の精神は、その後、仏教の特質となった。仏陀は、彼がまだひたすら涅槃を望んでいた時期でさえ、すでにこの精神をしっかり持っていたようである。彼は、父王の命を受けて彼を連れ戻しにきた大臣たちの哀願に対して、きっぱりと次のように宣言しているのである。「なにかが存在しているかどうかという疑問は、他人の言葉によっては解決がつきません。苦行によってであれ瞑想によってであれ、真理に到達することによって、私は自分自身で確実な答を手に入れます。不一致や不確実性や矛盾に満ちた見解を受け入れることはできません。賢い人間が、他者の考えに影響されるはずはありません。大衆の世界は、暗闇で盲人が別の盲人に導かれているようなものなのです」(12)と。

　簡単に言うなら、「汝の敵を愛せよ」(一一)と言われただけではインド人たちは納得しない。彼らはそうしなければならない理由を要求するのである。そして一旦知性的に確信したなら、彼らは命と引き換えにしても、その信仰を守る。インドの哲学者たちが討論に先だって、負けた方は命を捨てるという申し合わせをするというのは決して珍しいことではない。結局彼らは、宗教的な心はもちろん合わせ持っているものの、すぐれて知的な人達なのである。

したがって仏陀がその最初の説法で、「悔い改めよ。天の国は近づいた」[一二]とは言わずに、四聖諦《ししょうたい》の確立を説いたということは当然である[13]。前者は感情に呼びかけるものであるのに対し、後者は知性に訴えているのである。知性に訴えるものは、感情に訴えるものに比べて、情熱的ではないように思えるであろう。しかし実際は、知性に裏打ちされていない感情というものは、狂信的なものとなり、たやすく頑迷と迷信に落ち込んでしまうものなのである。

涅槃の教えがキリスト教の愛の福音よりも知性的であることに疑問の余地はない。それはまず、日々の経験がはっきり示しているように、人生が悲惨なものであるということを認識する。次に、その原因が、存在することの真の意味に関する我々の主観的無知および、我々の精神的洞察力を曇らせることで我々を虚妄なものに執拗に執着させる自己中心的欲望にあることを確認する。そして最後に、一切の悪の根源であるエゴイズムの完全なる断滅を主張する。これによって、主観的には心の平安が回復し、客観的には普遍的な愛の実現が可能となる。このように仏教は涅槃および普遍的愛の教義を発展させるにあたって、きわめて論理的にことを進めているのである。

ヴィクトル・ユーゴーは『レ・ミゼラブル』(vol. III)の中で「個人への宇宙の縮小、神にまでいたる個人の拡大。これが愛だ」と言っている。人が自己にしがみついて、自分と同朋たちを同一視しないなら、彼が自分を神にまで拡大することなどできるはずがない。彼が自分をエゴの狭い殻に閉じこめ、世界のすべてを閉め出しているなら、宇宙を自分の内部にまで縮小することなどとうてい不可能である。したがって愛するためには、まず涅槃に入らねばならないのである。

真理はどこにあっても不変であり、それは無知を取り除くことで獲得される。しかし人はそれぞれの担う業によってその資質が異なっているため、(心理学的な意味から言って)知性に偏る者もあれば情緒性に偏る者もある。それゆえ我々は自分自身の傾向を意識して、それに従うようにすべきであって、他者のことを悪く言ってはならない。これが中道の教えと言われるものである。

第二章　大乗仏教の歴史的性格

それではこれから大乗仏教の教義を解説していくことにするが、その前にまず、インドの仏教思想家たちが仏教の特性に関して持っていた見解を考察しておこう。つまり仏教の特質を歴史的な視点で概観しておくということである。

序論で述べたように、大乗という言葉は、龍樹《りゅうじゅ》および提婆《だいば》の時代すなわち紀元後三、四世紀頃に創られた。声聞《しょうもん》、菩薩という二つの異なる系統の間の教義闘争が頂点に達したのがこの時期である。進歩的な立場に立つインドの仏教徒たちは、自分たちの教義の基本的特性を広く知らしめるため、ごく自然なやり方として、自分たちのライバルである小乗仏教を犠牲にするかたちで、自分たちの教義がどのような点で小乗に勝っているかを示した。したがって彼らの視点は党派心に汚染されており、公平かつ批判的に大乗仏教の根本的特徴を挙げていくのではなく、今日ではたいして重要でもないと思われるが、当時の彼らにとってはこの上なく重要だとみなされていたいくつかの点をことさらに持ち上げていく。とはいうものの、そういった点を見ていくことは、大乗仏教と、その同系のライバルである小乗仏教の教義を歴史的に区別するための特徴を知るためには役立つであろう。

堅意(Sāramati)の大乗仏教観(一)

堅意《けんに》(1)は、彼の『入大乗論《にゅうだいじょうろん》』において、大乗仏教とは菩薩たちのための特別な教えであり、その菩薩は、それ以外の二種の者たち、つまり声聞、独覚《どっかく》からは明確に区別されるべき者であると述べている。(二)菩薩のためのこの教えが、声聞、独覚という他の二種の者たちのための教えと区別される基本的な相違点は、以下の諸点を信じるというところにある。(一)感覚の対象は単なる現象に過ぎず、絶対的な実体は持たない。(2)(二)すべてに遍在している不滅の法身《ほっしん》が、存在の規範である。(三)あらゆる菩薩は法身の化身であり、それは以前に積んだ悪業によってではなく、全人類に対する限りなき愛によって肉体的存在をとる。(四)このようにして最高仏の化身として肉体を持つことになった者たちは、大衆を悟りに導こうとして、可能な限りのあらゆる社会的関係において大衆と交わりを持つ。

これは大乗の教義をきわめて簡略に述べただけである。それが小乗の教義にくらべてどのような特異性を持っているかは、『大乗阿毘達磨集論《だいじょうあびだつましゅうろん》』、『瑜伽師地論《ゆがしじろん》』、『顕揚聖教論《けんようしょうぎょうろん》』、『摂大乗論《しょうだいじょうろん》』やその他の論書において、より詳しく、広範に示されている。(3)まず最初に、右にあげた論書のうちのはじめの三本で述べられている「七つの一般的特性」について説明しよう。

大乗仏教の七つの主要な特性

無著《むじゃく》は龍樹のすこし後、すなわち大乗がさらに瑜伽行派《ゆがぎょうは》と中観派《ちゅうがんは》とに分かれた時代の人であるが、彼によると大乗仏教が小乗仏教と区別される七つの特性とは次のようなものである。

（一）包含性　大乗仏教はただ一人の仏陀の教えに限定されるものではない。いつ、いかなる場所であれ、真理というものが見いだされる場合、たとえそれが極めて不合理な迷信を装ったものであったとしても、大乗仏教はたちまちにしてその真髄と殻とを吹き分けて、真髄をおのおのが体系の中に同化してしまう。あらゆる時代、あらゆる場所で多くの仏陀たち(4)によって説かれた無数の善き教えは皆、大乗仏教という一貫した本体に含み込まれるのである。

（二）あらゆる衆生への普遍的な愛　小乗仏教は一個人の救済だけを考える。人はそれぞれに自分で自分を救済しなければならないから、至福が普遍的なものにまで拡張されることはない。それに対して大乗仏教はみんなを救おうとする。それは我々を一人一人個別に救おうとするだけでなく、まとめて救済しようとするのである。菩薩たちのすべての動機、努力、活動は、普遍的な福利の達成を助成することに軸足が置かれている。

(三) 知的理解の偉大さ　大乗仏教の無我の教えは、衆生だけでなく事物全般にまで及んでいる。大乗は、我々の精神作用を左右するなんらかの形而上的行為主体の存在を否定するばかりでなく、我々が認識している事物が、その認識どおりのかたちで外部に実在しているという見解をも否定する。

(四) 驚くべき精神的エネルギー　菩薩たちは倦むことなく普遍的救済のために活動し、この重大な目的を達成するために、極めて長い時間が必要とされることにも絶望しない。できるだけ短時間で悟りを得ようとか、大衆の利益に目を向けずに自己満足を求めようと考えるのは大乗の教えではない。

(五) 方便《ほうべん》の実践における偉大さ　ウパーヤ(upāya 方便)という語の本来の意味は方策、方法である。父の如き偉大な慈愛に満ちた菩薩の心は、大衆を最終的な悟りへと導くための方策の無限の源泉である。それによって菩薩は大衆を、その性格や環境に応じて導いていく。大乗仏教は、その信奉者たちに対して、涅槃の無感覚な昏睡的状態に入るために生死の輪廻から逃れよ、とは言わない。輪廻それ自身は悪ではないし、昏睡としての涅槃はなんらの善も生み出すものではないからである。そして、菩薩というものは、苦痛に苦しむ人々がいる限り、決して涅槃に安住することはない。慈悲で満ちた彼の利他の心は、一切の同朋を永遠の仏地の至福へと導くまでは決して休息することはない。この目的を遂げるため、彼は自分の公正無私なる慈悲の心が指し示す無数の方便を用いるのである。

(六) より高い精神的境地　小乗仏教において到達可能な最高の至福とは、禁欲行の聖者たる阿羅漢《あらかん》の境地を越えるものではない。しかし大乗仏教徒の場合は、あらゆる精神的力を具えた仏陀の状態にまでも達することができる。

(七) より偉大なる活動　菩薩が仏陀の境地に到達したなら、彼は宇宙の十方、あらゆる場所に身を顕すことができ[5]、そして一切衆生の精神的要求に力を尽くすことができる。

以上の七つの特徴は、小乗仏教つまり「小さな乗り物の教え」に対して、進歩的な仏教徒たちの教義が大乗つまり「大きな乗り物の教え」と呼ばれる理由となっている。したがって、無著は、これらの特徴の各々に基づいて仏教内の二つの派を明確に区分しようと努力しているのであって、当時存在していた仏教以外の宗教的教義と仏教とを区分することに力を注いでいるわけではない。

仏教の十の本質的特徴

次に述べる大乗の十の本質的特徴は『摂大乗論《しょうだいじょうろん》』に依るものであり、それは先の七つの特徴とはまた別の視点から考えられたものである。先の七つの特徴は大乗仏教全般にわたるものであったのに対し、この十の特徴は、無著と世親《せしん》が属する瑜伽行派独自の

見解を表明したものだからである。この瑜伽行派は、龍樹の中観派とともにインド大乗仏教を二分する学派である。(6)

無著と世親は、彼らの体系の中で最も基本的な点を以下の十項目にまとめている。

(一) アーラヤ識《しき》すなわち「一切を含む識」における一切事物の内在を説く。アーラヤ識の概念は仏陀によって、いわゆる小乗経典の中で示されているとされているが、その深淵な意味やそれが我の概念と混同されやすいことに関してはそれらの経典では十分に説かれてはおらず、大乗経典によって知るほかはない。

瑜伽行派によれば、アーラヤとは普遍的ではなく個別的な心あるいは識であって、それをどのような名称で呼ぶにしても、そこには一切存在の萌芽が観念的な形で含まれているのである。(7) 客観世界というものは本当は存在しないのだが、無知によって造り出された主観的幻影により、我々はアーラヤ識の中のこのすべての萌芽を外界に投影し、そしてそれを現実に存在する物として捉えるのである。一方、マナ識(自我意識)というものもまた、幻影の産物であり、アーラヤ識を真の実在であると考えて執着し、決してそのエゴイズムを放棄することがない。しかし、アーラヤ識の方は、これらマナ識の側の過失に対しては全く関係がなく、何の責任も持たないのである。(8)

(二) 瑜伽行派では、認識を三種に区別する。遍計所執性《へんげしょしゅうしょう》、依他起性《えたきしょう》、円成実性《えんじょうじっしょう》の三種である。その違いは、よく知られた縄と蛇の比喩で示すのが一番であろう。人はよく、見かけに騙されて、地面に落ちている縄を毒蛇だと思ってびっくりして跳び上がる。しかし近づいてよく見るとそれが根拠のない恐怖であったことにすぐ気がつく。妄念というものは普通、このようなかたちで現れてくるものなのである。これはカントが言うところのSchein(仮象)に相当するものと考えることもできるであろう。

しかしながら、大抵の人はそれ以上調べようとはしない。彼らは対象物を感覚的、経験的に確認するだけで満足してしまう。自分たちが蛇だと思ったのが本当はただの変哲もない縄だと分かると、彼らは対象を完璧に認識できたと思ってしまい、その縄というものが彼らにとって見えたままのものとして存在しているのか、それともその内部になんらかの実在を含んでいるのかという哲学的考察には踏み込もうとしない。彼らは自分たちの認識というものが、事物に関して我々が認知しうる現象的意味を越えることはできないが故に相対的なものとならざるを得ない、という点など一瞬たりとも考慮はしない。

しかし、対象というものは本当に我々が認識しているようなかたちで存在しているのだろうか。諸々の現象は本当に実在しているのであろうか。いわゆる現実というものに関して、我々の認識はどれほどの有用性を持っているのだろうか。こういった問題を考えてみた時、事物の存在は相対的なものに過ぎず、認識主体に関わりのない絶対的な価値など持ってはいないということに気がつくだろうと、瑜伽行派は言う。それはアーラヤ識に集中して保存され、そして主観的な無知によって活性化された我々の想念が、外界に「噴出した」ものなのである。事物にはアートマンとしての実在はないという、この明快な洞察が、完全な智慧を形成するのである。

（三）我々が完全な智慧を獲得すると、宇宙の実相が分かるようになる。そして客観的世界などというものはないということが分かる。それは、実際にはアーラヤ識と呼ばれる心から現れてくる幻影にすぎない。しかし、そのアーラヤ識という、一見実在するかに見えるものもまた、無知なるマナ識によって引き起こされた、個別化の産物である。マナ識（いわゆる自我意識）はアーラヤの本質を正しく認識することができず、それをまるで人形劇の演者のように、すべての精神活動を自分の好きなようにつかさどる形而上的な主体であると考える。蚕が自分の作った繭の中に閉じこめられるように、マナ識は自己の無知と混乱の中に絡め取られ、自分の造り出した迷妄を真の実在であると考えるのである。

（四）瑜伽行派は、他の大乗諸派と同じように、生活規範としては六波羅蜜《ろっぱらみつ》の実践を提唱する。六波羅蜜とは一、布施、二、持戒、三、忍辱《にんにく》、四、精進《しょうじん》、五、禅定《ぜんじょう》、六、智慧の六種である。その意味するところは、無著の説明によれば、「財の価値にも喜びにも執着せず」（布施）、「規則を破るという考えにおちいらず」（持戒）、「邪悪なるものに直面しても気落ちすることなく」（忍辱）、「善を行う中で、怠惰の情を起こすことなく」（精進）、「俗世の障害と混乱のただ中にありながら心の平静を保持し続け」（禅定）、そして「ekacitta（一心）[9]を常に実践し、事物の本質をありのままに理解しながら」（智慧）、菩薩たちは唯識《ゆいしき》の真実、つまり観念的あるいは主観的でないものなど何も存在しないという真実を知ることであるという。

（五）大乗では、菩薩には十段階があるという。それは次のようなものである。一、歓喜地《かんぎじ》（pramuditā）、二、離垢地《りくじ》（vimalā）、三、発光地《ほっこうじ》（prabhākarī）、四、焔慧地《えんねじ》（arcismatī）、五、難勝地《なんしょうじ》（sudurjayā）、六、現前地《げんぜんじ》（abhimukhī）、七、遠行地《おんぎょうじ》（dūraṃgamā）、八、不動地《ふどうじ》（acalā）、九、善慧地《ぜんねじ》（sādhumatī）、一〇、法雲地《ほううんじ》（dharmameghā）[10]。これらの段階を一段一段登っていくことで、最後には法身という唯一性へと到達できるとされている。

（六）瑜伽行派では、大乗仏教徒が守っている戒は、小乗仏教徒たちの戒よりもはるかにすぐれていると主張する。後者は外観を重視する形式主義に向かう傾向があり、我々の精神的、主観的動機にまでは深く立ち入ることがない。仏陀は身体的、言語的そして精神的という三種の戒を守ったのであるが、小乗仏教はそのうちの身体的戒と言語的戒だけを守り、それらよりはるかに重要である精神的戒は無視したのである。たとえば十善[11]というものについてみても、それを声聞の視点で解釈すれば、表面的であって決して精神的なものにはならないし、そのうえそれは、彼ら自身が涅槃に到達するために守るものであって、他者のために守るものではないのである。一方、菩薩はといえば、すべての者が解脱《げだつ》することを目指し、単なる道徳の狭い枠の中にとどまろうなどとは考えない。すべての者が解脱することを目指し、必要とあらばあえて十善を破ることさえある。たとえば第一戒はあらゆる殺生を禁じるものであるが、菩薩は自分の信奉することが正しく、それが全体からみれば人間に利益をもたらすものである場合には、すすんで戦争にも参加するのである。

（七）大乗仏教というものは、内面生活の浄化を唱えるものであるから、その教えは外界物に対して適用されるものではなく、その原理は禁欲的でも排他的でもない。大乗教徒は自分たちが俗世的な汚れと交わることを嫌がらない。彼らは菩提の実現を目指すのであり、輪廻の嵐に投げ込まれることを恐れず、相手が自分に敵意を持っていようが好意を抱いていようが、そんなことは気にかけずにすべての衆生に精神的利益を与えようとする。大乗に対して不動の信仰を持っているので、つねひごろ接触する無益な俗世的享楽に汚染されることがない。無我の教えに関するはっきりした洞察を持っている。一切の精神的過失を離れているため、彼らは真如《しんにょ》の法と完全に調和しながら暮らすことができ、自分の義務を遂行するのだが、そこには慢心や自己主張は一切ない。つまり、彼らの内的生活は法身の顕れなのである。

（八）菩薩の知性が他に勝ったものであることは、彼が非個別化(anānārtha)を理解しているという点に現れている。(12)これは哲学的にいえば、絶対存在あるいは普遍的実在を理解しているということである。菩薩の心というものは、輪廻(生死)と涅槃、積極性と消極性、存在と非存在、客観と主観、我と無我といった二元主義からは離れている。つまり彼の認識は、絶対の領域と非個別化の領域へと高く舞い上がることで、最終実在への限界を超越しているのである。

(九) この知性的上昇の結果として、菩薩は涅槃の中の生死輪廻の作用と、そして生死輪廻の中の涅槃の作用を理解する。彼は「不変の一」の中に「転変する多」を、そして「転変する多」の中に「不変の一」を見る。彼の内面生活は、移ろいゆく諸現象の法則と、超越的真如という二つの側面の両方と同時に調和する。前者に従えば、彼は感覚世界と接触する場合にも、禁欲主義者のようにあとずさりはしない。肉体的苦難を恐れたりはしないのである。しかし、後者に従うことで、彼は決して無常な事物に執着することがない。奥底に秘められた意識は、永遠なる真如の平安にとどまり続けているのである。

(一〇) 大乗独自の特徴として最後に挙げるのは三身説《さんしんせつ》である。この説においては、宇宙の究極因であり、そこにあらゆる存在のおおもとの起源と意味が見いだされるような、最高存在というものがあるという。大乗ではこれを法身(dharmakāya)と呼ぶ。しかし、この法身は、その絶対性に安住してはおらず、因果の世界にその姿を顕現する。その時には、それは特別な形をとる。悪魔になったり、神や天、人間、動物にもなる。

人々の知性のレベルに合わせて様々な形をとるのである。それがどのような形をとるかは、対象となる人々の内面的要求による。これが応身《おうじん》(nirmāṇakāya)つまり変身による身体と呼ばれるものである。約二千五百年前にガンジス流域でシュッドーダナ王の息子ガウタマとして生まれた仏陀は、応身である。第三のものは報身《ほうじん》(saṃbhogakāya)と呼ばれる。至福の身体という意味である。これは仏陀の霊的身体であって、そこには偉大さを示すあらゆる可能な形と、考えられる限りのあらゆる精神的パワーがそなわっている。報身の概念は、現代では簡単に理解できないような奔放な想像力に満ちている。(13)

以上、大乗の特質として述べてきた七つ、あるいは十の項目は、紀元一世紀から五、六世紀にかけてインドの仏教哲学者たちが、自分たちの信仰において最も基本的な点として考えていたもので、同じ仏教徒でありながらより保守的な人々の信仰と対比するために、救済の大いなる乗り物(大乗)と呼ぶべきであると考えたところのものである。

しかし、現時点でそれを眺めてみると、ここで取り上げられた諸点にはかなり党派的精神が含まれており、そのうえ、いわゆる大乗の特異点を概して無関係なままばらばらに語ったものとなっている。それらは、一貫した宗教体系としての大乗の性質に関する十分な情報も与えてはくれない。それらは小乗との対比を中心とした、一般的で幾分あいまいな概要にすぎない。しかし実際には、大乗は仏教の一学派であって、小乗とも多くの点で共通点を持っている。実際、大乗の精神というものは、小乗にも相通ずるものであり、仏教を大きなひとつの流れとして考える場合には、一方の重要性をことさらに強調する必要などないのである。以下、私は、大乗仏教徒たちが懸命に作り上げてきた仏教の、より包括的かつ公正な解説を語っていくことにする。

思索的大乗仏教

第三章　実践と思索

大乗仏教を扱うにあたっては、その教義展開における二つの主要な特徴に沿って、二つの分野に分けて考えるのがおそらくは最善の方法であろう。私はその二分野をそれぞれ大乗の思索的側面、実践的側面と呼ぶことにする。思索的側面とは、基本的には一種の仏教的形而上学であって、そこにおいて心は専ら推理と抽象化に向けられる。この分野で主役を演じるのは知性であり、最も深遠な哲学的問題のいくつかが考察されることになる。思索を重んじる仏教徒たちは、そういった問題を論じることに大いに興味を持ち、様々な問題に関して、膨大な量の著書を著してきた(1)。

大乗の第二の分野すなわち実践的側面は、大乗という体系の活力と精髄を形成する宗教的信念を扱うものである。大乗仏教徒たちは、ややもすると自分たちの実際的信仰を説明するという作業を不当に扱ってきたきらいがあるが、信仰それ自体は人間が本来具えている宗教的情緒から自ずと現れ出てくるものである。したがって実践的な部分というものは極めて重要なのであって、実際、思索的部分は実践的部分へと至る準備段階にすぎないとさえ言い得るのである。大乗が宗教であって哲学体系でない以上は、それは実践的でなければならない。すなわち人間の心の内面生活に直接訴えかけるものでなければならないのである。

宗教における情緒と知性の関係

宗教と哲学の関係に関しては多くのことが言われてきた。そして多くの学者が、宗教は迷信や超自然的啓示と同一視できるものだと固く信じており、その主張を否定することは、彼らに言わせればあらゆる宗教を否定することになるという。このような説が現れるのは、彼らが、宗教には中道がないと考えているからである。彼らはひとつの宗教が合理的であり、同時に実践的でもあるなどということはあり得ないことであって、そのようなものはもはや宗教とはいえないと考えるのである。ところで仏教というものは、気まぐれな想像力の産物でもないし、上からの啓示でもない。そのためそれには哲学なのだと公言する者もいる。したがって「思索的大乗仏教」などと言うと、そのような意見を認めているかのようにとられる可能性がある。そこで、そういった、大乗仏教の宗教的性格および、その主知主義に対する姿勢に関して人が抱くかもしれない誤った考えをすべて取り除くため、ここでは宗教における情緒と知性の関係について少し述べることにする。

宗教が本質的に実践的であることははっきりしている。そしてまた、宗教は必ずしも理論化されている必要はない。厳密に言えば、理論化というのは哲学の仕事である。もしも宗教が知性だけの産物であったなら、それは人間存在全体にわたる要求を満足させることはできないはずである。理性は、個々人の有機的な全存在の一部分を形成しているにすぎない。どれほど高尚な抽象も、どれほど深い思索も、人の心にある内面的欲求を満足させることはできない。しかし、それが人の内奥にある生命と構造にまで入り込んでいくなら、つまり人間存在という場において、抽象が具体的事実となり、思索が生きた原理となる時、もっと簡潔に言うなら、哲学が宗教になる時、それは可能となるのである。

だからこそ、哲学というものは普通、宗教と区別されるのである。しかし、人間存在の最も深い表現としての宗教が、知的要素を一切排除してしまうなどと考えてはならない。確かに宗教における主役は想像力と情緒であるが、信仰を調整して組織化することにおいては、理性がその正当な権利を主張しなければならない。もしこの権利が拒否されたなら、宗教は狂信、迷信、幻覚、果ては人間性の進歩に対する脅威にさえなっていく。

知性というものは、批判的、客観的なものであり、常に考察の対象となる事物から距離をおこうとする。具体的現実世界から距離をおくという、知性に特徴的なこの性質は、その知性自身をも生み出してくる生命というものの真の意味をつねに軽視するという傾向を与えてしまう。それゆえ、情緒と理性、宗教と科学、本能と知識の間に生ずる摩擦は、人の意識が目覚めて以来絶え間なく続いているのである。

このことを認識した知性ある人々には、宗教が自由を妨げるものであるとか、科学研究の発展を阻害するものであるとして、これを非難する傾向がある。確かに宗教がしばしば極端に走り、理性の正当な主張を抑圧しようとしたのは事実である。これが特にキリスト教で顕著に見られる現象であって、その歴史の中に、理性の領域への乱暴な侵入によって引き起こされた悲惨な事例が山のようにあるということも事実である。さらには、情緒と知性が時として相矛盾するということも事実である。情緒が最も価値ある宝として大事にしているものが、理性によって容赦なくつぶされてしまうということはよくあるし、その一方で、知性が一所懸命になってたどりついた結論に対して、情緒がひどい軽蔑の眼差しをおくるということもある。しかし、このような破滅的な争いは、二つに切られたヒドラ（一）の頭としっぽが互いに戦うようなもので、結局は自己破壊に終わるのが常である。

このような情けない状況が、すべて我々の近視眼的理解のせいだということが分かった今、そこで安穏としているわけにはいかない。実際、情緒と理性は、「どちらも不可欠なものであり、人間の発展の過程においては両者が一体となって働かねばならないのである。情緒のない理性は、働きかける対象を持たないことになり、働く力を失ってしまうし、理性のない情緒というものは暴虐かつ盲目的に活動することになるであろう。すなわち、一方だけが相方なしで存在し、活動したならそうなるのである。というのも、実際に活動するのは情緒でも理性でもなく、情緒と理性に従って働きを起こす人間だからである」(H・モーズリー『自然的要因と超自然的外観』(二) 七ページ)。それゆえもし、人間の理想を実現するためには情緒と理性が協調し協力しなければならないとするなら、宗教は、それが本質的には情緒的な現象であるにしても、知性の意味に無関心でいるわけにはいかない。実際、宗教は、哲学と同じように、人生においてこのうえなく重要な諸問題を思索し続けてきた。キリスト教ならば、思索は神学という名のもとに続けられてきた(もっともそれは本質的にはキリスト教が信仰の宗教であることを主張しているのであるが)。しかしインドの場合は、先にも述べたように、哲学と宗教は全く区別されなかった。そしてどのような教え・体系・教義も、それが西洋世界から見ていかほど抽象的で思索的に思えたとしても、その本質は宗教的なものであり、必ず魂の解放を目指すものであった。なんらかの現実的目的を持たない哲学体系などというものは存在しなかったのである。

インドの思想家は、宗教と哲学、実践と理論を分けて考えることができなかった。彼らの哲学は、人間の心から溢れ出るものであり、単に知的活動の結果を綺麗に現そうとするものではなかった。もし、彼らの思想が正しい方向に向かっておらず、人生を一層悲惨なものにする誤った考えへと導くものであったなら、それよりも一層すぐれた教義が見つかるや否や、喜んでそちらの方へと身を投じたものである。しかしその一方で、自分たちの考えが正しい方向を指していると考えたなら、そのために命を捨てることさえ躊躇しなかった。彼らの哲学とは、宗教と同じ熱情を持つものだったのである。

仏教と思索

こういうわけで、仏教はヒンドゥー教と同じように、抽象的な思索や哲学的省察に充ち満ちている。そのためキリスト教側の批判者たちは、仏教の宗教性というものを否定しようとする。しかし今日において、比較宗教学の研究者で、そのような考えを支持する者はいないであろう。仏教はきわめて主知的な要素を持ってはいるが、それでも間違いなくひとつの宗教体系である。仏教が他のいかなる宗教よりも合理的要素を強調するものであることは間違いないが、だからといって情緒が主体となる場の重要性をないがしろにしているとは言えない。仏教の思索的で哲学的な側面は、本当は宗教の主観的意義を正しく認識するための前段階なのである。というのも、宗教というものは、究極では主観的なものだからである。すなわち宗教の核心は愛と信仰、仏教用語でいうなら智慧(prajñā)と悲(karuṇā)によって成り立つ菩提の表出にほかならないからである。[2] prajñāではないただの知識というものは、人生ではほとんど価値がない。愛と信仰に裏付けられていない知識は、たちまちにしてエゴイズムと快楽主義の従順な召使いとなってしまう。テニスンの次の詩は、仏教の真理を見事に言い当てている。[三]

知識を愛さない者などどこにいようか。
その美しさを蔑む者がどこにいるであろう。
それが人と結びついた時の繁栄のいかばかりなるか。
知識を縛りつけておける者などどこにいよう。その働き、世に遍く広めん。
だが知識の額には火が燃えている。
一切を己が欲望に従わせようと
まなじり決して
未来の好機へと飛び込んでいく。
知識は虚栄心の強い子供である。

それは死の恐怖と戦うことなどできない。
愛と信仰から切り離された知識、
それは脳を切り取られた知の女神パラスの如きもの。

それは悪魔か。権力を目指す競争で、
あらゆる障害を焼き尽くしながら進むおそろしい灼熱体。
知識には己の分を知らしめよ。
それは二番手なるものであって、決して先頭を行くものではない。

すべてが無駄に終わらぬよう、幼子を導くように
大人がその手を差し伸べて、
智慧と並んで手を取り合って
知識の歩みを導くべし。

しかし、仏教が、信仰を浄化するなかで知性が果たす役割を決して無視しないという点を忘れてはならない。というのも、あらゆる宗教において迷信や偏見を最終的に破壊できるのは、知性の賢明な働きがあればこそだからである。

知性はそれほど重要なものであり、それゆえに、あらゆるインチキや虚偽を打ち砕く執金剛神《しゅうこんごうじん》(Vajrapāṇi)の雷のごとくに尊敬されねばならないのである。しかしそれと同時に、強固な岩の上に建てられた家屋のごとく、そういった迷信や偏見が破壊されてもびくともしない、宗教の精髄というものも胸に刻んでおかねばならない。その土台は人の心の深奥に据えられており、知識や科学がそれを壊すことなどできない。熱い血が流れ、生命の炎が燃えている人の心がある限り、どれほど強力な知性も、宗教を踏みにじることは絶対にできないのである。実際、宗教的感情が知性から厳しい試練を与えられれば与えられるほど、その本来の価値は一層ひかり輝いてくる。それゆえ本当の宗教というものは、科学的審問の場に身をさらすことを、なんら臆するものではない。むしろ科学が宗教の究極の意味を無視するなら、それは自分で墓穴を掘ることになる。科学には、自然の謎を解き明かし、存在の意味を読み解くこと以外に、いかなる目的があるというのか。そしてその、存在の意味を読み解くということこそが、宗教の基礎を形作っているものではないのか。科学は自己完結するものではない。それは、宗教の中に、そのレーゾン・デートルを見いだすのである。それが単なる知的活動にすぎないのなら、真剣に考察する価値などないということになるのである。

宗教と形而上学

フランスの社会学者ギュヨー氏(Guyau)は『未来の無宗教』(英訳本一〇ページ)においてて次のように言っている。(四)

「大きな影響力を持ち、長い歴史を生きてきた宗教というものは皆、以下のような三つの基本的特性を持っている。(一)自然現象や歴史的事実を神話的・非科学的に説明しようとする(自然現象の説明としてはたとえば神の介在や奇跡、祈禱などがあり、歴史的事実の説明としてはキリストや仏陀の再生、天啓などがある)。(二)科学的な立証や哲学的裏付けがなくても、絶対的真実として、シンボリックな観念や想像による確信といったドグマをむりやり信仰の中に取り込んで体系化してしまう。(三)崇拝行為や体系化された儀式には、物事の動きに大きな影響を与える力があり、鎮静化の作用があると考えて、それを不変の慣習として取り入れる。宗教が神話もドグマも崇拝行為も儀式も持たないなら、それは「自然宗教」というあやしげな代物になってしまい、そしてそれは形而上学的仮説の体系に還元されることになる」。

ギュヨー氏は、宗教から迷信や想像による確信、神秘的儀式を取り去ったなら、あとに残るのは形而上学的思索の体系だけであり、それはもはや宗教ではないと考えているようである。しかし私から見れば、このフランスの社会学者も、現今の科学的思考を重視する人々に共通して見られる過ちを犯している。彼が宗教から一切の刹那的要素や外的被覆をはぎ取ろうとしている点は全く正しい。しかしそれによって、人の心の内奥から発せられる要求に基づく宗教の核心部分を犠牲にしてしまっている点は、完全な間違いである。そして、この核心部分は、迷信とはなんの関係もない。迷信というものは、栄養の欠乏や異常な食物によって生じるいぼやこぶと同じく、宗教の核心部分にまとわりついて成長する無用物なのである。さらにその核心部分は、単なる形而上学的問題に関する哲学的、解説的仮説ともなんら関係しない。そんなものとは全然違う。宗教は人の心の深淵から発せられる叫びなのである。その叫びは、生命と宇宙の目的論的意味を明らかにする「なにものか(something)」を見つけて、それと一体化するまでは止むことがない。しかしこの「なにものか」は、ゲーテが「感じることがすべてなのだ。それに名前などつけられない」という『ファウスト』(五)の言葉として語っているように、主観的な価値しかもたないものである。それはなぜか。それは客観的、知的には論証され得ないものだからである。個々の現象的存在を統括する自然法則が人間の論理的理解の対象となるのとは違うのである。そしてこの宗教の主観性こそが、「一切の正当なるものを薄汚れた外衣」にするのである。ギュヨー氏が考えるように、もしドグマや崇拝行為をはぎ取った宗教というものがただの形而上学の体系にすぎないというのなら、我々は宗教の主観的意義あるいは、宗教のレーゾン・デートルとなる情緒的要素をまったく見失ってしまうことになる。

以上の考察に続いて、思索的大乗仏教がどのような形而上学的仮説の上に形成されているかを見ていこう。ただしここで注意すべきは、大乗仏教のこの側面は、後ほど「思索的大乗」の対立項として詳しく解説する「実践的仏教」という、一層基礎的な側面への準備段階にすぎないという点である。

第四章　知識の分類

知識の三つの形態

大乗仏教は普通、知識を二つないしは三つの形態に分ける。この分類は、宗教的視点から人間の知識の範囲と性質を明確化しようとするものであるから、一種の認識論である。その目的は、無知(無明)を消し去り、悟りに到達するために最も信頼でき最も価値のある人間の知識は何かを知ることにある。仏教哲学のこの分野に対して最も関心を持っていたのは大乗の中でも無著《むじゃく》と世親《せしん》の瑜伽行派《ゆがぎょうは》である。この派は『入楞伽経《にゅうりょうがきょう》』や『解深密経《げじんみっきょう》』、さらにそれ以外のいくつかの経典を教義の拠り所としているのだが、彼らは知識に三つの形態があると説く。しかし、経典は概してその主題を詳細に解説することなく、ただ単に知識を分類し、仏教徒にとって、それらのうちのどの形態の知識が最も望ましいかを指摘しているにすぎない。より濃密で論証的な説明が知りたければ、この派が著したアビダルマ蔵《ぞう》を見なければならない。瑜伽行派のすぐれたテキストの中でも特に取り上げるべきものは、世親の『唯識三十論頌《ゆいしきさんじゅうろんじゅ》』とその注釈、それに無著の『摂大乗論《しょうだいじょうろん》』であろう。以下の説明は主にこれらの本に依っている。

瑜伽行派が分類する知識の三形態とは、（一）妄想（遍計所執性《へんげしょしゅうしょう》、parikalpita）、（二）相対的知識（依他起性《えたきしょう》、paratantra）、（三）絶対的知識（円成実性《えんじょうじっしょう》、parinispanna）の三種である。

妄　想（遍計所執性）

遍計所執性（parikalpita）とはカント的に言えば、悟性のカテゴリーとの協同性を持たない感覚認識であり、言い換えれば、客観的現実性や批判的判断によって立証されない純粋に主観的な所産である。それを実際的に適用しようとしない限り、なんら危険はない。少なくとも宗教的にはそれは決して悪しきものではない。感覚的な錯覚は心理的事実であるから、それなりに正当なのである。水の中に入れたまっすぐな棒は光の屈折のせいで曲がって見えるし、手足が切断された後も、神経系が新たな状況に適応できないことによって、失われた手足の感覚が残る。しかしこれらは皆、妄想なのである。各々の場合の当該の感覚的印象は確かに正しく解釈されている。しかしそれは客観的現実性を確立するためには必ず協同しなければならない他の感覚的印象によっては確認されていないのである。以上の考察から、次のようなことが言える。すなわち、健全な推測と正しい行為は、妄想による前提ではなく、批判的知識に基づかねばならないということである。

大乗仏教徒たちはこのように考えるがゆえに、俗世の人々が抱くエゴイズムというものは、次元は違うが、この種の妄想としての知識に含まれるものだと断言し、エゴイズムを最後の砦《とりで》として、それに執拗に執着する者は、知性の蜃気楼を信じるようなものだという。それは喩えるなら、砂漠で幻の水を見て必死でそれを追いかける喉の渇いた鹿や、水面に映る月を摑まえようとする小賢しい猿のようなものである。我々の精神現象の背後に形而上的主体が存在すると信じることは、経験によっても健全な推断によっても確証されないのであるから、それは単に、いまだ覚醒していない主観が産みだしたものにすぎない。

この倫理的で哲学的なエゴイズム以外にも、呪物崇拝や偶像崇拝、神人同形論、神人同性論などといった実体のない主観的妄想に基づいて形成されたすべての世界観は妄想を前提とした考えとして、遍計所執性に分類されねばならない。

相対的知識(依他起性)

次は依他起性(paratantra)すなわち相対的知識に基づく世界観、より正確に言うなら、相対性の法則を知ることによって形成される世界観である。この世界観に従うなら、世界のあらゆるものは相対的・条件的存在であって、一切の限定から離れた絶対実在であるものなどどこにもないということになる。この考えは、我々の知性は相対性の法則を越えることができないという不可知論を展開する現代科学者たちの理論にきわめて近い。したがってこの依他起性は、我々が日常、外界と接触することでもたらされる知識によって構成されている。それは我々の感覚的経験によって形成されるなかでは最高次の抽象概念を扱う。それは厳密な意味で実証主義的なのである。その主張は次のようなものである。「世界は相対的な存在でしかない。そして我々の知識は必然的に制限されている。究極の普遍化を成し遂げたとしても、それは相対性の法則を超越することはできない。存在の第一原因と最終目的を知ることはできないのであるから、存在の領域を越えて先に進む必要などない。そんなことをすれば、必ず神秘的想像の迷路に迷い込むであろう」。

このように依他起性は、実証論的、不可知論的あるいは経験論的性格を持っている。瑜伽行派の仏教徒たちがこういった現代哲学の用語を用いたわけではないが、それでもここで示した解釈こそが、彼らが知識の第二番目の分類によって示そうとしたことなのである。このような視点に立つ世界観は、我々の知覚認識に関しては健全なものであると大乗仏教徒たちは言う。しかしそれが我々の精神生活および内的意識を考慮していない以上は、人間経験のすべての領域をカヴァーするものとはならない。人間の心の中には、外界からの多種多様な印象を、いわゆる自然法則によって体系化することだけでは満足しない「なにものか」が存在している。我々の心の底には、単一感情、単一情緒、単一熱望といった具合になんとでも呼ぶことはできるが、ともかく暗示的表現や間接的表示以外に表す方法のない「なにものか」があるのである。このいくぶん神秘的な意識は、不明確なものではあるが、宇宙の意味だけでなく我々の存在の意味をもそこに含みこんでいるように思える。知性は、その精妙な論理を総動員して、我々に、この不安な感情を押さえつけ、いわゆる自然法則の体系化だけで満足するように働きかけてくるかもしれない。しかしこれは自己欺瞞である。なぜならば、知性は心の召使いにすぎないのであって、自己矛盾に陥るように強制されない限りは、知性は自分自身を心の要求に適応させねばならないからである。すなわち、我々は条件性の狭い制限を超越して、我々の生命と経験の根底にどのような必須原理が作用しているのかを見ていかねばならないのである。そしてこの生命の必須原理の認識こそが、瑜伽行派が円成実性と呼んだ、第三の形態の知識である。

絶対的知識(円成実性)

円成実性(parinispanna)とは最も完全な知識に基づく世界観という意味である。この世界観によれば、宇宙は一元的にして汎神論的体系(monisticopantheistic 一即多)となる。現象的存在は条件化と個別化で特徴づけられる自然法則によって統制されているが、それらは我々の内奥の意識に蓄えられているすべての経験までも統制するものではない。

そこには必ず「なにものか」が存在するはずである。それは人間性の絶対的要求であり、経験の究極的原理なのである。それは「大いなる意志」「大いなる知性」とも呼ばれるべきものであるが、ともかくそれが一切の経験の根底にあってそれらを活動させ、そして宇宙的生活、倫理的生活、宗教的生活の基礎を形成しているのである。この最高意志あるいは最高知性、あるいはまたその両者を合わせたものは、「神」と呼ぶこともできようが、大乗仏教徒たちはそれを、宗教的には法身《ほっしん》(dharmakāya)、存在論的には真如《しんにょ》(bhūtatathatā)、心理学的には菩提《ぼだい》(bodhi)または正等覚(saṃbodhi)と呼ぶのである。そしてそれはあらゆる空間、時間に顕現する、宇宙の内在的存在であると考える。つまりそれは、永遠に続く創造の原因であり、同時に道徳の基本原理でもなければならないのである。ではそういうものの存在を我々はどうやって認識できるようになるのであろうか。仏教徒たちは、我々の心から妄想や偏見やエゴイスティックな先入観がぬぐい取られる時、その心は透明なものとなり、まるで埃をぬぐった鏡のように真理を映し出すのだと言う。このようにして得られた意識の輝きこそが、いわゆる円成実性つまり最も完全なる知識を構成するのであり、それが我々を最終的救済、永遠の至福である涅槃《ねはん》へと導くのである。

三種の知識に基づく世界観

ここまでの説明で、瑜伽行派が三形態の知識に基づいて、世界観を三種に分類した理由が明らかになったであろう。遍計所執性は最も原始的かつ未熟なものである。ところが、この文明開化の現代に、ほとんどの人たちが信じているのはほかならぬその遍計所執性による世界観なのである。彼らにとっては、感覚が認知する物質存在だけがすべてであって、エゴイスティックな妄想や幼稚なリアリズムの軛《くびき》を振り切ることができない。そういう人たちにとって神とは、超越的で人と同じ形をとっており、いつでも気まぐれに世界の事物に干渉したがる、そういった存在でなければならない。このような浅はかな心を持つ人々が暮らす世界と、仏陀や菩薩たちが見ている世界の間に、なんと大きな隔たりがあることか。ドイツの思想家ハルトマンが正しく指摘しているように、大衆の知的文化程度というものは少なくとも一世紀は遅れているものなのである。しかしこのような人々の無知や迷信にもかかわらず、全世界的な変化の波が、おそらくは彼らの想像もしないような方向へと彼ら自身を押し流しつつあるというのは全くもって不思議なことである。

依他起性は遍計所執性よりも一歩前進した立場であるが、それでもそこには、我々の内奥の意識が我々に対して絶え間なく顕しているものを、自己矛盾を押して無視し続けるという根本的な誤りがある。知性の力だけでは、我々の全存在の謎を解き明かすことなど決してできない。最高の真理に到達するために我々は、自分たちの全存在をかけて、知性の光が届かない絶対的暗黒の領域に思い切って飛び込んでいかねばならない。この領域こそがほかならぬ宗教的意識の領域ということになるのであるが、それはほとんどの知的な人々が、知性の力ではどうしてもそれを探ることができないという口実のもとに、避けて通っている領域なのである。しかし、最終的に心の要求を鎮める唯一の道は、限界ある理性の地平を超越し、心の存在と活動力には必須なもの(sine qua non)として心の中に植えつけられている信仰に訴えることしかない。この信仰という言葉によって私が意味しているのは般若《はんにゃ》(prajñā)すなわち、法身の知的精髄から直接出てくる超越的智慧である。哲学の駄弁や儀式の無意味さの中に真理や至福を探し求めて徒労に終わり、疲れ切ってしまった心も、ついにはこの中において神々しく輝く光を浴びて全き安息を得ることができる。俗界を離れた幸せだけを感じ、それに満たされていれば、その光がどこからくるのかなどということは問題ではない。この高貴なる精神状態を仏教では涅槃とも、解脱《げだつ》とも呼ぶのである。そして円成実性は、この主観的、理想的覚醒状態から自ずと導かれる世界観なのである(1)。

知識の二つの形態

インドの大乗仏教には、瑜伽行派の他にも龍樹《りゅうじゅ》の中観派《ちゅうがんは》というものがあるが、それは

知識を三つではなく二つに分類する。しかし実際には瑜伽行派も中観派も詰まるところの結論は同じである。(2)

中観派哲学によって分類される二種の知識あるいは真理とは、世俗諦《せぞくたい》(saṃvṛti-satya)と勝義諦《しょうぎたい》(paramārtha-satya)である。前者は条件付きの真理、後者は超越的真理を意味する。龍樹の『中論《ちゅうろん》』には次のように説かれている(Buddhist Text Society 版、pp. 180–181)。

仏陀の聖なる教えは
二種の真理に依存している。
条件付きの真理と、
超越的真理である。

これら二つの真理の違いを
知らない者は、
意味深い仏教の真髄を
知ることができない。(3)

この条件付き真理が、瑜伽行派が言うところの妄想(遍計所執性)と相対的知識(依他起性)を含んでおり、超越的真理が絶対的知識(円成実性)に相当する。

中観派の哲学者たちはいつでも、この二種の真理を空(śūnya, void)、不空(aśūnya, not-void)という語を用いて説明するのであるが、残念なことに、それが原因となってキリスト教の学者たちは龍樹の超越的哲学を誤解してしまったのである。絶対的真理というものは究極的性質として空である。というのは、それは分別の対象になるような具体的、現実的、個別的なものを全く含んでいないからである。しかしそれを、浅薄な批判者が言うような絶対的無として理解してはならない。中観派の哲学者たちが、超越的真理を空であるとするのは、それを現象存在の実在性と対照させた場合のことである。なぜなら超越的真理は、個別的実在と対比した場合には実在であるとはいえないし、それが個別化の原理を超越しているという点では空だからである。絶対的な立場からいえば、それは中身がないのでもなく、中身があるのでもなく、空でも不空でもなく、有でも非有でもなく、非存在でも存在でもなく、現実でも非現実でもない。こういった用語はすべて関係と対比を意味するものであるが、超越的真理はそれらを越えている。より正確には、超越的真理はその絶対的な唯一性において、すべての対比と相反性を統合してしまっているのである。したがってそれをなんらかの名称で呼ぶなら、かならず真理(satya)の本質を誤解させることになる。名称を付するという作業そのものが個別化だからである。このような超越的真理は、知性に偏向した考察や論証的知識の対象とはならない。それはあらゆる条件的、現象的事物の根底にあって、それ自身は分別の特定の対象にはなり得ないものなのである。

超越的真理と相対的理解

超越的真理というものが、そういった知的理解を越えた抽象的性質のものだとするなら、我々はどうやってそれを獲得し、その至福を享受できるのかと疑問に思う人もいるだろう。しかし龍樹は言う。それは知的理解の領域から全く離れているわけではない。それどころかむしろ逆に、知的理解を通して初めて我々は精神的努力を向けるべき方向を知ることができるようになるのである。ただしそれは、究極の実在を把握するための手段にすぎないから、それに執着してはならない。月を指し示すために使った指も、月そのものが分かった時には、もはや意味のないものとなってしまうのである。漁師は釣った魚を家まで運ぶために魚籠《びく》を使うが、魚が家のテーブルに並べられてしまえば、もはや魚籠のことなど考えはしない。だが我々がいまだ悟りへ向かう途上にある間は、相対的知識や条件付きの真理、すなわち世俗諦の価値を無視することはできないのである。これについて龍樹は、

世間的知によらなければ
真理は理解できない。
真理に近づけなければ
涅槃には到達できない。

と言っている。(4)

以上のことから、仏教は決して宗教的信仰を科学的、批判的に研究することを嫌うものではないと考えられる。信仰の内容を純化し、我々が精神的な真理と安らぎを見いだすことのできる方向を示すのも科学の持つ機能のひとつだからである。相対的知識のうえに成り立っている科学は、単独で我々の宗教的熱望をすべて満足させることなどできない。しかしそれは間違いなく、悟りへの道を我々に指し示すことだけはできるのである。そして一旦その道が明らかになれば、その時には智慧(あるいは正等覚)が人生の道案内となるから、その新たに見つけた道をどのように進んでいけばよいかが分かる。ここにおいて我々は未知の領域へと踏み込むことになる。そこで我々が経験する精神的諸事実は、論証不可能なものである。なぜなら、それは直接的で即時的なので、いまだものの分かっていない人たちには、その姿をかいま見ることさえ不可能なものだからである。

勝義諦《しょうぎたい》(paramārtha-satya) あるいは円成実性《えんじょうじっしょう》(pariniṣpanna) といわれる超越的真理は、存在論的視点からは真如《しんにょ》(bhūtatathatā) と呼ばれる。それは「存在のあるがままなること」という意味である。仏教は思考と存在を分けて考えることがないので、客観世界における真如が、そのまま主観世界での超越的真理となるし、逆に客観世界における超越的真理が主観世界での真如ともなる。したがって真如は仏教における神性 (the Godhead) であり、一切の起こりうる矛盾を統合し世界の事象の方向性を自ずから指し示す最高原理に到達するためのあらゆる精神的努力が成就したことを示す指標となるものである。つまりそれは存在の究極的公理なのである。先に述べた円成実性と同様、それは論証的知識の領域にも感覚的経験の領域にも属さないので、自然科学が一般法則を見いだすのに用いる普通の知的探求法によっては理解することができない。そしてそれは仏教徒に言わせれば、いわゆる宗教的直観と呼ばれるものを発揮する能力のある者によってしか把握され得ないものである。

馬鳴《めみょう》は『大乗起信論』の中で、この第一原理の限定不可能性を語っている。それは相対的、条件的事物に起因すると考えられる一切の思考可能な特性から離れているが、そこを取り上げて、真如は空であると規定するなら、それによって人々は真如を絶対的虚無としての無であると考えるであろう。一方、それが諸現象の無常性を越えた上位にあるということから、真如を本当の実在であると規定するなら、人々はそれを、自分たちと同じレヴェルの具体性を持ちながらも、この宇宙の領域を越えたところに存在しているなんらかのものが、永遠の生命を持って生き続けていると考えるであろう。この状況は喩えてみれば、盲目の人たちに象の姿を説明するようなものである。それぞれの盲人はきわめて不明瞭で不完全な象の概念しか摑むことができないのに、皆、自分は正確で完全な象の姿を理解したと思いこんでいるのである。(1) したがって馬鳴は、このような存在の、究極的性質を明確に語ることはどのようなかたちであれ避けたかったのであるが、我々凡人が自分の考えを表明し、それを他の人たちに伝えるには言語以外に方法がないため、彼は最良の方法として、「真如」すなわち「存在のあるがままたること」、もっと簡単にいえば「そのようであること」という語で表現することにしたのである。

このように絶対的視点から名付けられた真如というものは、存在のカテゴリーにも非存在のカテゴリーにも属さない。そして狭い相対性の範囲に留まっている人は、その本当の姿を把握することはできないのだと言わざるを得ない。龍樹《りゅうじゅ》は『中論』(第一五章)で次のように言っている。

自性と他性、
性と無性を
区別して考える者は、
仏教の真理を理解できない。(2)

あるいは、
有と考えれば常住論者となり
無と考えれば断滅論者となる。
それゆえ賢者は、
存在と非存在のどちらにも依拠しない。(3)

さらに、
存在と非存在の二元論
浄と不浄の二元論。

このような二元論を捨て去って
賢者はしかも、その中間にもとどまらない。(4)

再び『大乗起信論』から次の文句を引用しておこう（五八―五九ページ）。「形而上的起源において、真如は染汚《ぜんま》なるもの、すなわち条件付けられたものとは一切関係がない。現象世界の事物にみられる、個別化の様相からは完全に離れており、実在しない特殊化した意識からは独立しているのである」。

限定不可能性

絶対的真如は、本質的にすべての限定を拒む。「それはなになにである」という言い方さえできない。なぜなら、「それはなになにである」という場合には、必ず「それはなになにではない」という対立項が想定されているからである。存在と非存在は、主観と客観、心と物質、これとあれ、一と多といった概念と同じく、相対的な言葉であり、対立項があって初めて考えることのできるものなのである。したがって我々が自分たちの不完全な表現機能によってそれを表そうとするなら、「それはそうではない(na iti)(5)」としか言いようがないということになるであろう。それゆえ大乗仏教徒は普通、絶対的真如を空性として表すのである。

しかし空性という、この最も重要な語を、より完全に解釈するなら、馬鳴が言うように「真如とは存在するものでも非存在なるものでもなく、存在しかつ存在しないものでもなく、存在せずかつ存在しないのでもないというのでもない。それは一なるものでなく、多なるものでもなく、一にしてかつ多なるものでもなく、一にしてかつ多なるものでないというのでもない」という言い方をすべきであろう。(6)

龍樹の有名な「八不中道《はっぷちゅうどう》」の説も、その精神はこれと同じである。そこでは、「不滅、不生、不断、不常、不一、不異、不来、不去」と説かれている。(7)ほかの箇所でも彼はこの考えを、歴史上の仏陀を真如のほんとうの具体的顕れであるとして、逆説的な言い方で次のように語っている(『中論』第二五章第一七偈)。

仏陀が滅してしまった後に「仏陀はまだここにおられる」と考えてはならない。
彼は存在と非存在というすべての対立を越えているのだ。
仏陀が生きておられる時に「仏陀は今ここにおられる」と考えてはならない。
彼は存在と非存在というすべての対立を越えているのだ。(8)

真如を絶対否定として捉えるこの視点は、大乗の中の禅宗文献に多く見いだされる。たとえば禅宗の祖である菩提達磨《ぼだいだるま》(9)は、梁の武帝(紀元五〇二―五四九年)から聖なる教えの第一原理を尋ねられた時、哲学者のように長くてくどくどしい説明などはせず、簡潔に「まったくのからっぽで、聖なるものなどなにもない(廓然無聖)」と応えている。武帝は困惑し、この聖なる指導者の言葉をどう理解したらよいのか分からなかった。彼は当然、このようなぶっきらぼうな答えなど予想していなかったので非常にがっかりし、そしてさらに次のような質問を試みる。「それなら、私の前に立っているのは一体何者ですか」と。これによって武帝は、絶対的真如の教えを拒否しようとしているのである。つまり議論の流れを説明するとこうなる。もし聖性と罪悪性を区分する、事物の究極的性質というものが存在しないなら、なぜこの世界には対立性があるのか。たとえば仏陀の聖なる教えを広めるために彼の現前に立っているこの菩提達磨という人物は、聖なるものとして尊敬されているではないか、というのである。しかし菩提達磨は神秘主義者であり、直観によってのみ宗教的意識に開示される最高の真理を表現するには、人間の言語など全く不十分な手段であることを確信していた。達磨はただ「知らん」と応えただけであった[10]。

この「知らん」という言葉は不可知論的な意味で理解してはならない。それは「神は理解された時、もはや神ではない」というのと同じ意味なのである。人間の理解というものに多くの面で限界がある以上、段階的に高次の肯定へと昇っていくためには名称と形態(nāmarūpa)の一切の相違を排除して、否定語だけで真如を語るというこの方法こそが、最適なものであるように思われる。ところが仏教徒自身の中にもこれを誤解する者がいた。空性哲学の意味をほとんど意図的とも思えるかたちで取り違えることのあるキリスト教の仏教学者たちが誤解するのは当然としても、仏教徒自身が誤解してきたのである。そういった不幸な誤解を避けるために、大乗仏教徒は往々にして、「絶対的真如はからっぽでありかつ、からっぽでない。空でありかつ、不空である。存在しておりかつ、存在していない。有にしてかつ、非有。一にしてかつ多。これでありかつ、あれである」といったパラドキシカルな表現を用いたのである。

雷のごとき沈黙

この他にも、絶対的真如を説明する方法がある。それは、宗教的性向を持つ人々には最も実際的で効果的なものであるが、懐疑的な知性人にとってはまことに不十分なものといえるかもしれない。真如の特性、あるいは経典自身の言葉で言うなら「不二の法門」を尋ねた問いに対する維摩《ゆいま》の「雷の如き沈黙」がそれである。(11)

あるとき文殊《もんじゅ》が多くの菩薩を連れて維摩菩薩を訪ねてきたが、その時維摩は、その菩薩たちに、「どうやったら不二の法門に入ることができるのか、その点に関しての見解を語っていただきたい」と質問する。それに対してある者は「生と死は二つのものであるが、法そのものは生まれもしないし死にもしない。このことを理解した者は不二の法門に入ったと言われるのである」と答えた。一方、ある者は「私(我)と私のもの(我所)が二つのものである。私が「私は存在している」と考えるからこそ、私のものというものが存在するのである。しかし「私は存在している」と考えることがない時、私のものなどというものが一体どこに見いだせようか。このように考えることで、我々は不二の法門に入るのである」と答えた。またある者は「輪廻と涅槃が二つのものである。しかし我々が輪廻の究極の本質を理解する時、輪廻は我々の意識から消滅し、そこには束縛も解放もなく、生も死もない。このように考えることで、我々は不二の法門に入るのである」と答えた。さらには「無知と悟りが二つのことである。しかし無知がなく、悟りもなければ二元論も存在しない。なぜかというと、感受作用も認識もない瞑想状態(滅《めつ》尽定《じんじょう》)に入った者は、悟りからも、そして無知からも離れた状態となるからである。このことはその他のすべての二元論的カテゴリーに対しても同じである。このようにして平等性を知る者は不二の法門に入ると言われるのである」と答える者もあった。またさらに別の菩薩は「涅槃を喜ぶことと、世俗を厭うことが二つのことである。涅槃を喜ばず、世俗を厭わなければ我々は二元論から離れることになる。なぜならば、束縛と解放は相対的な語であり、最初から束縛がなければ、解放を望むことなどそもそもあり得ないからである。束縛もなく解放もなく、それゆえ涅槃を喜ぶことも世俗を厭うこともない。これが不二の法門に入ることと言われるのである」と答えた。

他にもたくさんの答えが、リーダーである文殊を除いたすべての菩薩たちから提示された。そこで維摩は、その文殊に対して、自分の考えを述べるよう求め、文殊は次のように答える。「私の考えるところを言葉にするなら次のようになるでしょう。全く言葉がなく、言説がなく、いかなる指標も示さないものは認識することができず、一切の質問と応答を越えてしまっている。これを知ることが不二の法門に入ることと言われるのである」。

最後に文殊が、維摩に向かって、不二に関する彼自身の意見を語るよう求める。しかし維摩は完全な沈黙を守り、一言も発しなかった。すると文殊は「大いに結構である。不二の法門は、文字も言葉も全く超越してしまっているものなのだ」と叫んで、それを称賛したのであった(12)。

ところで大乗仏教徒は、この真如を、我々の意識が理解する際の形態に沿って二つの面に区別する。すなわち条件付きの真如と無条件の真如、別の言い方をするなら因果の現象世界と絶対自由の超越的領域である。先の知識の分野で言うなら、この区別は、条件付きの真理と超越的真理の区分に対応する(13)。

条件付きの真如

すべての個別化の方法を拒否する絶対的超越的真如は、それがそのままのかたちで留まっている限りは、現象世界や人間の生活の中に直接的な意味を持つことはない。それが直接的意味を持つためには、自然の中の法則性としての条件付きの真如、そして我々の現実生活における倫理的規則としての真如になる必要がある。絶対的な真如というものは、あまりにも遠く、あまりにも抽象的であって、形而上的価値しか持っていないとも言える。超越的である限りにおいては、それが存在してもしなくても、我々の日常的な精神生活には影響がないように思えるのである。真如が我々の限りある意識の中に入り、我々の意識活動の規範となり、そして自然における進化的流れを制御するためには、その「輝ける孤高」を放棄し、絶対性を捨て去らねばならないのである。

このように、真如が思考不可能領域の王座から降り来たった時、我々の現前には多彩かつ壮麗な宇宙が展開することになる。天球にちりばめられて瞬く星々、新緑の草原やそびえ立つ山や逆巻く波によって美しく飾られた地球、森で明るくさえずる鳥、叢林をかける獣、白雲の湧きあがる夏空と、その下の大地で豊かに茂る樹木、生き物のかげもなく、渺々《びょうびょう》たる北風にふるえる裸の木々だけが目につく冬の大平原、こういった光景は、数学、天文学、物理学、化学そして生物学の諸法則からはいささかも逸脱するものでなく、しかも、自然の中における条件付き真如の働きにほかならないのである。

人間の生活と歴史に目を転ずるなら、そこには情熱、切望、想像、知的努力など、あらゆる形の活動の中に、条件付き真如の働きが現れていることが分かる。腹がへれば食べたいと感じ、喉が渇けば飲みたいと感じる。男は女を求め、女は男を求める。子供は元気にはしゃぎまわり、大人になれば男も女も力一杯に人生の重荷を背負って生きていこうとする。これらのことは皆、条件付き真如の働きである。我々が抑圧される時、それは我々に「自由を与えよ。しからずんば死を！」と叫ばせる。我々が不公正に扱われる時、それは我々を殺人や放火や革命にさえ導く。そして我々の高貴な情感が最高潮に達する時、その条件付き真如は我々に、最も大切なものをすべて犠牲にすることさえ強いるのである。つまり、主観、客観を問わず、この現象世界に現れる万華鏡的変化のすべては、条件付き真如の手によるものなのである。それは生活の中の善や幸福を形成するばかりでなく、肉体に咎《とが》が及ぶ罪悪や犯罪、苦しみをもつくるのである(14)。

馬鳴は『大乗起信論』の中で、真如心と生滅心というものについて語っている。彼は真如心という語によって絶対なるものを、そして生滅心という語によっては、この個別世界における、絶対なるものの顕現を意味しているのである。しかし「それらは別々なのではない」と彼は言う。それらはひとつのものなのである。真如心がすなわち生滅心なのである。この個別世界があるのは、我々の有限な感覚と限定された心のせいである。そしてその個別世界とは、絶対的真如の断片にほかならない。しかし我々が最終的に存在の根本的本質を総合的に理解できるようになるのは、実にこの断片的顕現を通してのことである。馬鳴は言う。「如来蔵《にょらいぞう》に依拠することによって生滅心が展開する。不死なるものと滅するものとが調和をもって混じり合う。それらは一つのものでもなく、別ものでもないからである。……ここにおいて一切のものは組織され、これによって一切のものは創造されるのである」(第一章、顕示《けんじ》正義《しょうぎ》)(一)。

以上のことは存在論的視点から見た場合である。心理学的に見れば、真如心は悟りということになる。なぜなら仏教は存在と思考を全く区別しないし、外界と精神にも区別を設けないからである。両者の究極的本質は絶対的に一であると考えるのである。その悟りの本質について馬鳴は次のように説いている。「それは虚空あるいは鏡面のようなものであって、それは真実であり現実であり偉大である。それは一切のものを完成し完全化する。それは無常性から離れている。そこにはこの世界の生命と活動のあらゆる面が映し出されている。そこからはなにものも去ることがなく、そこへはなにものも入り込んではこない。なにものも放棄されず、なにものも破壊されない。それは単一にして永遠の魂であり、どのようなかたちの汚れも、それを汚すことはできない。それは知性の本質である。そこに本来内在する無数の清浄なる徳により、それは一切の衆生の心に芳香を与えるのである」(二)と。

　このように、悟りであり、また知性の本質でもある真如心は、すべての人間の心の中で、そして心を通して、言い換えれば我々の限りある精神の中で、そしてその精神を通して、止むことなく活動している。この意味において仏教は、真理は高度に抽象的な哲学的定則ではなく、食べたり、着たり、歩いたり、眠ったりといった日常生活の諸現象の中にこそ求められるべきだと主張するのである。真如心は働くものであって抽象するものではなく、総合するものであって「解剖して殺す」ものではない。

解決を拒む疑問

世界が真如の顕現であるとすると、ここで我々はきわめて不可解な問題に直面することになる。その問題は、人間が知性を持つようになって以来、最もすぐれた人々の心を悩まし続けてきたものである。それはすなわち、「真如はなぜ神秘的な超越性の世界に留まり続けず、様々な不幸が我々に押し寄せているこの地上へと降りてきたのか。自分自身の絶対性の、言語を絶した至福を享受できるというのに、わざわざこの世の塵にまみれるということにはいかなる本来的必然性があったというのか。すなわち、絶対的真如は一体どうして条件付き真如になるのか」という疑問である。こういった疑問は人間に関わりのないことであるといって片づけてしまうのが、不可知論者や実証主義者のやり方である。しかしこれらの問題は、人の心がお遊び気分で気まぐれに思いついたものではない。それはかつて我々に課せられた問題の中でも最も重大なものであり、人生の意義は、ひとえにそれらの疑問をどう解決するかにかかっているのである。

この謎が、限定された知性や論理的証明能力の領域を絶対的に越えてしまっていることから、人の心に依るだけでそれを解決することはできないということを仏教は認める。この謎は、我々が仏陀の最高の悟りに到達した時はじめて、実践的に解決される。仏陀の最高の悟りにおいては、菩提(悟り)は、なにものにも妨げられない超自然的な光によって、真如の深淵を直接に見通してしまうのである。菩提すなわち智慧は、我々の存在の中核を成しているものであるが、それは真如が我々の内部において部分的に現実化されたものにほかならない。この智慧が真如の体の中に同化され拡大していく時、あたかも器の水が大海へと注がれるように、それはただちに、人生における自己の本質、運命、意義を認識し自覚するのである。

仏教とはひとつの宗教であるから、少なくとも論理的には未解決な数多くの形而上学的問題を、残したままにしている。仏教は他のいかなる宗教よりも知性的で哲学的なのだが、だからといって完全な思索の体系をうち立てようなどとはしていない。理論の構築という点から言えば、仏教は独断的であり、論証のプロセスを示すことなく多くの命題を仮定してしまっている。しかしそれらはすべて、宗教的意識にとって必須にして根本的な仮定である。それは人間の魂が究極的に要求するものである。宗教には、自分が提示する命題を、自然科学のやり方にならって証明する義務などない。宗教は事実をそのままに説けばよいのである。そして知性の方は、それが本来持つ限界によって束縛されてはいるものの、全力を挙げてそれらの事実を首尾一貫したひとつの体系へと組み上げていかねばならないのである。

したがって、先述の諸問題に対する仏教からの解答は、あまり論理的なものではなく、重大な問題点を残したままである。しかし、それは要求された目的に対しては実際的に役立つものであり、宗教的修行にとって大いに助けとなる。ここで私が言っている仏教からの解答とは、無明《むみょう》(avidyā)すなわち無知の理論である。

無明論

無明すなわち無知の理論とは、一と多、絶対的真如と条件付き真如、法身と一切衆生、菩提と煩悩、涅槃と輪廻の関係を解決するための仏教徒による試みである。しかし仏教はこの理論を体系的に示してはいない。それは以下のように、無条件的、独断的なものである。「この宇宙は実は法界(dharmadhātu)である。[15] それは同質性(samatā)を特徴としている。そこには異質性(visama)はない。それは空性《くうしょう》(śūnyatā)そのものであるともいえる。そこでは一切の事物は自己(pudgala)を持たない。しかし無明のせいで、四または六の基本要素(mahābhūta)があり、五蘊《ごうん》(skandha)、六(または八)識(vijñāna)、十二縁起(pratītyasamutpāda)がある。これら一切の名称と形体(nāmarūpa)は、無明すなわち無知によるものである」。あるいはまた、馬鳴によると次のようである。「真如心とは一法界の広大なる一切である。それはあらゆる教義の精髄である。究極の本質は、滅びも衰えもしない。すべての個体は、錯乱した主観（念、smṛti）があるから存在している。(16) 錯乱した主観を離れては、認識され区別される外界は存在しない」「生死の法則に支配されるあらゆるものは、無明と業によってのみ存在しているのである」(三)。こういった言葉は仏教文献のあらゆるところに見いだされるが、この無明に関する否定的な原理が、真如との関連において、どのように、そしてなぜ、強く主張されるようになってきたかという疑問に関しては権威ある明確な解答を探し出すことはできない。

しかしながら、ひとつだけはっきりしていることがある。それは無明が個別化の原理だということである。すなわち無明は、存在の絶対的単一性の中に、種々さまざまな現象を創り出していくし、真如という永遠の大海に、哮《たけ》り狂う存在の大波を引き起こす。さらには涅槃の静寂を破って、永久にめぐり続ける輪廻の車輪を回すのも無明であるし、真如を映し出す清明な菩提の鏡を覆い隠すのも、そして真如の同質一元性を彼我の二元性に転換し、多くの錯乱した心をエゴイズムへと導いて、あらゆる有害な結果をもたらすのも無明なのである。

おそらく、無明の問題を解決する最良の方法は、次のことを理解することであろう。すなわち、仏教というものは、あらゆる真の宗教がそうであるように、徹底的に観念論的なものであり、真如は存在論的にではなく心理学的に認識されるべきものであり、そして無明というものは、実際本当にそうではなくても、仮定的、表面的、外見的に言えば真如の中にもともと内在しているものだという、こういったことがらを理解することで、問題は解決するはずなのである。

バラモン教によると、まず始めに唯一者があったという。そしてこの唯一者は二になろうと欲した。その自然な結果として主体と客体、精神と自然という区分が生じたのである。それに対して仏教は、真如というものが、少なくともそれを純粋に形而上的に考える限りにおいては、自己を変化させようという欲求を持っていたなどとは明言しない。しかし仏教は、この個別化された世界を、無明の原理によって条件付けられた真如の顕れだと考えるのである。したがってその無明は、たとえ究極の意味ではそれが仮想のものであるにしても、潜在的あるいはむしろ否定的なかたちで真如の中に存在しているのだと考えざるを得ない。そして真如が、その超越的自由意志によって自己を肯定した時、それは自己を否定することによって自己を肯定したことになる。すなわち自分が無明すなわち個別化の原理によって条件づけられているということを認めることによって、肯定したということになるのである。無明というものは、仏教経典や論書の中のいたるところで示されているようにただの妄想であり、否定すべきものであり、幻影(māyā)のヴェールにすぎない。その無明の非実在性こそが、第一原理の基本的絶対性を保っているのであり、大乗仏教の教義の一元論を首尾一貫したものにしている。しかしここで注意しておかねばならないことがある。仏教は必ずしもこの個別世界を全く刹那的なものであり、夢幻のようなものだと考えているわけではないのである。確かに無明ばかりが認められて、事物の多様性全体に顕れている真如が否定されるような場合、仏教は、この世界は空であると断言するのではあるが、悟りを開いた心が無明の暗黒のただ中にさえも真如を認識できる場合には、この世界は全く新しい様相を示すことになり、すべての悪しきものは妄想にすぎないということに気付くのである。

話を本題に戻す。馬鳴によれば無明、無知とは、真如の底知れぬ深淵から突然にひらめき出る意識[17]のスパークであると定義されている。この定義に依るなら、無明と意識とは、ニュアンスに多少の違いはあるにしろ、互いに置き換えることのできる言葉だということになる。無明それ自体は真如から生じてくる妄想なのであるが、それが意識のいわゆるレーゾン・デートルとなるのであり、意識の表出を可能にするのである。したがって意識の目覚めこそが、真如の主客一体の深淵から、この宇宙が起こってくる過程の第一歩になるということは明らかである。なぜなら、意識が展開してくるということは、認識するものと認識されるもの、viṣayin(認識主体)とviṣaya(認識対象)、主体と客体、精神と自然が分離するということを意味するからである。

いわゆる真如の永遠の深淵とは、そこにおいて主観性と客観性が絶対的な一へと融合する、その一点を指す。厳密に言えばここで歴史的表現を用いるべきではないのだが、あえて言うなら、それは世界の一切万物がまだ個別化されておらず、天地創造の神がまだ舞台に登場していない、その時を指している。心理学的に言うなら、それは超越的、超限界的な意識の状態であり、そこでは一切の感受作用や概念的イメージが消滅し、我々は絶対的無意識の状態にいる。こういうと不可思議なことのように思えるかもしれないが、我々の精神活動の中に、意識が時として突然に消失する、そんな深淵があるということはまぎれもない事実である。意識の限界を超越したこの領域は、時には心理的異常性と出会う場ともなるのだが、宗教的には非常な重大性を持っており、表層的な科学的議論によって黙殺されるべきものではない。そこでは主観と客観が完全に消滅しているが、だからといってそこに墓地のような沈黙と暗黒があるのでもなく、絶対的な虚無の状態というわけでもない。そこでは、言葉では表せない何ものかの現前で自己が失われる。あるいはより的確に言うなら、全世界を取り込めるほどに自己が拡大し、それでいていかなるエゴイスティックな高揚感も傲慢さも意識せず、ただただ充実した実在感を感得し、人間的なものによってはどうやっても他に伝えることのできない至高の喜びを感じるのである。存在の本質に対する最も確固たる霊的洞察は、ここから生じてくる。仏教でいう悟りとは、この洞察を実際に獲得した境地のことを言うのである。そして菩提とか智慧と言われる知性は、その悟りを実現するための精神的な力に対して与えられた名称なのである。

心が、この主客一体の状態から現れ出てくるとき、意識はきわめてユニークな経験の記憶を保ち続けながらも、我々の経験的エゴが活動する対立と相互依存の世界に直面して、それが以前消滅した時と同じかたちへと、自ずから立ち戻ってくるのである。このような、ある状態から別の状態への変異は、ちょうど雲の背後から閃く稲妻の閃光のようなものである。もっとも、潜在意識と表層意識はひとつの連続した活動であり、両者の間にはいかなる断絶もないように見えるのではあるが。ともかくこの、主観の目覚めと、超越的な意識の疎外が無明の始まりとなる。それゆえ、心理学的に言えば、無明は、衆生における意識の目覚めと同義語であると考えねばならないのである。

ここにおいて我々は、解決しようとしてもできない非常に不思議な事実に直面する。すなわち、無明つまり意識は、どのように、そしてなぜ、存在の絶対的な静寂さ(śānti)から呼び覚まされるのか。どのように、そしてなぜ、心理作用の波が、永遠なる平安の大海のうちに巻き起こるのかという問題である。馬鳴はそれを簡単に「自ずから」と言っているが、これではなんの説明にもならない。少なくとも、いわゆる科学的解釈として通用するものではないし、我々に対してなんらかの理由を示すものでもない。しかしそれにもかかわらず、宗教的、実践的に見るなら、「自ずから」という言い方は、事物が我々の心眼の前をよぎっていく実際の状況を説明するには、最もグラフィックで、かつ生き生きした言い方である。実際、我々のあらゆる心理的経験には、なにか不明瞭、不明確なものが常に存在している。心の中で起こる現象を表現するに際して、どれほど科学的正確さや客観的精密さを追求しても、いつも必ず、精査の網をかいくぐり、捕捉の手をすり抜けてしまうものがある。その結果、どれほど正確さを期し、明晰さを求めて一所懸命に頭を働かせても、どうしても読者の想像力に頼らねばならないものが多く残ってしまうのである。我々が表現しようと努めてきた経験を、読者のほうは体験したことがないという場合には、読者の側に我々と同じ強さ、同じ真実味で、その印象を呼び起こすことなど望むべくもない。

このようなわけで、馬鳴やその他の大乗仏教徒は、真如の深淵からの意識の生起は、実際にそういう体験をした仏たちやその他の正覚者たちだけが「感じる」ものなのだと断言するのである。なぜ無明があるのかという疑問は、なぜ真如があるのかという疑問と同じく、誰にも答えることはできない。しかし我々がこの精神的な事実を実際に体験したなら、どのようにとか、なぜといった疑問を抱く必要性などもはや感じなくなる。すべては澄みわたり、超自然的な悟りの光線が、あたかも光輪のごとくに我々の精神的人格のまわりで輝くのである。我々は真如すなわち法身に命ぜられたごとくに動き、そこに無上の至福と満足を感じるようになる。この宗教体験こそは、衆生の生活の中で最もユニークな現象である。

二元論と道徳的悪

我々には、外界の本質と我々の心の本質とが別物であるとは考えられない。つまり主観と客観とが、その究極の本質において異なっているとは考えられないのである。したがって当然のことながら、主観性の雲を呼び集める無明の原理が、真如という世界精神のうちに多種多様な現象を引き起こすということになる。宇宙はそれ自体が無限の精神であり、超限界的意識をともなった我々の有限の精神は一つの小宇宙である。その有限の精神が自己の内奥で感じるものは、宇宙精神が感じるものと同じものであるに違いない。いやそれよりも一歩進んで、次のように言うべきであろう。すなわち、人間の精神が主観性と客観性の境界を越えたところへと入る時、それは宇宙の核心部と触れあうことになり、そこにおいて宇宙の秘密は余すところなく開示されるのである。それゆえ仏教は、知ることと存在すること、悟りと真如との間になんの差別も設けない。精神が無明から解放され、もはや個々の事物に執着しなくなった時、それは真如と調和した、あるいは真如と一体化したとさえ言われるのである。

しかしここで留意しておかねばならないことは、個別化の原理および真如の自発的表出である無明というものが、道徳的悪なのではないという点である。主観性の目覚め、すなわち意識の夜明けというものは、必然的な宇宙のプロセスの一部なのである。主体と客体の分離、つまり現象世界の出現は、宇宙精神(法身)の顕現にほかならない。無明は、それ自体で、宇宙全体の進化に不可欠の機能を果たしているのである。その無明は、一切の衆生だけでなく、仏陀たちの中にも内在している。我々は誰もが、外界(viṣaya)を認識し、概念を形成し、思考し、感じ、意志を持つといった活動を行わざるを得ない。そこにはいかなる道徳的過失もない。もしそこになにか道徳的に悪いことが本当にあるとしても、我々にはそれをどうすることもできない。その前では我々は全くの無力である。というのも、それは我々の過失なのではなく、我々の存在がそこから生じ、我々の存在をその中に含んでいる宇宙精神の過失だからである。

無明はいたるところに相対性と相互依存の状態を生み出してきた。生は死と不可分に繋がっているし、集合と離散、進化と衰退、牽引と反発、求心力と遠心力、春と秋、満ち潮と引き潮、喜びと悲しみ、神と悪魔、アダムとイヴ、仏陀と提婆《だいば》達多《だった》など数え上げればきりがないが、これらも皆、不可分の関係にある。この相対性と相互依存の状態は存在の必須条件なのであり、もし存在が悪だということになれば、それは根絶されねばならないし、それが根絶されれば、存在そのものが理由を失って根絶されてしまう。そしてそれは絶対的な虚無を意味する。しかしそれは、我々が存在している限り不可能なことである。条件付き真如の世界における無明の働きはまったく無垢なものであり、仏教徒は、無明が錯乱した主観性によって汚染されない限り、その存在自体にはいかなる過失も認めない。存在を呪う人たちや、涅槃を非存在の場であるとか絶対的消滅の幸福であるというふうに考える人たちは、仏教徒から見れば、無明の意味を理解できない者ということになる。

それでは無明にはまったく過失はないのだろうか。無明自体にはない。過失は、我々が無明に対して無知である時に、それに対して起こす汚染された執着の中にある。主観と客観の二元論を最終的状態と考えて執着し、それに沿って行動することが間違いなのである。無明の働きを究極的なものであると考え、それが依って立つ基盤を忘れてしまうことが間違いなのである。意識の目覚めが全世界を開示すると考えて、見えない実在の存在を無視してしまうことが間違いなのである。つまり、我々が無明と真如の本当の関係を知らないまま、無明がもたらす結論をそのまま実在視しようとする時には、たちまちにして諸悪がついてくるということなのである。エゴイズムこそが一切の過失や悪の中で一番の根元なのである。

無明のことを、知性の光が実在の根源に到達することを妨げるものであると言う時、我々は通常、その無明という言葉を、個別化の原理という哲学的意味ではなく、錯乱した主観性という意味で用いる。その錯乱した主観性が、無明の働きを最終的実在であると理解して、エゴイズムに陥ってしまうのである。したがって無明の原理は、哲学的には正当化されるものではあっても、我々の現実生活でそれが正しく認識されないままに働くなら、まったくの野放し状態となり、我々に次々とひどい災禍をもたらすことになると言うことができよう。

第六章　如来蔵とアーラヤ識

究極の存在原理である真如は、その顕れ方を観察する方向の違いに応じて種々異なった名前で呼ばれる。それが仏陀たることの根拠であることからは仏性《ぶっしょう》と呼ばれ、存在の基準であると理解される時には法と呼ばれ、知性の源としては菩提と呼ばれる。エゴイズムとそれによってもたらされる卑しい感情に苦しめられている心に永遠の平安をもたらす場合には涅槃と呼ばれ、万物の道筋を理性的に指し示す場合には智慧と呼ばれる。愛と英知の源として宗教的に理解される時は法身であり、宗教的意識を呼び覚ますものとしては菩提心と言われる。あらゆる個別の事物を超越するものとして理解されるなら空性であり、その倫理的な面が強調される場合は善と呼ばれる。認識論的な特性が前面にでるなら最高真理、個々の存在の片寄った一面性と限界性を越えたものと考えられるなら中道、存在論的な面を考えるなら実際と呼ばれる。そしてそれが、母なる大地の如く、すべての生命の根源を宿しており、土石の中に一切の宝玉や貴金属を含んでいるものと理解される時には、如来蔵《にょらいぞう》と呼ばれるのである。そしてこのあと私が詳細に考察していこうとするのは、最後に挙げたこの如来蔵という一面である。

如来蔵と無明

如来蔵とは、如来の子宮という意味であり(1)、すなわち無知のヴェールに覆われたままでの如来の本性を含んでいる宝玉あるいは倉庫のことである。それはまさに宇宙の子宮とも呼ぶべきものであろう。そこからは物質、精神を問わず、あらゆる事物の多様性が生み出されてくるのである。

したがって如来蔵を存在論的に説明するなら、無明によって活性化され、個別化の世界にいまや立ち顕れんとする真如の状態であると言うことができよう。すなわち、いまだいかなる形でも目に見える発動は顕れていないが、いままさに主観と客観の二元性へと自己を変えようとしている真如の状態ということである。心理学的に言うなら、業の因果関係に縛られた状態で生じてくる、人間の超越的魂である。

超越的魂あるいは純粋な知性というものは、人間の中の真如の現れであるという点からいえば純粋で自由なものではあるが、それがいまや生死輪廻の原理に影響され、有機的限定に支配された状態となっているのである。しかしその段階においては、そこにはまだ多様化と限定化はなく、ただその可能性があるにすぎない。しかし、それが特殊なかたちで活性化されるや、たちまちにして諸々の個別性を、それら独自の法則に従って展開する。それは自分の物質的束縛によって渇望し、欲求し、闘争し、そして苦悶さえする。そして解放を求めはじめ、内部でもがくようになる。その現象的な面だけを考えるなら、ここにはもはや真如の絶対的自由はない。如来蔵は個別化の制約のもとで活動するからである。しかしながら如来性の本質は無傷なまま、ここに保たれており、我々の限定された精神は、可能な時にはいつでも、その存在と力を感じることができるのである。それゆえ仮定的な意味で、如来蔵はいつも無明の情念や欲望と結びついていることになる。

『勝鬘経《しょうまんぎょう》』には次のように説かれている。(一)「付随した煩悩の蔵で、我々は如来蔵を見いだす」。「煩悩の蔵から離れていない如来の法身が如来蔵と呼ばれる」。仏教では、情念や欲望や罪(klesa 煩悩)は普通、智慧や菩提や涅槃と対比して用いられる。宗教的にいうと、後者は人間精神における、法身や真如の特殊な顕現を表しているので、前者はミクロコスモスの中における、普遍的無明の反映だということになる。それゆえ仏教によれば、内部で知性と欲望が合わさっている人間の魂というものは、如来蔵が個別化したものと考えられる。そしてこのような関係において、如来蔵はアーラヤ識と呼ばれるのである。

アーラヤ識とその展開

いま見てきたように、アーラヤ識すなわち一切所蔵識は、人間の精神における如来蔵の特殊化された表現である。それは宇宙的如来蔵が個別的、観念的なかたちで反映したものである。「霊的根源」といわれることも多いアーラヤ識は、すべての精神的可能性をそこに蓄えており、それは六識(vijñāna)を通してアーラヤ識に働きかける外界の刺激によって働き出す。

大乗仏教はもともとが観念論的なものであり、主観と客観、思考と存在、心と自然、意識と活動力の間に厳密な質的区別をもうけない。したがってアーラヤ識の存在と活動というものは基本的には、如来蔵の存在と活動なのであり、そしてその如来蔵が全宇宙的な無明と真如の結合体であるように、アーラヤ識もまた、欲望(煩悩)と智慧(菩提)から産まれるものである。しかし、如来蔵もアーラヤ識もどちらもそれ自体は無垢であって、事物の存在状態に対してはなんの責任も負っていない。ここで指摘しておかねばならないのは、宗教家や哲学者のなかには生命や宇宙が邪悪であると決めつける者もいるが、仏教はそのようなことは言わないということである。いわゆる邪悪などというものは、自然と生命の根本にあるものではない。それは単に表層的なものにすぎない。それは無明と欲望の働きであり、無明と欲望が菩提に資するように転換されれば、それらは邪悪なものでも罪あるものでも悪しきものでもなくなってしまうのである。このようなわけで仏教徒は、アーラヤ識と如来蔵が、本来的、本質的に善であることを強く主張する。

馬鳴《めみょう》は『大乗起信論』(七五ページ)で次のように言う。(二)「アーラヤ識によって無明がある。そして[このようにして生じた]不覚から、見るものと、現れるもの、そして客観世界の認識と継続的な個別化が始まる」。ここには如来蔵の心理学的顕現における展開、すなわちアーラヤ識の展開を見て取ることができる。如来蔵あるいはアーラヤ識が生死輪廻の影響下に置かれると、それはもはや原初の中立性や同一性(samatā)を保持することがなくなり、見る者(visayin)と見られる者(viṣaya)、心と客観の世界が現れてくるのである。この対立する二種の存在形態が相互に作用することにより、我々の眼前には、決して止まることなく、速やかにかつ粛々と動いていく宇宙の大パノラマが現れる。これらの現象世界の諸活動を表すために仏教徒が最もよく好んで用いる譬喩は、果てしない大海で永遠にうねり続ける波である。そしてその大海をつくっている水そのものが真如であり、波を起こす原因となる風が、生死の原理あるいはそれと同じ意味である無明の原理に譬えられる。これについて『入楞伽経《にゅうりょうがきょう》』には次のように説かれている。

たとえば暴風によって猛り立ち、
絶え間なく断崖絶壁に打ち寄せる
大海の波浪の如く
アーラヤ識においてもまた、

対象の風によって巻き起こる
あらゆる種類の識の波が
沸きのぼり、逆巻いている。(2)

しかし、このように現れ出るすべての心理的活動を、心(citta)それ自体とは別のものであると考えてはならない。属性と本質を切り離して考え、本質は属性に所有され、属性に支配されるものであると考えるのは、単に我々がそう考えたがる傾向を有しているからにすぎない。しかし実際には、属性とは別の独立した本質などというものはあり得ないし、諸々の属性を統合するものとしての本質を離れて、別個に属性が存在するということもあり得ない。

そしてこれこそは、仏教の基本的概念のひとつなのである。すなわち、想像作用や感情、知的活動といった様々な心的顕れとは別個に我自体(soul-in-itself)が存在することなどないという考えである。如来蔵の深淵でかき立てられる無数の心理的さざ波、大波、逆巻く怒濤は、如来蔵とは無縁に外部から入り込んできたものではない。それらはすべて、如来蔵自身の特殊な顕れであり、如来蔵に内在している本来の目的に向かって作用しているものなのである。『入楞伽経』は次のように続く。

塩分を含む結晶とその赤い色、
乳液とその甘さ、
様々な花とその果実、
日月とその輝き、
これらは別ものではなく、別ものでないのでもない。

意などの七種の識もこれと同様であり、
海の中に波が起こるように、
心の中に起こって、
心とひとつになっている。

海の水が動けば、
波が起こって様々に立ち騒ぐように、
アーラヤ識が動けば、
そこには様々な識が生じてくる。

心(citta)、意(manas)、意識(manovijñāna)というものを、

その属性によって我々は区別するが、
実際にはそれらに違いはない。
なぜならそれらは、属性を持たず、属性となることもないからである。

海の水と波とが、
別ものではないのと同様に、
心とその活動もまた、
区別することのできないものである。

心は業を積み上げ、
意は客観世界を映し出し、
意識は判断をくだし、
五識は感覚を区別する。(3)

意（マナス）

先に引用したように、アーラヤ識は時として単に心(citta)とも呼ばれるが、それは生死の原理すなわち無明に影響されつつも、意識を生み出す「目覚め」や「転起」はいまだ生じていない、そういう状態にある真如のことを言っているのである。しかし、マナスが展開してくると、それによって働き出す精神作用の徴候がでてくる。というのも、大乗教徒によれば、マナスとは宇宙における意識の発端だからである。

マナスは心(citta)すなわちアーラヤ識から意識の因を引き出しながら、外界をもアーラヤ識をも映し出して、我と非我の区別を意識するようになる。しかしこの非我すなわち外界はアーラヤ識自身の展開にほかならないのであるから、マナスが主観と客観を区別している時も、実際にはそれは自己投影だということになる。もしアーラヤ識がまだ自己を意識していないなら、マナスは自己をマナスとして認識する状態で自己認識するようになる。カント流に言えば、アーラヤ識は「先験的統覚我」に相当する。一方マナスは自我意識の実際の中核になるものである。しかしマナスとアーラヤ識(すなわちcitta)は、どちらか一方が他方から生じてくるとか、一方が他方によって作られるといった意味での、異なる二つのものではない。マナスは、展開した状態にある citta であると理解すべきである。

ところでマナスは観照するだけでなく、意志決定する働きも持っている。それは個別化の状態に執着する欲求を呼び覚まし、エゴイズムや情念、偏見を内に含んでいる。それは意志を持ち、創造する。なぜならそこでは、生死の原理である無明の働きが最大となり、真如の絶対的アイデンティティーはまったく失われているからである。したがってマナスというものは、一切所蔵識(=アーラヤ識)の永遠の大海の中に巻き起こる具象化、個別化の意識の波のきざしである。それまでは偏りのない中立な状態にあった心は、ここに至って完全に意識化される。すなわち我と非我を差別し、苦しみと喜びを感受し、好ましいものには執着して嫌いなものを遠ざけ、真偽の判断に従って行動し、経験したことを記憶し、それらをすべて蓄積する。つまり、一切の心的行動は、マナスの目覚めとともに働き始めるのである。

馬鳴によると、マナスの展開とともに、人間の心を特徴づける五種の重要な精神活動が生じてくるという。それは次のようなものである。

(一) 自動性、すなわち業を作る能力(業識)、(二) 認識力(転識)、(三) 応答力(現識)、(四) 分別力(智識)、(五) 個別性(相続識)。これら五つの機能によってマナスは、自己の意志にしたがって創造することができるようになり、認識の主体となることができるようになり、さらには外界からの刺激に反応し、好き嫌いの判断を下し、そして最終的には過去の「業の種子《しゅうじ》」をすべて保持し、それを将来、状況に応じて発現させることができるようになるのである。

マナスの出現によって、心(citta)の展開は完了する。とりわけそれは、精神作用の完成を意味する。なぜなら、その時点で自己認識が熟するからである。意志は、我を中心とした二元論的なその活動を肯定することができ、知性はものごとを分別し、合理化し、概念を保持する能力を行使することができる。いまやマナスは心理的共同作業の核になるのである。それは六種の感官からメッセージを受けとり、その印象に対して、知的あるいは意志的なあらゆるかたちの判断を下す。その判断は、マナスが自己を保持するため、その時に必要とされるものである。マナスはまた、自己の奥底をも考察し、そこにアーラヤ識の存在を見いだし、そのアーラヤ識にこそ真実にして究極の自我があるという間違った結論にとびついてしまう。そしてその結論から、権威、統一性、永遠性といった考えを導き出すのである。

以上で明らかになったように、マナスは両刃の剣である。それは誤った自我概念に執着することで自分自身を破壊してしまうかもしれないし、他方、論理能力を正しく行使することで、無明の原理を間違って解釈することによって生じるすべての誤認を打ち壊すかもしれない。マナスは、自我と他者との二元論に圧倒され、それを最終にして究極の真実であると考え、そして自我を絶対中心とする思考や欲求を育て、宗教的にも道徳的にも頑強なエゴイズムの餌食に自分の方からすすんでなることで、自分自身を破壊する。一方、マナスが、個別化された事物に絶対的実在があるとする考えの過ちに気づき、自我と非我の二元論における無明の役割を認識し、如来性すなわち真如のうちにこそ存在のレーゾン・デートルがあることを確認し、自我として誤認されているアーラヤ識が実は宇宙的如来蔵の無垢で咎《とが》なき反映にすぎないということを知ったときには、それはただちに個別化の領域を超越し、まさに永遠の悟りへの先駆けとなるのである。

したがって仏教徒は、アーラヤ識の展開にはいかなる過失も悪もないと考える。我々のマナスが誤ったエゴイズムに汚染されていない限りは、意識の目覚めにも、主観と客観の二元論にも、輪廻にも、なんら過ちはないのである。しかし、アーラヤ識の展開という性質が、マナスの機能の乱用によって間違ったかたちで解釈されるや、最も重大な過ちが、一切の悪と不合理性をともなって、心のすみずみにまで浸透してくるのである。(4)

大乗仏教は、個々人の肉体の内部に我(ego)が宿っており、それが肉体を霊的に主導しているという考えを強く否定する。しかしそのことは必ずしも、大乗仏教が意識の統合体や人格や個別性を否定しているということにはならない。実際、仏教徒がマナ識(=マナス)を想定しているということは、つまるところ、彼らがある種の我を認めているということを示している。その経験的実在を否定することになれば、我々の日常経験における最も具体的な事実を否定することになってしまうのである。仏教徒が断固として否定するのは、我の存在ではなく、それが最終的な究極の実在性を持つという考えなのである。しかしこの点に関してより深く論じるために、「アートマン(ātman)」についての章を後ほど別個に立てることとする。

サーンキヤ哲学と大乗仏教を対比させるなら、アーラヤ識はサーンキヤで言うところの純粋精神(puruṣa)と根本物質(prakṛti)を統合したものに相当し、マナ識は覚知(buddhi)すなわち大元素(mahat)と自我意識(ahaṅkāra)の結合に相当する。サーンキヤ・カーリカー(『数論頌』11)によれば、根本物質の本性は創造力であり、仏教の用語で言うなら盲目の活動(blind activity)である。一方、純粋精神の本性は観察と認知である(サーンキヤ・カーリカー19)。現代の哲学者ならば純粋精神を知性、根本物質を意志と呼ぶであろう。そして両者が結合し一体化したものは、ハルトマンが言うところのUnbewusste Geist(無意識精神)ということになろう。一切所蔵識(アーラヤ識)は、それが悟りの原理である真如が無明によって条件づけられて展開してくる状態の顕れであるという意味では、無意識精神のようなものである。そして無明は盲目の活動の原理としての意志に対応しているようである。サーンキヤ哲学は明らかな二元論であり、互いに独立した二つの原理の存在を認める。それに対して大乗仏教は、基本的には一元論であり、無明というものは、真如が展開するのに必要な一条件にすぎないと考える。(5) したがって、サーンキヤが二つに分けて考えるものを、大乗仏教ではひとつにまとめて考えるのである。

同じ対応がマナ識と、覚知(buddhi)・自我意識(ahaṅkāra)との間にも見られる。覚知はadhyavasāyaと定義され(サーンキヤ・カーリカー23)、ahaṅkāraはabhimanasと定義されるが(サーンキヤ・カーリカー24)、後者は明らかに自己認識である。adhyavasāyaの語義に関しては意見が分かれており、その訳語としては「確認(ascertainment)」、「判断(judgement)」、「決意(determination)」、「理解(apprehension)」といった語が用いられている。しかし覚知の本義は全く明白である。すなわちそれは、認識の目覚めであり、合理性のきざしであり、漆黒の闇に閉ざされた無意識の奥底に初めて一筋の光が差すことである。それ故、注釈者たちはこの語の同義語として「mati(理解)」、「khyāti(認知)」、jñāna, prajñā などの語を挙げているのである。jñāna, prajñā というのは認識とか智慧という意味の語であり、それは大乗仏教でも専門用語として用いられている。そして、先に見たように、仏教徒がいうマナ識こそは、まさにこういった機能を担うものである。ところがマナ識の場合は、それに加えて彼我を区別する能力も備わっている。サーンキヤではそういった能力を持つのは ahaṅkāra である。したがってここでも、サーンキヤの二元論が仏教では一元化されていることが分かる。

仏教、サーンキヤ哲学というインドを代表するふたつの宗教・哲学体系を比較して注目されるもうひとつの点は、サーンキヤ哲学が純粋精神(puruṣa)を複数で表すのに対し(サーンキヤ・カーリカー18)、仏教では(三)宇宙的心すなわちアーラヤ識を単一のものとするという事実である。したがってカピラ仙の信奉者たち(=サーンキヤ学派)によれば、個々人の数と同じだけの純粋精神がなければならず、一個人がいなくなったり現れ出たりすれば、それに対応する一つの純粋精神が(どこへ行き、どこから来るのかは不明ながらも)、逝去したり生まれ出たりすると考えざるを得ない。それに対して仏教は、全宇宙的存在としての一切所蔵識(アーラヤ識)とは別の、個々の精神の存在を否定する。個別性は、マナ識の目覚めにおいてはじめて顕れてくるのである。一切所蔵識の精髄は真如であり、それは因果則の拘束も、時間・空間の制限も受けることがない。しかしそれが、個別化された世界で自己を主張するやいなや、それにともなって自己否定を起こし、特殊化していって、個々の精神を生み出してしまうのである。(6)

第七章　無 我 説

もし大乗仏教の根本原理、というよりも実際には仏教のあらゆる学派に共通する根本原理を定式化せよというなら、それは次のようになるであろう。

(一) 一切は瞬間的なものである。(sarvaṃ kṣaṇikam)
(二) 一切は空である。(sarvaṃ śūnyam)
(三) 一切は無我である。(sarvam anātmam)
(四) 一切はあるがままである。(sarvaṃ tathātvam)

これらの四項目は緊密に関連しており、一つが否定されれば全部が否定されるという具合に、避けがたい連動関係にある。仏教各派が、些末な問題に関してどれほど異なる見解を持っていたとしても、少なくともこれら四つの中心教義については、全員が一致してこれを認めている。

これら四つの主張のうち、一番目、二番目、四番目に関しては、すでに多少なりとも明確に説明した。もし相対的世界の存在が無明《むみょう》を原因とするものであり、そこには究極の実在性がないのなら、それは虚構であって空であると考えざるを得ない。ただし、だからといって必ずしも、我々の人生は生きる価値のないものだということにはならない。我々は、存在の倫理的価値と、その現象性の存在論的問題を混同してはならない。我々の世界や人生が、意味あるものになるかどうかはすべて、我々の主観的態度にかかっているのである。個々の存在が仮想のものであり現象性にすぎないということを承知して、そのうえで世界を「乱用しないように」利用するなら、我々はエゴイズムの過誤や呪いを回避し、事物を真如の法の反映としてあるがままに受け取ることができるのである。そうなればもはや個々の現れを究極的、絶対的に実在するものと考えて執着することもなくなるし、そこに我々の生の本質があると考えてそれに執着することもない。我々は個々の現れをあるがままに捉え、それらが真如の部分的な顕現であるとみなされる限りにおいてのみ、その実在性を承認するのであって、それ以上に重きを置くことはない。実際、真如はそれらの陰に隠れてあるのではなく、それらの内部に存在しているのである。事物は、それが特定の事物のままであり、真如と実在という全体性に関連して考えられていない場合において、空であり虚妄なのである。

このことから必然的に次のことが言える。すなわち、孤立し個別化された諸存在に関して言うなら、この相対性の世界においては一切が刹那的であって、永続するものはなにもないということである。先に独立した項目として挙げはしたけれども、世界が無常であるという主張は、どこにあっても経験される、ほとんど自明な真理であって、その妥当性を論証するために特別な証明などは必要ない。不滅性に対する欲求というものは宗教的意識の展開のあらゆる段階において目につくし、消えてなくなることもない。したがってそれはあらゆる宗教体系の基本要素だと考えられてきた。ということは、そういった欲求の存在こそが、地上の事物が常に流転しており、我々の個別存在には永遠なるもの、不動のものなどなにもないという事実を一番はっきりと証明している。もしそうでないとしたら、誰も不滅性を探し求めたりはしなかったはずである。

この無常性を我々の日常経験の事実であると認めるなら、当然、次のような疑問が生じてくる。「なぜ事物はそのように転変するのか」「なぜ生命はそのように浮動し続けるのか」「なにが事物をそのように移ろいやすく、無常なものにするのか」といった疑問である。これに対して仏教徒は次のように答える。この宇宙は、異なる多くの業に応じて作用する因果力が合成されて創られているからである。それら合成される因果力においては、どれかひとつの力、あるいはただ一組の力の組み合わせだけが、他の力を圧して常に優勢であり続けることは不可能であり、あるひとつの力の基になった業が尽きると、その力は、別の、それまで着々と歩み寄ってきていた別の力に取って代わられるのである。だからこそ宇宙には、生と死、春と秋、満ち潮と引き潮、集合と離散といったリズムが生じる。引力があれば反発力があり、求心力があれば遠心力があるのである。業の法則のせいで、生き物は生まれた瞬間から、死の腕が生の喉元にまきついているのである。この宇宙は、あらかじめ定まっている諸法則に合致して作用する特定の諸力の、大いなる律動的顕現にほかならない。すなわち仏教徒の用語で言うなら、このlokadhātu(物質世界)は、業によって規定されたhetu(諸因)とpratyaya(諸縁)との連結から成っているのである。もしそうでなければ、事物が完全に平衡を維持する特定の状態が達成されるか、あるいは、いかなる認識も経験も不可能な言語を絶する混乱状態が引き起こされるはずである。前者ならば我々には普遍的沈滞と永遠の死があるはずであるし、後者なら、宇宙も生命も存在せず、絶対的カオスしかあり得ないことになる。したがって、我々の現前にこの世界が存在しており、そこに可能な限りの個別的多様性が現れている以上は、コンスタントな変移と、そしてそれ故の普遍的無常性があると考えざるを得ないのである。

以上のことからして、無我説についての仏教徒の議論は次のようになる。もしも個々の存在というものが、業によってあらかじめ定められたものとして互いに協調したり反発したりして活動する様々な因果力の間の関係によって生じてくるものなら、永遠の統一体、絶対の権威者として想定されるようななんらかの超越的主体が、それらの背後に存在しているなどとは言えない。言い換えれば、我々の精神活動の背後にはアートマンという我魂はないし、存在の個々の形態の背後に、いわゆる自性《じしょう》(svabhāva)というものは存在しないということである。これが、仏教徒の無我説と言われるものである。

我(アートマン)

仏教徒はアートマン(ātman)という語を二通りの意味で用いる。一つは「個我」の意味(1)、もう一つは「自性」(svabhāva)の意味である。後者はおそらく一般に受け容れられていた意味を多少変更したものであろう。そして今ここでアートマンと言う場合は、bhūtātman と同じく、前者の「個我」という意味で用いることにする。というのは、まず先に無我の思想を扱い、そのあとで無自性(no-thing-in-itself)の思想を扱うつもりだからである。

アートマンという語は普通、「生命」「我(ego)」「魂」などと訳されるが(2)、それはヴェーダーンタ哲学と仏教の両方で用いられる専門用語である。しかし両者が同じ意味でこの語を用いているわけではないという点にまず注意しなければならない。ヴェーダーンタ哲学、とりわけ後期のヴェーダーンタ哲学が、普遍的ブラフマンと同体視される我々の内奥にある自己の意味でアートマンと言った場合、それは最も抽象的、形而上的意味で用いられているのであって、普通、皆が考えているような魂のようなものを意味しているのではない。それに対して仏教徒がアートマンという場合、彼らは普通に皆が考えている魂の実体的概念(bhūtātman)を想定しているのであり、そしてそのようなものの存在を強く否定するのである。我あるいは魂の概念を便宜上、現象的なものと実体的なものに分けるとしたら、仏教がいうアートマンは現象的我、すなわち実際に活動し、思考し、感受する具体的な主体者だということになるし、ヴェーダーンタ哲学でのアートマンは、我々の心理的生活の存在理由としての実体的な我ということになる。前者は、それがどれほど霊妙なものと考えられるにせよ、あくまで物質的なものである。それに対して後者は人間があれこれ考えたうえで到達する認識を超越した、高度に形而上的な概念なのである。後者は paramātman に、前者は jīvātman に一致すると考えられる。paramātman とはヴェーダーンタ哲学によれば、そこからこの現象世界が発生してくる普遍的霊魂のことであり、ある意味で、仏教の如来蔵に対応する概念とも言える。jīvātman は、無知な人々が、一切の精神活動を差配する独立した実体であると考える個我のことである。仏陀が長い瞑想から出た時に、実体のないものだと見極めたのは、この jīvātman のほうである。

わたくしは幾多の生涯にわたって
生死の流れを無益に経めぐって来た――
家屋の作者(つくりて)[3]をさがしもとめて――。
あの生涯、この生涯とくりかえすのは苦しいことである。
家屋の作者よ！　汝の正体は見られてしまった。

汝はもはや家屋を作ることはないであろう。
汝の梁はすべて折れ、
家の屋根は壊れてしまった。
心は形成作用を離れて、妄執を滅ぼし尽くした。(4)

仏陀による探求の出発点

仏教はあらゆる悪と苦の根源が、個我を実体存在と考える通念にあることを見いだし、その全倫理力を、自我中心の考えや欲求を破壊することに集中させる。仏陀は、遊行生活を始めた時から、救いの道は、ともかくエゴイスティックな偏見を取り除くところにあるという考えを持っていたようである。というのも、我々がその呪いから解放されない限り、我々はたやすく三毒すなわち貪《とん》、痴《ち》、瞋《しん》という三種の煩悩の餌食になってしまい、生老病死の悲惨な状態をこうむることになるからである。それゆえ、仏陀がサーンキヤの哲学者アラーダから初めて教えを受けた時、アラーダは個我そのものを放棄する方法を教えてくれなかったため、彼はそれに満足できなかったのである。仏陀は次のように語る。「私が思うに、具象化された個我は、「変化の結果生じたもの」と「元のもの」から解放されたとしても、まだ生の条件に支配され、種子の状態を持っています。(5)その種子は、それが活性化に不可欠な諸条件と出会う機会がなく、活性化されないうちは休眠状態にあるのですが、発芽力は保持されているので、必要な条件が満たされれば、たちまちにしてすべての潜在力を表に展開してくるのです。もつれ[すなわち根本物質prakṛti]から離れた個我は解放されているということが断言されるにしても、なお個我そのものが存在している限りは、それを絶対的に放棄することはあり得ず、エゴイズムを本当に放棄することは不可能なのです(6)」。

それから仏陀は、彼が最後の結論に至った道を示してから次のように宣言する。「属性と、その属性を持つもの(本質)とを区別することはできない。熱や形をともなわずに存在する火など、想像することもできないからである(二)」と。この考えを論理的に推し進めていけば、仏教の無我説にいきつかざるを得ない。すなわち個我の存在は、知覚、認知、想像、知性、意志などを離れて理解することは不可能であり、それゆえ、我々の意識を作業場にしているような、個々の個我主体が独立に存在していると考えるのは、ばかげたことなのである。

論理上のみならず現実からみても、ある客体が、その諸属性から抽象されると考えたり、なにか未知のものがあって、それがなんらかの特性(lakṣaṇa)を持っており、その特性によって我々はその未知のものを認識できるなどと考えることは、仏教にいわせれば間違いであり、合理性に違背するものである。火は、その形や熱を離れては考えられないし、波は水とその変動を離れては考えられない。また、車輪というものは、輪縁やスポーク、車軸などとは別のところに存在しているものではない。したがって一切の事物はhetu(諸因)とpratyaya(諸縁)、すなわち因と縁、本質と属性からできているのであって、我々の自己主体(pudgala)とかアートマンとか我とか魂といったものも、この事物が持つ普遍的条件の例外にはなり得ないのである。

これに関連して、中国仏教史の面白い出来事を紹介しよう。中国禅宗の第二祖慧可《えか》は、仏教に改宗する前、この自我の問題で悩んでいた。彼ははじめ儒教の信者であったが、儒教は彼の精神的要求を全く満足させてくれなかった。彼の心は不可知論と懐疑論の間を揺れ動き、その結果、心の奥底でいうにいわれぬ苦悩を感じていた。そこで菩提達磨が中国に来至したと聞くと、一目散にその僧院へと駆けつけ、精神的なアドヴァイスを与えてくれるよう達磨に懇願した。しかし達磨は一言も発せず、ひたすら深い瞑想に入っている様子であった。それでも慧可は、どんなことをしても達磨から宗教的教示をもらおうと決心し、七日七晩の間その場に立ち続け、ついには持っていた剣で左腕を切り落とし(彼は軍人であった)、それを達磨の眼前に置いた。そして「この腕は、聖なる教えを受けたいという私の切実な願いのしるしです。私の心は迷い苦しんでいます。願わくば安心の道を示したまえ」と言った。達磨は静かに瞑想から出ると「おまえの心はどこにある。ここへ出して見せろ。そうしたら安《やすん》じてやろう」と言った。「私は何年もの間、それを探し続けてきましたが、どうしてもつかまえることができないのです」と答えた慧可に対し、達磨は「そこよ。おまえの心はすでに安んじたぞ」と告げた。その瞬間、慧可の心は悟りに到達し、彼の「魂」はこれをもって絶対の平安を得たのである。

蘊(skandha)

五種の蘊《うん》が、以前に造った業の力によって結びつけられて衆生の形をとり、つかの間の姿で現れる時、世俗の者たちは、そこに不滅の実体としての我を基盤として成り立つ一個の実体があると考えてしまう。だが実際には、色《しき》(物質、rūpa)だけが個我を形成しているわけではないし、同様に受《じゅ》(感受、vedanā)や行《ぎょう》(行為、saṃskāra)、識《しき》(意識、vijñāna)、想《そう》(想念、saṃjñā)のどれかひとつが個我を形成しているのでもなく、それらすべてが特定の形で結合した時、それが衆生になるのである。しかしだからといって、この五蘊の結合は、なにか特別な独立した実体によって作られるものではない。すなわち、なにかそういった実体が存在し、それが自分の意志で五蘊を結びつけてひとつの形を造り、そのあと自分はその背後に姿を隠すといった状況を想定してはならないということである。仏教では、構成要素の結合は、自身の業に応じて自ずから成立するのだと主張する。特定個数の水素原子と酸素原子が集まると、調和的に、すなわちそれら自身の業によって互いに引き合い、その結果として水になるのである。この場合、水の我とでも呼ぶべきものがあって、それが自分の意志で二種の要素を呼び寄せ、それらから自分自身を作り出すのではない。衆生の存在もこれと全く同様であって、五蘊の結合の背後に我という架空の怪物を想定する必要は全くないのである。

蘊(skandha パーリ語は khanda)とは「集合」「集積」を意味する語で、中国の注釈者たちによると、我々個々人の存在は、存在の五種の構成要素の集合であるから、すなわち五蘊が自分たちの過去の業によって寄り集まった時、個人個人のはっきりした姿をとるようになることから、そのように呼ばれるのだと言う。五蘊の第一は色(物質、rūpa)である。その基本特性は抵抗性にあると考えられている。特に五つの感覚器官の物質的部分は根(indriya)と呼ばれる。それは眼《げん》、耳《に》、鼻《び》、舌《ぜつ》、身《しん》である。五蘊の第二は受(感受、vedanā)と呼ばれる。それは六識(感覚、vijñāna)と六境(外界、viṣaya)が接触することによって生じる。第三は想(想念、saṃjñā)と呼ばれる。これは概念に相当するものである。特定の対象の抽象的イメージを形成することのできる心理的能力である。第四は行(行為、saṃskāra)である。それは行為、行動を表し出すものと言えよう。我々の知的意識は、好ましい印象や好ましくない印象、あるいはそのどちらでもない印象に反応してそのつど働く。そしてそういった働きが、将来において実を結ぶのである。

この第四番目の行蘊は心所《しんじょ》(caitta)と心不相応行《しんふそうおうぎょう》(cittaviprayukta)の二つのカテゴリーに分けられる。そして心所の方はさらに六種に分類される。すなわち一、大地法

(mahābhūmika)、二、大善地法(kuśala-mahābhūmika)、三、大煩悩地法(kleśa-mahābhūmika)、四、大不善地法(akuśala-mahābhūmika)、五、小煩悩地法(upakleśa-bhūmika)、六、不定地《ふじょうじ》法(aniyata-bhūmika)である。仏教の実践的倫理を明らかにするという意味で、ここに含まれる行蘊をすべて列挙するのは面白いかもしれない。それは次のようである。

精神的あるいは心理的活動(＝心所)に属する行のうち、大地法に含まれるものは十種である。(一)一、思(cetanā 意志力)、二、触《そく》(sparśa 接触)、三、欲(chanda 欲求)、四、慧(mati 理解)、五、念(smṛti 記憶)、六、作意《さい》(manaskāra 集中)、七、勝解《しょうげ》(adhi-mokṣa 束縛なき知性)、八、定《じょう》(samādhi 瞑想)。

大善地法は次の十種である。一、信(śraddhā 信仰)、二、勤《ごん》(vīrya エネルギー)、三、捨(upekṣā 安定感)、四、慚《ざん》(hrī 謙遜)、五、愧《き》(apatrāpya 羞恥)、六、無貪(alobha 非貪欲)、七、無瞋《むしん》(adveṣa 憎しみからの遠離)、八、不害(ahiṃsā 心のやさしさ)、九、軽安《きょうあん》(praśrabdhi 精神的平安)、一〇、不放逸(apramāda 注意深さ)。

大煩悩地法は次の六種である。一、無明(moha 愚昧)、二、放逸(pramāda 気まま)、三、懈怠《けだい》(kausīdya 怠惰)、四、不信(āśraddhya 懐疑)、五、惛沈《こんじん》(styāna 無精)、六、掉挙《じょうこ》(auddhatya 精神的堅固さの欠如)。

大不善地法は次の二種である。一、無慚(āhrīkya 謙遜のない状態、高慢、うぬぼれ)、

二、無愧(anapatrāpya 羞恥の欠落、良心の欠如)。

小煩悩地法は次の十種である。一、忿(krodha 怒り)、二、覆《ふく》(mrakṣa 隠匿)、三、慳(mātsarya 吝嗇)、四、嫉(īrṣyā ねたみ)、五、悩(pradāśa 不安)、六、害(vihiṃsā 加害心)、七、恨(upanāha 激しい憎悪)、八、誑《おう》(māyā 狡猾)、九、諂《てん》(śāṭhya 不正直)、一〇、憍(mada 傲慢)。

不定地法は次の八種である。一、悪作《あくさ》(kaukṛtya 後悔)、二、睡眠(middha 睡眠)、三、尋《じん》(vitarka 探求)、四、伺《し》(vicāra 探査)、五、貪(rāga 昂揚)、六、瞋(pratigha 激怒)、七、慢(māna 自己依存)、八、疑(vicikitsā 疑念)。

精神的あるいは心理的活動(=心所)に含まれない、行蘊のもうひとつの大きなカテゴリーである心不相応行には、以下の十四の要素が入っている。一、得(prāpti 獲得)、二、非得(aprāpti 非獲得)、三、同分(sabhāgatā 分類)、四、無想果(āsaṃjñika 無意識)、五、無想定《むそうじょう》(asaṃjñikasamāpatti 宗教的瞑想における無意識的専心)、六、滅尽定(nirodhasamāpatti 外道者の忘我状態)、七、命根《みょうこん》(jīvita ヴァイタリティー)、八、生(jāti 発生)、九、住(sthiti 存続)、一〇、異(jarā 衰微)、一一、滅(anityatā 無常性)、一二、名身《みょうしん》(nāmakāya 名称)、一三、句身(padakāya 句)、一四、文身《もんしん》(vyañjanakāya 文章)。

このあたりで本論に戻ろう。五蘊の第五番目は識(vijñāna)と呼ばれる。それは普通

「意識」と訳されるのだが、それは必ずしも正しくない。識とは知性(intelligence)あるいは心性(mentality)であって、ものごとを区分する心的能力のことであり、多くの場合、思慮(sense)と訳すとうまくいく。小乗仏教徒によると、識には眼識、耳識、鼻識、舌識、身識、意識の六種があるという。大乗仏教では識は八種あるという。先の六種にさらにマナ識とアーラヤ識が加えられるのである。大乗仏教哲学の心理学的領域は主として瑜伽行派《ゆがぎょうは》によって切り開かれたのであり、その中心的思想家が無著《むじゃく》と世親《せしん》であった。

ミリンダ王とナーガセーナ

南伝、北伝を問わず、仏教文献には無我説の説明が随所に見られる。それも当然で、無我説こそは仏教の最も重要な土台であって、仏教という大伽藍はその上に建てられているのだからである。そういった資料の中でも特にミリンダ王とナーガセーナの間で交わされた対話は様々な理由からきわめて興味深いものであり、示唆に富む考えで満ちている。以下、この資料の一部を引用して、我の問題をめぐる彼らの対話を見ていく(7)。

ミリンダ王ははじめてナーガセーナに会った時、次のように尋ねた。「尊師はどのように知られているのですか。あなたのお名前はなんですか」。これに対して哲学者の比丘(=ナーガセーナ)は次のように答えた。「私はナーガセーナとして知られています。私の同胞である修行者たちは私をそのように呼びます。しかし、両親はナーガセーナ、スーラセーナ、ヴィーラセーナ、シーハセーナなどという名をつけてはいますが、それは便宜上の呼称、世間的記号にすぎません。というのも、そこには永遠の人格的個我は認められないからです」。

この答えにひどく驚いたミリンダ王は、ナーガセーナに向かって次々と質問を浴びせていく。

「もしそこに永遠の人格的個我が認められないのならば、比丘であるあなたに衣服、食物、住居、病気に対する薬といった必需品を与えてくれるのは一体誰なのですか。そういった資具が与えられた時、それを受容するのは誰なのですか。正しい生活を送っているのは誰なのですか。瞑想に専心しているのは誰なのですか。聖道《しょうどう》の結果である阿羅漢の涅槃に到達するのは誰なのですか。生き物を殺すのは誰なのですか。与えられていない物を盗み取るのは誰なのですか。世俗の欲望において悪しき生活を送るのは誰なのですか。嘘をつくのは誰なのですか。酒を飲むのは誰なのですか。つまり一言で言えば、現世においてさえ苦果を生むような五つの罪のうちのいずれかを犯すのは誰ですか。もしあなたの言うことが正しければ、善徳も悪徳もないことになってしまうでしょう。行為者もなければ善悪行の原因もなく、善悪の業の結果もないということになってしまうでしょう。もしあなたを殺す者がいても殺人はないということになるでしょうし(8)、そうすると、あなたの僧団には真の阿闍梨《あじゃり》も和尚もおらず、あなたの受戒は無効ということになるではありませんか。あなたは、同胞である修行者たちがあなたをナーガセーナと呼ぶと言いました。では、ナーガセーナとはなんなのですか。髪の毛がナーガセーナなのですか」。

王のこの質問に仏教の賢者ナーガセーナは「そうではありません」と答えた。そこで王はさらに尋ねた。「では爪がナーガセーナなのですか。皮膚が、肉が、神経、骨、骨髄、腎臓、心臓、肝臓、肋膜、脾臓、肺、大腸、小腸、糞便、胆汁、痰、膿、血、汗、脂肪、涙、漿液、唾、鼻汁、関節液、尿、脳がナーガセーナなのですか。それともこれらすべてがナーガセーナなのですか」。「色がナーガセーナなのですか。それとも受が、あるいは想、行、識がナーガセーナなのですか」。

これらの質問に対してナーガセーナは同じ調子で否定し続けたため王は興奮して叫んだ。「私はこのように質問しているのに、ナーガセーナを見つけることができない。ナーガセーナとはただの空虚な言辞にすぎない。では我々が今眼前にしているナーガセーナとは一体なにものなのだ。(9) あなたは嘘、いつわりを語ったのだ」。

ナーガセーナはこれに直接答えようとはせず、逆に王に向かって静かに反問した。ナーガセーナは王が車に乗って自分のところへやってきたのを確認してから、次のように問うた。「車とはなんですか。それは車輪ですか、それとも車体ですか、ロープですか、車輪のスポークですか、それとも突き棒が車なのですか」。

これに対して王は、「そうではありません」と否定し、さらに続けて、「車とは、そういった物がすべてそなわっているものであり、それに「車」という便宜上の呼称、世間的記号がついているのです」と答えた。

ナーガセーナは言った。「大変結構です。大王は「車」の意味を正しく理解なさいました。全く同じように、今あなたが私に尋ねた人体の三十二の要素や五蘊(存在の構成要素)から成っているものに、便宜上の呼称、世間的記号としてナーガセーナという呼び名がついているのです」。

それから、ナーガセーナはこれを裏付けるために『サンユッタ・ニカーヤ』からの次の一節を引用する。

「諸々のパーツが共存しているという前提条件のもとで、「車」という語は用いられる。それと同様に、諸々の蘊が共存しているという前提条件のもとで、「生き物」という語は用いられるのである(三)」。

初期仏教文献中の無我説についてさらに例をだしていく。『ジャータカ』の第二四四話である。

菩薩がある巡礼者に次のように言った。「森の香りに満ちたガンジス河の水を飲みませんか」。

その巡礼者は言葉じりを捉えて「ガンジスとはなんだね。それはガンジスの砂のことかね。ガンジスの水のことかね。ガンジスのこちら岸のことかね。それともガンジスの向こう岸のことかね」と質問した。

菩薩は「水、砂、こちら岸、向こう岸を除いて、あなたはどこにガンジスを見いだせるのですか」と問い返した。

この議論の行き着く先として、我々は次のように主張できるであろう。すなわち「想像や意志、知性、欲望、願望などを除いて、一体どこに個我があるというのか」と。

阿難による霊魂探求

『首楞厳経《しゅりょうごんぎょう》』(10)で仏陀は、実体としての我の所在を確定しようとする阿難《あなん》の七種の試みを次々に論破することで、個々の具体的な実体我があるとする仮説の不合理性を明らかにしている。個々人の不滅性の存在を強く信じている大抵の人たちは、それが以下に紹介するようなかたちで批判的に吟味された時、霊魂を信じる自分たちの考えがどれほど曖昧で非現実的で論理的に支持され得ないものであるかを理解するであろう。確かに霊魂に関して阿難が持っている概念は幾分幼稚なものである。しかし文明の進んだ今の時代にあって、一般大衆が喜んで受けいれている考えが、それよりもすぐれているかどうかは疑問である。

霊魂の所在を仏陀に尋ねられて、阿難は、それが肉体の内部にあると答える。すると仏陀は次のように言う。「もしおまえの知的霊魂がおまえの肉体の内部に存在しているのなら、なぜそれは最初におまえの内部を見ないのか。例を挙げれば、我々がこの講堂の中にいて最初に見るのは講堂の内部の物である。そして窓が開けられて初めて外の園林を見ることができる。講堂の中に坐っていながら、その外部だけを見て内部を見ないなどということは不可能である。同じように考えれば、肉体の内部にあるとする霊魂が、まず最初に胃とか心臓、血管などの体内の臓器を見ないのはおかしいではないか。どうあっても霊魂が肉体の内部を見ることはないというのなら、それが肉体の内部にあるなどとは決して言えないことになる」。

そこで阿難は、この問題を解決するため、霊魂は肉体の外部にあるという説を出してくる。彼は霊魂のことを、講堂の外に置かれた燈火のようなものだと言う。その光が照らす所はどこでも見ることができるが、講堂の内部には全く燈火がないので、そこには闇だけが広がっているのである。そう考えれば、霊魂が肉体の内部を見ることができないという事実は説明がつく。しかし仏陀はそれに対して次のように言う。「霊魂は外部にはあり得ない。もしそうならば、霊魂が感じることは肉体によっては感じられないであろうし、肉体が感じることは霊魂によっては感じられないであろう。両者は全く関係しないからである。しかし阿難よ、実際には私がこのようにおまえに向けて伸ばした手を見て、おまえは自分がそれを認識しているという意識を持つではないか。霊魂と肉体に対応がある以上は、霊魂が肉体の外部にあるなどとは言えないことになる」。

阿難が考える第三の仮説は、霊魂は感官の背後に隠れているというものである。それは両眼にレンズをあてて見ている人にも似ている。レンズ(=感官)があっても、それによって外界を見ることが妨げられることはない。肉体の内部を見ることができないのは、霊魂が感官の内部にあるからなのである。

しかし仏陀は次のように言う。「我々が眼にレンズを当てると、外界だけでなく、レンズそのものも見ることができる。もし霊魂が感官の背後に隠れているとするなら、どうしてそれは感官そのものを見ることがないのか。そういうことは実際に起こらないのであるから、霊魂がおまえの言うように感官の背後にあるなどとは言えないことになる」。

阿難は別の説を立てる。「我々は内部に胃、肝臓、心臓といったものを持っており、そして外部には多くの開口部を持っています。内臓があるところは暗闇ですが、開口部のあるところには光があります。ですから眼を閉じた時には霊魂は内部の暗黒を見ることになるし、眼を開ければ明るい外部を見ることになるのです。この説はいかがでしょうか」と。

仏陀は言う。「もしおまえが眼を閉じた時に見る暗黒を、おまえの肉体の内部の様子だと考えるのなら、その暗黒はおまえの霊魂に対面しているものか、それとも対面しているものではないのか。対面しているものだと考えるなら、眼に対面している真っ暗な場所はどこでもおまえの内臓だということになるであろう。一方、対面しているのではないと考えるなら、見るという行為が不可能となる。見るという行為は、見る主体と見られる客体の存在が前提条件だからである。さらに別の難点がある。おまえが言うように、眼は方向を変えて、内部に向かう時には内部の暗黒を見るし、外部に向かう時には明るい外界を見ることができるとしたなら、眼を開いた時には自分自身の顔も見えるはずではないか。だがそういうことができないのであれば、視界を内部に向けることはできないと言わざるを得ないではないか」。

阿難の五番目の仮説は次のようなものである。霊魂は理解力や知性の本質であり、それは肉体の内部にあるのではなく、外部にあるのでもなく、そして両者の中間にあるのでもない。それは対象世界と接触したとたんに現実の存在となるのである。なぜなら仏陀によって「世界は心によって存在し、心は世界によって存在する」と説かれているからである。

この説に対する仏陀の答えは次のようである。「おまえの説にしたがうなら、霊魂は世界と触れあう前から存在していると言わざるを得なくなる。そうでないと、接触ということに意味がなくなってしまう。そうなると、霊魂は外界と接触した後でもなく、接触と同時でもなく、間違いなく接触以前に、個別の現存体として存在しているということになる。そうなったらさっきの難点に立ち戻ってしまう。つまり、霊魂はおまえの内部から生ずるのか、それとも外部から来るのかという問題である。もし前者ならば霊魂は先ず肉体の内部を見るであろうし、後者ならば先ず自分の顔を見ることができるはずである」(四)。

ここで阿難は次のように言葉をはさむ。「見るという行為は眼によって為されるのです。霊魂は見ることには関係しません」と。

仏陀は反論する。「もしそうなら、生きている者と同じ完全な眼を持つ死人は事物を見ることができるはずである(11)。しかし見ることができるなら、彼は死んでいるはずがない。さて、もしおまえの知的霊魂が具体的なものとして存在しているとするなら、それは単一体と考えるべきであろうか、それとも複合体であろうか。それは肉体全体に遍満していると考えるべきであろうか、それとも特定の一カ所に偏在していると考えるべきであろうか。もしそれが単一体であるなら、おまえの四肢のどれかに触れれば、四肢のすべてがその触感を感じることになるが、それはつまり何の触感も感じないということである。もし霊魂が複合体であるなら、どうやってそれは自分自身と他の霊魂を区別できるというのか(五)。もし霊魂が肉体全体に遍満しているなら、感覚が特定の部位に偏在することはないはずであるから、最初に考えた、霊魂が単一体であるとする場合と同じことになる。最後に、もし霊魂が肉体のある一部分だけを占めているのなら、おまえはその箇所でのみ、なんらかの感覚を経験し、その他の箇所は完全に無感覚になったままのはずである。これらの仮説はすべて我々の経験する現実に背反するものであり、論理的に支持され得ないものである」。

阿難は霊魂問題というゴルディアス王の結び目(＝難問題)を解こうとして六度目の挑戦をする。「霊魂は内部にも外部にも存在し得ないのですから、それはどこか中間にあるはずです」。しかし仏陀は、この説も次のように否定する。「その「中間」というものは全く不確定である。それは空間の一点として存在するのか、それとも肉体上のどこかにあるのか。もしそれが肉体の表面にあるのなら、それは中間ではない。もしそれが肉体の中にあるのなら、それは内部にあるということになってしまう。もし霊魂が空間の一点を占めているというなら、その点はどのようにして特定されるのか。特定されなければ、その点は点ではない。そしてもし特定されるとしたなら、それはどこでも好きなところに定めることができる。こうして、混乱はとめどなく続くことになるであろう」。

阿難はこれに対して、自分が意味した「中間」というのは、そういうものではないと反論する。眼と色はそれぞれが縁となって眼識が生じてくる。眼は分別する能力を持ち、色界は感覚を持たない。しかし認識は、それらの「中間」、すなわちそれらの相互作用において起こる。そしてそこにおいて、霊魂は存在すると言われるのであるというのが彼の主張である。

これに対する仏陀の答えは以下のとおりである。「もし霊魂が、おまえの言うように諸々の感官(indriya)と、そのそれぞれに対応する感覚対象(viṣaya)との間の関係において存在するのなら、霊魂というものは viṣaya, indriya という互いに調和しない二種のものの性質を結合し部分的に取り入れることだということになろう。もし霊魂が、それら二種のものからなにかを取り入れて成り立つものなら、それは独立した自己の特性を持っていないということになる。もし霊魂が二種類の性質を結合して成り立つものなら、主観と客観の区別はもはや存在しない。「中間において」というのは空虚な言葉である。すなわち、霊魂を indriya と viṣaya の間の関係であると考えるのは、それを空虚な非存在とすることなのである」。

阿難は七番目にして最後の仮説を出してくる。それは霊魂を無執着の状態とするものである。無執着状態であるから、それが存在すべき特定の所在はないというのである。しかしこの仮説も仏陀によって容赦なく攻撃される。仏陀は言う。「執着というものは、心が惹かれる何らかの事物が存在することを前提とする。では我々は、世界や空間、大地、水、鳥、獣など、こういうもの(dharma)が存在していると考えるべきであろうか、それとも存在していないと考えるべきであろうか。もし外界が存在していないなら、はじめから執着すべき対象がないのであるから、無執着を云々することなどできない。一方、もし外界が本当にあるなら、どうやってそれと接触しないようにすることができようか。事物は一切の固有特性を欠いているというなら、それはそれらが非存在であると断言することに等しい。しかしそれらは非存在ではないのであるから、自分自身を他と区別する特定の固有性を持っていなければならない。そういうわけで外界はかならず何らかの特徴(lakṣaṇa)を持っており、必ず存在していると考えざるを得ないのである。したがっておまえが言う無執着の説は認められないのである」。

ここにおいて阿難は降参し、仏陀は続いて法身《ほっしん》説を説き明かす。法身については、別個に章を設けて、詳しく説明するつもりである。

以上の話をまとめて言うならば、仏教徒は実体としての我の存在を否定するのであって、いわゆる経験上の我の存在までも否定するのではないということである。その実体としての我が、仏教でいうところのアートマンなのである。世親は瑜伽行派の観念論的哲学に関する著作の中で、アートマンと法(dharma)の存在は仮説的、仮定的、外見的なものにすぎず、いかなる意味においても決して実体のある究極のものではないと明言している。現代の用語で言うなら、霊魂と世界、すなわち主体と客体は相対的存在にすぎず、絶対的リアリティーはないということになる。心理学的に言えば、我々は皆、意識の統合体という意味での我あるいは霊魂を持っており、物理学的に言えば、この現象世界は、物理学者が考えるように、ひとつのエネルギーの現れ、あるいは原子や電子からなる複合体として実在するということである。

心理学的問題に限定すれば、仏教がもっとも強く主張するのは、大抵の暗愚な人々がその不滅性を熱望している、具体的で個別的で、それ以上は還元することのできない実体としての霊魂などというものは存在しない、という事実である。個別化というものは相対的なものにすぎず、絶対的ではあり得ない。仏教はこの説が矛盾もほころびもなく、どれほど広く妥当するかが分かっているので、仏教の信者たちはどこで立ち止まって、個別化の壁を打ち破ればよいかを忘れることはない。だが、その壁は、別の宗教者にとっては打ち破り難い鉄壁のようなものなのである。仏教徒たちには分かっているのだが、絶対的個別化というものは、我々が慈悲の自然な流れに従うことを不可能にし、我々を取り囲むだけでなく、我々の内部にまで浸透してくる聖性の永遠なる陽光を浴びることを妨げる。個の不滅性というものは奇妙にもそれを強く渇望する人もいるが、絶対的個別化は、その個の不滅性の呪いから我々が逃れることを不可能にする。さらには、この現世の生命の源泉にまで遡り、そこから自由にしかも無意識にその水を飲むことを不可能にする。そしてまた我々が、時(kāla)の燃え盛る炎から立ち上がって若返ることを妨げるのである。経験的自我の背後になにか神秘的なもの(a mysterious something)があって、このなにものかが、不死鳥フェニックスのように、肉体を火葬した薪の山から雄々しくよみがえるなどと考えることはおよそ仏教的ではない。

この霊魂の問題に関連してここでひとこと言っておきたいのは、アーラヤ識の問題との関係である。アーラヤ識は我の考えと混同されやすいため、仏陀はそれを説くのをひどく嫌がったのだと言われている。すでに説明したように、アーラヤ識は一種の普遍的霊魂であり、そこから我々個々人の経験的霊魂が展開してきたのだと考えられている。アーラヤ識からの最初の展開として現れてくるマナ識は分別の能力を具えていて、その能力を間違って使うことで、我としてのアーラヤ識という概念がマナ識の中に生じてくる。すなわちアーラヤ識を、実在する具体的な実体を持つ霊魂と考えてしまうのである。

しかし、アーラヤ識は特定の現象なのではない。というのは、それは真如が展開していく中の一状態であり、それが具体的な個別性を持つことを示すものは何もないからである。マナ識が自己の誤りに気付いて、アーラヤ識から、かぶせられていた無明のヴェールを取り去った時、マナ識はたちまちにしていわゆる霊魂と呼ばれるものの究極の性質を確信するのである。なぜなら、霊魂は個別的なものではなく、個を越えたものだからである。

アートマンと「オールドマン」

仏教徒が「汝のエゴイズムを放棄せよ。なぜならば我とは空虚な考えであり、現実性のないただの言葉にすぎないからである」と主張する時、本書を読んでいるキリスト教の読者の中には、「もし我がないというのなら、我々の性格や個性はどうなるのだ」と考える人がいるかもしれない。この点に関してはおいおい明らかとなるであろうが、ここで一言、述べておきたいことがある。それはどういうことかと言うと、仏教が我とかアートマンという概念によって理解していることは、多くの点でキリスト教徒が我々のすべての罪深い行動の源泉として考えている「肉」あるいは「オールドマン」に対応しているという点である。パウロは次のように言った。「わたしは、キリストと共に十字架につけられています。生きているのは、もはやわたしではありません。キリストがわたしの内に生きておられるのです。わたしが今、肉において生きているのは、わたしを愛し、わたしのために身を献げられた神の子に対する信仰によるものです」（六）と（「ガラテヤの信徒への手紙」第二章第二〇節）。この章句を仏教徒が解釈するなら、十字架に架けられて滅した「私」とは、我々が持つアートマンについての誤った考えである。そして神の恩寵で生きている「私」とは、法身の反映である菩提のことなのである。

キリスト教徒が霊と肉を対照させて「霊のうちを歩め」、「肉欲を満たすな」と訓戒する時、彼らは「肉」という言葉によって個別性を主たる特性とする我々の具体的で物質的存在を意味し、「霊」という言葉によっては、個別性やエゴイズムを超越したものを意味しているのである。なぜなら、「愛、喜び、平和、忍耐、信仰、柔和、節制」およびそれに類する美徳は、我を中心とする、アートマンによって作られた欲望が完全に絶たれた時にはじめて可能となるからである。仏教はキリスト教やユダヤ教よりも知的であり、時として混乱を招きやすい通俗語よりも正しく理解できる哲学的用語の方を好む。仏教徒のアートマンの概念に比べると、「肉」という語は、そこに仏教徒にとってはとても嫌な二元論的傾向が含まれることはおくとしても、意味の明快さと正確さを欠いているのである。

ヴェーダーンタの概念

無我説は仏教に特徴的なものではあるが、他のインドの哲学者たちも、宗教生活におけるその重要性を認めることにやぶさかではなかった。同じ土壌で、似たような環境のもとに育ってきた思想として、Yogavāsiṣṭha（瑜伽自在。これはヴェーダーンタの作品と考えられる。Upaśama P., ch. LII, 31, 44）からの以下の文句はほとんど仏教のもののようである。

「私は絶対である。私は知性の光である。私はエゴイズムの汚れを離れている。おお、汝は非実在である。エゴイズムの種子《しゅうじ》よ、私は汝によって束縛されはしない」(12)。

そしてこの本の著者は次のように論じる。「いわゆるアートマンなるものは、肉と骨から成るこの身体のどこに存在していると考えられるであろうか。そしてそれはどのようなものなのか。我々は肢体を動かすが、その動作は活力の風(vāta)によるものである。我々は思考するが、意識は大いなる心(mahācitta)の現れである。我々は死ぬが、死滅は身体(kāya)に属するものである。では我々一人一人を形成していると思われるものを分析してみよう。まず肉である。そして血。さらに精神作用(bodha)および活力(spanda)に関するもの。耳は聞き、舌は味わい、眼は見て、心は思考する。しかし我々が「アートマン」と呼ぶものは一体何なのか、どこにあるのか」。

そして次のように結論づける。「実際には、アートマンのようなものはないし、我が物も汝の物もない。そして想像もない。このすべては純粋知性の光明である普遍的我の現れにすぎないのである(13)」。

龍樹の霊魂観

結論として、この問題に言及する龍樹の『中論』の言葉を引用しよう(14)(第九章)。

「「見ることや聞くこと、感じることなどは、そういったことが起こる前に、すでになんらかのものが存在しているからこそ起こるのである。存在していないものから、見ることなどがどうして起こり得ようか。それゆえ、そのなんらかのもの(すなわち我)は、それらが起こる前に存在していたのだと認めざるを得ない」と主張する者がいる。

しかし「この我が先に存在していた、すなわちそれが独立した存在であるという説は誤りである。なぜなら］、そのなんらかのものが、見たり感じたりすることより以前に存在していた場合、それを知ることはできないからである。もしそのなんらかのものが、見ることなどを離れて存在しているとするなら、後者すなわち見ることなどもまた、そのなんらかのものを離れて存在するということになるはずである。しかし、いかなる方法によっても知られない事物というものが、それが知られる以前から存在しているなどということがどうして成り立つであろうか。「あれ」なくしてどうして「これ」が存在し得ようか。そして「これ」なくしてどうして「あれ」が存在し得ようか。［一切の事物は相対的で、互いに条件づけるものではないか？］

もし、我と呼ばれるそのなんらかのものが、見ることなどの一切の顕現より以前には存在していないとするなら、どうしてそれが、それら（顕現の）各々のものより以前に存在することがあり得ようか。

もしも一つの単一な我が、見たり聞いたり感じたりするのだとするなら、その我はそういった個々の顕現よりも先に存在していたと想定されるであろう。しかしそういったことは現実の事実によって裏付けられない。［なぜなら、もしそうだとすると、その単一の我は、好きなように一切の能力を発揮することにより、眼で聞いたり、耳で見たりすることもできるはずだからである。］

一方、もしも聞く者と見る者とが別だとするなら、感じる者もまた別でなければならない。そうすると、聞くことや見ることなどが同時に起こるはずであり、それは結果として、我が複数あるという説を導くことになる。(15)［このこともまた、経験に反する。］

さらに、その我というものは、見ること、聞くこと、感じることなどの拠り所となる存在要素(bhūta)の中にも存在しない。［現代的に表現するなら、我は、外界からの刺激に反応する神経の中にも存在しないということである。］

もし見ること、聞くこと、感じることなどの中に、それに先立つ我というものが存在していないのなら、それら［見ること］などもまた、存在しないことになる。「あれ」なくして「これ」が存在することも、「これ」なくして「あれ」が存在することもあり得ないからである。主体と客体は相互に相手を条件付けている。我は、それ自体としての独立した個別の実在などなにも持っていない。したがって、見ることなどの前に、あるいはそれらと同時に、あるいはそれらの後に、我が存在するという考えは無意味なものとして放棄されねばならない。我などというものは存在しないのだから」。

事物の無我性

仏教徒たちは「アートマン」という語を、霊魂、自己、我といった意味で心理学的に使うだけでなく、実体、物自体、事物の本性といった意味で存在論的に用いることもある。そして仏教徒は、そういった意味でのアートマンの存在もまた、強く否定する。

個々人の自我としての(アートマンの)存在が成り立たないのと同じ理由で、個々の物がそれ自体として永遠に存在し続けるという仮説を拒否するのである。我々の精神生活に超越的主体が存在しないのと同様に、個物には個物自体としての真に永遠なる存在などというものは存在しない。しかし個物は、異なった諸特性の統合によってできており、業の力が尽きると、それは存在することをやめてしまうのである。個物存在は、本来の性質として実在ではあり得ず、迷妄であって、それ自体として永遠に存続することは決してない。というのは、主観的無知のせいで自分たちの個別化された感覚には永遠に存続しているように映ったとしても、それらは常に転変しており、なんら自性を持たないものだからである。それらは実際には śūnya(空)であり anātman(非我)なのである。

自　性(svabhāva)

大乗仏教徒は時に、アートマンの代わりに自性《じしょう》(svabhāva)という語を用いる。彼らは「一切の法(ダルマ)は自性を持たない(sarvaṃ dharmaṃ niḥsvabhāvam)」というのであるが、これはすなわち、一切の事物は現象面において個別の本性を持たないということであり、事物の中には自性とかアートマンとか本質などというものは存在していないのに、事物の本性があると考えるのは、我々の無明のせいにすぎないということである。このように自性、アートマンという二つの語は、仏教徒によって普通に同義語として用いられているのである。

では、個別の対象物の中に存在しているように我々の感覚が認識していても、実際には存在しないという、その「自性」という語によって大乗仏教徒は正確には何を理解しているのであろうか。それが大乗仏教徒によってはっきりと定義されたことはない。しかし彼らは「自性」というものを、なにか具体的で、個別で、しかも独立しており、条件づけられておらず、縁起の法則に支配されないものと理解しているようである。一切の存在物が本質的に無常かつ空である以上は、論理的に言ってそれらが縁起の法則に反する自性を持つということはあり得ない。一切の事物は相互に条件づけを行い制限しあっており、そういった相対性を除けば、それらは非存在なのであり、我々がそれを知ることはできない。それゆえ龍樹も次のように言っている。「もしも本体が属性とは別のものであるなら、それは理解不能なものになる[16]」。なぜなら、「いろかたちなどとは独立に瓶が知られないように、風(ether)などとは独立にいろかたちは知られないからである[17]」。客観なくして主観が存在しないのと同様に、属性なくして本質は存在しない。両者は互いに相手を条件づけるものだからである。では、自性は因果性の中にあるのだろうか。そうではない。「因果則の支配を受けるものはどのようなものであれ、本質的に寂静《じゃくじょう》である(pratītya yad yad bhavati, tat tac śāntaṃ svabhāvataḥ)」。自己の存在を諸々の因と縁に依っているあらゆるものは、自性を持たない。そしてそれゆえ、それは静寂(śānta)であり、空であり、非実在(asat)なのであって、この普遍的空性という究極の特性は、知性による論証可能性の領域には入らないものである。というのも、人間の理解力は、それが本来持つ限界を超越することはできないからである。

龍樹の説に注釈をつけたピンガラ(Piṅgala)は次のように言う。

「布は糸に依って存在している。マットがあるのは籐に依るからである。もし糸そのものに、定まった、変わることのない自性があるとしたら、それが亜麻の繊維から作られるということはあり得ない。もしも布がそれ自身、定まった、変わることのない自性を持つとしたら、それが糸から作られるはずはない。しかし実際には布は糸から作られ、糸は亜麻の繊維から作られるのであるから、布も糸も、定まった、変わることのない自性を持っていないと言わざるを得ない。それはちょうど、燃やすものと燃えるものの間に成り立つ関係と同じである。その両方が特定の条件下で一緒になると、燃焼という現象が生じる。その場合、燃やすものも燃えるものも、それら自身にその本性があるのではない。なぜなら一方が欠ければ他方もなくなるからである。同じことがこの世界のあらゆる事物について言える。それらは皆、空であり、自己を持たず、絶対的存在を含まない、鬼火(will-'o-the-wisp)のごときものである(18)」。

空の真の意義

以上述べてきたところから、事物の空性というのは、批判的な人たちがしばしば解釈するように無(nothingness)を意味するのではなく、単に一切の現象的存在が持つ条件制限性、あるいは無常性を意味するのだということが明らかとなったであろう。それはaniyata, pratītya と同義語である。したがって仏教徒によれば、空性とは、消極的に言えば個別性がないこと、個物がそれ自体としては存在しないことを意味するのであり、積極的に言うなら、現象世界の絶えざる変化の状態、転変の一定した流れ、原因と結果の永遠なる連続を意味しているのである。それは決して消滅とか絶対的無の意味で理解されてはならない。なぜならニヒリズムは、単純な実在論と並んで、仏教が強く批判するものだからである。「仏陀はあらゆる教義上の論争に対する治療薬として空性を説いたが、その空性に執着するような者たちは治しようがないのである」。薬というものは治すべき病気がある間は不可欠なものであるが、完全に健康になった後に使われると毒に変わるものである。この点をはっきりさせるため、龍樹の『中論』の一節を引用しよう(第二四章)。(七)「[仏教の空性説に反対して次のように言う者がいるかもしれない。]「もし一切が空で、創造も破壊もないのなら、四聖諦《ししょうたい》も存在しないことになってしまうはずだ。もし四聖諦が存在しないなら、苦を認識することも、集《じゅう》を止めることも、滅を達成することも、そして道《どう》を進むことも、すべてが実現できないと言わざるを得ない。もしそれらが皆、実現できないとなると、聖道の四段階(四沙門果《ししゃもんか》)はどれもあり得ないということになる。そしてこれら四段階がなければ、それを願う人は誰もいない。そういった賢者がいなければ、サンガ(僧団)も存在し得ない。さらには、四聖諦がないのであるから、正法(saddharma)もない。そして正法もサンガもないということになれば、仏陀その人の存在も不可能ということになる。したがって、空性を説く者は、三宝《さんぽう》(triratna)すべてを否定する者だと言わざるを得なくなる。空性は因果則および応報の一般原理(phalasadbhāva)を破壊するだけでなく、現象世界の可能性を完全に否定してしまうのである」と」。

「[この批判に対しては、次のように答えられるべきである]」。

「空性(śūnyatā)の本当の意味と正しい解釈を理解していない者だけが、そのような懐疑論に悩まされるのである」。

「仏陀の教えは、絶対真理と相対真理という二種の真理(satya)を峻別するところに要点がある。それらについて十分な知識を持たない者は、仏教の甚深で微妙な意味が分からない。[存在の本質(dharmatā　法性)は言語による規定や知性による理解を越えている。なぜならそこには生も死もなく、涅槃にも等しいものだからである。真如の本質(tattva)はもともと条件化の制限を受けず、静寂で、一切の現象的な雑物から離れており、それは分別することがなく、個別化されることもない(19)]」。

「しかしもしも相対的真理がなければ、絶対的真理には到達することができず、そして絶対的真理が到達されなければ、涅槃は得られない」。

「真理を正しく理解していない愚か者は自己破壊に向かう。なぜなら彼らは、自分で仕掛けたトリックに引っかかる無様な魔術師や、蛇に咬まれる下手くそな蛇取りのようなものだからである。世尊はその教えの難解さが大衆の理解力を越えていることをよく心得ておられたので、それを皆に解き明かすことをなさらなかったのである」。

「仏教は空性に一方的に固執し、それにより重大な過ちに身をさらしているという反論は全く的外れである。なぜなら空性にはなんの過ちもないからである。それはどうしてかというと、あらゆる事物は空性によって全く可能になるのであって、空性がなければあらゆる事は無に帰してしまうからである。空性を否定し、あら探しをする者は、自分が馬に乗っているのを忘れている騎手のようなものである」。

「もし事物が存在するのはそこに自性(svabhāva)があるからであって[空性によるのではないと考えるなら]、事物は因や縁なくして(ahetupratyaya)生ずると考えることになる。それは行為者と行為と被行為者との間に成り立つ諸々の関係を破壊することであり、生死の法則を成り立たせる諸条件を破壊することでもある」。

「縁起(pratītyasamutpāda)によって生み出されたのではないものは何もないから、一切は空であると言われる。しかしこの因果の法則は暫定的なものにすぎない。もっとも、その中に中道があるのだが」(八)。

「このように、条件づけられていない法(dharma)というものはないのであるから、空でないものはないということになる」。

「もしも一切が空でないなら、死も生もなく、同時に四聖諦も消滅してしまう」。

「もし因果の法則がなかったとしたら、どうして苦があり得ようか。無常性こそが苦なのである。しかし自性があるということになれば、無常性はないことになる。[無常性が生命の条件である以上は、原因なくして存在する自性などというものは全く問題にならない。]仮に苦に自性があると想定するなら、それが集から生じてくるはずはない。そしてさらにその集も、空性が認められなければあり得ないものとなる。もう一度、苦に自性があると想定しよう。そうすると、滅はあり得ないことになる。自性が「ある」と仮定することで、滅という言葉が無意味なものになってしまうからである。さらにもう一度、苦に自性があると想定しよう。すると道もないであろう。しかし我々は道を進むことができるのであるから、自性があるという仮説は放棄されねばならないのである」。

「もし苦も滅もないとしたら、苦の滅へと導く道もまた存在しないと言わねばならない」。

「もし実際に自性があるとしたら、苦は、過去において認識されなかったように、現在においても認識されないはずである。なぜならその自性は永遠に変わることなく存続しつづけるはずだからである。[すなわち、悟りを開いた人たちは、仏陀の教えにより、以前まだ初心者の頃には分からなかった苦の存在を今は認識するようになる。もしも事物が、自己の自性によって自ずから定まった状態に固定されているのなら、それらの悟りを開いた人達が、以前には決して観察することのなかったものを新たに見つけるということは不可能なはずである。この現象世界が常に転変の状態にある時、すなわち、それが実際には空である時に初めて、四聖諦の理解は可能となるのである]。

「苦の認識と同じことが、集の止断、滅の達成、道の実現、および四沙門果についても言える」。

「もし自性のせいで以前には四沙門果が得られなかったとするなら、なぜ今、自性存在説を保持したままでそれが実現されるなどということがあり得ようか。[しかし実際には我々は沙門果を獲得することができるのである。というのは、精神的鍛錬によって以前の無知と暗黒の生活から脱却した多くの聖者たちが現にいるからである。もしあらゆるものに、ある状態から別の状態に移行することを不可能にする各々の自性があるとするなら、人がより高次な存在の段階に上っていきたいと望むことなどあり得ないはずである]」。

「もし四沙門果(catvāri phalāni)がなければ、それを希求する者もいるはずがない。

そして、八賢聖《はちげんじょう》(purusapudgala)がいなければサンガは存在し得ないのである」。

「さらには四聖諦がなければ、法は存在不可能となり、サンガと法がなければ、どうして仏陀が存在し得ようか。「仏陀は菩提によって存在しているのではないし、菩提は仏陀によって存在しているのではない」と汝は言うかもしれない。しかし人が仏陀の本性[つまり菩提]を持たないなら、どれほど懸命に菩薩道で努力したところで、その者が仏性を得ることは望めないはずである」。

「さらには、もしも一切が空ではなく、自性を持っているなら、[すなわちもしも一切が同じ状態を保ち、固定化して変化しないのなら、]なにかをするということがどうして可能になるであろうか。どうして善と悪があり得ようか。もし汝が、善や悪なる原因から生じたのではない結果(phala)があるという考えに固執するなら[それは自性存在説の実質的な結論なのだが]、応報は我々の善行、悪行とは独立してあるということを意味する。[しかし、そんなことが我々の経験から正当化されるであろうか]」。

「ではもし、我々の善行、悪行が応報の原因になるということを認めねばならないとしたら、応報は我々の善悪行から起こってくると言わねばならない。それなら、空性はないなどとは言えないはずではないか」。

「空性説すなわち普遍的因果性の法則を否定するなら、それはこの現象世界の可能性を否定することになる。空性説が否定されると、為されるべきことはなにも残っていないことになり、また、まだ成就されていない事が「為された」と言われることにもなる。そして、まったく何もしていない者が行為者と言われるようにもなる。もし自性のようなものがあるとしたなら、種々の事物は創造されたものではなく、滅するものでもなく、永遠に存在し続けると考えざるを得ないが、それは永遠に無であることと等価である」。「もし空性がなければ、まだ獲得していないものを新たに獲得することは不可能となるであろうし、苦を滅することも、すべての煩悩(sarvakleśa)を絶滅することもあり得ないということになろう」。「それゆえ仏陀は、普遍的因果法則を認める者は、苦・集・滅・道のみならず仏陀をも認めることになると教えられたのである」。

このように定式化され、今日に伝えられてきた大乗仏教の教えは、まとめて言えば「我というようなものは存在しない。精神作用は様々な vijñāna すなわち識の協同によって生み出される」というものである。

個々の存在には自性やアートマン、実体などはない。なぜならそれらは、効力を持った業によって支えられている特有の性質の集合体にすぎないからである。仏陀が十二縁起説の中で明示しているように、個別化された世界は無明が造りだすものである。この幻影(māyā)のヴェールが取り除かれると、世をあまねく照らす法身の光が、荘厳に輝きわたる。するとそういった個別存在は、その意味を失い、法身の唯一性の中へと昇華され、高められる。エゴイスティックな偏見は永久に消え、我々の人生の目的はもはや利己的欲求を満足させることではなく、多様な事物を通して働いている法(dharma)を賛美することになる。自己はもはや孤立した状態で存立するのではなく(それは幻影である)、法身の中に吸収され、自分以外の生命体、非生命体のうちにも自己を認めるようになる。そして一切は涅槃のうちにあることとなる。我々がこの理想的な悟りの境地に達した時、我々は仏教生活を実現したと言われるのである。

第八章　業

定　義

業《ごう》(karman)あるいはその同義語としてしばしば用いられる行《ぎょう》(saṃskāra)という語——後者は多少異なる意味あいを持つのであるが——は、サンスクリットの動詞語根kṛから派生したものである。動詞kṛは「する」「つくる」「実行する」「成し遂げる」「産み出す」といった意味を持つ。この業、行という二つの語は、抽象的にも具体的にも用いられ、活動を意味する。そしてそれは一般には、知性、思索、観念化と対照をなすものである。業という言葉が最も抽象的に使われる場合、それは「無始《むし》以来の無明」と同義になる。(一)「無始以来の無明」とは自然の中に普遍的に内在するものであって、ショーペンハウアーが言うところの「意志」すなわち盲目的活動に相当する。なぜなら無明は先に見てきたように、真如《しんにょ》(bhūtatathatā)のネガティヴな顕現であって、業の原理によって活性化された絶え間ない活動を特性とする、現象世界の始まり、展開を特徴づけるものだからである。ゲーテが『ファウスト』の中で「始めに行為があった」と言う時、彼は「行為」という語を、ここで理解している業の意味で用いているのである。(二)

一方、業という言葉が具体的な意味で用いられる時には、それは個別物すなわち名色《みょうしき》(nāmarūpa)の世界における活動原理である。業は物理世界においてはエネルギーの保存則となり、生物学の領域では進化や遺伝などの原理となり、そして道徳世界においては行為不滅性の原理となる。行の方は、業と同義で用いられる場合には、十二縁起(nidānas, pratītyasamutpāda)に見られるように、業のこの具体的な意味の方に対応する。[1] その中で行は無明(avidyā)から起こり、行から識(vijñāna)が生じる。この場合の無明は単純に悟りの欠如を意味するのであって、行において示されているような「活動」の意味合いは全く含まない。無明が活動の原理となって、その最初の所産としての識すなわち心作用を生み出すのは、無明が行と結びついた時だけである。実際、無明と盲目的活動(=行)とはひとつのものであるが、その論理的相違は以下の点にある。すなわち、無明は認識論的な面に重きを置くが、盲目的活動(行)が重きを置くのは倫理的な面である。あるいは、無明が静的であるのに対して盲目的活動(行)は動的であるとも言えよう。もし十二縁起の最初の四支と、先に説明した、如来蔵が展開していく際のプロセスを比較対照させるなら、十二縁起の無明と盲目的活動(すなわち行)とは、一切所蔵識(アーラヤ識)に対応し、十二縁起の識つまり意識はマナ識に、そして名色は、業の原理が具体的なかたちで働いているこの可視世界(境《きょう》、viṣaya)に対応している。

抽象的な意味での業に相当する「無明」に関しては特に一章を設けて説明したので、

ここでは名色の領域における業すなわち具体的意味での業の仏教的概念を扱うことにする。ただし、我々は物理学や生物学には関わらないのであるから、議論を道徳世界での業の因果的作用に限定する。

業の働き

仏教における業の概念を簡単に言うと、次のようである。善行であれ悪行であれ、一旦行為を為したり、心に抱いたりしたなら、決してそれが水泡の如く消えるということはなく、場合に応じて潜在的な形をとり、あるいは活動形をとりながら精神および行為の世界に存続していく。この、いわゆる神秘的な道徳のエネルギーは、いちいちの行動や思考のうちに包含されており、そしてそれらから流出してくるものである。なぜならそのエネルギーは、行動や思考が実際に遂行されたか、それとも単に心に浮かんだだけかという点には関係しないからである。時がくると、それは必ず芽を出し、活力の限りを尽くして成長する。それを仏陀は次のように説いている。

たとえ幾百劫《こう》を経ても、
業は失われないし破壊されることもない。
一切の必要条件が整えば、

その果は必ず熟する。(2)

さらに次のようにも説かれている。

人は何事を為そうとも、その果報を自分自身の内に見る。
善者は善を、悪者は悪を。
我々の行為は種子のようであり、それに応じた果をもたらすものである。(3)

たまたま墓の中に入っていて、千年以上もの間、好条件で保存されていた小麦の種子が、その発芽力を失っておらず、適切な処置のもとに植えつけられた時、実際に芽を出したと言われている。業も同じである。それは大変な活力を有している。いや、というよりもそれは不死なのである。その行為がどれほど昔のことであろうとも、我々の行為の業は決して死滅することはない。それは、なんらかの抵抗力によって制圧されない限り、どんなことがあっても定まった結果を完遂する。業の法則は犯しがたいものなのである。

業の不可侵性とは以下のようなことを意味する。すなわち、因果の法則は、物理世界と同様に我々の道徳の領域においても最上位に置かれるということ、原因と結果の連鎖から成る生命というものは、業の原理に規制されているということ、そして個々人や国家や民族の生活において、相応の原因と十分な理由なくしては、つまり先の業なしでは、何事も起こり得ないということである。それゆえ仏教徒は、我々の宗教的領域や道徳生活においては、いかなる恩寵や啓示による特別な行為も信じない。仏教では、辻褄合わせの神(deus ex machina)という考えは禁じられているのである。現世において我々が道徳的に苦しんだり喜んだりすることはすべて、地上に生命が現れて以来ずっと蓄積されてきた業によるものである。先にまかれていないものが、後に刈り取られることなど決してないのである。

なにかが為されたなら、それは個々人の生命の内に、さらには宇宙の生命の内に、言葉では表し難い印を残していく。そしてその印は、その力が完全に消費されるか、あるいはそれに対抗し、圧倒するような別の業によって阻害されない限りは、決して消えることがない。ある行為の業が、その者の現世のうちに結果を生じない場合には、物理的あるいは精神的にその者の生を受け継いだ者たちが結果を受けることになる。「人々が行った悪は、彼らの死後も生き続ける」だけではなく、善もまた生き続ける。それは、世俗の者たちが考える「骨と共に葬られる」ようなものではないからである。『サンユッタ・ニカーヤ』(III. 1-4)では次のように言っている。

死に襲われて、断末魔の苦しみの中、
この、人としての状態を終わる際に、
これこそは自分のものと言えるのはなんであろうか。
自分と一緒にここから持っていくのはなんであろうか。
彼のあとについて行き、
影の如くに離れないものはなんであろうか。

この世において人が為した善行と悪行こそは、
彼が自分のものと言えるものであり、
自分と一緒にここから持っていくものであり、
あとについて来るものであり、
そして影の如くに離れないものである。

それゆえ、皆に、高貴なる行いを為させよ。
それは未来の幸福の宝庫である。
この生で得られた功徳は、
来世に至福を産み出すからである。(4)

この、業の保存性があるので、仏教徒たちは自分自身の心が膠着《こうちゃく》状態にある限り、自分たちの罪を誰か他の無垢な人々によってどうにかしてもらえるなどとは期待しない。しかし一切の衆生に対する諸仏の底知れぬ愛が、ほんのわずかでも罪人の心に悔恨と悟りの火花を点し、そしてこの常に揺らめき続ける光が、整った諸条件のもとで最大レヴェルにまで成長する時、その罪人は永劫にわたって続いてきた悪業から完全に目覚め、すべての呪いから自由となって涅槃の永遠性へと入るのである。

業と社会的不公平

仏教徒のなかには、社会的不公平の事例と見るべき状況を説明するために、業の原理を利用している者がよくいる。

自分がまわりの貧しい人々よりもぜいたくができることを正当化するようなことは何もしていないのに、たまたま金持ちで高貴な家に生まれ、あらゆる世俗の喜びを享受し、社会生活すべてにわたって優遇される運命を持った人々がいる。しかし似非《えせ》仏教徒たちの中には、これらの人々は前世で繰り返した幾多の生において植えた善業の実りを刈り取っているにすぎないと言う者がいる。似非仏教徒たちの主張はさらに次のように続く。「上記の如く善業の果を受ける者がいる一方で、道徳的に清廉な生活を送り、まじめに働いていながら、その日暮らしを余儀なくされている貧しき下層の人たちもいるが、彼らは前世で積んだ悪業の苦しみを受けているのである。道徳上の応報の法則は、それらの人々が考えているように、人の内実が変わったからといって停止することは決してない。善行にしろ悪行にしろ、行為が一旦為されたなら、永続しつつ相互に作用し合う諸事象の中において消滅することはなく、必ずそれに相応して果を受ける者を探し出す。それは行為者がすでに輪廻してしまっているかどうかには関わりなくそうなるのである。仏教では個人のアイデンティティーというものを、個々の個体の継続ではなく、業の保存として捉える。我々が為すどのような行為も、必ずそれにみあった果を伴って、我々が死んだあとにまでついてくる。したがってもしも金持ちで高貴な者が、自分たちの義務をほったらかしにしたり快楽を楽しむことに身を任せたりしたなら、たとえ現世ではなくても必ず未来生においては、そうやって図らずも自分でまいた種の実を刈り集めることになる。一方貧者は、現世での運命がどれほど過酷なものであっても、現在の苦労に絶望して誘惑の手に落ちることなく、善行、徳行を正直に行っていれば、その正当なる見返りを要求することができる。彼らの現在の運命は以前に為した行為の結果なのであるから、未来の幸運は現在行っている行為の果ということになろう」。

以上が似非仏教徒たちが持っている考えであるが、それは我々に、この名色(nāmarūpa)の世界における業の原理の実際的な働きに関して誤った印象を与える。なぜならこの考えは、業説の適用範囲外の現象を業説によって説明しようとするものだからである。私が理解しているところによれば、業説が説明しようとしているのは、社会的不公平や経済的不平等に関する事柄ではなく、道徳的因果関係の諸事実である。

金持ちや高貴な生まれの者の居丈高《いたけだか》な態度や貧者の不当な苦難、あまりにも多くの犯罪者の発生、およびそれに類する社会的諸現象は、現在の我々の社会組織が不完全であることによって生じるものである。それは絶対的個人所有の原則に起因する。人は自分が使うための富を無制限に蓄積し、それを受け継ぐ価値など全くないような後継者へと譲り渡していくことが許されている。そして彼らは、このシステムが、自分たちが属している組織における全体的福祉やメンバー一人一人に対して与える損害については気にかけない。金持ちたちは、自分が現在のように社会的に高い地位について、それを存分に楽しむようになる前には、何百万もの同胞を経済的に、そしてその結果として政治的、道徳的に虐殺してきたかもしれない。彼らは自己増大の遠大な計画を実行するために、富の魔神(mammon)の祭壇に何百何千という犠牲を捧げてきたのかもしれない。そして一層悪いことに、個人によって蓄積された財産は、子孫へと受け渡すことが法律によって認められている。そういった子孫は、ある意味で、社会に寄生して生きているわけである。彼らは他人の血と汗で生活する特権が与えられている。そして彼らの生活を支える他の人々は、自分で選択する自由もなく、社会から強制されて毎日毎日汲々としながら、重い負担に押しひしがれているのである。

ここで事態をじっくり考察してみよう。社会は二つに区分される。一方は全体の福祉を向上させることに対してほとんど何もしない者たち。もう一方は、自分に責任のない負担を背負い込みながらも、生きるために雄々しく闘い続けている者たちである。社会組織の不完全さに起因するこれらの悲しむべき現象は、日々我々の目にするところであるが、これを我々は個々人の業の違いによるものと考えるべきであろうか。そして、本当はその人たちが属するコミュニティーの間違った組織形態に原因があるような事柄の責任を、個人個人に押しつけるべきであろうか。それは間違っている。業説が、我々の社会や経済が持つ不完全性の原因を説明するものであるなどとは決して考えてはならない。

業の法則が最も強く作用する領域は我々の道徳世界であり、そしてそれは経済社会にまでは及んでいない。貧困は必ずしも悪行の結果ではないし、逆に金満は善行の結果というのでもない。人が裕福であるか貧困であるかは、我々の現代社会に関する限りは、主に経済原理によって決定されることである。道徳と経済は人間活動の異なる二つの領域であって、誠実さや道徳的清廉は必ずしも幸福を保証するものではないし、逆に不誠実や非道が物質的繁栄を得るための助けとして利用されることはよくあることである。だからこそ我々は、ひどい貧乏に陥っている多くの善良で良心的な人々を眼にするのではないのか。それが社会的不公平を表すものだということがはっきり分かっているのに、彼らは前世の悪業の呪いに苦しめられているなどとどうして考えられようか？　本質的に相互因果性のない二つの事柄を関係づけることは、まったく無用なこと、というよりもむしろ邪悪を生み出すことにさえなる。業は経済的不平等に対しては、なんらの責任も負うものではないのである。

徳のある人は、良心の清廉さと心の純粋さに満足する。自分の現在の社会的地位が低いとか、現在の経済状態がひどいからといって、その社会的不遇の原因を過去に遡って探そうとは思わないし、自分の業の力が新たに現れた時に自分を待ち構えているかもしれない、未来の世俗的運命をあれこれ心配することもない。彼の心はそのような虚栄心や心配からは全く離れている。彼は、今ここにいる自分自身に満足なのである。そして道徳的行為の利他的な面に関していうなら、それらの行為の業が、それによって鼓舞されたあらゆる人々に精神的恩恵を与えるであろうということを彼はよく承知しており、さらにはそれが、この世に善を実現するために広く貢献するものであることも分かっている。それならどうして、似非仏教徒たちが思っているような業のつまらない理屈をひねり出して、彼の物質的な不運を精神的に慰めようなどと考えねばならないのか。

一般大衆は自分たちが為しているすべてのことがら、すべての行為が、俗世の財産を蓄積し物質的幸福を向上させるために役立っていると考えたがるのであるが、その思いが強すぎて、生活の経済状態とはなんの関係もない道徳的行為までも、世俗の事物を手に入れるための好機であると捉えてしまう。彼らは業の因果法則を、それとは全く別の諸法則が支配している領域にまで適用したいと考えるのである。実際のところ、有徳の行為から得られるのは精神的幸福だけである。すなわち心の満足や平安、柔和な心、ゆるぎなき信仰が得られるのである。しかしこれらはすべてシミにも錆にも汚されない天界の宝である。そして善行の業が我々にもたらすものとしてこれ以上のものがあり得ようか。敬虔な心の人が善なる生活を送ることによって手に入れたいと望むもので、これ以上のものがあり得ようか。「自分の命のことで何を食べようか何を飲もうかと、また自分の体のことで何を着ようかと思い悩むな。命は食べ物よりも大切であり、体は衣服よりも大切ではないか(三)」。だから、業を世俗的に解釈することはやめよう。それは仏教精神に背くことなのである。

我々が現在の状況で生きている限りは、社会的不公正と経済的不公平の呪いから逃げることはできない。金持ちで高い身分に生まれ、あり余る物質的財物を享受している者もいれば、その一方では冷酷な社会から負わされた耐え難い重荷を背負ってうめいている人たちもいる。現在の社会組織を思い切って大きく変えなければ、皆が均等な機会と公正なチャンスを受けることは期待できない。リベラルで合理的で体系的な、ある種の社会主義を導入しない限り、必ず経済的に他者よりも優遇される者ができてしまう。しかしこの状況は世俗的制度の現象であって、遅かれ早かれ収まっていく運命にある。それに対して業の法則は、この個別化された世界に顕れた法身の意志の永遠なる定めである。我々は人間社会での束の間の出来事と、世界権威(world-authority)から発せられた絶対的掟を混同してはならないのである。

業の個人主義的見解

ほかにも業説に関する誤解で世に広く信じられているものがあって、仏教の正しい解釈をひどく損なっている。それは業説を個人主義的なものと捉える見解である。この見解は、ある人によって為された善業や悪業は、その人自身の運命だけを決定するのであって、他の人にはどのようなかたちであれ一切影響を与えないというものである。そして我々が悪いことをしないようにするのは、そうしないと他の人ではなく我々自身が、その悪しき結果で苦しまねばならないからであるという。このような業の概念を私は個人主義的と呼んでいるのだが、それは個々の魂の絶対的実在を前提とするものであり、その個々の魂が、以前の業によって作られる新たな肉体的存在の中へ、変わることなく引き継がれていくと考えて初めて成り立つものである。ここでいう個々の魂とは、ひとつの独立した単位として理解されており、それは他者とは一切関係を持たず、それゆえ他者に影響を与えたり、他者から影響されたりすることは全くない。自分でやったことの結果は自分だけが被るのであって、他の人たちはそれとは何も関係がないし、他の人たちがそれによって苦しみを受けることはこれっぽっちもないというわけである。

しかしながら仏教は、このような業の法則の個人主義的解釈を提唱するものではない。なぜならそれは無我説および法身説と折り合わないからである。(四)

伝統説に従うなら、業とは、行為者の物理的アイデンティティーがどうであろうとも、単に行為の内的勢力が保存され不滅であるということを意味している。善行にしろ悪行にしろ、一旦為された行為は衆生たちのシステム全体に永続的効果を残していく。行為者はそのシステムの単なる一構成要素にすぎず、道徳的行為の結果として苦しんだり喜んだりするのはその行為者ひとりだけではなく、「法界《ほっかい》」(dharmadhātu　精神宇宙)と呼ばれる広大な心理的共同体を形成する全員なのである。

宇宙は一個の特別な魂だけのための劇場なのではなく、それぞれがひとつずつの心理的単位を形づくっている衆生たち全員に属するものである。そしてそれらの心理的単位は血と魂において緊密に結合されているために、その中の一人が為した、ささいなことに思える行為であっても、その効力は行為者自身に対するのと同じ強さ、同じ確実さで他の者たちによっても感得されるのである。広大な水面の広がりの中に変哲もない一片の石を投げ入れると、それは必ず、ほとんど無限に続く一連のさざ波を生み出すであろう。それがどれほど微細なものであっても、一番遠い岸辺に到達するまでは決して消滅することがない。このようにして発生した揺らぎは、沈んでいる石と攪乱された水の両者によって同じように感得される。未熟な観察者たちにとってはただの鈍重な物理力の体系にすぎないと映るこの宇宙も、実は広大な精神的共同体なのであって、衆生の一人一人がその構成要素になっている。この最も複雑で微妙で繊細で、そして見事に組織化された精神的原子の集合体は、道徳的電気力の流れを、最高の速度と確実性で、ひとつの粒子から別の粒子へと伝えていく。この共同体は、その実、単一なる法身の表現であるから、その物質的個別性においてそれがどれほど多様で相異しているように見えても、結局のところ充満している単一のエッセンスが展開したものにすぎない。そしてその中で、事物の複合性は、その統一性とアイデンティティーを見いだすのである。それゆえ真摯な仏教徒たちが道徳律を犯さないようにし、善を増大させるよう奨励されるのは、彼ら自身の幸福のためだけでなく、共同体全体のためなのである。このように、その精神的洞察がすべての人間の魂の内的統合と相互作用にまで深く到達した者たちが菩薩と呼ばれるのである。

繰り返すが、この精神があるからこそ、敬虔な仏教徒たちは自分が為した慈愛の行動によって生み出された功徳《くどく》を自分自身のために保持しておこうとは考えず、一切の衆生が無明の闇から抜け出すためにそれを振り向けよう(pariṇāmanā)と考えるのである。したがって、仏教徒によって書かれた宗教的論書における、締めくくりの典型的な形は、次のようなものである。

仏陀によって説かれた、この三業の深い意味を、
合理性と教説にもとづいて私はこのように完全に解明した。
この福の力で、一切衆生を済度し、
すみやかに完全なる悟りへと導かん。(5)

あるいは、

私がこの論を著したことによって生じる一切の功徳を、
しっかりと保ち、広く一切衆生に布施して、
彼らがすぐれた生を受けて、福徳と智慧を増大させ、
すみやかに広大なる悟りへ到達せんことを願う。(6)

なぜ一人の人間の為した道徳的行為が、他の人々が無上の正等覚へ到達するのに役立つのかというと、普通には個別に存在し他者からは独立していると考えられている個々の魂が、実際にはそうではなくて、相互に密接に混成しており、そのためひとつの魂に

おいて生み出された揺らぎは遅かれ早かれ、正しい形にしろ間違ったかたちにしろ、他に影響を与えながら伝達されていくのである。私自身が為した行為の業の効力は、私の将来を決めるだけでなく、他の者たちの将来をも少なからず決定していく。だからこそ、自分たちが獲得できるすべての功徳を大衆みんなの幸福に捧げたいと望む敬虔な仏教徒たちによって、先に引用したような発願が為されたのである。

あらゆる可能な方策を用いて常にコミュニケーションを広げ、促進していこうとする傾向を人は持っているが、これは人々の魂が本来一体のものであることを実証する現象である。孤立はそれを殺す。なぜなら孤立とは死の別名だからである。生きて、成長する個々の魂は、他の魂を包含したいと望み、仲間になりたい、ついてきてもらいたいと望み、そしてすべての魂が一緒になって単一の魂へと統合されるよう、無限に広がることを切望するのである。このような状況でのみ、人の業は他の人々に影響を与えることが可能になるのであり、その人の功徳が全体的正覚を促すために利用できるのである。

業と宿命論

もし、業は決して破ることのできないものだということが、我々の道徳生活があらかじめ決定されているということを意味するのなら、人によっては、業の教えを純粋で単純な運命論だと考える者もいるであろう。確かに我々の現在の生活が以前の生存において蓄積された業の結果であるというのは事実であるし、業がその活力を保持している限りは、善業にしろ悪業にしろ、その結果から逃れるチャンスが全くないことも事実である。さらには、神の知恵なくしては、ちっぽけな雀が大地に落ちることさえなく、我々の頭髪の数までが神によって数えられている(五)というのと同じように、業の力なくしては一枚の草の葉が夕べの風に震えることさえないということも事実である。さらにまた、我々の知性がこれほど近視眼的でなかったとしたら、我々は自分たちが生活している状況の複雑さを最も単純なかたちにまで還元し、そして数学的正確さをもって、これから起こってくるであろう人生の成り行きを予言することができるであろうということも事実である。もし我々がはるか昔からの自分のすべての業と、それが我々自身および我々と関連した者たちに与えるすべての報いとを記録することができたなら、きわめて正確に未来の生を決めていくこともなんら困難なことではない。しかし人間の知性というものは、現にそうあるように、そのような膨大な量の作業をこなすことができない。我々は宿命論の意味をすべて十全に認知することができないのである。しかし神の視点から見れば、宿命論は完全に正当なものと映るであろう。なぜなら世界霊魂には、宇宙の運命に関して近視眼的見方などあり得ないからである。宇宙とは世界霊魂自身の自己表現にほかならないのである。我々が自分たちの最終状況について不安を感じ、時には機械論的立場から、また時には目的論的立場から存在を説明しようと努力するのは、あくまで人間の視点からそうしているにすぎない。しかも奇妙なことに、魂の奥底では、絶望したときや信頼して服従するときに我々に「汝の意のままになせ」と叫ばせる、そういうなにか神秘的なものがここにあると感じているのである。この「汝の意」を確信する気持ちは、我々の意識の奥底、および知的分析の領域の外部に、あらかじめ絶対的に決まっていて、少なくとも我々の有限で限定された断片的な心によってはコントロールできない至高の秩序があることを我々が信じているということを証明している。だが、業説を、厳密な意味での宿命論として理解してはならない。

一般的決定論に関していうなら、仏教はそれになんら異を唱えるものではない。それは因果法則の存在を認め、個々の行為は、それが現実に行われたものであれ、心で考えられただけのものであれ、その後になにかを残していくのだということを認め、このなにものかが我々の将来を決定していく要因になるということを認めるのであるが、それならば、我々はどうやってホイットマンが謳うところの「我々は皆、避けられない」という結論から逃れることができるのであろうか。我々に常に最良のものを与えてくれるとされる神の意志の存在を信じる宗教的確信は、事実上、決定論にほかならない。しかしその教義を我々の実生活に適用するに際して、我々の内にありながらも、奮闘努力しなければ自覚することのできないすべての可能性を展開しようという努力を忘れたなら、道徳的人格も個人的責任も高貴な大望もなくなってしまう。心はただの反射神経組織にすぎず、生命は単なる機械にすぎないということになってしまうのである。

実際、業は、再生や自己増殖のできる機械ではない（六）。業は素晴らしい有機的な力である。それは成長し、広がり、新たな業を生み出しさえする。それはあたかも、種子の中でも最も小さなマスタードの種のようなものである。小さくてもそれは活力で満ちており、肥えた土と出会えばたちまちにして成長して、そこへ鳥が飛んできて枝に留まるほどの木になる。その不思議さは、英雄の偉業に感じ入ったり献身的母親の物語を聞いたりした人々の心に通じ合う共感の波にも似ている。業は善業にせよ悪業にせよ、伝染性と交感性を持って作用するものなのである。きわめて些細な善行であっても、それが思いもしなかったほど大きな実りをもたらすことがある。極悪人であっても、幾劫にもわたって続いてきたその生の中でずっと効力を保ち続けてきたたった一つの善業のおかげで悔悟の機会がもたらされる。そして我々の精神世界で最も素晴らしいことは、このようにして最も下劣な者たちの心に悔悟と涅槃をもたらす業が、他の人たちの心で潜在的に眠っていた同様の業を呼び覚まし、再び燃え上がらせ、そして彼らを正等覚の最終的な場へと導いていくということである。

我々が業説を一般的、皮相的にしか捉えないなら、それは決定論に陥らざるを得ない。しかしおそろしく複雑な諸要素の産物である我々の現実生活においては、業の教義は我々に、あらゆる種類の可能性とあらゆる発展の機会を許しているのである。このようにして我々は機械論的生命観から逃れ、決定論(それは大部分においては正しいのであるが)の絶望から救われる。そして、たとえどれほど遠くにあろうとも、希望は必ず実現するということを確信するのである。時には悪業の呪いが我々に重くのしかかってくることもあるだろうが、だからといって大望をことごとく墓石の下に葬り去ってしまうことはない。そんなことはせず、それを毅然として克服し、悪の最後の残余を破壊し、善業の蓄積を完成していくためにあらゆる善行を行っていこうではないか。

善根の成熟と福徳の蓄積

業の教義を扱うさいに無視することができない最も重要な事実のひとつは、シャカムニは幾度も生まれかわる中で延々と六波羅蜜《ろっぱらみつ》の修行を続けた末にようやく最高の仏陀の境地に達したのだと仏教徒たちが信じているということである。この信仰は仏教の倫理の基盤となっており、業の教義ときわめて重要な関係を持っている。

業の教義は倫理学的には次のように考えられている。衆生が完全なる極致へと到達することは、天上からの介助を通してではなく、理想の実現、言い換えれば善根の成熟と福徳の蓄積に向けて、長く堅実で断固たる個人的努力を続けることによって可能になる。これは幾生にもわたってたゆまず実践される善行の業によって初めて完成され得るのである。我々が今日実行している善行の一つ一つは、人の発展の年代史に正確に記録され、その分だけ真性さの根拠が増大することになる。これに対して、悪意からでた行為、自己権力の増大を目的とするあらゆる考え、不浄な言葉、エゴイズムの主張といったこれらは皆、人間性の完成にとっての障害である。具体的に言うなら、シャカムニという歴史的人物が、その前世、無数劫にわたって蓄積してきた善業のすべてを結晶化したもののことを仏陀というのである。そしてもしも提婆達多《だいばだった》が、伝説で言うように本当に仏陀の敵であったのなら、彼は諸仏の善行と平行して蓄積されてきた悪業を象徴していることになる。後代の仏教は、このように二人の歴史的人物を善業と悪業の具体的結果を代表するものとして作り上げた。そして仏教の信奉者たちが、どの方向に向かって自分たちの精神的エネルギーを用いたらよいのかを示そうとしているのである。

このようなわけで、業の教義というものは、まさに我々の道徳的領域において作用する進化と遺伝の法則である。ウォルト・ホイットマンがいみじくも詠っているように、我々一人一人には「宇宙の収束する目的」が絶え間なく流れており、一人一人を通して「潮流であり指標である霊感が繰り返し打ち寄せている」のである。我々の存在に織り込まれ、地上に意識が生じた時から成熟し続けている我々の業こそが、ここでいう「収束する目的」および「霊感」にほかならない。輪廻の世代によって業の熟成は減速されたり促進されたりして、その集積は減ったり増えたりしながら次の世代へと引き継がれていく。生の意味が分からないような盲目な人々や、自分たちの我こそが唯一の実在であると考えている人々、それに太古の昔から蓄積されてきた精神的遺産に関心を払わない人々、これらの人たちこそ、この世で最も不道徳で恩知らずで無責任な人々である。仏教では彼らを、破壊を事とする魔（māra）の申し子と呼ぶ。

スコットランドのG・R・ウィルソン博士は「危機の意識」という論文の中で王衣に関する非常に面白い話を書いている（*The Monist* 一九〇三年四月号）。それは想像もつかぬ昔から蓄えられてきた潜在的業が、どのように我々の潜在意識（仏教徒がいうところのアーラヤ識）の隅々にまで浸透しているかをありありと描写するものである。それは次のような話である。

「東方世界で作られた一枚のローブがあった。それはある王朝の時に作られたのだが、それはその時代の象形文字が今では全く解読できなくなっているほど昔のことであった。東方世界の特徴を持ち、丈夫で耐久性のあったそのローブは何百年どころか何百世代にもわたって受け継がれてきた。その中にはだらだらと長く続いて物憂い時代もあったし、短期間にぱっと華やかに過ぎた時代もあった。このローブは王のために使われることもあれば王妃のための場合もあったが、伝統にのっとって、それぞれの君主は何か自分たちのしるしになるものをそれに付けていった。たとえば高価な宝石、黄金の張り板、高級な刺繡の縁取りなどである。そしてそういったしるしがつけられるたびに、しるしを付けた人の物語が伝説として、その不滅のローブの繊維一本一本にまで混じり込んでいったのである。その王や王妃たちの人格の中にあるなにかが、彼らが付けていったしるしの中に残り続けたということがあるのだろうか。もしそうだとしたら、そのローブはただの物ではないし、軽々しく着たりしまい込んでおいたりすべき普通の衣ではなく、今なお生きている力、王家の権勢ともいうべきものであり、それを着る者は知らず知らずのうちに、今は亡き人々の人格の中にあるなにかを身にまとうということになるのである。ある王家の王女で、おそらくは感受性が高く霊感の強い人が、王位につく段になって心配で震えながらそのローブを着てみた。彼女がそれを着ると、そこからはメッセージが感じとれた。ローブの表に輝く大きなルビーは、ひとつひとつが血塗られた征服の戦利品であったが、何気なくそれに触れた彼女は、理解できない感情にとらわれて身震いした。そこに込められた闘争の気に、彼女の血の中で何かが応えたのである。真珠は平安のしるしであった。その一連の真珠は、芸術と学問を愛する王や王妃たちによって次々に繋ぎ合わされてきたのである。そして少女の指がそれらをたどっていった時、彼女の霊感は変化し、心は教養高い学者が目指すところへと向かった。ローブには派手な縁取りがつけられていたが、それは一生密通ばかりしていて最後には殺されてしまった不実な王妃が残したものであった。その乙女がそれをもっとよく調べようと持ち上げた時、一体なにがそうさせたのかは分からないままに、彼女は自分の人間性の奥底で何かが変化し、悪意に満ちた可能性すなわち自分の治世にどこまでもつきまとう、邪悪と恥辱の可能性を覚えて、恥ずかしさに赤面したのであった。心の隠された部分が生み出す暗示とはちょうどこのようなもので、それはこれほどに微妙なかたちで生まれてくるものなのである」。

このように、業の教義は、今あなたが為している愛や善意の行為というものが、あなたの利己的な利益のためにあるのではなく、あなたのりっぱな祖先たちがやってきたことへの感謝であり、全人類に対する義務の遂行であり、そして世界の宝としての道徳的理想への貢献なのだということを言明しているのである。善根を成熟させよ。功徳を積み、悪業を浄化し、我という障害を取り除き、一切の生き物への愛を育むようにせよ。そうすれば涅槃への天国の門はあなただけではなく、全世界に対して開かれるであろう。業の不滅性と人類の永遠の発展を謳うなら、次のウォルト・ホイットマンの詩を見るがよい。

何であれ、ただつかのまのおのれの生を生きて終わると君は思うか、
世界のありようはそうではない、触知できるものもできないものも、
そういうありようのものは一つもない、
どんな極致もそれに先立つ長い何かの極致に由来せずには今ここになく、
その先立つ極致も何か別の極致に由来し、

考えられる限り遠く遥かで、何にもまして発端に一歩でも近い極致なしには今ここにない(7)。

不滅性

『ミリンダ問経』には次のような一節がある。

「王よ、もしある人が灯りを持って家の上階に昇り、そこで食事をしていたところ、その灯りの火が草葺きの屋根に燃え移り、燃えている草葺き屋根の火が家に燃え移り、そしてその燃えている家の火が村に燃え移ったとしましょう。それで村人たちはその人をつかまえて「おいお前、どうして村に火をつけたんだ」と言ったところ、彼は「私は村に火などつけはしません。私が食事の時に使った灯りの火は、村を焼いた火とは別物です」と答えたとしましょう。このように両者が言い争いになり、あなたのところにやってきたとしたら、王よ、あなたはどちらの主張を支持なさいますか」。

「聖者よ、わたしは村人の方を支持するであろう」。

「それはなぜですか」。

「その者がなんと言おうと、村を焼いた火は、最初の灯りの火から生じたものだからである」。

「王よ、それと全く同じことで、次の生存において生ずる名色(name and form)は、その前の生で死亡したときに終わった名色とは別ものではあっても、それでも前者は後者から出てくるものです。それゆえ、ひとは自分の悪行から逃れることはありません」。(七)

この対話は、個のアイデンティティーと存続性に対する仏教の考えを示している。すなわちアートマンの不滅性を否定し、業の不滅性を認めるという考えである。

この教義を明示するための別のよい方法は、おそらく種子の成長と永続性を跡づけることであろう。実際、種子というものは業の具体的表現である。植物がある成長段階にまで達すると、それは花を咲かせ実を結ぶ。その実は内部に潜在的エネルギーを秘めており、好条件のもとに置かれるとそれは同じ種類の植物を成熟させる。そうやって成熟した新たな植物は今また、先代たちが通ってきたのと同じ過程を繰り返し、こうして植物の永遠なる存続が達成されるのである。本質的に個々の植物の命は永遠ではありえない。それは成長しているうちに、いつかは断ち切られるよう運命づけられている。しかし、世界の始まり以来ずっと植物の中に伝わってきた永遠に続く活力の流れはそうではない。なぜなら、この流れは本質的に個別的なものではなく、個々の植物の生の中で起こる移り変わりを越えているものだからである。その流れが実際に活動している状態は常にはっきりと現れてくるものではないかもしれないが、それは潜在的なかたちでずっと種子の中に現存しているものなのである。変化というのは単に形態の問題であり、植物の中の生命の流れを阻害するものではない。その生命の流れは、植物界のエネルギーとして宇宙の中に保存されているのである。

　この植物界のエネルギーは、成体となった植物にはっきり顕れるものである。春になるとそこに花を咲かせるものであり、実を結ばせるものであり、その種子の中に明らかに休眠状態で存在しているものであり、そして好ましい環境下になれば種子を呼び起こして芽吹かせるものである。この神秘的な力である植物界のエネルギーを仏教の用語で説明するなら、それこそが業の植物的表現に他ならない。そしてそれが生物学の世界における遺伝の法則すなわち獲得形質の伝達や、あるいはその他、生物学者たちによって発見されるであろう諸法則を成り立たせるのである。そしてこの力が人間活動の道徳的領域に現れる時こそが、業が道徳的因果法則として固有の意義を獲得する時なのである。

　個人の業や集団の業、国家の業、種族の業といったものが永久に存続していくための伝達方法には様々なかたちがあるが、そのうちのいくつかを述べてみる。

　そのうちのひとつは家系的あるいはおそらく、生物学的と呼びうるかたちである。たとえばある有名な家系の子孫たちがおり、その家の祖先は勇敢さとか情け深さ、頭のよさ、あるいはその他の賞賛すべき行為や能力によってよく知られているものとする。その子孫たちは普通、まわりの人たちから尊敬される。なぜなら、その祖先の精神は何世代にもわたって受け継がれてきており、血の繋がった子孫にもいまだにそれが生き続けているかのように考えられるからである。この血統を引く者の中には、知性と道徳心が世間的な標準より劣った者もいたであろう。しかしだからといって、この家系に属する他の者が、過去の数ある高貴な例から得た霊感によって、先代たちが持っていた能力で今は眠っているように見えるものを、いつの日にか開花させるかもしれないという可能性や信念が全く否定されることはない。彼らが受ける尊敬と、彼らが感じるかもしれない霊感の可能性はすべて、先祖たちによって生み出された業の働きである。その高貴な業を作った人(あるいは人たち)は今では皆消え去り、骨は要素にまで還ってしまって久しく、もはや自我もなく、彼らの具体的な個々の人格も過去のものとなってしまっている。しかし彼らの業はいまだここにあって、それが作られた時代と変わらず生き生きとしており、そして終末の時までそのままである。一方、彼らの中に暗い記録を残した者がいたとすると、その悪業はその家の歴史にくっついて離れず、子孫たちは自分がどんなに無垢であろうが、その業の活力が残っている限りは、その呪いに苦しまねばならない。(八)

ここで注意しておきたい重要な点は、悪業が作用するその不思議な方法である。悪はいつでも悪だけを生み出すとは限らない。それは非常に多くの場合、道徳的な人を、精神的努力の限りを尽くして悪に打ち勝とうという気にさせるひとつの条件(原因とまでは言えないにしても)になるのである。そういう人が、自分の家の歴史は暗い汚れによって汚されているという事実に気付くと、自分の心の中に、揺らめく善の灯りを再び灯すであろう。彼の善業の蓄積が最終的に熟すると、彼の徳は過去の諸悪を凌駕し、現前に新たなページを開くことになるが、それは至福と栄光に満ちたものである。このように、この世のあらゆるものは、善を最終的に実現するための単なる手段になるのだと考えることができる。仏教徒は、この精神的現象を、法身あるいは阿弥陀仏の方便の功徳によるものとする。(8)

話を本題に戻そう。今、家系について語った事柄が、種族や民族、部族、国家あるいはその他のいかなる共同体の形態に関しても同じように言えるということを示すために、さらに実例を挙げて説明する必要はなかろう。人の歴史というものは、その多種多様な存在形態のすべてにおいて、仏教が言う業の不滅性の教義を視覚化したひとつの壮大なドラマにほかならない。それは果てしれぬ広大な海洋のようなものであり、そこでは事象の波が昼夜を問わずいつでも波立ち、うねり、引いたと思えば渦巻き、逆流している。そしてそれこそが、業の法則がこの現実世界でいかに作用しているのかを目の当たりに示すものなのである。ひとつの行為が別の行為を引き起こし、それがまた第三の行為を誘発するという具合に、業による因果の連鎖は断ち切られることなく、永遠に続いていくのである。

次に取り上げるのは、歴史的とでも呼ぶべき業の形態である。ここで私が意味しているのは、建築物や文学作品、芸術作品、器具や道具など、なんらかの歴史的意味を持つものによって、人の業が不滅化されるということである。実際、人間界、自然界を問わず、偉大な人物の記憶と結びついたほとんどのものは、それ自身がどれほどつまらないものであろうとも、その人物の業を保持し、それを後代へと伝えている。

誰もがよく分かっていることであるが、すべての文学作品は、その中に作者の魂と精神を含み込んでおり、後世の人達は、そこで表現されている思想や感情のうちに、作者が今も生き続けていることを感じることができる。そして読者がその作品から霊感を受け、それを実際の行為において現実化する時はいつでも、作者と読者は、たとえ肉体的に離れており時代的に隔たってはいても、精神的には同じ鼓動を感じ取っているといえる。同じことが芸術作品についてもいえる。我々がギリシャ時代やローマ時代の芸術家たちの高貴な作品で飾られたギャラリーに入れば、まるでそれら芸術を愛した人々のまっただ中にいて呼吸しているように感じ、彼らがかつて受けたのと同じ印象が我々のうちに再び目覚めてくるように思える。その芸術家たちがかつてそうであったように我々もまた、自分たちが個別の存在であるという現実を忘れ、無意識のうちにそれを越えてゆき、想像の世界はこの世ならぬもので満たされるのである。この力によって、命を持たぬこれらの物体が、我々を理念の世界へと運んでいくのだ。その力のなんと神秘的なことか。一枚のカンバスに、あるいは一塊の大理石の中に、過ぎ去りし芸術家たちの精神をよみがえらせるとは、なんと神秘的な力なのであろうか。原始人や無知な人々が直感的に偶像の中に霊的な力が存在すると信じることも、あながち間違っているとは言えない。彼らの誤りは、霊の主観的現前と客観的実在とを取り違えているところにある。批判的知性を考えず、宗教的感情という面に限っていうなら、彼らが偶像の力を信じることは全く正当なのである。概して言えば、これらの事実は、業の不滅性を説く仏教の教義を確実に裏付けていることになる。過ぎ去った時代の人々によって掻き鳴らされた業の弦は、彼らの残した作品の中で今もなお振動している。そしてその振動は全く弱まることなく今日現在まで、共鳴する心を持つ人たちに伝えられているのである。

建造物もまた、芸術作品や文学作品に負けず劣らず、業の教義を実証している。エジプトのピラミッドの頂上にある煉瓦《れんが》が地面に落ちるときは、それがファラオの時代に頂上まで運ばれるために要したのと同じ量のエネルギーを放出するし、地中深くから掘り出されて炉の中で赤々と燃えている石炭は、それが何十万年も昔に太陽から吸収したのと同じ量のエネルギーを放射する。それと全く同じように、我々がバビロニア宮殿の廃墟やインドの仏塔、ペルシャの御殿、エジプトのオベリスク、ローマのパンテオンなどで見かける変哲もない岩や煉瓦やセメントのかけら一つ一つに、こういった驚異の巨大建築を造り上げるべく、古代の人々を突き動かしたのと同じ精神と魂が宿っているのである。その精神は個々別々のかたちで存在しているのではなく、業的に顕現している。我々がこれらのどうでもいいような瓦礫の一片を手に取る時、我々の魂は過去の人々から伝わってくる霊感に直接感応し、我々の心の眼は、神々の輝きや諸王の栄光、国家の平和、人民の繁栄などを生き生きと見るのである。なぜなら、我々の魂と古代の人々の魂は、そういった古代の具体的な遺物を通して、業による因果の連鎖で繋がっているからである。さらにはまた、それら古い時代の人々の業が今でもそういった建造物の中で不滅性をもって息づいており、見る者に共鳴の波を送り続けているからである。このように、業の不滅性という真理を確信するに至った時、我々は真に「死よ、お前の勝利はどこにあるのか。死よ、お前のとげはどこにあるのか」（九）という言葉を、キリスト教徒と共に叫ぶことができるのである。

　歴史的意義という点から業の教義を確立するための例示はもうこれで十分であろう。科学的な装置や器具はすべて、発明者たちの天才を証言する永遠の証人である。すべての工業機械や農業用具は、それらが社会全体の幸福と人類の進歩に貢献する度合いに正確に比例して、製作者によって作られた業の不滅性をきわめて具体的に証言するものである。道具や機械や器具というものは、後から登場する、より性能のよいものに取って代わられ、後の世代には完全に忘れ去られてしまうということもあり得る。しかし改良は、古い型のものを利用した時の知識や経験があって初めて可能になるという事実は否定できない。すなわち、前の代の発明者たちのアイデアや考えは、それを受け継いだ者たちのアイデア、考えを通して今も生き続けているのである。それは家系的な業の伝達の場合と全く同じである。人の業は、それが後代へと続いていく際に、どのような外観を見せるにしろ、その霊感が感じられるその場所にずっと存在し続けるものなのである。まったくありふれた物や一枚のぼろ布、古びた一片の紙切れの中にさえも、今は亡き人達の思い出との結びつきがある。そして知らぬ間に、言葉では表し得ない感情が、見る者の心に入り込んでくる。もしもそういった故人が聖徳あるいは高潔で名の知れた人であったなら、それは我々自身の業がその瞬間に作られる状態と呼応しながら、我々の霊感と道徳的向上のために機会を与えるものとなるであろう。

次に、業の活動の精神的意味を、より詳細に考察してみる。賢明な読者ならば、以上述べ来たったところから、仏教の業説が我々の道徳的、精神的生活とどれほど重要な関係にあるかを推察できたであろう。しかしこの後述べる見解は、より深く業説の全体を理解し、その真価を公平に判断するための大いなる助けとなるはずである。

他の点はともかく、すくなくともここには、霊魂の活動をどう考えるかという点に関しての仏教とキリスト教との顕著な違いが最も明白に現れてくる。私の理解が正しければ、キリスト教では我々の心的現象を、肉体の中のどこかに神秘的なかたちで潜んでいる実体としての個我の作用だと考える。キリスト教徒にとっては、魂とは形而上的存在であり、それが肉体の中に宿ることは拘束を意味する。それは解放を求めてうめき苦しみ、天界の住処を切望する。肉体が死んだ後、魂はその天界の住処へ行って、全く束縛がなくなったことによって得られる一切の至福を享受できるのである。つまり魂は、天上界や、父なる神と息子なるキリストの現前において不死の甘露を見いだすのであって、この世における業の永遠性の中に見いだすのではないのである。一方、悪人の魂は（もし彼らに魂があればの話であるが）、永遠に地獄に堕ちる。魂が肉体の束縛から離れるやいなや、地獄の火へと投げ込まれ、そこで言語に絶した苦しみを味わうことになる。したがってキリスト教は輪廻や魂の再生を信じていないことになる。魂は一旦肉体を離れたら、二度と肉体に戻ることはない。天国で永遠の生を生きるか、それとも地獄でたちどころの破滅に苦しむかのどちらかである。以上が、具体的な個我は存在するという前提から導かれる必然的な結論である。

しかしながら仏教は、形而上的存在としての魂を説かない。我々のすべての心的、精神的経験は、前世の「行為の種子《しゅうじ》（karmabija）」から能力を受け継いだ業の作用によるものであり、それが五蘊《ごうん》を協同させて現在の状態を作り出していると仏教は説くのである。その現在の業は、それが作用している間に、今度は自分が「行為の種子」を生み出し、それが再び、しかるべき条件のもとで成熟していく。したがって業の力がこのように連続的に生み出されていく限り、五蘊は絶え間なく現れてきて、協同で人間の個体をかたち作ることになる。このようなかたちで機能するいわゆる業の再生が、仏教が考える魂の輪廻というものである。

日本の国民的英雄である楠正成《くすのきまさしげ》は正統なる仏教徒であったが、彼は戦場で倒れた時、「私は七回生まれかわって、皇室に対する義務を果たそう」と叫んだと言われている。彼は意味もなく叫んだのではない。それから七百年以上たった今でも、彼の心は国民の中に生き続けており、馬に乗った彼の銅像は皇居を謹厳に守り続けているのであるから。彼は七回以上生まれかわったのであり、そして今後、日本国民がこの世に存在する限りは、これからも生まれかわってくるであろう。この変わることのない再生と転生こそがまさしく業の不滅性を意味しているのである。仏陀は言われた。「弟子たちよ。私が死んだら、私がお前たちに説いた戒と教説を守っていけ。私はその中に生きているのであるから」と。実体我として生きるのではなく、業の中に生きることが、仏教が考える不滅性なのである。したがって仏教徒は、現代の著名な詩人が次のように表現している感情に全く賛同するであろう。

我々は年月に生きるのではなく行為に生きる。
我々は呼吸に生きるのではなく思想に生きる。
文字盤の数字ではなく感情に生きる。
我らは心の鼓動で時を計る。
最も深く考え、最も気高く感じ取り、最も善く行動した者、彼こそが最も永く生きるのだ。

人によっては、この種の不滅性に納得せず、業の神秘的能力の代わりに、個我を不死なるものと考えたいと強く望む者がいるかもしれない。そちらの方が実感が湧くし、大方の人たちも認めていることだからである。こういった願望に対する仏教の対応は、「もし彼らの知的、道徳的洞察力が業説の真理を見通すほどに発達していないなら、彼らが自分たちの未熟で原始的な信仰に喜びを感じている間はそのまま信じさせ、満足させておくほかはない」というものである。仏陀そのひとでさえも、子供たちを抽象的、形而上的な問題で喜ばせることはできなかった。そこにどれほどの真理と本当の精神的癒しがあったとしても、子供にはとうてい分からないのである。子供たちの心が欲しがるのはおもちゃとおとぎ話とたとえ話なのだ。したがって仏教のモットーは、「必要とする物と状況とを考慮しながら病人の面倒を見よ」というものである。無理に根を引っ張ったところで植物を一インチたりとも成長させることはできない。我々は、それが成長し始めるまでひたすら待つしかない。子供が成長して一人前にならないうちは、その子が子供っぽいものを手放すことを期待することはできないのである。

以上述べたことから、次のようなはっきりした結論が導かれる。もしも我々が不滅性を望むなら、善業を成熟させ、諸悪の汚濁から心を洗い清めねばならない。我々は善業の中でこそ永遠に生きることができるが、悪業の中においては、我々自身のみならず、我々の後に従って悪の道に踏み込むあらゆる者たちが破滅へと進むことになる。業は常に次の業を生み出し続けていくものであるから、善業は無限の至福となり、悪業は永劫の呪いとなるのである。だからこそ、仏陀がジャンブ洲(二〇)にお生まれになったとき、天地には神々や人間の歓喜の声が湧き上がったのである。それは善をもたらす原因が生まれ出た事に対する勝利の雄叫びだったのである。道徳的な完成体の理想的なかたちは、シャカムニという人物の中に、その具体的事例を見いだすことができる。それは、地上に意識が現れて以来ずっと蓄積され、熟成されてきた善業の集積が、いかにして一人の人物の中に結晶化され、この災い多き世界においてさえ実現化され得るかを示している。したがって仏陀とは、彼の精神的祖先たちが蓄積してきたすべての善業の極致を体現したものだったのである。そしてまた同時に、彼は新しい業が発酵を始める、その起点でもあった。というのは、彼の存命中に生み出された道徳的な「行為の種子」は、彼の徳と教えとが伝えられたあらゆる場所へ着実に広まりつつあるからである。すなわち、彼の「業の種子」はあらゆる衆生の魂の中に植え付けられているのである。この無数の種子の一つ一つが、道徳的活動の新たな基点になっていくであろう。それが成長して実をつける力が強ければ強いほど、それは悪行者たちの種子を破壊することになる。善業は盾と剣の両面を持っている。自分自身を守ると同時に、敵対するあらゆるものを破壊するのである。したがって善業は静的に不滅であるばかりでなく、動的にみても不滅なのである。すなわち、その不滅性とは、単に生成・消滅がないというだけでなく、その道徳的効果を恒常的、積極的に増加させていくという点にあるということである。

敬虔な仏教徒たちは、邪悪な考えから離れた心で仏陀の名前を称えれば、いつも必ず、仏陀が心の中にすっと入ってきて自分の存在にとっての必須の部分になると信じている。しかしこのことは、仏陀の我の深層を成すもの(それは、人の形を持った神(God)の面前で不滅の精神的至福を享受していたと想定されるものである)が、その名を呼ばれることによって地上に降り来たって、嘆願者の求めに対し、その能力に応じて救いの手を差し伸べるという意味ではない。そうではなくて、仏教徒が自分自身の業の中にも、仏陀の仏性を成り立たせているものがあるということに気づき、それを成熟させようと努力することを意味しているのである。その仏陀の仏性を成り立たせているものとは、仏陀の個人的我ではなく、仏陀の業である。化合物は、それが結合を解いて各構成要素に分解する場合、それが以前に他の要素と結合して化合物となった時に吸収したのと同量の熱を必ず放出する。この現象は、結合して化合物になったのがどれほど昔のことであっても変わることがない。同じことが仏陀の「業の種子」についても言える。それは罪深き心の不毛な土の中にあり、何年も何年もの間、深く埋まったままでいるため、本人さえすっかり忘れ去ってしまっていることもあるだろう。しかし遅かれ早かれ、適切な条件下に置かれた時、それはかならず成長し、世界の始まりの時に仏陀から受け取ったものを産み出していくであろう。そしてこの再生産は、単なる化学的な意味での再生産ではなく、きわめて生物学的なものとなろう。なぜなら、生物学的再生産こそが、業の不滅性を条件づける法則だからである。

実践的仏教

第九章　法　身

我々は「思索的仏教」というテーマのもとに真如(bhūtatathatā)の教義について考察してきたが、それはあまりに抽象的すぎて我々の日常生活で実際に役立つとはとても思えないものであった。そういった理論は、我々の宗教的意識に対していかなる直接の関係も持っていないように思える。実は、それが我々の精神的要求を完全に満たすのは、いくらかの実践的な面での修正を経た後のことなのである。この世界には完全な数学的厳密さを具えた図形など実際には見られないが、それは現実世界のあらゆるものが、多少とも歪みをもった我々の身体器官を通してしか感受されないからである。これは純粋な理性についても言えることである。それがもともとどれほど完全なものであっても、感情と理性を持った我々の対物レンズを通過する間に、多少とも変更されて現れてくることは避けられない。しかし、この純粋な理性の変更は、人間の視点からすれば必要なものである。なぜなら単なる抽象概念というものは、内容がなく、生命を持たず、我々の実際の生活には何の価値も持たないものだからであり、さらには、我々の宗教的要求は、活力のない空虚な概念によっては満たされることがないからである。

我々は時として理性の声を無視して、批判的に考えれば相矛盾するような諸々の主張に(普通は無意識のうちにではあるが)、満足していることがある。しかし我々は、事物の真実にのみ満足を見いだす宗教的感情の声を軽視することだけは決してできない。もしその宗教的感情が、かつて信仰の名のもとになんらかの明白な矛盾を抱いたとしたなら、その理由は、それがずっと執拗に持ち続けていた要求が、たとえ理性を犠牲にしてでも満たされねばならなかったということにある。つまりこういうことである。宗教的意識はまずなによりも事実を求める。そしてそれが得られれば、その事実の知的解釈が論理的に妥当であるかどうかはさして重大なこととはならないのである。これとは逆に、もしも論理が最も重要で、最初に考慮されねばならないものであって、感情はその後を文句も言わずに付き従わねばならないものだとしたなら、我々の生活はきっとその面白みを失って味気ないものになってしまうであろうし、我々の存在は空虚となり、世界は無意味な出来事の連続でしかなくなってしまい、そこには荒廃と不毛と一面の悲惨しか残らないことになるであろう。だが実際のこの世の生活では、意志が優位を占め、知性はそれを補助する側に立っている。このことによって、すべての現存する宗教がなんらかの論理的不正確さを示している一方で、世界の機械論的解釈が次第に地歩を広げつつある今、それでも宗教が我々の実生活のいたるところにおいて重要な働きをしているという事実をうまく説明することができる。抽象概念は知性の鍛錬には役立つが、それが生と死にかかわる問題である場合には、我々はなにかもっと実体的で、論理化よりももっと活力のあるものを持たねばならないのである。それは数学的には正確で確実な命題ではないかもしれないが、実際に活動し生きている実在の理論、すなわち我々の存在の最奥にある意識から生まれ出た信仰でなければならないのである。

それでは宗教的要求を満たすために、真如の教義にはどのような実際的変換が加えられねばならないのであろうか。

神

仏教は神(God)という語を使わない。たいていの仏教徒にとって、その名は不快なものである。特に不快に感じるのは、無から世界を創り出し、人間を没落させ、そのことで良心の呵責を感じて、堕落した者たちを救うために一人息子を送って寄こした、そういう者として大衆が考えている場合である。しかしだからといって仏教のことを、世界の不可知論的、唯物論的解釈を認める無神論であると判断してはならない。それどころか仏教は、現象の限界を超越しているのに、いたるところに内在して輝かしく自らを顕現し、我々がその中で生きて活動し、自分の存在を成り立たせている、そういう実在がこの世界にあるということを認めている。（一）

仏教における神すなわち宗教的客体は、普通、法身仏《ほっしんぶつ》(dharmakāya-buddha)と呼ばれ、時にはビルシャナ仏(Vairocana-Buddha)あるいはビルシャナ法身仏(Vairocana-Dharmakāya-Buddha)と呼ばれる。さらには無量光仏(Amitābha-Buddha)とか無量寿仏(Amitāyur-Buddha)とも呼ばれる。これらのうち特に無量光仏と無量寿仏は、日本と中国の浄土系信者たちが使う呼称である。さらには、シャカムニ(Śākyamuni)、仏陀(buddha)、如来(tathāgata)といった名称も、その歴史的人物性から切り離されて、最高の真理、実在と同一視されることがよくある。しかしながら、豊かな想像力を持った仏教徒たちが、様々な精神的要求によって呼び起こした尊崇の対象を名付けるために案出した名称の数は決してこんなものではなく、まだまだ他にも沢山ある。

法　身(dharmakāya)

西洋の学者は普通、法身(dharmakāya)という語を「法の身体(Body of the Law)」と訳す。その場合、「法」とはシャカムニ仏によって説かれた教説を意味している。仏陀は永遠の涅槃に入ろうとしていた時、弟子たちに、法すなわち自分の説いた宗旨を、仏陀その人であるかのごとくに尊重するよう命じたと言われている。人というものは、その人が残した仕事や行動、言葉の中に生き続けるものだからである。そのため、西洋の学者は法身という言葉を、自分の説いた教えの中に生まれかわった仏陀という一個人を意味しているものと理解するようになった。だが、法身という語に関するこの解釈は決して正確なものであるとはいえず、そのせいで大乗仏教の根本教義に関していくつかの非常に深刻な誤解を生みだしている。歴史的に見れば、小乗仏教文献の中で時として用いられる用例から推測されるように、法身という語には仏陀が姿を変えたものとしての法の身体という意味もあったかもしれないが、東方の仏教徒たちの用法が示すように、それは全く新しい意味を持つようになったのであり、仏陀によって確立された宗教的教えの本体というものとはなんの関係もないものである。

法身の概念がこのように変化したのは、法という語に対して、大乗仏教徒の手によって異なる解釈が与えられたことによる。この法(dharma)というのは大変に深遠な語であり、その意味は広い範囲にわたっている。それは動詞語根 dhr から派生したもので、その dhr という動詞は「保つ」「運ぶ」「支える」といった意味を持っている。したがって法(dharma)の本来の意味は「運んだり支えたりサポートしたりするもの」というものであったが、それが「規範を形成するもの、すなわち事物の筋道を規定するもの」という意味を持つようになった。それゆえそれがそのまま「法則」「制度」「規則」「教義」を意味するようになり、そこからさらに「義務」「正義」「徳」「道徳的価値」「特性」「属性」「本質」「実体」「存在物」「実在」「存在」等々の意味が派生してきた。東洋の学者がこの語を英語に翻訳する場合、最もよく用いる訳語は「法則(law)」または「教義(doctrine)」である。これはパーリ語文献に限って言うなら正しいかもしれない。しかしこれを法界(dharmadhātu)、法身(dharmakāya)、法護(dharmarakṣa)、法世間(dharmaloka)といった大乗仏教の用語にまで適用しようとすると、やっかいな状況に陥ってしまって、そういった用語の意味が理解できなくなるのである。大乗仏教文献の中には、法という語をどう理解するかによってテキスト全体の意味が変わってしまうという箇所がいくつもある。そして、仏教を学ぶキリスト教徒の学究たちが大乗仏教の重要性を正しく理解できないという事態が頻繁に起こる理由のひとつに、法の意味の誤解という問題があるとさえ言えるのである。それゆえマックス・ミュラーは『金剛般若《こんごうはんにゃ》経《きょう》』の英訳の序文(二)においてこの点を正しく指摘し、「もしdharmaという語をいつでも法則(law)と訳すなら、著作全体の論旨が理解不能なものになってしまうように思える」と言っている。これは大乗仏教の中の特定のテキストに限ったことではなく、dharmaを無条件に「法則」と訳すことにより、大乗仏教文献全体が全く理解できなくなってしまうのである。

大乗仏教の場合、法という語は確かに法則、教義という意味で用いられることもよくあるが、多くの場合には個別的、一般的どちらの意味においても「事物(thing)」「実体

(substance)」「存在(being)」「実在(reality)」を意味することがある。身(kāya)の方は、「身体(body)」と訳されるのであるが、それは個々人の身体という意味ではなく、体系、統一体、組織体といったものの体という意味である。したがって、その法(dharma)と身(kāya)とが結合してつくられた法身(dharmakāya)という語が意味するのは、事物の組織化された統合体、あるいは宇宙的統一性の原理ということになる。ただしそれは純粋に哲学的な概念ではなく、あくまで宗教的意識の対象としての意味である。しかし本書においては、従来用いられてきたいかなる英訳語よりも、サンスクリット原語をそのまま使った方がよいと考える。[三] というのは、法身という語は、東方の仏教徒たちの心に独特の宗教的おもむきを伝えるものであるが、それが神(God)とか全一(All)とか、あるいはその他なんらかの抽象的哲学用語に翻訳されると、そのおもむきは随分と損なわれてしまうからである。

宗教的対象としての法身

先に述べたように、法身というのは哲学的思索の産物ではなく、真如という概念と正確に一致するものでもない。それは宗教的意識の対象になるという点で、宗教的意味を持つものである。法身は霊魂(soul)であり、意志を持ち認識する存在であり、それ自身が意志と知性であり、思考と活動なるものである。大乗仏教徒が理解しているように、法身は真如のような形而上の抽象的原理ではなく、思想のみならず自然界にもその姿を表している生きた精神である。この精神の表現としての宇宙は、盲目的な力の意味のない顕れではないし、様々な物理力がせめぎ合う闘技場でもない。そのうえ仏教徒は、法身には無数の価値と徳と絶対完全な知性があると考え、それを慈悲の枯れることなき源泉とするのである。そして法身が、冷え切って生命のない単なる形而上の原理とは全く異なる側面を持つと考えられるようになるのは、まさにこの点においてなのである。(四)

『華厳経《けごんぎょう》』は法身の性質について次のように包括的に語っている。

「法身は、三界に顕現してはいるが、不浄と欲望からは離れている。それは業の呼び声に応じて、ここかしこ、いたるところに展開する。それは個別の実在ではなく、虚妄なる存在でもなく、普遍的で純粋なるものである。それはどこから来るのでもなく、どこへ行くのでもない。それは自己を主張することがなく、滅せられることもない。それは変わらず平穏であり、永遠なるものである。それは一なるものであり、一切の限定がない。この法身は境界も住処もなく、あらゆる体の中に顕れている。その自由と自発性は不可思議であり、実在物の中に現れる霊的現存も不可思議である。あらゆる形態の実在物はその中に含まれ、そしてそれは、あらゆる事物を創造することができる。いかなる具体的物体も、自然界と、業の条件によって要求されたものだということを考えれば、法身は一切の創造を照らしているのである。それは知性の宝であるが、個別性を持たない。この宇宙には、この法身が遍満していない場所などどこにもない。宇宙は転変するが、この法身は永遠にそのままである。それは一切の反対と対立を離れていながら、一切の事物の中にあって、それらを涅槃へと導くべく活動している」(五)。

より詳細な特徴付け

上記の文言によって法身がどのようなものであるかという点に関して一般的で簡明な見解は得られるのであるが、最高存在についての仏教特有の概念を一層明快かつ明確にするため、もっと詳細な記述を引用しよう(1)。

「汝ら、仏陀の息子たちよ(2)。如来は一つの特定の法ではなく、一つの特定の活動形態でもない。それは特定の身体をもたず、一つの特定の場所にも居ない。そしてその救済の働きは、一部の者たちに限定されるのではない。そうではなくて、如来はそれ自身の中に無限の法、無限の活動、無限の身体、無限の場所を含み、そして一切のものの救済のために普遍的に働くのである」。

「汝ら、仏陀の息子たちよ。それは虚空(3)のようなものである。虚空はその中に一切の物質存在と、それらの間にある一切の真空とを含む。そのうえあらゆる可能な場所に確立しているのだが、我々はそれがそこにあるともないとも言い得ない。なぜなら虚空は目に見える形を持たないからである。如来の法身もこれと同じである。それは一切の場所、一切の方角、一切の法、そして一切の生き物の中に顕現していながら、法身自体はそれらのものによって個別化されることはない。なぜなら如来の身は特定の身体を持たず、事物の性質や状況に応じてあらゆる場所、どのようなところにでも顕現するからである」。

「汝ら、仏陀の息子たちよ。それは虚空のようなものである。虚空は境界がなく、その中に一切の存在を包含していながら、［特定のものに対する］愛着をいささかも示すことがない。如来の法身もこれと同じである。それは宗教的のみならず一切の世俗的な善行をも輝かすが、いかなる愛着も偏見も現すことはない。なぜかというと、法身は一切の愛着や偏見を完全に離れているからである(4)」。

「汝ら、仏陀の息子たちよ。それは太陽のようなものである。太陽の光が地上のあらゆる生き物にもたらす恩恵は計り知れない。たとえば、闇を一掃することですべての草木、穀類に滋養を与え、湿気をなくし、天空を輝かすことで空中のすべての生き物に恩恵を与え、その光線が水中へと進み入ることで美しい蓮を開花させ、一切の姿形あるものを照らして、地上のあらゆる活動を成就させる。なぜかというと、太陽からは生気を与える無限の光線が発せられているからである」。

「汝ら、仏陀の息子たちよ。一切の生き物に、無数の方法で恩恵を授ける如来の太陽身もこれと同じである。それは悪を破壊し、あらゆる善なるものの成長を促すことで我々に恩恵を与える。あらゆる生き物の中にひそむ無知の暗闇を一掃する普遍の輝きで我々に恩恵を与える。あらゆる生き物を助け護る偉大なる悲心で我々に恩恵を与える。生死の悲惨からあらゆる生き物を救い出す偉大なる慈心で我々に恩恵を与える。我々みなが道徳的活動において力強くなるような良き宗教をうち立てることで我々に恩恵を与える。我々の精神的不浄をすべて洗い清めることのできる真理に対する確固たる信仰を与えることで我々に恩恵を与える。その徳により、我々が因果の道理を決して否定することがないようにする、そのような教義を我々に理解させようとすることで我々に恩恵を与える。あらゆる生き物の輪廻が観察できる天眼《てんげん》を授けることで我々に恩恵を与える。あらゆる生き物によって蓄積された徳の集積を破壊するかもしれないような有害な行動を避けることで我々に恩恵を与える。あらゆる生き物の心の花を開花させる智慧の光で我々に恩恵を与える。我々を、仏性を構成する一切のことを実践しようという気にさせたいという熱望によって我々に恩恵を与える。なぜかというと、如来の太陽身は智慧の光線を普《あまね》く発しているからである」。

「汝ら、仏陀の息子たちよ。朝日が昇る時、日の光は最初に高い山々の峰を照らし、次いでそれよりも低い山の峰を照らし、そして最後に一切の平地、平野を照らす。しかし日光自身は「最初に高い山々の峰を照らしてやろう。そのあと少しずつ昇っていって、平地、平野を照らしてやろう」などと考えてはいない。一方が他方よりも先に日光を浴びるのは、単に、地表に高低の違いがあるからにすぎない」。

「汝ら、仏陀の息子たちよ。無数の計り知れない普遍的智慧の太陽を持つ如来もこれと同じである。如来の霊的身体から恒常的に発せられる無数の智慧の光線は、まず最初に人間の中でも最高位にある菩薩摩訶薩《まかさつ》たちにあたり、次に縁覚《えんがく》(pratyayabuddha)たちに、そして声聞たちに、それからしっかりとした良い資質を持った生き物たちにあたり、最後に、資質が不確定な者や、はっきりと悪い資質を持った者も含めて一切すべての生き物にあたる。資質によって違いが生じるのは、しっかりとした良い資質を持った生き物は、それぞれの受容力に応じて救済の教えを躊躇なく受け入れるのに対し、それ以外の者は未来の生においてはじめて利益をもたらすような状況を受け入れるという点が異なっているからである。しかし如来から発せられる智慧の光自身は「最初に菩薩を照らして、それから一切すべての生き物まで、順に進んでいこう」などとは考えていない。その光は普遍のものであり、いかなる偏向もなくあらゆるものを輝かすのであるが、衆生たちの資質や欲求の度合いに応じて生じる多様性によって、その智慧の光が異なって感知されるのである」。

「汝ら、仏陀の息子たちよ。太陽が地平に昇るとき、盲目に生まれた人々は視覚の障害のために、その光を見ることは全くできないが、それにもかかわらず彼らはその太陽光によって恩恵を受ける。日光は生命を維持するのに必要なすべてのことを、他の生き物たちに対するのと全く同様に彼らにも与えるからである。湿気や冷気を追いやって気持ちをよくし、日光がないことによって生まれ出る有害な微生物をすべてやっつけ、そして盲目でない者も盲目なる者も区別なく、快適で健康にしてくれるのである」。

「汝ら、仏陀の息子たちよ。如来の智慧の太陽もこれと同じである。間違った教えを信じることや、仏陀の戒を破ること、無知なること、悪に感化されることによって心の目が盲目となった者たちは皆、智慧の光を感知することができない。なぜなら彼らには信仰がないからである。しかしそれでも、彼らは智慧の光の恩恵を受けることができる。智慧の光は、一切の生き物に対して差別なく、四大要素から生じる苦を追い払って、物理的快適さを与えるからであり、不信心者、信仰者の区別なく、すべての者の一切の愛着、偏見、苦悩を破壊するからである。この普遍なる智慧の光の徳によって、菩薩たちは完全な清浄と一切を知る知性とを獲得し、縁覚と声聞はすべての愛着と欲望を破壊し、資質に乏しい生き物や盲目なる生き物たちは不浄から解放されて感官を制御し、四種の見解(5)を信じるようになるであろう。そして地獄、餓鬼、畜生といった悪道にいる者たちは、そこで死んだ後、その災いと苦しみを離れて人界あるいは天界に生まれるであろう」。

「汝ら、仏陀の息子たちよ。法身の光は、次のような四種の素晴らしい特性を持つ満月にも喩えることができる。四種の特性とは、(一)その輝きがすべての星や星宿《せいしゅく》を凌駕している。（二）ジャンブ洲では、満ち欠けするのが見える。（三）清澄な水の一滴一滴にも、その姿が映って見える。（四）視力の具わった者なら誰でも、面と向かってそれを見ることができる」。

「汝ら、仏陀の息子たちよ。如来の法身もそれと同じである。それは次のような四つの素晴らしい特性を持っている。（一）それは縁覚や声聞という星々を凌駕して隠してしまう。（二）日常世界において法身が顕現する場合には、それが顕現する生き物の性質の違いに応じて特定の変化を示すが、[6] 法身それ自身は永遠なるものであり、いかなる増大も減少も決して示すことはない。（三）その姿は、清浄な心を持つどのような衆生の菩提（智慧）の中にも見ることができる。（四）それぞれの精神的能力に応じて法を理解し、解脱を獲得した者たちは皆、自分のやり方によって如来を眼前において真に理解したと考えるが、法身自体は特定の認識対象ではなく、一切の仏陀の働きを普遍的に成就させるものである」。

「汝ら、仏陀の息子たちよ。法身は三千大千世《さんぜんだいせんせ》界《かい》を統べる大梵天王のようなものである。大梵天王は不思議な技法で、自分の領域に住んでいる一切の衆生がどこにいても、彼らに自分の姿を見せることができ、そして一人一人に、自分は梵天を眼前に見ているのだと思わせることができる。しかし大梵天王自身は決して自分を分割しているのでも、多様な姿を持っているのでもない」。

「汝ら、仏陀の息子たちよ。如来もそれと同じである。彼は決して自分を分割することはないし、多様な姿をとっているのでもない。しかし一切の生き物は、それぞれの理解と信仰の強さに応じて如来の身体を認識し、それでいて「如来はこれこれの特別な人々にだけその姿を示し、他の者たちには見せない」などとは決して考えない」。

「汝ら、仏陀の息子たちよ。法身は、大海の中にあって、その光が触れるものすべてを自分と同じ色に変えるマニ宝珠(maniratna)のようなものである。それを見た者の眼は清浄となり、その輝きが届くところはどこでもあらゆる種類の宝石の驚くべき美しさが満ち広がって、あらゆる生き物に、見る喜びを与える」。

「汝ら、仏陀の息子たちよ。如来の法身もそれと同じである。それはまさしく宝の中の宝、一切功徳の宝、智慧の井戸とも呼ぶべきものである。この光に触れる者は誰もが、仏陀と同じ色に変わる。この光を見る者は誰もが清浄このうえない法眼を得る。この光に触れる者は誰もが、貧窮と苦悩を離れ、豊財と高貴を獲得し、比類なき菩提の至福を楽しむ」云々。

法身と個々の生き物

以上の言葉から明らかなように、法身とも如来の身ともあるいは智慧の身とも呼ばれるそのものは、この生死、哀楽の世界から隔絶して、人間の愚かさを冷徹に見つめる単なる哲学的抽象ではなく、［無著《むじゃく》が言うところの］「絶対一で、実在にして真実、一切存在のレーゾン・デートル、あらゆるかたちの方便を超越し、欲望と闘争と［強制］から離れ、我々の限られた理解の範囲外に立つ」、霊的存在なのである。(7) さらにまた次のことも明らかである。すなわち、法身それ自身は無明(avidyā)、愛着(kleśa)、欲望(tṛṣṇā)から離れたものではあるが、それは人間の限られた断片的意識の中に現れ出るので、それゆえ絶対的な意味ではないが「この私の身体が法身である」とも言い得るし、もっと一般化して「あらゆる生き物の身体は法身であり、そして法身とはあらゆる生き物の身体である」とも言うことができるのである。もちろんそれは不完全で断片的な理解ではあるのだが。このように、我々は自分たちの内部においてなにほどか法身を共有しているのであるから、我々人間の智慧すなわち菩提が法身の智慧と完全に一致する時、あるいはそこに包含される時、そして我々の日常生活が法身の意志の現れとなる時、全員が最終的には仏性を獲得できるはずなのである。

愛としての法身

ここでひとつ、重要な問題が考察されねばならない。法身というものは知的精神であるだけでなく、愛の心でもあるということ、そして法身は業の法則からの髪の毛一筋ほどの逸脱も許さない厳格な神であると同時に、些細な徳行をも豊かな実りの田畑へと繋げていこうと努力し続ける慈愛の権化だという点である。法身は容赦なく悪を罰し、相応の理由なくしてはその業の消滅を許さない。しかしその一方、その手はいつも、我々の生活を最高の善の実現へと向かわせるのである。「本性の苦悩、意志の罪、疑念の欠陥、血の汚れ」——悪行をなす者の業はまことにうっとうしく憂鬱なものである。しかし愛と善において限りなき法身は、この世界的な動きを幸福な結末へなんとか持っていこうと絶えず力を尽くしている。我々が行うあらゆる善は、全宇宙的な功徳の蓄積の中に吸収されることとなる。そしてそれがそのまま法身なのである。我々が行うあらゆる慈愛の行為は如来の胎内に宿り、そこで養われ、成長し、再びこの業の世界へと出てきて実を結ぶのである。したがってこの世には、目的なく歩む生命などいない。不滅の炎に投げ入れられるもので、無意味なものなど何もない。すぐれたものから些末なものまで、あらゆる存在は法身の輝きの反映であり、それ自身、すべてを包含する法身の愛の対象になるのである。(六)

以上の見解をさらに補強するため、大乗経典からいくつかの文章を思いつくままに引用してみよう。(8)

「彼は大いなる愛の心で、一切衆生の欲望の渇きを消して、清涼爽快にする。彼は悲心をもって一切のことを思う。それは虚空の如く、際限がない。彼はいかなる差別も持たずに世界の一切衆生を見る」。

「一切衆生は、彼により、大慈悲心で包み込まれ、彼は清らかで汚れなく、まことにすぐれた方便で、無数の生き物をすべて救い、解放する」。

「一切衆生は、彼により、計り知れない慈悲心、愛と悲心とであまねく抱擁される。しかし彼の心は執着からは離れている」。

「彼の悲心は偉大にして無限なので、彼はあらゆる生き物に、この世ならぬ至福を与える。そして宇宙のあらゆるところに自分自身を顕現し、すべての衆生が仏性に到達するまでは休まない」。

法身に関する後代大乗仏教徒の見解

ここまでの引用文は主として、大乗仏教のいわゆる経典からのものであったが、同じ大乗仏教でも経典類には属さない宗教的、哲学的論書との間には違いが見られる。それは、経典というものが、仏陀の直弟子たちによって記録された仏陀自身の言説だと考えられているからである。(9) そこで次に、無著や世親などが法身に関してどのような見解を持っていたかを見ていくことにしよう。

無著と世親による『摂大乗論《しょうだいじょうろん》』では、次のように言われている。

「菩薩たちが法身を考える時、彼らはどのようにそれをイメージするのであろうか」。

「簡潔に言うなら、彼らは法身が持つ完全無欠な諸々の徳と本質的機能を構成する七種の特性を考えることによって法身をイメージする。それは次のようなものである。（一）一切衆生のうちに顕現している、法身の自由で無比で無礙《むげ》（さまたげがないこと）なる活動を考える。（二）法身の内にある一切の完全な功徳が永遠であることを考える。（三）法身が知的あるいは感情的な一切の偏見から離れていることを考える。（四）法身の意志から恒常的に発せられる自発的活動のことを考える。（五）法身の中に積み上げられた、無尽の精神的、物質的な富のことを考える。（六）不公正の汚れを含まない、法身の知的純粋性のことを考える。（七）法身の反映である如来たちが、一切衆生を救うために行った日常的活動のことを考える」。

仏陀が行ったあらゆる救済行為の中に見られる法身の活動に関して、無著は次の五種類の作用形態を見て取る。（一）仏陀は盲目や聾唖《ろうあ》や精神錯乱といった肉体的障害を治すことはできないが、人生の途中で我々に降りかかってくる諸悪を取り除く力は持っている。そこに法身の活動を見て取ることができる。（二）仏陀はすべての悪人に対して無敵の精神的統御力を行使して、どんなに卑しい者たちでも一旦彼の面前に出ればなんらかの善行をせずにはおれなくする。ここに法身の活動が見て取れる。（三）禁欲主義や快楽主義、自在神信仰の信者たちが行う、不自然で不合理な様々な救済法を破壊する仏陀の力の中に法身の活動を見て取ることができる。（四）アートマンの実在性、永遠性、不可分性、すなわちプドガラ説(pudgalavāda)を信じている者の病んだ心を治すことのできる仏陀の力の中に法身の活動を見て取ることができる。(五) 信仰と品位がまだ不安定な状態にある声聞たちだけでなく、いまだ不動の位に達していない菩薩たちに対し、彼らを鼓舞する力を仏陀は持っているが、そこにも法身の活動を見て取ることができる。

法身の自由性

上述の無著の言葉によって、仏陀の悟りの心を通して一切の生き物に影響を与える、法身の心的な力について見てきたが、そこには重大な宗教的意味がある。仏教によれば、法身から常に発せられるそれらの心的力は、人間の労力や作為的努力には全く関係しておらず、法身に内在する必然性すなわち私が言うところの自由意志から自発的に流れ出るものである。法身は、その無数の功徳、恩恵、至福の雨をすべての衆生たちの上に降らせるに際して、いかなる意識的、強制的努力もしない。もしそこになんらかの努力の痕跡があったとしたなら、法身自体の内部に、相争っている種々様々な傾向性が存在し、それらが互いに相手より優位に立とうと競い合っているということになる。そしていかなる形の闘争や、その闘争に必然的に伴う同盟や脅迫といったものも、最高の宗教的実在という我々の概念とかみ合わないことは明白である。絶対的自発性と完全な自由という二つの属性は、我々の宗教的意識が、その崇敬の対象に対して付与せざるを得ない絶対必要な性質である。それゆえ仏教徒は、法身の活動が、外的内的を問わず一切の努力と強制から完全に離れたものであるということを繰り返し主張する。法身が行う創造や救済や慈愛の働きは、いずれもがその自由意志から発せられるものであり、人間の行動の特徴である強制的努力からは全く離れたものなのである。この人間界を超越した自由意志は、どうあがいても限界のある我々人間の「自由意志」とは全く対照的なところにあり、それを仏教徒は法身の「本願力《ほんがんりき》(pūrva-praṇidhāna-bala)」と呼ぶ。(10)

法身は自発的に働き出すものであるから、その行為に対してはいかなる報酬も求めない。そして法身の活動はいつでもすべて、それが創造した被造物の最高の幸福のために為される。というのは、それら被造物は法身の顕現であり、それらの求めるものを法身は知っているはずだからである。我々は法身に「日々の糧《かて》」をお願いする必要はないし、特別な恩恵を頂戴するためにその徳を誉めたり讃えたりする必要も、法身に対して祈願や嘆願をしたりする必要も全くない。「野の百合を見よ。それは労せず、紡がざるに(さらに私なりに言えばいかなる天界からの恩寵も求めざるに)、その花の装い、栄華を極めたるソロモンだにしかず」(七)というわけである。法身は、堂々たる威厳をもって、生あるいかなるところでも、否、死あるところにおいてさえも光り輝く。我々は皆、その法身の中で生きているのだが、奇妙なことに「魚が自分のまわりの水に気がつかない」ように、あるいは「山国の人が、いつも狩りをしているところを山だと思わない」ように、その力がどこから来て、我々の内に顕れているのが何者の働きで、それが最終的に我々をどこへ連れていくのかを知らないでいる。この底知れぬ無知にも関わらず、我々は自分がここにいるということを実感し、それによって心底満足して安らいでいる。なぜなら我々は、この世の一切が、神秘的で奇蹟的な法身の意志によって形作られ、その法身は素晴らしい働きを為しながらも一切の代償を求めないということを信じているからである。

法身の意志

以上をまとめるなら、法身は基本的に三種の面で我々の宗教的意識の中に映し出されるということになる。第一は智慧(prajñā)、第二は愛(karuṇā)、第三は意志(praṇidhāna-bala)である(八)。法身が智慧であるということは、法身が宇宙の流れを盲目的ではなく合理的に方向づけるという言明から知ることができる。また、法身が愛であることは、それが一切の生き物を慈父のやさしさ(11)で包み込むことから知られる。そして、それが意志であると考えざるを得ないのは、この世の一切の悪が最終的には善になっていくことを確固たる活動の目的にしているからである。意志がなければ、愛と智慧は現実化しないであろうし、愛がなければ、意志と智慧は推進力を失ってしまう。そして智慧がなければ、愛と意志は不合理なものとなってしまうであろう。実際、この三つの側面は互いに協力しあって法身の唯一性を成り立たせているのである。そしてその唯一性という語によって私が意味しているのは、法身という存在の中でこれらの三種が、三種のものとしてではなく、絶対的なかたちで一体化しているということである。というのは、智慧、愛、意志というこの三種は、我々人間の有限な意識の中でのみそのように区分されているものだからである。

ここで述べた見解に対して、完全に同意しない仏教徒もいるであろう。彼らは次のように反論するかもしれない。「法身が智慧と愛であるというのなら分かる。そのことは経や論の中ではっきり説かれているから。しかしそれがひとつの意志であるというのは納得できない。確かに仏典には法身が願力(praṇidhāna-bala)を持つとは説かれている。しかしこの場合の bala すなわち力とは、必ずしも意志という意味ではない。それは祈願あるいは誓願の力なのである。法身は実際に固い誓いをたてたのである。そしてそれらの誓いの精神的エネルギーは個別化された世界に残っていて、本来の企図を実行し、一切衆生をあまねく救済することを可能にするのである」と。

確かに praṇidhāna-bala という語は「本来の祈願の力」という意味である。しかしこのような字義どおりの解釈では、法身の内にある意味を全く無視してしまうことになる。そしてそれを無視してしまえば、法身の本質が理解できなくなってしまうのである。法身は、なにものにも規制されない最高の存在であり、人間が持っているような断片的で有限な意識は一切持っておらず、自分以外の者に求めて補わねばならないような本質的欠落など持ってはいない。したがって、一部の仏教徒が考えているような、法身が祈願するなどということは、それが「本来」のものであろうが借り物であろうが、全くばかげたことなのである。これに対して、法身によって為されたことはどのようなことでも、外部からいかなる限定も受けることなく、自分自身の自由意志によって為されたのだと断言することができるのである。

しかしながら、人が法身の意志を認めないで、その祈願というものを言い立てる理由は理解できる。これは感情爆発の一例なのである。強烈な宗教的感情の炎は、時として知性の範囲外にまで我々を連れだし、神秘と矛盾に満ちた領域へと引っ張っていく。それは正しい思考の尺度を飛び越えてなんでも擬人化してしまい、人間が日常感じるあらゆる感情と情熱を、あるひとつの対象――それは常識ある知性人が、あらゆるかたちの人の無力さを超越したものであってほしいと望むようなものである――へと帰してしまうのである。仏教徒、中でも特に浄土系の仏教徒たち(12)は、法身の内に、全能の意志、すべてを包含する愛、そして一切を知る智慧が存在していると考える。しかし彼らは、自分たちほど知性的でない信奉者たちの心には、もっと具体的な表象を、もっと人間的な姿で現し出そうとする。そしてその結果、法身は絶対的なものであるにもかかわらず、一切衆生を生死の苦しみから解放するために、自分自身に対して誓願を立てるのである。

しかし法身が自己の内奥の本質から起こす、この自分自身に対する誓願こそが、まさしく法身の意志をかたちづくるものなのではないだろうか。

第十章　三身説（仏教の三位一体説）

人間としての仏陀と超人的仏陀

パーリとサンスクリット、すなわち小乗仏教文献と大乗仏教文献の間の最も顕著な違いのひとつは、物語で主役となる人物を描き出す、そのやり方にある（一）。前者において仏陀が教えを説く場面は、普通、読む者に、慈父の心を持ち晴明な哲学者である師の面前に自分がいると思わせるほど自然かつ平易な言葉で語られる。それに対して後者、すなわち大乗文献では、仏陀は神秘的で超越的な人物として現れる。彼は人間よりもむしろ天界の神々に近く、人間や神々や鬼神たちさえもがその周りを取り囲んで恭敬する。そしてこの神秘的な中心人物は、燃えるような詩心で語るのがふさわしいような超人的偉業をやってのけるのである。

パーリ語文献では、テキストは普通「このようにわたしは聞いた(evam me sutam)」という言葉で始まり、そのあと、仏陀が教えを説くきっかけとなる出来事がある場合にはそれを語り、そして最終的に読み手をそのテキストの主題へと導いていくが、それは通例、分かりやすい文体で書かれている。出だしや導入はきわめてシンプルで、それに続く展開部分にもなんら特別変わった点は認められない。しかし大乗仏教のテキストはそれと全く異なる。「このように私は聞いた(evaṃ mayā śrutam)」という決まり文句で幕が上がるや、ドラマティックに、というよりはむしろグロテスクに表現された荘厳なプロローグが始まり、その後に続く場面へと読者の気持ちを引っ張っていく。そしてそこでは、きわめて大胆な宗教的、哲学的主張が語られていくのである。読者がこの導入部分だけを読めば、その一種怪物的な重厚さにびっくりして、このあとにはきっとなにか異常で、ひょっとするとばかばかしいことが説かれているのだろうとあっさり言い切ってしまうかもしれない。

そういった、大乗仏典における人物紹介の典型的なものを具体例として示してみよう(1)。「このように私は聞いた。ある時、仏陀は王舎城《おうしゃじょう》の耆闍崛山《ぎじゃくっせん》にある宝月講堂の栴檀《せんだん》重閣におられた。それは仏陀としての悟りをひらかれてから十年たった時であった。仏陀は十万人の比丘たちと、ガンジス河の砂の数の六十倍もの数の菩薩摩訶薩に囲まれておられた。彼ら(菩薩たち)は全員が大いなる精神的エネルギー(大精進力)を具えており、すでに一ニユタ(那由他)(2)の百倍の千倍の億倍の仏陀たちを供養してきた者たちであり、全員が、逆まわりをしない教えの車輪を回すことができた。そしてその名を衆生が聞けば、最高の道において決して後戻りしない状態に達することができる、そういう者たちであった。[以下、約五十人の菩薩の名が挙げられる。]

無数の仏陀世界からやって来た、これらガンジス河の砂の数の六十倍もの数の菩薩たちは、数え切れないほどの天(deva)、龍(nāga)、夜叉《やしゃ》(yakṣa)、乾闥婆《けんだつば》(gandharva)、阿修羅(asura)、迦楼羅《かるら》(garuḍa)、緊那羅《きんなら》(kinnara)、摩睺羅伽《まごらが》(mahoraga)を引き連れていた(3)。この大きな集団の全員が集まってきて、世尊を敬い供養していたのである。

その時、世尊は栴檀重閣の中の、しつらえられた座席に坐し、三昧に入って驚嘆すべき現象を現し出された。そこには各々が千の花弁を持った、車輪の如き大きさの蓮華の花が数限りなく現れた。それらは完全な色と香りを有していながら、いまだ開花しておらず、その内に化仏を蔵していた。それらすべてが、天空へと上昇し、宝玉の天蓋《てんがい》の如くに大地を覆った。その蓮華のひとつひとつが無量の光明を放ち、すべての蓮華が同時に力強く広がった。しかしそのとたん、仏陀の神通力によってその色は変化し、花びらはしぼんだ。するとそれらの花の中で足を組んで坐っていたすべての化仏が姿を現し、無数百千の光明がそこからほとばしり出た。その瞬間の荘厳さはまことに素晴らしいものであった」。

ここではっきり現れているように、大乗文献の中の仏陀は日常感覚の世界にいる普通の人ではない。ここにいる仏陀は、浄飯王《じょうぼんおう》の息子として生まれ、王宮の生活を放棄して荒野での生活に入り、六年間の深い瞑想と苦行の末に四聖諦《ししょうたい》と十二縁起を発見した人物とは似ても似つかぬ姿をしている。大乗の仏陀は強烈な詩的精神が生みだした架空の人物であると考えざるを得ない。だがそれはそれとしても、さらに次のような疑問が生じてくる。「仏教徒たちはどういうわけで、人間としての仏陀を、言ってみれば忘却の彼方へと追いやり、その代わりとして、あり得る限りの、あるいは時としてありそうもないような荘厳さや超人性を具えた神秘的存在としての仏陀を採用したのであろう」という疑問である。大乗仏教の発生を特徴づけるこの疑問は、ある意味でキリスト教の三位一体説にも対応する仏教の三身説に関係してくる。

この教義によれば、仏教徒たちは如来には三種の存在があると考える。つまり彼らは、如来が三種の違った存在形をとって顕現するものと考えるのである。三種とは応身《おうじん》(the Body of Transformation)、報身《ほうじん》(the Body of Bliss)、法身《ほっしん》(the Body of Dharma)である。それらは三種のものとして考えられてはいても、実際はすべてが単一なる法身の現れである。すなわち法身は、歴史的人物としてのシャカムニ仏陀のうちに応身として現れ、大乗仏教の諸仏のうちに報身として現れているのである。それらが人間の視点から見てどれほど違ったものに見えたとしても、それは一切の事物がそこに自己のレーゾン・デートルを持つところの、唯一永遠なる真理が表現されたものにほかならない。

歴史的見解

現在のところ、この三身《さんしん》(trikāya)説すなわち仏教の三位一体説がいつごろ北方仏教徒の中で確立され、今あるような完成されたかたちで大乗文献の中に導入されたのかを解明するような歴史資料は存在していない。私が知る限りで最古の例は、紀元前一世紀ころにこの概念を自分の著書『大乗起信論』に取り入れた、大乗仏教最初の哲学者馬《め》鳴《みょう》(二)である。この本は、著者自身がはっきり述べているように、大乗の教義についての一種の梗概であり、そこでは様々な経典の中で仏陀によって説かれている大乗の主要な特性が説明されている。この本は、仏教に関する馬鳴の個人的見解を詳説するものではない。仏陀よりもずっと後の時代に生まれたため、仏陀の威厳に満ちたお姿に感銘を受けるという恩恵にあずかれなくなった者たちが、多くの長大な経典類の全体の意味を総合的に把握することができるよう、集中して通読することが可能な簡潔かつ包括的な形でその本は著されている。したがって『大乗起信論』にみられるのは、仏陀によってすでに説かれ、経典の中に入っている大乗の教義ばかりである。馬鳴がこの本の中で扱う事柄はすべて、彼よりずっと以前に大乗の信仰として定式化され、しっかりと確立された教義の単なる要約にすぎない。彼はただ、記録者の仕事をしたのである。彼は自分の時代よりずっと前から存在していた大乗仏教の文献すべてを注意深く精査し、そのあちこちにちらばっている大乗仏教の根本的教えすべてを忠実に収集した。彼の仕事の意味は、編集と組織化にあるのである。

　このようなわけで、馬鳴の著作に見られる教義で、通常、小乗仏教的であるとされる教義と区別されるものはすべて、仏滅から馬鳴の時代までの間の期間に、仏教徒たちによって生み出されたものだと考えることができる。しかし馬鳴は、それらの教義すべてが仏陀自身によって説かれたものであると信じており、それが後代になって生み出されたものであるなどとは思っていない。したがって、たとえそれらが後代の成立であるとしても、少なくとも馬鳴よりずっと前の時代に完成していたということは間違いないであろう。もし馬鳴の時代を紀元前一世紀に置くという我々の算定が正しければ、大乗の教義が定式化され、教理的に確定するのにおそらく二百年はかかるであろうから、大乗仏教の信仰が定式化されたのは馬鳴の時代より少なくとも二百年前だということになる。そうすると、大乗の信仰が発展したのは仏滅後の百年間ということになるが、我々の知るところによれば、この百年間に、いわゆるセイロンの「原始仏教」をも含むところの多くの部派、分派が仏教内に発生している。そしてその各々が、自分たちこそは仏陀の教えを受け継ぐ正統派であると主張していた。それでは大乗仏教は、この争乱状態の中から生まれ出てきたのであろうか。大乗は、このカオス状態の中から敢然と立ち上がり、仏陀亡き後の仏教徒たちの心を動揺させていた疑問や疑念をことごとく解決したと主張したのであろうか。インドにおける仏教哲学、仏教教義の発展の年代について、少なくとも馬鳴以前の時代に関しては、我々は何ら確実な知識を持っていない。しかしながら、中国の仏教文献中に見られる記録に依る限り、おそらくはそのとおりだったのであろうと結論せざるを得ないのである。

そういった初期のインド仏教に起こった出来事を大まかに理解してもらうため、本書の冒頭でも一度言及した、世友《しょう》(Vasumitra)作『異部宗輪論《いぶしゅうりんろん》』という文献からの数節を引用しよう。仏滅のすぐ後に二つの主要部派が生じた。それが、よく知られているように、上座部《じょうざぶ》と大衆部《だいしゅぶ》である。この二派は、さらに多くの小部派へと分裂していった。それらの諸部派が唱える意見は非常に複雑化し、混ざり合っていったため、上座部に属する部派の中に、大衆部とよく似た主張を唱えるものがあったり、あるいはその逆の場合が起こったりということもあったのだが、我々はここで、両者をはっきりと区分し、上座部、大衆部それぞれの基本的特徴を述べよう。仏陀の概念という問題に限定した場合、両者の相違点は、概して以下のようにまとめることができる。

(一)大衆部によれば、仏陀の人格は超越的なもの(出世間《しゅっせけん》、lokottara)であり、すべての如来は物質的存在から生じる汚れ(有漏《うろ》、bhava-āsrava)から離れている。(4) 仏陀においては、生得のものであれ後天的に身についたものであれ、一切の悪しき熱情は永遠に根絶されており、地上における彼の存在は、絶対的に無過失だからである(『婆沙論《ばしゃろん》』巻一七三)。この大衆部の見解に対して上座部は、仏陀という人物は、心は完璧に悟ってはいても、有漏からは離れていないと考える。彼の肉体的存在は、無明に覆われ執着に絡みとられた盲目的愛から作られたものである。もしそうでないとすると、仏陀の姿が乙女の心の中に不純な愛情を呼び起こしたり、追い剝ぎの心に悪意を引き起こしたり、苦行者に愚かな考えを起こさせたり、横柄なバラモンに傲慢な心を起こさせることなどなかったはずである。仏陀の在世中に起こったこれらの出来事は、彼の肉体存在が、他者の心を動揺させることがあり、その程度には有漏によって汚染されていたということを証明しているのである。

(二) 大衆部の主張によれば、如来によって語られたあらゆる言葉は、弟子たちの教化に向けての宗教的、精神的な意味と意図を持っている。そして如来の発する一言は、聞く者の資質に応じて様々に解釈されるのではあるが、すべては聞く者の精神的幸福を目指したものであり、仏陀によって説き示されるあらゆる教示は合理的かつ完全なものだと考えるのである。この見解に対して上座部は、仏陀は時として他者の悟りや自分が到達した仏陀の境地とは全く関係のないことを口にすることもあると考える。たとえば彼は自分の説法を、すべての聴衆に完全に理解させることはできなかった。仏陀は決して不合理で異端的なことは教えなかったが、だからといって彼の話が全く完全であったわけではなく、合理性や正当性から乖離したことを説くこともあったと主張するのである。

(三) 大衆部は、仏陀の肉体(rūpakāya)には際限(koṭi)がないと考える。そして、その威力にも限界はなく、どの仏陀も寿命は無限であり、一切衆生の悟りと、彼らの心中での浄信の生起のために倦むことなく常に邁進し、休むことを知らないのだと主張するのである。歴史的人物としての仏陀を神格化しようとする、この大衆部の傾向に対して、上座部は通常、仏陀の人間性を強調する。何劫にもわたる輪廻の連続の中で延々と積み重ねてきた善業の結果として仏陀が獲得した身体に、精神的、肉体的両面にわたる素晴らしい力が具わっているという点では、上座部は大衆部と同意見である。しかし上座部は、それが一切の限界を超越したものであるとは考えないのである。

（四）大衆部は、仏陀に睡眠は不必要で、仏陀は夢を見ないと主張する。上座部も仏陀が夢を見ないということは認めるが、睡眠が不必要だという考えは否定する。

（五）仏陀はいつも深くて高度な瞑想状態にあるので、なんらかの質問に答えるよう求められた場合、なにを言うべきかをいちいち考える必要はないと大衆部は考える。質問者から見ると、仏陀は出された問題を解くために一所懸命考えているように見えるかもしれないが、実際にはなんの努力もせず、即座に答えているのである。一方、上座部は、自分の考えを聴衆が理解するのに最も適した表現を仏陀は心の中で熟慮しているのだと言う。確かに仏陀は問題そのものを考えることはない。彼にとってあらゆる事柄は手に取るように分かっているからである。ただ彼は、自分の考えを弟子たちに示すための最良の方法を考えるのである。(5)

法身説と三身説の問題に話を戻そう。上述の論争から見て、シャカムニの没後すぐに起こってきた多くの疑問の中でも、特に弟子たちの心を動揺させたに違いないひとつの問題があったものと思われる。私が言っているのは仏陀の人格に関する問題である。仏陀は我々と同じ普通の人間であったのだろうか。もしそうならどうして彼はあのような道徳的完璧性の高みにまで到達することができたのか。それとも彼は神的存在だったのか。しかし仏陀自身は弟子たちに、自分の神性についてなんら語らなかったし、自分の神格性を権威として、法を受け入れよとは言わなかった。彼はただ真理のために法を受け入れよと説いたのである。しかしそれにもかかわらず、彼の弟子たちは彼らの心に深く刻み込まれた師への崇敬の念を消し去ることは決してできなかった。師の説教や逸話や偈《げ》を思い出し、そこに含まれる真理や精神を思うたび、弟子たちは次のように自問せざるを得なかったに違いない。「一体何が、仏陀をしてこのように厳粛にして深淵な真理を理解せしめ、宣言せしめたのであるか。彼の中に、このような高貴で荘厳な人格を作り上げたものは何なのか。仏陀の心の中の一体何が、彼をこのように完璧な知的、宗教的生活にまで昇らしめたのか。そのように高尚な道徳的、精神的美徳を具えていた仏陀もまた、普通の生物がたどる生死の法則に屈服しなければならなかったとはどういうことなのか」。こういった疑問が、法身説と三身説によって解答が与えられる以前は、何度も繰り返し問いかけられたに違いない。

仏陀とは誰だったのか

これらの疑問が、師の入涅槃以来ずっと弟子たちの心を動揺させていたことを示す証拠は南伝、北伝両系統の仏典の中に散見される。自分が望めば寿命を延ばすことも可能であると仏陀が告げているにもかかわらず、そうするようお願いしなかった直弟子たちの後悔や、世尊の遺体を前に「おお、世界の光が消え失せることのなんと早いことか」(6)と悲しむ彼らの悲嘆。これらの思いを語る言葉こそは、その後爆発的に現れる仏陀の人格に関する疑念や憶測を予感させる最初の兆しであったと考えることもできよう。

『金光明経《こんこうみょうきょう》』(7)によれば、妙幢《みょうどう》(Ruciraketu)という菩薩はシャカムニ如来の生涯がわずか八十年という短い時間であったのはなぜかという疑問に悩まされた。仏陀は弟子たちに、前生で生き物を傷つけず、広く慈悲行を実践した者は、この世で長い寿命を得ることができると説いたにもかかわらず、はるかな昔からそういった徳行を実践してきたはずの仏陀自身の寿命はなぜそれほどに短かったのであろうかという疑問である。この経典では、疑念を持つ者の前に四人の如来が忽然と現れ、以下のように宣言することで、その疑問は一掃される。四人の如来は次のように宣言するのである。「大海の中の水を一滴ずつ数えることができたとしても、シャカムニの年を数えることはできない。スメール山を芥子粒の大きさにまで粉々にくだいて、その一粒一粒を数えることができたとしても、シャカムニの年を数えることはできない。仏陀は決して涅槃に入られたのではない。善法が滅することは決してない。仏陀は衆生の益を考えられたが故に、世俗的な死を示されただけなのである(三)」と。

我々はここに、シャカムニの肉体的死から発生してくる霊的法身の概念を見て取ることができる。(8) ここには、歴史的人物としてのシャカムニ仏陀と、霊的存在としての法身との間の深い溝を越える橋が見いだされるのである。仏陀は、チュンダが供養した食事を食べて亡くなったのではない。(四) 彼の寿命は八十歳ではなかった。彼の命は、その遺骨が各地の王やバラモンたちに分配された時をもって、雲散霧消したわけではない。彼が無数劫にわたって積み上げてきた功徳が、そんなにあっさりとなくなってしまうはずなどなかった。彼の生命の本質を形成していたもの——それはまた、我々の生命の本質をも形成するものであるが——は、肉体的存在の転変にともなって消え失せるようなものではなかったのである。確かに個別存在としての仏陀は、すべての生き物と同様の変化をこうむるものである。しかし彼の真理は永遠に不滅である。彼の法身は生死を超越し、涅槃さえも越えているのだが、その応身は如来の胎から生まれでて、業の力に支配され、業の力が尽きると如来の胎へと消えてゆくものなのである。いまだ耆闍崛山《ぎじゃくっせん》の頂に坐って一切衆生に歓喜と至福のメッセージを伝えている仏陀、そして数々の貴重な教えの中でも、『華厳経』『法華経』といった経典を我々に残してくれた仏陀とは、その永遠の精神の表現に他ならないのである。このようにして法身の教義は大乗仏教徒によって定式化されたが、そこからは当然の流れとして三身説が登場することとなった。法身説と三身説は、両者、あい補うかたちでなければ、上記の諸問題を十分に解決することはできないからである。

『金光明経』における三身

さてそれでは、如来の三身(trikāya)すなわち三つの身体とはいかなるものなのか。それは(一)応身(nirmāṇa-kāya　転変の身体)、(二)報身(saṃbhoga-kāya　至福の身体)、(三)法身(dharma-kāya　法の身体)である。もしこれをキリスト教の三位一体説と対照させるなら、応身は肉体存在としてのキリストに、報身は天上の栄光を持つキリスト、あるいは聖霊に、そして法身は神性に対応するものである。

再び『金光明経』より、三身説に関する記述を引用しよう(義浄《ぎじょう》訳の第三章)(五)。

「如来は、まだ弟子の段階にあった時、衆生のために様々な徳行を実践した。その修行はついに完成し、熟し、その功徳により素晴らしい精神的能力を獲得した。この能力のおかげで彼は、衆生の考えや行動や生活に対応することができるようになった。彼は衆生たちのことが完全に理解でき、そして[彼らの欲求に応えるための]正しい機会を決して逃すことがなかった。彼は自分自身を適切な場所、適切な時に顕し、[衆生の欲求に対応すべく]様々な姿をとりながら、正しく活動した。それらの姿が、如来の化身と呼ばれるのである」[六]。

「しかし、菩薩たちを法に精通した者にし、彼らに最高の実在を教示し、生死（つまり輪廻）と涅槃が実は同じ状態であることを理解させ、我、個別性、［輪廻に対する］恐怖といった考えを打ち破り、幸福を増進し、無数の仏法のための基礎を築き、真如や真如の知や自発的意志と真に調和するために如来たちが菩薩たちの前に姿を顕す時は、彼らは三十二相、八十種好《しゅこう》というすぐれた肉体的特徴を持ち、頭と背中を光背《こうはい》で輝かせた姿で現れる。そのような如来たちは、至福の身体すなわち報身を持つと言われるのである」[9]。

「［物質的、知的、感情的を問わず、］あらゆる罪から生じる可能性のある一切の障害を完全に滅除し、一切の善法が保持される時、そこには真如と真如の知しか残らなくなる。これが法身である」。

「如来の姿のうち初めの二つは仮の［そして一時的な］存在である。しかし三番目のもの（法身）は実在であり、その中に、前の二種の姿の存在理由がある。それはなぜかというと、真如法と非個別性の知がなければ、いかなる仏法も存在し得ないからである。その理由は、真如と真如の知こそが、仏智のあらゆる形態を含み込み、［個別性から生じる］一切の煩悩と罪とを完全になくすことを可能にするものだからなのである」。

以上の記述によれば、法身は真如および真如の知と同じものを指しており、それは絶対的なものである。しかし一つの同じ月が、茫漠と広がる波間にも、そしてたった一滴の水にも映し出されるように、法身は、この上なく物質的な姿からきわめて微妙な霊的存在まで、あらゆる可能な姿をとって現れるのである。それが、普通の人たちよりもずっと高いレヴェルの精神生活を送っている菩薩たちの要求に対応する時には、至福の身体すなわち報身をとる。この報身というものは、超自然的存在であって、大乗仏典に登場するほとんどすべての仏陀はこれに属する。馬鳴は次のように言っている。(七)「その身体(報身)には無限の姿、無限の属性があり、その属性には無限の長所がある。そしてそこに付随する果、すなわち[彼らの以前の業によって]、彼らがそこに生まれるよう運命づけられている領域もまた、無限の徳と荘厳を持っている。いたるところにその姿を顕す報身は、大いなる心[＝法身]から直接にやって来る、[その活動において]無限、無条件、無制限かつ常住不断なのである」。

しかし普通の人々の目に映った仏陀たちの姿はこのようなものではない。彼らにとっての仏陀たちは普通の人間であった。そして、マーヤー王妃の胎内から生まれ、八十歳でサーラ双樹の下で没したシャカムニもまたそういった仏陀たちの一人だったのである。彼は本質的には法身の顕現であったし、その意味では我々常人もまた同じく、彼と共通するものを幾分なりとも持ってはいるのであるが、大衆というものは、過去に積んだ善業の恩恵がない限り、普通は無知の呪縛に縛られているものである。彼らは野に咲く百合や空を舞う鳥のさえずりの中の完全な清浄さに、法身の栄光を見ることはない。いたずらに暗黒の荒野をさまよい、むなしく探し回り、滅茶苦茶に叩き回るばかりである。これらの人々の要求に応えるため、法身は、人間の姿をとった仏陀として地上に現れるのである。

文化のあらゆる場面における顕現

因みにキリストもまた法身が人間の姿をとって顕れたものであると仏教徒たちが考えるのも、これと同じ意味だということを付言しておこう。彼は仏陀の一人であり、その意味では基本的にシャカムニと異なるものではない。法身はインド人の心にはシャカムニとして顕現した。それがインド人の心と調和するかたちだったからである。そしてセム族の世界においては、彼らにとって最も適したかたちとして、キリストという人物になって顕れたのである。それだけではない。三身説によれば、悪鬼や動物神、祖先崇拝、自然崇拝、その他様々なものがすべて、野蛮人や未開人たちの精神的要求に応える法身の活動や顕現によるものであると言われるのである。仏教徒たちによれば、法身は決してその被造物の精神的幸福に反することはしない。法身によって為されたことはどんなことであれ、被造物たちが法身の本質を如何に理解するかに関係なく、その時点で最も有益なかたちをとって顕現するのである。法の大主(=法身)は、決して豚に真珠を投げ与えることはしない。[八]動物が求めるものはもっと物質的なものであることを承知しているからである。法の大主は、卑俗な物質界を超越したなにかを理解する能力をいまだ具えていない人々に対して、高尚な霊的形態を顕すことはない。そういった人々は、形而上的すなわち高度に抽象的な存在よりも、動物神の方がよく理解できるので、彼らにはそういった動物神の姿を示し、それを崇拝させることで、あらゆる可能な至福と恩恵を導きだそうとするのである。しかし彼らが動物とか人の姿をした神々に満足できなくなれば、ただちに、彼らの啓発された理解力が把握できる限りにおける最も適切なかたちをとって顕れる。[10]

このように彼らは、無意識のうちにも、より高次な神秘の領域へと絶え間なく導かれていき、ついには絶対的清浄さに達して、法身の真の意味、本来の意味を完全に把握するに至るのである。それはキリスト教の言葉で言うなら、「わたしたちは皆、顔の覆いを除かれて、鏡のように主の栄光を映し出しながら、栄光から栄光へと、主と同じ姿に造りかえられていきます。これは主の霊の働きによることです」(「コリントの信徒への手紙二」三章一八節)ということになる。[九]

大乗仏教徒たちによれば、この世界で為すべきことは為しおえたと考えてシャカムニが涅槃された理由は、そうやって生死の法則に従ってみせることで、俗世の生が永遠ではないこと、そしてそれを究極的実在と考えて執着することが愚かなことであるという事実を身をもって示すことにあったのだとされている。一方、彼の法身に関して言えば、それは永遠の生を持ち、不生不滅なものである。そして菩薩の精神的要求に応じる時には、絶対性の装いを捨てて報身の姿となり、「永遠の流れのように、決して途絶えることのない説法を」説くのである。このことから、仏教徒たちが、人の世に現れた宗教的あるいは道徳的主導者は、その国籍のいかんに拘らずすべてが、かたちを変えて現れた法身の姿であると考えようとしていたことが明らかとなる。それがキリスト教的に解釈された場合には神ということになるのだが、その神は、姿を現す価値のあるあらゆる存在の中に、自分の姿を現すのである。その神は歴史上の特定の時期にだけ現れるのではなく、どこでも、そしていつの時代にも現れる。彼の栄光は、人類の文化のあらゆる場面で認識される。この顕現は神の本質からくるものであって、一部の「キリスト教正統派」の人々が考えているように、断続的に消えたり現れたりするものではない。次の聖パウロの「コリントの信徒への手紙 一」第一二章の言葉は、このような文脈で読むと(一〇)き、まるで仏教哲学者の言葉のように思えてくる。「賜物にはいろいろありますが、それをお与えになるのは同じ霊です。務めにはいろいろありますが、それをお与えになるのは同じ主です。働きにはいろいろありますが、すべての場合にすべてのことをなさるのは同じ神です。一人一人に〝霊〟の働きが現れるのは、全体の益となるためです。ある人には〝霊〟によって知恵の言葉、ある人には同じ〝霊〟によって知識の言葉が与えられ、ある人にはその同じ〝霊〟によって信仰、ある人にはこの唯一の〝霊〟によって病気をいやす力、ある人には奇跡を行う力、ある人には預言する力、ある人には霊を見分ける力、ある人には種々の異言を語る力、ある人には異言を解釈する力が与えられています。これらすべてのことは、同じ唯一の〝霊〟の働きであって、〝霊〟は望むままに、それを一人一人に分け与えてくださるのです。

体は一つでも、多くの部分から成り、体のすべての部分の数は多くても、体は一つであるように、キリストの場合も同様である。つまり、一つの霊によって、わたしたちは、ユダヤ人であろうとギリシア人であろうと、奴隷であろうと自由な身分の者であろうと、皆一つの体となるために洗礼を受け、皆一つの霊をのませてもらったのです」(第四節―一三節)[12]。

報　身

三身説の中で現代人にとって理解し難いのが、報身すなわち至福の身体の概念である。我々に法身と応身の関係ならば理解できる。応身とは具象化した神という概念、あるいは化身という概念に類似するものである。一方、法身は、この三界の外部に存在するのではなく、三界の存在のレーゾン・デートルとしてその内部にあるのだから、万物は法身の部分的顕現であると考えられる。そしてこの意味において仏教徒は自分たちを時に菩薩(bodhisattva)、すなわち智慧の衆生と呼ぶ。なぜなら菩提(bodhi)とは衆生の中に実現された法身の、心理的側面だからである。ところが報身の概念は、あまりにも神秘的で、限られた意識によっては推し量ることができない。このことは報身(至福の身体)が肉体的存在であると同時に宇宙を満たしているものであるとか、報身には自己の愉悦のための姿と、菩薩たちのためのある種の宗教的対象としての姿の二つの姿がある、といったことを聞くとますます明らかとなってくる。

　報身が肉体的なものでありながら無限であるということは、先に引用した『金光明経』や馬鳴の言葉ですでに述べられている。この点をさらに確認するためには、無著と世親の言葉を引用するのが確実であろう。

『摂大乗論』を書いた無著と、その注釈を作った世親は、報身が法身のレーゾン・デートルにはなり得ず、あくまで法身の方が報身のレーゾン・デートルであるのはなぜかという点を論証しようと努めている。そしてそれに関連して以下の問題を論じる。(一) 報身は五蘊すなわち色(rūpa 物質)、受(vedanā 感受)、想(samjñā 想念)、行(sams-kāra 行為)、識(vijñāna 意識)から成っている。(二) 報身は個別化の影響下にある。(三) 報身は菩薩の要求に応じて異なる徳と性格を現す。(四) 同じ個人に対してさえ、時が異なれば報身は違ったかたちで現れる。(五) 種々異なる性格と資質を持った大勢の菩薩が集まっているところへ現れる場合、報身は、彼らの様々に異なった気持ちを満

足させるため、同時にいろいろな形態をとる。(六)　報身はアーラヤ識すなわち一切所蔵識が創り出すものである。(一二)

無著と世親によって挙げられたこれら六つの報身の特徴は、報身が間違いなく法身を基礎として成り立つものであることを示しているが、だからといって我々が、報身というものの持つきわめて神秘的な性質をより明確に見通すことができるようになるわけではない。その超自然的な不可解さは依然として永遠に謎のままである。しかしながら、ある意味で報身はキリスト教における天使に相当すると考えることができるかもしれない。超自然性と光輝性という二つの特性において両者は共通しているからである。しかし天使は、神の意志を人間に伝えるメッセンジャーにすぎない。天使たちが特別に恵まれた人の前に姿を現すのは、彼ら自身の意志によるのではない。彼らがその人に語りかける時は必ず、彼らを遣わした神の御名のもとにそうするのである。また彼らは、その人間を代弁することも、その人間の意志を受けて代わりに行動することもない。それに対して報身には自主性がある。それは法身の一表現である。報身は自分の許にやってくるあらゆる被造物を教え導き、恩恵を与える。それに自分自身の意志と判断に従って活動するのである。こういった点からみれば、報身はキリスト教における天使の概念とは全く異なるものである。では、それは、天上の栄光を持つキリストと比較したほうが一層適切であろうか。

無著、世親よりも後代の信頼できる資料を用いて、この報身の考えにどれほど複雑な思想が含まれているかを、より明確に示してみよう。世親の『唯識三十頌』(11)に対して注釈をつけた注釈者たちによれば、報身は二つの異なった側面を持っているという。すなわち、(一)如来が、何劫にもわたる宗教的修練によって獲得した自己の愉悦のための姿と、(二)浄土(sukhāvatī)の菩薩たちに対して如来が現す姿である。後者は、素晴らしい霊的力を具えており、法輪《ほうりん》を転じ、菩薩たちが抱くあらゆる宗教的疑念を解決し、彼らに大乗の法の至福を満喫させるのである。

単なる主観的存在

こういった特性全体から判断して、現代人の懐疑的な心に浮かぶ最も妥当な結論は次のようなものである。すなわち報身というものは、最高の実在に到達することを強烈に希求しながらも、自己の持つ限界のせいで対象を絶対性において把握することのできない、限定された知的精神が創り出したものにすぎないということ、そして、その限定された精神は、自己が理想とするところの一切合切を自分なりのやり方で一個の精神的・肉体的存在として造り上げるのであって、それは論理的には矛盾したものであっても、宗教的には尊敬と崇拝に値する対象になるということである。その存在こそが報身である。(12)それは純粋存在である法身と、俗界の姿である応身すなわち転変の身体との中間状態にある。どちらにも属さないが、どちらの要素も持っている。それはある意味で、法身のように霊的なものであるが、その一方では物質的制限を超越することはできない。なぜならそれは有限で限定的な形態を持つからである。人間の魂というものは、それが明白なかたちでは理解できない純粋存在や絶対存在を渇望する時には、混成物や模造物や投影物を考案して、それで満足しようとする。ちょうど、生まれつき母性を持ちながらもそれがまだ完全には発展していない女の子が、本当の赤ちゃんの模造物である、命を持たない人形をやさしく抱きしめたり可愛がったりすることで満足するようなものである。そして大乗仏教徒たちは、この子供っぽい人情味を最大限に利用したように思える。彼らは自分たちの精神的欲求が求めるだけの数の経典を、歴史的事実を全く考慮することなく作りだし、それらすべての経典の作者は如来の報身だということにしたのである。というのも、もし如来の法身が決して涅槃には入らなかったのだとすると、なぜそれは、菩薩たちが求めるたびに教えを説き、偈(gāthā)を引くことができなかったのかという疑問が生じるからである。このような思いを反映している一節を再び『金光明経』(fas. 2, chap. 3)に見てみよう（一三）。

「たとえば、太陽や月はいかなる意識的差別心も持たず、また、水鏡にも、［光源から発せられた］光線にも同じく意識的差別心は全くないにもかかわらず、これら三つが一緒になると［水に映る太陽や月という］影像が生じてくる。真如や真如の知もこれと同様である。それはいかなる特別な意識も有していないが、「真如の本質、すなわち法身に内在する」自発的意志と、「法身の影としての」応身あるいは報身の徳によって、衆生の精神的要求に応えて、姿を現すのである」。

「そしてまた、際限なく広がる水鏡が、光という媒体を通して、虚空《こくう》(ākāśa)の像をありとあらゆる形で映し出していながら、虚空自体は一切の特殊相を有しないのと同様に、法身は、それを受け取る信仰者の心に個々別々の影像を映し出すのであり、それは自発的意志の徳に依っており、その意志が、報身のみならず応身をも、あらゆる可能態として創造するのであるが、それでいて元の法身自体は、それによって変化をこうむることは全くないのである」。

以上から分かるように、我々の霊的要求が十分に高められた時にはいつでも法身からの応答があり、それは受け手の心の知的および霊的発達の度合いに応じて違っており、常に同じ形をとるわけではないということが明らかである。もし衆生たちの魂と法身との間のこの交流を霊感(inspiration)と呼ぶなら、心の充足から発して、魂の純粋さを反映するすべての現象は「霊感の作用」と呼ばれるべきである。そしてこの意味において大乗仏教徒は、彼らの経典を、法身という源泉から直接湧きだしてきたものだと考えているのである。

現代の大乗仏教徒の態度

以上のような三身説の解釈を全面的に認めている現代の大乗仏教徒たちは、報身の客観的側面をあまり重要視しない。彼らはそれをせいぜい、想像力に富んだ心が生み出す架空のものであるというくらいにしか考えない。彼らは時として、大乗経典の中であまりにも大げさに、そして普通、あまりにもだらだらと長ったらしく描写される、これら神秘的な如来や菩薩たちすべてが客観的実在であるなどとは全く考えないし、極楽すなわち浄土[13]が、金、銀、エメラルド、キャッツ・アイ、真珠およびその他の宝石類で荘厳されているとか、敬虔な仏教徒が死んだ後に、このけばけばしく飾られた天国に移り、そこで蓮華の台座に坐り、無数の菩薩や仏陀たちに取り囲まれて、人の心が感受することのできる一切の精神的喜びを享受するなどとも思わない。それどころか現代の仏教徒たちは、宗教生活に関するこれら自分本位で即物的な概念を軽蔑している。なぜなら、これらの俗世的宝物類は、完全に悟った魂には何の役にもたたないものであり、法身の意志を自分自身の意志として受け入れる至福以外には、天上天下のいかなる幸福も望まないからである。

概　括

要約すれば、パーリ聖典における仏陀は、時に超自然的で超人間的な事柄を達成したと信じられることはあっても、あくまで一人の人間であった。彼の歴史的経歴は王宮生活の放棄から始まり、林野を遍歴し、生死の大問題について長く懸命の瞑想を行い、ついには菩提樹の下で悟りを開き、その後の五十年間はガンジス河流域を遊行《ゆぎょう》してまわって、仏教という宗教的組織を創設し、最後に無余依涅槃《むよえねはん》(anupadhiśeṣa-nirvāṇa)に入るというものであった。そして純粋に歴史的事実だけを考えるなら、シャカムニという一人の人間の生涯はこれだけのものである。しかし彼を深く敬愛する弟子たちは、自分たちの師をこのように平凡な人間として捉えることに満足できず、彼を、普通の人間を越えたなんらかの者につくり上げた。それゆえパーリの伝統の中でさえ、シャカムニを普通の人間として描くもの以外に、超現世的生活を送った者とするものがある。それによれば、彼はマーヤー夫人の胎内に宿る前、菩薩として兜率天《とそつてん》におり、過去無数の生を通して賞賛されてきた自己犠牲の行為によって菩薩としての栄誉を受けていたとされている。また、現実の人間としてこの世で活動している間は、三十二相八十種好の大人相《だいにんそう》によって荘厳されていたという(14)。しかし法を説くために地上に現れた仏陀は、彼が最初ではない。なぜなら彼の前にすでに七人の仏陀がいたからである。さらには、彼が我々の世界に現れる最後の仏陀なのでもない。現在、弥勒《みろく》という名の菩薩が天界にいて、将来地上に現れる時に合わせて仏陀となるための準備をしているからである。しかしパーリ仏典の作者たちが考えたのはここまでであって、彼らは仏陀の本質についてそれ以上深く考えようとはしなかった。彼らの宗教的思慕の情が、彼らの想像力をより高く飛躍させるということはなかったのである。彼らは単純な経典や偈を唱え、厳格かつ杓子定規に戒を守り、そして如来の人格は言うまでもなく、その精神までもが、そういった教示の中に生き続けていると考えた。しかし同時期に、別の仏弟子グループがあった。彼らの宗教的、知的傾向は他の仏教信者たちとは異なっており、そのせいで彼らは、教えの中に現れる仏陀を単純に信仰するだけではどうしても満足できなかった。おそらく彼らは次のように考えたであろう。すなわち「もしシャカムニの出現以前に七人の仏陀がおり、将来もう一人仏陀が出現するのなら、彼らは自分たちの権威と説法の知識をどこから得たのであろうか。どうしてもっと多くの仏陀が存在し得ないのか。どうしてもっとたびたび彼らはこの世に出現しないのか。もし彼らが我々と同じ人間なら、なぜ我々は仏陀ではないのか」と。こういった疑問が論理的に突きつめられていけば、その必然の結果として法身説に行き着くこととなる。すなわち、すべての過去仏および未来仏、そして生身でできていてすぐにも死ぬ運命にある我々普通の生き物たちも、その存在のレーゾン・デートルを法身に負っているのであり、法身だけが、諸仏や我々の中にある唯一不滅なるものなのである。したがって我々が先ず第一になさねばならない宗教的努力は、すべての仏陀、すべての衆生が持つ、この原型を理解することである。しかしながら、このような存在である法身は、一般の人たちが自分たちの宗教的意識の対象として捉えるには余りに抽象的すぎる。それゆえに彼らはそれを人格化し、さらには物質化したのである。言い換えれば彼らはシャカムニに、パーリ聖典に見られるような偉大な人物に具わっているとされる肉体的特徴を付与し、そればかりか天界の特相までも与えて、それを如来の報身と呼ぶことによって理想化したのであり、その一方で、歴史的人物としての仏陀は応身と呼び、そして一切の衆生のことは、菩薩すなわち仏陀になることが決まっている智慧ある存在と呼んだのである。

大乗仏教徒によれば、この理想化された仏陀、すなわち人格化された法身は、数千年前に中央アジアに現れたガウタマ・シッダールタという特定の人物の中に顕現しただけではなく、いついかなる場所にも現れてきている。仏陀がある特定の場所にだけ出現するということはない。上は色究竟天《しきくきょうてん》から下は地獄の底にいたるまで、妨げられることなく途切れることなく、彼は自己を顕現し、理想の実現につとめている。ただ我々の限られた理解力では、それを十分認識することができないだけなのである。『華厳経』(仏駄《ぶっだ》跋陀羅《ばっだら》訳、fas. 45, chap. 34)では、仏陀がいかにしてあらゆる方法で彼の救済計画を実行しているかが説かれている(これについては『法華経』ケルン(Kern)訳二章三〇ページ以下、および四一一―四一三ページを参照)(一四)。

「このようなやり方で、仏陀は微塵《みじん》の如く無数の宗教的教えによって、一切衆生を教化し解放する。彼は時には神々の世界に現れ、時には龍、夜叉、ガンダルヴァ、阿修羅、ガルダ、キンナラ、マホーラガなどの世界に現れ、時には人間界に現れ、また時には死の王ヤマの王宮に、時には地獄、餓鬼、畜生といった下の世界に現れる。彼の大悲、智慧、意志は、一切衆生があらゆる救済の方策を通して彼の庇護のもとに入るまでは止むことがない。彼の救済の仕事は、時には彼の名称により、時には記憶により、また声、完全なる光明、光明の網によって達成されるであろう。時機が熟したなら、いついかなるところでも、彼は衆生の前に必ず姿を現し、そして荘厳なる光景を現し出す」。

「仏陀は自分の住処を離れず、楼閣中の自分の座を離れることもなく、しかも十方のあらゆる場所に姿を現す。彼は時として自己の身体から諸々の変化身《へんげしん》の雲を発し、時に無二《むに》の身体を現す。そして諸方を遊行しながら一切衆生を教化し救済するのである。彼は時には声聞の姿をとり、時には梵天、苦行者、良医、商人、比丘、芸人、神などの姿をとる。さらにはあらゆる形態の芸術や技術の中や、町、都市、村といった集団の中にも姿を現す。そして救済の対象がいかなる者であれ、また周囲の状況がどのようであれ、あらゆる条件に自分自身を適応させつつ、悟りと救済という仕事を成し遂げるのである」(15)。

この三身説が実際上どのような帰結をもたらすかは明らかである。それは仏教徒の寛容性の精神を従来より一層広げたのである。法身は、一切衆生がいつどこにいようと、そして彼らの精神的発展の度合いがどのようなものであろうと、彼らの霊的要求に等しく応えるものであるから、仏教徒たちはすべての精神的指導者たちを、その国籍や人物にかかわらず、唯一にして全能なる法身の顕現と見なしたのである。そして法身はいつでも衆生の利益のために姿を現すのであるから、外見上は仏教の教えに反するような教義や、その提唱者たちが現れても、それらはみな、あらゆる場所に遍満し常に働き続ける法身の自発的意志に従ってそのように活動しているのだと考えられ、容認されるのである。彼らは表面上は悪しきもののように見えるが、その究極的主目的は善と調和であり、それはこの苦難と矛盾の世界を克服するため、法身の意志によってあらかじめ定められているものなのである。仏教に一般的にみられる知的傾向は、信仰者たちの寛容の精神を養うことに大いに貢献してきたが、時としてあまりにも過激な汎神論的精神を示す三身説こそは、そこにおいて大きな役割を果たしたと言わざるを得ないのである。

第十一章　菩　薩

大乗仏教において、仏陀の概念に次いで重要なのは菩薩《ぼさつ》(intelligence-being)および菩薩の本質となる菩提心(intelligence-heart)の概念である。先にも述べたように、大乗仏教の信奉者は自分たちのことを小乗仏教のように声聞、独覚、阿羅漢といった呼称ではなく、菩薩という名で呼んで区別する。それが何を意味するのかというのがこの章のテーマである。

『法華経』(1)には声聞・独覚と菩薩との違いが明確に説かれているので、まずそれを引用しよう。

三　乗

「さて舎利弗《しゃりほつ》よ、賢くなった者たちは世界の父である如来に対して信仰を持ち、その結果、如来の命に従うようになる」。

「彼らのうちには、権威的な声の命ずるところに従うことを望み、自分自身の完全な涅槃のために四聖諦の知を獲得しようと、如来の教示に専心する者たちがいる。これらの者たちは、声聞乗を追求して三界《さんがい》を離れる者と言えるであろう」。「またある者たちは無礙知《むげち》、自制、寂静《じゃくじょう》をねがって、自分自身の完全な涅槃のため十二縁起を理解するために、如来の教示に専心する。これらの者たちは、独覚乗を追求して三界を離れる者と言えるであろう」。「またさらにある者たちは、一切知、仏知、絶対知、無礙知をねがって、世界に対する慈悲心から天と人間世界の利益と幸福のため、そして一切衆生の完全な涅槃のため如来の智慧と力と確信を理解するために、如来の教示に専心する。これらの者たちは、大乗を追求して三界を離れる者と言えるであろう。それゆえ彼らは菩薩摩訶薩《まかさつ》と呼ばれる」。

声聞や独覚とは異なるものとして菩薩を特殊化するこのような見解こそは、大乗仏教の最も重要な特性のひとつである。大乗仏教における菩薩は、自分の利益のためではなく一切の同胞の精神的幸福のために宗教的修行に励むのである。もし彼が声聞や独覚たちのように決して後戻りのない永遠の涅槃に入ろうと考え、そしてそうすることができたとするなら、彼は我々の世界のすべての苦難が永遠に葬り去られている無礙なる寂静がもたらす天上の至福を享受することができるであろうし、この世の喧噪を離れて誰もいない洞窟の中で結跏して坐りながら、静かに人の利害のはかなさや世俗事の些末さに思いをこらし、そしてそれから、あたかも小川や河川が最後には大海に流れ込んで一味となるごとくに、最後に絶対的全者へと吸収される時がくるのを、満足した気持ちで待つことができるはずである。しかしながら、これらすべての自己満足的至福に反して、菩薩は自分の安寧を求めることはせず、俗世間のわずらわしい生活に身を投じて、無知と愚かな執着のせいで三界を永遠に輪廻し続け、人間としての究極のゴールに向かって何の努力もしていない大衆を救うため、全力を尽くすのである。

しかし同じ仏教徒であっても、この菩薩的な献身の道とは別の宗教的思想と修行を考える者たちがいた。それがすなわち声聞および独覚という流れである。彼らはどちらも、心の平安を禁欲主義と冷徹な哲学的思索に求めた。両者はともに、消えた火にも喩えられる涅槃を得ることに専念した。彼らは一切衆生の幸福などは考えず、それゆえ、この世の罪と情欲から逃れ出ることができた時が修行の完成であり、そのあとさらに、自分たちの個人的悟りの至福を同胞たちにまで広げていこうとはしなかった(2)。彼らは自分たちの聖なる生活が汚染されないよう、野卑な人々との交わりを極力避けるようにした。自分たちが大衆を助け、大衆の無知と悲惨の鉄の軛《くびき》を打ち壊すだけの自信がなかったのである。さらに彼らは、人がどれほど耐え難い苦痛を受けていようが、他の者がそれを和らげてやることはできないのだから、そこから解放されるためには自分で努力するしかないと考えた。人が為した善業、悪業の結果を受けるのは行為者本人だけであり、それはどうあっても避けることができないのだから、同情はなんの役にも立たない。事が一旦為されれば、もはや取り返しはつかない。その業は行為者の将来のページに消すことのできない印となって残るのである。過去世の全生涯にわたる無数の敬虔な行為の実践により、あのように崇高な地位に立ったとされる仏陀その人でさえ、ついうっかりと犯してしまった悪業の報いから逃れることはできなかった。このような業の鉄の腕は、あらゆる者を各人ごとに摑まえていて、いかなる身代わりも許さない。業の働きを止めようと思うなら、それに対抗する力を、当の本人が用いる以外に方法はないのである。大乗仏教における菩薩の概念は、業の法則が持つ、この無慈悲で機械的な冷徹さを幾分かでも緩和するための努力であると考えることもできよう（一）。

厳格な個人主義

声聞および独覚の仏教というものは、業の個人主義的原理を我々の倫理的、宗教的生活に対して無節操にあてはめたものである。人が自分で為したことはすべて、その人が為したことであり、為さなかったことは、その人が為さなかったことだというのである。彼らは次のように主張するであろう。「君が救われるかどうかはすべて君自身の問題である。私がいくら心配したところでどうにもならない。私が手助けできることといえば、解放への道を知的な側面から君に示してあげることだけだ。もし君がそれに従わないなら、君は自分自身の愚考の報いを受けるしかないであろう。私は自分自身の悟りをもってしても、あるいは自分の涅槃によってさえ、君を永遠なる輪廻の悲惨から助け出すことなどできないのだ」と。しかし、大乗の菩薩たちの仏教では、全く違うことを言う。それは共感にあふれ、同情が横溢し、愛に満ちている。菩薩は自分を、絶対的に静寂な涅槃の中に隔離することはしない。それはひとえに、同胞を無知と迷妄の束縛から解放したいと願うがゆえのことである。彼は自分の徳行の業として、自己の楽しみとなるいかなる果報を受けることができる場合でも、苦しみの中にある大衆を救い上げるためにそれらを振り向けてしまうであろう(廻向《えこう》、pariṇāmanā)。そしてこの自己犠牲すなわち同胞の幸福を目的とした、自己を省みない献身こそが菩薩というものの本質を形作っている。したがって理想的菩薩とは、智慧(prajñā)と愛(karuṇā)の化身にほかならないと考えられている。

知的な観点や個人主義的観点から見れば、業の絶対不変化性は意にかなうものであろう。知性は絶対的論理性を要求し、個人主義は業の責任が別の者に転嫁されることを認めないからである。したがってこの観点から言えば、小乗仏教徒が求めるような、自己救済の原理の厳格な強制にはいかなる論理的過失もないということになる。天の恩恵などというものは、我々の魂にねちっこく付着している無知が生み出した業の呪いとしてつまみ出されるべきものなのである。しかしながら同じ問題を宗教的側面から眺めた場合には、この業の不可変性は普通の哀れな生き物たちが耐えられるようなものではない。

彼らは感情の願いに従うような、なにかもっと寛容で柔軟なものを求めている。個々人は孤立しており、ばらばらになった原子のようなものであり、互いを結びつける感情の絆など全くないと考える時、人はあまりにも弱い存在となり、個別化の世界が存在する限り否定されることのない永遠に我々を脅かす悪の力に対抗し、それを打ち破ることなどできなくなってしまう。我々の最奥の意識が感じる、このような宗教的要求があるからこそ、大乗仏教は法身の唯一性に基づく廻向説を提唱したのだと言えるかもしれない。

廻向説

人が自分の功徳を他者に廻向するという教義は、「原始仏教」で教えられていたと思われる教義からの大いなる進展である。実際のところ、それは進展どころではなく、ある意味で、原始仏教に対立するものでもある。なぜなら、声聞および独覚の宗教的実践においては個人主義が主たる特質であるのに対して、菩薩たちが提唱したのは、普遍主義あるいは、もしそういった用語を使うことが許されるなら超個人主義ともいうべきものだからである。菩薩たちが信じるのは次のようなことである。すなわち、法身の顕現である一切衆生は本質的にひとつのものであり、個別存在というものは主観的無知に関する限りにおいてのみ実在なのであって、智慧と愛を本質とする法身から直接流れ出る諸々の徳行と功徳は必ず普遍的利益を生み出し、一切衆生の最終的救済に役立つはずなのである。このようにして菩薩たちの宗教は、声聞や独覚たちが不可能であると考えたこと、すなわち自分の功徳を他者のために振り向けるということを達成しようとするのである。

菩薩たちが人生の意味の重大さを考えるのはまさにこの精神に基づいてのことなのであり、この世における自分たちの存在理由を熟考した彼らは、この精神に基づいて次のような人生観を持つにいたるのである。

「無知な衆生は、日ごと夜ごと、数えきれない悪行を為しており、そのせいで彼らが受ける苦しみは筆舌に尽くしがたい。彼らは如来を認めず、如来が説いた法を聞かず、聖者の集団(サンガ)に敬意を払わない。そしてその悪業は、必ずや彼らを悲惨のどん底へと突き落とすであろう。こう考えると菩薩の心は暗く沈んでしまうのだが、やがて彼は、自分がそういった無知な衆生の重荷をすべて背負ってやり、そして彼らが最終の目的である涅槃に到達するための手助けをしてやろうという不動の決意を固める。その重荷はとてつもなく重いものであるが、だからといって彼は道から逸れたり、その重さに屈することはない。彼はすべての無知な衆生が、からみつく欲望と罪の網から自由となり、闇をもたらす無知と迷妄のとばりから救い上げられるまでは休むことがない。彼のこの驚嘆すべき精神的エネルギーは、時空の枠を超然と越え、諸世界の全システムが終結する永遠の未来にまで広がっていく。したがって菩薩たちが為す無数の徳行はすべて無知なる衆生の解放に捧げられるのである。

しかしながら菩薩たちは、なにか外的な力に強制されて自分たちの人生を大衆の教化と救済に捧げているとは考えない。彼らは、逆らった者に罰を与えるような絶対者が外部にいるなどとは考えない。彼らはそういった二元論的世界観などとっくに超越している。彼らはそんなものよりはるかに広くて高い思考領域で行動しているのである。為すことはすべて彼らの自発的意志から生まれてくるのであり、菩提心の自由な活動性から発するのである。その菩提心こそが彼らの存在理由となっているのである。したがって彼らの思考や活動にはなんら強制されたものはない。[老荘思想の用語で言うなら、彼らは無為《むい》を実践しているのであり、無知蒙昧な者たちから見てそれがどれほど厳しく、安らぎのない生活に見えたとしても、あくまでそれは菩提心と呼ばれる智慧の神髄を無限のエネルギー源として自然にあふれ出してくるものなのである(3)]。

「原始」仏教における菩薩

「原始」仏教に菩薩という考えが全く現れないわけではないのだが、ただそれは大乗仏教ほど広い意味を持っていなかった。仏陀となった人の前世が菩薩なのである。ジャータカでは、菩薩たちがどのような自己犠牲的行為を行い、その功徳としての業により、いかにして最終的に仏となったかが詳しく語られている。シャカムニだけが仏陀なのではない。シャカムニの前にすでに七人あるいは二十四人の仏陀がいたし、弥勒として知られる未来仏が兜率天で修練しながら今も菩薩としての階梯を進んでいると信じられている。そのように未来仏としての運命が定まっている者は、並はずれた精神的エネルギーを与えられていなければならない。彼は何劫もの間、自己の修練を積まねばならず、断固たる勇気と忍耐をもって、数えきれない生存をとおして無我の行を実践していかねばならないのである。

以下に引用する『ジャータカ』の物語を見れば、いわゆる小乗仏教徒たちが、人が完全な仏陀となるために必要だと考えていた条件が、どれほど重くてつらいものであったかよく分かるであろう。(4)

「(人間の)男性の中でも、その同じ生涯の中において阿羅漢となる条件を有した者だけが仏陀となる誓願《せいがん》を立てることができる。そういった条件を有した者の中でも、仏陀その人の現前でなければ誓願を立てることはできない。仏陀の死後に仏塔や菩提樹のところで誓願を立てることはできない。そうやって仏陀の現前で願を立てる者の中でも、出家している者だけが誓願を立てることができるのであって、在家者には不可能である。そのような出家者の中でも五神通《じんずう》と八等至《とうし》を持つ者だけが誓願を立てることができるのであって、それらを欠いている者にはできない。それらの徳を有している者の中でも、他諸仏のために命を捨てる覚悟のある者だけが誓願を立てることができるのであって、他の者にはできない。そのような覚悟がある者の中でも、仏陀となるための特質を獲得するために大いなる意欲、勇猛、精進を持つ者だけが誓願を立てることができるのであって、他の者にはできない。その意欲の強さは次のように譬えることができる。もし彼が次のように考えたとしよう。すなわち「世界を囲む枠の内部がすべて水で満たされてしまったとしても、自分の腕の力でそれを泳ぎわたって向こう岸にたどりつくことのできる者は仏陀になる特性を獲得するであろう。あるいは、世界を囲む枠の内部がすべて竹林で覆われてしまったとしても、それを払いのけ、踏みしだいて反対側まで歩いて行ける者は仏陀になる特性を獲得するであろう。あるいは、世界を囲む枠の内部がびっしりと槍で敷き詰められた大地になってしまったとしても、その上を踏みながら反対側まで歩いて行ける者は仏陀になる特性を獲得するであろう。あるいは、世界を囲む枠の内部がすべて燃えさかる炭火で敷き詰められてしまったとしても、その上を踏みながら反対側まで歩いて行ける者は仏陀になる特性を獲得するであろう」と。もし彼が、これらの離れ業をどれ一つとして困難なこととは考えず、「私はそこを渡って行って、向こう側まで行き着こう」という大いなる意欲、勇猛、精進、希望を持っているなら、彼は誓願を立てることができるが、そうでない者はできない」。

この記述からはっきり分かるように「原始」仏教では、誰もが仏陀になれたわけではない。「原始」仏教が抱くことのできた希望は、仏陀の教えを信じ、仏陀が定めた戒に従い、そしてせいぜいのところ阿羅漢の状態に到達することであった。しかしながら大乗仏教徒たちは、その阿羅漢という理念を、冷たくて冷厳で薄情なものだと考えていた。なぜなら阿羅漢は苦しむ大衆を冷ややかに見ているだけだからである。それゆえ阿羅漢というものは、菩薩たちが自分の高い宗教的希望の対象とするには全く不十分なものであった。

阿羅漢がどれほど高尚な霊性をもつものであったとしても、大乗仏教徒はそれを越えたところにまで到達したいと考えた。彼らはあらゆる卑小な者たちをシャカムニのような存在にまで高めてやりたいと考え、悟りの至福を惜しみなく分け与えたいと考え、仏陀という存在と普通の人々の間にあると考えられている障壁をすべて取り除きたいと望んだのである。だが、業の鉄の腕が個々人の運命をしっかり摑まえて放さないというのに、どうやってそのようなことがなし得よう。自分自身と人類の理想的存在とをどうやって同一化することができるというのか。おそらくシャカムニという偉大な人物の記憶が仏教徒たちの心眼の前に生き生きと現れていた間は、この深刻な問題をうまく解決することはできなかったであろう。彼らにとって、心に深く刻み込まれた畏敬と尊崇の念に打ち勝つことは容易なことではなかったろうし、たとえ観念的にしろ、シャカムニが到達したのと同じ境地にまで自分たちを高めるということもきわめて困難なことであったろう。当時としては、それは確かに冒瀆的行為であった。しかし時がたつにつれ、師の個人的な記憶は自然に薄れてゆき、人々が持つ常に新鮮で活動的な宗教意識と較べてさほど重要な影響力を持たなくなってきた。一般的に言って、後世の人々の崇敬と畏敬を受けるすべての偉大な歴史的人物というものは、その言葉や行動あるいはその両者が人の心の最奥にある謎を解明し得る時にのみ、大きな影響力を持つことになる。そしてこの畏敬と尊崇、さらには崇拝の念というものは、そういった人物の偉大な人格よりもむしろ、崇拝する人々自身の宗教意識に依るところが大きい。歴史は過ぎ去っても、その心は永続するのである。シャカムニという一個人が時の流れの中で忘れ去られることはあっても、彼によってかき鳴らされた心の奥の聖なる琴線は、永遠に鳴り響くのである。大乗の仏教徒の場合がまさにそうであった。彼らの宗教的感情は、ついに師の個人的記憶や師に対する崇敬の念を押し切って、自己を主張するようになった。そしておそらくは以下に述べるようなやり方で、彼らは仏性という大問題に関する推論を発展させたのである。

我々はすべて菩薩である

仏陀も含めた一切の衆生が法身の中では一つであるということを理解するなら、シャカムニがその過去世において菩薩すなわち将来は仏陀となることが定められた存在であったように、我々もすべて菩薩なのであり、ある意味では仏陀でさえあるということになる。法身は我々の内に菩提として顕現し、それは菩薩のみならず仏陀の本質でもある。この菩提は、菩薩が最終的にシャカムニ仏陀のような人間としての最高の完成体に到達した時でも、量的には全く変化しない。したがってシャカムニが悟りを得た時、「一切の有情、非有情の存在があまねく如来たるべき本質を保有しているとは全く驚くべきことである」と叫んだのは、この意味においてであった。仏陀と無知なる大衆との違いは、唯一、大衆が菩提の栄光を自らのうちに顕現させていないという点にある。

天宮の神々しい光に包まれながら、辛苦に満ちた世界を哲学的に眺め渡している者だけが菩薩なのではない。我々、塵から造られた人間(二)も菩薩であり、菩提の化身なのであって、一切を包み込む法身の愛と一つになり、さらには永遠で絶対的な法身の智慧の中で、業の一つ一つの呪いを払拭することができるのである。一旦我々がこの愛と智慧の中で生きるようになれば、我々が個別に存在するという状況は、霊的な功徳(punya)を他者の利益に廻向する(pariṇāmanā)ための障害ではなくなる。自己の存在の霊性を洞察するだけで、我々は皆、菩薩であり仏陀となるのである。涅槃とは心の燈火を消して知性の冷たい灰だけを残すことだと考えられているが、そのような所に入ろうという利己的な考えは捨てるべきである。苦しんでいる一切の衆生に共感し、たとえどんなに微少なものであれ、我々が持つすべての功徳を、彼らの利益と幸福のために廻向しようではないか。そうすることで我々は全員が菩薩になることができるのだから(5)。

仏陀の生涯

この普遍的愛の精神は、あらゆる大乗仏典に横溢している。そして菩薩はどこにおいても、その普遍的愛の実践に尽力する者として描かれている。それ故、大乗仏教徒たちはシャカムニに関する平凡で日常的な記述に満足できなくなり、彼らが考えていた愛の福音を描き出そうと考えて、仏陀の生涯のあらゆる場面を可能な限り理想的で詩的なものにしようとした。

まず大乗仏教徒たちは(小乗仏教徒と同様に)、生前の仏陀を兜率天に置き、彼が、苦悩する下界の様子に対して哀れみの気持ちを起こしたということにした。そして彼に、「病を泡の如く吹き上げ、老いの波を揺すり上げ、死の恐ろしい奔流が逆巻く悲惨の大海」からその下界を救いあげようと決心させた。また、涅槃の後には、耆闍崛山《ぎじゃくっせん》の頂上で永遠の時を過ごしながら、大勢の霊的な衆生の集まりのために不死の教説を説き続けるのであるとした。彼ら大乗仏教徒たちは、シャカムニがこの地上に出現したことの意味をこのようなかたちで説明したが、それは「大悲心(mahākaruṇā-citta)」の現実的な表出に他ならなかったのである。

菩薩と愛

龍樹《りゅうじゅ》は菩提心についての著作の中で、菩薩というものに対する大乗教徒の考えを以下のように説明している。(6)

「このように、菩薩たちの根本の本質は大悲心であり、一切衆生が、その愛の対象である。それゆえあらゆる菩薩は種々の禅定《ぜんじょう》から生み出される楽の味わいに執着せず、自分たちの幸せを高めることになる徳行の果報を求めない」。

「彼らの精神的境地は声聞よりも高く、［声聞が為すように］一切衆生を見捨てることはない。利他行《りたぎょう》を修して、［声聞の知の代りに］仏知の果を求める」。

「大悲心をもって衆生の苦を観察する。その衆生たちは自分たちの罪の結果として無《む》間《けん》地獄で様々な責め苦を受けている。その地獄には際限がなく、［衆生が犯した］あらゆる業のせいで、繰り返し終わることのない苦難が生み出されている。菩薩たちは心に慈悲を抱いて、それら哀れな衆生たちのために、みずからが代わって苦痛を受けようと望む」。

「しかし菩薩たちはそれら様々な悲惨な状態を生み出している苦はすべて、ある意味では幻影にすぎず実在しないものでありながら、別の意味ではそうではないという真理を正しく理解している。また彼らは、一切の存在の空性(śūnyatā)を理知的に洞察する者たちは、業の報いが［無知と迷妄のせいで］これこれこういったかたちで現れるということを完全に理解するということを知っている」。

「それゆえすべての菩薩たちは、衆生を悲惨な状態から救い出すために大いなる精神力を起こして生死の泥に自らを投ずる。このように彼らは自分自身を生死の法則にゆだねるが、彼らの心は罪と執着から離れている。彼らは、譬えて言うなら泥沼に生えていながら泥に汚されることのない、無垢で清浄な蓮の花のようなものである」。「彼らの存在の本質となっている大悲の心は、［自分たちが悟りへと向かう旅路の中で］苦悩する衆生たちを置き去りにすることは決してない。彼らの霊的洞察は事物の空性の中にあるが、［彼らの救済活動は］決して罪と苦しみに満ちたこの世界の外部にあるのではない」。

菩提と菩提心の意味

「菩薩」とはいったいどういう意味であろうか。これはサンスクリット語であって"bodhi"、"sattva"という二つの語から成っている。"bodhi"は"budh"(「目覚める」)という動詞語根から派生した語で、普通は「智慧」「知性」と訳される。"sattva(sat-tva)"の方は文字通りの意味は「存在の状態」である。したがってこれにあたる語としては「存在(existence)」「生物(creature)」「それなるもの(that which is)」などがある。それが結びついて"bodhisattva"という一語になると「智慧ある存在」「その本質が智慧である存在」という意味となる。なぜ大乗仏教徒は声聞の対立項として、この菩薩という語を採用したのであろうか。その理由は、大乗仏教徒が自分たちの哲学の中で、菩提(bodhi)の概念にいかなる特殊な意味を付与したかという点を見れば容易に理解できる。声聞たちは菩提(bodhi)という語を単純に智慧という意味で用いており、そこにはいかなる特殊な意味も付与されてはいない。しかしそれが法身の概念とのなんらかの形而上的関係を表現するようになるや、それまで普通に理解されていた意味で用いられることはなくなってしまった。大乗仏教徒によれば、菩提(bodhi)とは人間の意識における法身を表す語である。哲学的にいうなら、真如すなわち bhūtatathatā は存在論的用語であり、法身とか如来とか仏陀というのは宗教的意味合いを持っている。しかしながら、菩提、真如、法身という三種の語、およびそれらの同義語は、唯一無二なる実在が有限な知性という不完全な複数のレンズを透過して屈折することで現れてくる、異なる側面にほかならない。

菩提という語は本来、認識論的用語なのであるが、それが citta すなわち「心」「魂」を意味する語と結びつくと心理学的意味を持つようになる。bodhi-citta または bodhi-hṛdaya という語はどちらも同じ意味(菩提心)を意味するが、それらは大乗仏典の中では bodhi(菩提)という語よりも広く一般的に用いられている。特にその宗教的意味が知的意味よりも強調されるような場合には、菩提心の語のほうが多く用いられる。菩提心すなわち智慧の心とは、法身という宗教的原型が人の心に反映したものである。

菩提心がさらに敷衍された場合には阿《あ》耨多羅《のくたら》三藐三菩提心《さんみゃくさんぼだいしん》(anuttarasamyaksambodhi-citta)すなわち「最高にして最も完全な智慧の心」と言われる。

いまや、菩提心の本質を形成しているものと法身をつくっているものが全く同じものであるということは容易に理解できるであろう。菩提心とは、有限的、断片的、そして不完全にではあるが、我々の中に立ち現れた法身のことを言っているのである。菩提心は影像であり、法身がその原型なのであるが、両者はともに実在であり、それらを二元的に考えてはならない。すなわち法身というものと人間の心というものが別個に存在し、まるで月影が水面に映るように、法身がその姿を人の心の中に映しだしていると、このように考えることは必ずしも正しくないのである。なぜなら仏教の根本教義は、法身、人の心、そして人の心に映し出された法身の反映というこれら三つの概念を、唯一無二なる活動の異なる側面にすぎないと見るところにあるからである。

愛と悲

したがって菩提心の本質は法身と同じく、愛と智慧(サンスクリットで言うなら karuṇā と prajñā)である。こう言うと、karuṇā というサンスクリット語を「愛 love」と訳すことに反対する人がいるであろう。それはおそらく、karuṇā には哀れみの感じがより強く含まれていて、それはキリスト教でいう愛の概念とは正確に一致しないという理由によるものであろう。しかしもしも我々が愛というものを他者のための自己犠牲であり(そしてそれ以上のものではない)と理解するなら、karuṇā が愛と訳されることは、キリスト教的な意味においても正しいのである。菩薩は苦しんでいる生き物たちのために自らの涅槃の平安を喜んで放棄するのではないのか。菩薩は同朋たち全員の幸福のために、幾世にもわたって実践してきた自分の徳行の業を喜んで差し出すのではないのか。彼の人生におけるすべての活動を支配している最も根本的な動機は、一切衆生をあまねく解放することではないのか。彼は全く嬉々としてエゴイズムから生じる一切の思想と熱情を捨て去り、法身の意志を受け入れるのではないのか。もしそうならば、karuṇā を愛と訳すことのできない理由などどこにもないではないか。

キリスト教徒たちは、もし愛がなければ我々はただの鳴り響くラッパかシャンシャンと鳴るシンバルになってしまうと言うが、(三) 仏教徒に言わせるなら、もし karuṇā がなければ我々はただ、凍てついた巨石にからまる枯れた蔓草か、あるいは燃えさかる炎のあとに残った冷たい灰のようなものにすぎない、ということになるであろう。

しかし中には、仏教がいう共感とか同情には、諸悪に対する受動的な姿勢が幾分現れていると言う者がいるかもしれない。キリスト教徒たちが「神は自らの創造物を愛する」と言う場合、その愛は活動性を意味しており、自分に従う者たちの実際的な利益のために積極的になにかをしてやろうという神の意志を表している。それは全くそのとおりである。しかし仏陀が「三界の一切衆生は自分の子供である」とか「三千大千世界の一切衆生が、ひとり残らず生死の苦しみから解脱しないうちは、自分は最終的な涅槃には入らない」と宣言したということが説かれる時、彼の自己犠牲的な愛は一切を包み込んでおり、同時にエネルギーと活動性に満ちていると考えられねばならない。どのような反論があったとしても、法身と菩提心が愛を本質とするものであるという点に関しては全く反駁の余地はないのである。

菩提心に関する龍樹と堅慧(四)

龍樹は『菩提心離相論《ぼだいしんりそうろん》』の中で次のように述べている。(五)

「菩提心はすべての限定を離れている。すなわちそれは、五蘊、十二処、十八界というカテゴリーには含まれない。それは容易に認識できるような個別化された存在ではない。それは無我であり、普遍的である。それは生み出されたものではなく、自性は空である」。

「菩提心の本質を理解する者は、あらゆるものを愛の心(悲心)をもって見る。愛こそは菩提心の本質だからである」。

「菩提心は最高の本質である」。

「それゆえ、すべての菩薩たちは、自分の存在のレーゾン・デートルをこの偉大なる愛の心に見いだす」。

「菩提心は平等性(samatā)の心にあって、救済(upaya)のための方便を生み出す」。[7]

「この心を理解する者は、生死の二元的視点から解放され、自利と利他の両方の活動を為すようになる」。

堅慧《けんね》(Sāramati)は『大乗法界無差別論《だいじょうほっかいむしゃべつろん》』[8]の中で菩提心の性質について龍樹と同じ見解を示している。以下その内容を要約して示す。「涅槃、法身、如来、如来蔵、第一義諦、仏陀、菩提心、真如といったこれらの語はすべて、唯一無二なる実在の様々に異なった側面を現しているだけである。そして菩提心というのは、法身あるいは真如が人の心に顕現している状態に対して与えられた用語であり、それが完成した状態、もしくはより消極的にいうなら、一切のエゴイスティックな汚れからそれが解放された状態が涅槃という状態を形成するのである」。

菩提心が法身の影像であるからには、実際上それはすべての特性において法身と同一のものである。したがって堅慧は次のように続ける。「それ(菩提心)はなんの強制も受けず、始まりも終わりもない。不浄に汚されることもなく、エゴイスティックで個別主義的偏見によって曇らされることもない。それは形を持たない。それは諸仏の霊的本質であって、超越世界の徳のみならず俗世の徳の源泉でもある。それは常に生成し続けながらも、本来の清浄さを失うことは決してない」。

「それはたとえば、時折雲の陰に隠れることはあっても、太陽の光自体は常に照り輝いているのと同様である。エゴイズムから生起する様々な貪欲と罪により、時として菩提心の光が遮られることはあっても、菩提心そのものはそういった外的な汚れからは常に離れている。菩提心はまた、すべてを包含しながら永遠に変化することのない虚空にも譬えることができる。虚空は、その中にある事物になにが起ころうと、いかなる変化が生じようと自分自身はまったく変化することがないのである。菩提心が相対世界に顕現する時、それは常に生成し続けているようにみえるが、実際には一切の限定を超越し、生死輪廻の領域を越えてしまっているものなのである」。

「菩提心が無知とエゴイズムから生じる無数の罪の下に埋もれている限り、そこからは世俗的な利益も天上の利益も生み出されることはない。まだ開花していない蓮の花の如く、塵埃の下に深く埋まっている黄金の如く、あるいはアシュラの蝕によって隠されている満月の光の如く、菩提心が熱情、貪欲、無知、迷妄の雲で隠されている間は、それが持つ本来の霊的価値は現れてこない」。

「全力を挙げて直ちにそれら一切のもつれを破壊せよ。そうすれば満開の蓮の花の如く、塵埃を取り去って純化された黄金の如く、快晴の夜空に輝く満月の如く、あるいは光り輝く太陽の如く、豊穣をもたらす母なる大地の如く、数限りない財宝を宿す大海の如く、菩提心の永遠なる至福は一切衆生のうえにもたらされるであろう。そうなれば、一切衆生は無知と迷妄の悲惨から解放され、彼らの心は慈悲に満たされ、そして価値のない事物に執着することもなくなる」。

「俗世の者たちの心にある菩提心がどれほど汚され曇らされたものであったとしても、それは一切諸仏の菩提心と本質的に変わるものではない。それゆえシャカムニは「舎利弗よ、衆生の世界は法身と別のものではない。法身は衆生の世界と別のものではない。法身を造っているのは衆生の世界であり、衆生の世界を造っているのは法身である」と説かれたのである」。

「法身あるいは菩提心に関する限り、世俗の者たちの心と仏陀の心の間に厳密な区別など存在しない。とはいえ、人間の立場［すなわち存在の現象的側面］から見れば、そこには以下のような一般的区別がある。

（一）無数のエゴイスティックな罪によっておそろしくゆがめられ、無始以来永遠に続く生死輪廻を宣告された心が、世俗の状態にある心と言われる。

（二）生死輪廻を繰り返すことの苦しみを嫌い、罪深く堕落したあらゆる状態を離れて、十波羅蜜《じっぱらみつ》と八万四千の仏法と一切の徳行のうちにある修練の中に菩提を探し求める心が、菩薩の［精神的］状態にある心と言われる。

（三）心が一切の熱情の曇りから解放され、一切の苦悩から遠ざかり、一切の罪と堕落の汚れを拭い去り、次第次第に最も浄化された状態にまで進んでいって法の本質に住し、一切衆生の状況を見渡すことのできる高みにまで達し、一切の知の完成を獲得し、人としての最高のかたちを実現し、人から執着と躊躇を取り除く霊的自発性の力を得た状態、この霊的状態が、円満完全に悟りを開いた如来の心と言われる」。

菩提心の覚醒

菩提心はあらゆる衆生の心の中にあるが、諸仏のうちにおいてのみ完全に覚醒し、その純潔なる雄々しさをもって活動している。一方、世俗の人々にあっては、菩提心は眠ったままであり、覚醒しないままに官能の世界と交わることで、みじめで不自由な状態にある。この点を解き明かす際に大乗仏教徒が好んで用いるのは、菩提心を天上に輝く月の光に譬える比喩である。それは次のようなものである。雲一つない夜空に月が銀色に輝く時、その姿は地上の水滴の一粒一粒、水面の一つ一つに映し出される。揺れる木々の葉の上におかれた白露に映るなら、それは枝にかかる無数の真珠にも見え、日中のスコールでたまたまできたのであろう点在する小さな水溜まりに映れば、地上に落ちた星々のきらめきにも見える。それら水溜まりには泥に濁ったものやきたなく汚れたものもあるが、だからといって月光が自分の清浄な姿をそこに映すことを拒否するなどということはない。その月影は、牛が渇きをいやし白鳥が汚れのない羽をひたす、清浄で静まりかえった透明な湖面に映るものとなんら変わるところなく、完全である。どのようなかたちであれ、水のあるところならどこにでも、夜の女神の神々しい姿は現れる。菩提心もこれとまったく同じである。ほんのわずかなりとも心の温かみのあるところならどこにでも、その状況に最適のかたちで菩提心は必ずその姿を輝き現すのである。それならば、その我々の心の中で眠っている菩提心を完全に覚醒させるにはどうしたらよいかという点が問題になってくる。その答えは、程度の差はあるものの、ほとんどすべての大乗文献においてはっきりと示されている。ここでは世親《せしん》の『発菩提心経論《ほつぼだいしんぎょうろん》』(9)に説かれているものを紹介しよう。というのも、そこには昏睡状態にある不活性な菩提心を覚醒させるための条件が、かなり体系的に示されているからである(第二章)。

菩提心すなわち智慧の心は、以下の四条件によって覚醒する。

一、諸仏のことを考えること。
二、物質的存在の過失を省察すること。
三、衆生が生きている悲しむべき状況を観察すること。
四、如来が最高の悟りによって獲得した諸々の徳を目指すこと。

これらの条件をより詳細に語るなら次のようになる。

(一) 諸仏のことを考えること。過去、未来、現在の十方諸仏も、悟りへの道を歩み始めた時には、今の我々と同様に煩悩からは脱却していなかった。しかしその彼らが、最終的には最高の悟りに到達し、最も高貴な存在になることができたのだ。

一切諸仏は、不屈の霊的エネルギーによって完全なる悟りに到達することができた。もし悟りというものが到達可能なものであるのなら、我々もまたそこに到達できないはずはない。

無知の暗闇において智慧の燈火を高くかかげ、素晴らしい心をしっかり保ちながら、一切の菩薩は難行苦行に身を投じ、最後には三界の束縛から解脱した。我々もまた、彼らのあとに続いて解脱することができるはずだ。

人として最も高貴なる者である一切諸仏は、生死の大海、煩悩の海原を無事に渡った。それならば我々もまた、智慧ある生き物である以上は、輪廻の海を渡ることができるはずだ。

一切諸仏は偉大な霊的力を顕して、一切知を獲得するために、自分の財産、身体、生命を犠牲にした。それならば我々もまた、このすぐれた手本に倣うことができるはずである。

(二) 物質的存在の過失を省察すること。五蘊および四種の構成要素(四大)でできている我々の肉体は、数限りない悪行を永遠に為し続けるものであるから放棄されねばならない。我々のこの肉体は、九つの孔から、まことに嫌悪すべき汚物、不浄物をいつも垂れ流している。したがってそれは放棄されねばならない。我々のこの肉体は、その内に瞋、貪、痴およびその他の数限りない煩悩を含んでいて、善心をむしばんでいる。したがってそれは放棄されねばならない。我々のこの肉体は泡のようなものであって、刻々と失われていく。肉体を持つことは好ましからぬことであって、それは捨て去られるべきである。我々のこの肉体は、無知に呑み込まれて常に悪業を造り続けており、我々を六道輪廻の渦中に投げ込むものである。

(三) 菩薩の共感を呼び起こす、衆生の悲しむべき状況を観察すること。一切の衆生は無知に束縛されている。愚劣と迷妄の呪いに縛られた彼らは、最悪の苦痛に苦しんでいる。業の法則を信じないために悪行を積み重ね、正しい道から逸れて誤った教えに従い、煩悩の渦に深く沈み込んで罪の四海で溺れているのである。

彼らはあらゆる種類の苦痛により拷問されている。彼らは生死と老いへの恐怖によって不必要に恐れおののき、助かる道を探そうとはしない。悲しみと憂鬱と苦難に心を痛めながらも、誤った行動をさらに積み重ねることを止めようとはしない。自分たちの愛するものに執着して、いつもそれを失うことを恐れている。彼らは、個別の実在などはないということを理解せず、個別存在に執着してもなんの意味もないということが分からない。敵対や憎悪や苦痛を避けようとして、かえって一層の憎悪をつのらせていくのである。

(四) 如来の諸々の徳。すべての如来は修行の徳により、高貴にして威厳ある物腰を身に具えており、それを見る者はだれでも、苦痛と悲嘆を消し去る思想を希求するようになる。すべての如来の法身は不死であり、純粋であり、悪しき愛着から離れている。すべての如来は戒、定《じょう》、慧、解脱を具えている。彼らは知的偏見に邪魔されることなく、完全な徳の聖域となっている。彼らは十力(bāla)、四無所畏《むしょい》(abhaya)、大悲、三念住《ねんじゅう》(smṛtyupasthāna)を具えている。彼らは一切知であり、苦悩する生き物たちに対する彼らの愛に際限はなく、無知ゆえに迷っている一切衆生を正しい道へと引き戻すのである。

つまり、智慧の心すなわち菩提心が我々のうちで覚醒するのは、(我々が生得的に持っている)苦悩する生き物たちへの愛が呼び起こされた時か、あるいは我々の知性が最高の悟りを欲求する時か、あるいはこの二つの精神活動が時宜を得て活動し始める時である。菩提心とは、法身が我々の限定された意識の中に顕現したものであるから、それは常に、無知の呪いが押しつぶそうとのしかかってくるのをはねのけて、自己の原型である法身と一体化しようとする。この一体化がなんらかの理由で完遂されない場合、菩提心はそれに対する不満をなんとかして現そうとする。それは時として一種病的なかたちをとり、その結果は悲観主義や厭世、自殺、苦行、あるいはそれに類したエキセントリックな行動となって現れる。しかしそれが正しく導かれ、自然なかたちで発展するならば、不満が強ければ強いだけ、菩薩の精神的活動も一層力強いものになるのである。

菩薩の誓願

無意識の昏睡状態から菩提心を覚醒させて、菩薩は次なる段階として誓願（vow）へと進んでいく。

しかし、ここでその元のサンスクリット語 praṇidhāna を vow と訳すことが必ずしも適切でないということを注記しておく。praṇidhāna（誓願）とは、強い願望、熱望、願い、あるいは果てしない輪廻を繰り返してでも自己の意志をつらぬこうという不動の決心のことをいう。仏教徒たちは意志あるいは精神の力というものを確信しているので、いかなる物質的限界があっても、意志は必ずそれを克服して最後の目的を達成することができるという信念を持っている。だから個々の菩薩は、普遍的救済という仕事において自分が果たすべき役割を遂行するために、それぞれ独自の誓願というものを持っていると考えられる。肉体という影は業が尽きれば消え失せてしまうかもしれないが、その誓願は失われることなく新たな装いをまとって永遠に作用を保ち続けるのである。菩薩が誓願を成就するために必要とされることは、自分自身をその誓願における願望の権化と為し、外的事物、周辺の物事のすべてを、その願望が支配する霊的力の下に置くことである。仏教徒はきわめて理想主義的であり、自分たちの観念や理想に対して不動の信念を持っているので、自分たちが希望することは必ず最後には実現すると固く信じている。

そしてそれゆえ、人が心の奥に抱く欲求が強ければ強いほど、永遠性を持てば持つほど、本来的であればあるほど、その願いはいっそう確実に満たされるのである。(ところで、仏教徒たちは普通に、強い熱情というものは、その人の死後も生き残って、生物、非生物を問わず、なんらかのかたちを取ってその思いを最適な形態で達成するものだと信じているが、ここで説明した菩薩の誓願は、その信仰を説明するための一助となるであろう。)

いままで何度も引用した世親の説によれば、菩薩が大いなる愛の心を覚醒させた時、そこからは以下の十種の誓願が自ずから生じてくると考えられている。(10)

(一) 願わくは、私が現在および過去世において積んできたすべての徳を一切衆生に分け与え、彼らに最高の智慧を求めさせ、そしてさらには、私のこの誓願が常に増大し、幾世もの生死輪廻をとおして私を支え続けるものとならしめんことを。

(二) 願わくは、私の為したることの福徳により、将来生まれるいかなる場所においても、私をして一切諸仏の面前にあって供養せしめんことを。

(三) 願わくは、常に諸仏に従うこと影の如くにして、決して私を諸仏から離れざらしめんことを。

(四) 願わくは、一切諸仏が私の知性に最も適したかたちで宗教的真理を教示し、私をしてついには菩薩の五種の霊的力を獲得せしめんことを。

（五）願わくは、宗教の第一原理だけでなく科学的知識にも完全に精通し、真に善なる法の真理に対する洞察を獲得せんことを。

（六）願わくは、一切衆生に倦むことなく真理を説き続け、彼らを歓喜させ、利益し、智慧を得さしむることが可能とならんことを。

（七）願わくは、仏陀の神力をもって十方《じっぽう》世界をめぐり、一切諸仏を供養し、法の教示を聞き、一切衆生にあまねく利益を与えることが可能とならんことを。

（八）願わくは、清浄なる法輪を転じ、私の説法やあるいは私の名前を聞いた十方世界の一切衆生が、すべての煩悩から脱して菩提心を起こした状態とならんことを。

（九）願わくは、常に一切衆生とともにあって彼らを護り、彼らに不利益となるものを取り除き、無数の至福を与え、そしてまた、私の身体や命や財物をなげうって一切の生き物を包容し、それによって正法の実践を為さんことを。

（一〇）すべての菩薩は、為さないのに、何も為さないものがないというかたちで法を実践している。願わくは、私もそれと同じかたちで法を実践し、私の心を強制と不自然さの意識から解放せしめんことを。なぜなら、彼ら菩薩は一切衆生のために誓願を起こすのだからである。

第十二章　菩薩道の十段階——我々の精神生活の階梯——

理論的に言えば、上で述べたように、菩提あるいは菩提心というものはあらゆる衆生の中に存在するのであるから、あらゆる衆生は皆、菩薩だということになる。世俗の者の心においては、それは無知とエゴイズムに覆われた状態にあるかもしれないが、それでも全く無力となっているわけでは決してない。なぜなら菩提は、絶対的な観点から見れば生死(輪廻)の領域を超越しており、災いと苦悩の世界を越えていて、いかなるかたちの汚れをも被ることがないからである。しかしながら、それが相対的存在の姿をとり、無知の覆いの下、部分的にしか顕現しない時、その現実化と完成度には様々な段階が現れてくる。それが他者よりずっと有意義なかたちで現れてくる衆生もいれば、忌まわしい業のせいではっきりと表出することができないような者たちもいる。後者は普通 icchantika(一闡提《いっせんだい》)と呼ばれる。それは完全に煩悩にうち負かされた者たちである。彼らは道徳的にも宗教的にもただの屍であって、偉い霊的医療の達人であっても蘇生させることはほとんど不可能である。しかし哲学的に考えるなら、そのような暗澹たる無知な魂の中にさえ、菩提の栄光が輝くことは可能なはずである。おそらくそういった魂は、業がその激烈さを減じて、外部からの道徳的影響を敏感に受け入れることができるようになるまで何度も輪廻しなければならないのであろう。

業のこの呪われた力は、すべての衆生に一様にあるわけではなく、その強さは衆生によって様々な段階があり得る。そのため、それによってこうむる苦しみの強さもまちまちである。しかしおよそ人間の心あるいは魂で、業と無知の束縛から完全に自由であるものはどこにもない。なぜなら現象世界というものの存在自体が無知の所産だからである(だからといって、この生が悪だということにはならないが)。業と無知の影響を超越し、完全に清浄で、全き愛に満ち、完璧な智慧を具えた唯一の心こそが、法身すなわち絶対菩提なのである。菩薩の人生、すなわち我々の宗教的欲求のまごうかたなき最終点とは、理想にしてしかも現実である法身というものの愛と智慧で我々自身を開き、理解し、そしてそれと同化することである。

菩提心(すなわち智慧の心)を覚醒させることとは、人の生における最高善に向けての第一歩となる。それが完全なものとなるためには、さらに数段階の宗教的修練の階梯を登らねばならない。大乗仏教徒は普通それを十段階とする。しかし、現代の我々が持つ懐疑的視点で見れば、そういった段階分けにはなんらの重要性もなく、その十の段階には真に現実的ではっきりした区別などなにも見あたらない。どういう宗教上の必然性があって、インドの仏教徒たちが、我々の宗教生活にそういった一見無意味とも思える諸段階を設定しなければならなかったのか、我々には理解できない。とはいえ、初めて菩提心を覚醒させたその瞬間に、我々が仏陀になってしまうわけではないということは確かである。そのあとも我々は、自分たちの現実生活にいともたやすく立ち現れてくる業と無知の有害な影響をうち破るため、奮闘努力を続けねばならない。しかしそれにしても、我々の精神的発展をDaśabhūmi(十地《じゅうじ》)という段階で区分するのはあまりにも人為的なことのように思える。それでも状況を歴史的に考察するという観点から、ここで私はその十の段階(bhūmi)を列挙し、その各々の段階ごとに、もっとも特徴的と思われる点を、『華厳経』の解説に基づいて説明していくことにする。おそらくそれを見れば、十地の教えが確立するにあたって、どのような道徳的概念、宗教的要求が作用したかを理解することが容易となるであろう。というのも、そこには大乗仏教徒が菩薩というものの本質的構成要素をどのようなものと考えていたかが詳細に記述されており、さらには仏教徒が日々いかなる精神的行為に従事することを求められていたかが示されているからである。

十地とは、(一)歓喜地《かんぎじ》(pramuditā)、(二)離垢地《りくじ》(vimalā)、(三)発光地《ほっこうじ》(prabhākarī)、(四)焔慧地《えんねじ》(arciṣmatī)、(五)難勝地《なんしょうじ》(sudurjayā)、(六)現前地《げんぜんじ》(abhimukhī)、(七)遠行地《おんぎょうじ》(dūraṃgamā)、(八)不動地《ふどうじ》(acalā)、(九)善慧地《ぜんねじ》(sādhumatī)、(一〇)法雲地《ほううんじ》(dharma-meghā)である。

（一）歓喜地(pramuditā)

pramuditāとは、「うれしさ(delight)」あるいは「喜び(joy)」を意味し、これが菩薩の第一段階となる。この段階において仏教徒は、声聞や独覚が持っているような、涅槃を冷たくて自己満足的でほとんどニヒリスティックともいえるようなものとして捉える考えから脱却する。この精神的脱却と解放は心理的には強度の喜びの感情をともなう。それはちょうど、誰も知った人のいない遠く離れた土地で、予期せぬ親しい顔に出会った人が感じる類の感情である。それゆえ、この第一段階は「喜び」と言われる。

禁欲主義者や独住の哲学者たちは涅槃を、一切の煩悩が死滅してしまった状態であると断言するのだが、その涅槃の完全なる寂静のただ中においてさえも、菩薩の心の奥底の声は、ある種不満足と不安の呻きをあげる。それは言うに言われぬものであり、外見上はなんの重要性も持たないかに思えるが、完全な消滅という寂寞たる墓の下に永久に葬り去られることを拒むものである。菩薩は暗闇を空しく手探りし、無抵抗、無活動の三昧の中に慰めを求めてもそれを得ることはできず、自己否定を説く福音の中に永遠の平和を見つけようとしてそれもかなわず、彼の魂は、わけもわからぬままに悩み続けるのである。しかし菩提心(すなわち智慧の心)が眠りから覚めるやいなや、愛(大悲、mahākaruṇā)の温もりが禁欲主義の冷え切った庵室に流れ込むやいなや、そして究極の悟り(大智、mahāprajñā)の光線が無知の暗黒の奥底にまで届くやいなや、菩薩はただちに、世界が自己逃避や自己否定のためにつくられているのではないということ、法身こそは「普遍的光輝」の源泉であること、涅槃というものはそれが生死輪廻の対立項として相対的に捉えられる場合には、見せかけのものにすぎず、あらゆる世界存在と同じく非実在なのだということを見て取る。そしてこれらの洞察の結果、最終的に菩薩は、一切衆生が無知の絡まりから逃れ出て、自分と同じ場所にまで引き上げられてくるまでは静かに休息することなどできないという気持ちを持つようになるのである。

(二) 離垢地(vimalā)

vimalāとは「汚れから離れていること」あるいは肯定的にいうなら「清浄」という意味である。菩薩が第一段階で獲得した精神的洞察を通して心の清廉さ、清浄さを得た時、彼はこの第二段階に到達する。彼の心はいまや完全に無垢となり、優しさに満ちあふれる。彼はいかなる怒りも悪意も抱かない。彼はいかなる生類に対しても殺生の気持ちを持つことがない。自分のものに満足しているので、自分が所有していないものに対してもの欲しげな視線を送ることがない。自分の婚約者に対して誠実なので、他人の女性に対して邪悪な考えを抱くことがない。彼の言葉はいつでも正しく、誠実で、親切で、そして思いやりがある。彼は真理、正直を好み、決してへつらうことがない。

(三) 発光地(prabhākarī)

prabhākarīとは、「輝き」であり、それはすなわち知性の輝きを意味する。それが、この段階での菩薩の精神状態を最もよく特徴づけているのである。この段階で菩薩は事物の性質を見抜く最高の洞察力を獲得する。彼は一切の作られた事物は永続することがなく、悲惨さを招来するものであり、永遠の我(ātman)を含まず、清浄さを欠いており、最後には崩壊するものであるということを理解する。またその一方で、事物の真の性質というものは作られることもなく崩壊することもなく、自己同一なる本質の中に永遠にあり続け、時間と空間の限定を超越しているということも理解するのである。この真理が分からない無知な者たちは、無常で無価値な事物のことでいつも思いわずらい、自分たちの精神的エネルギーを貪、瞋、痴の火で浪費し続けるが、それは将来の存在における悲惨と苦痛の灰を次々と積み上げていくことになる。この哀れな衆生の状況が、一層菩薩の大悲の心を刺激し、彼に大いなる精神のエネルギーを与えることで、衆生をあまねく救い上げるというとてつもない仕事の遂行を可能にする仏陀の無上の智慧を求めさせることになる。菩薩が仏陀の智慧を得たいと望む気持ちと、それを信奉する思いはきわめて強烈なので、もしその至高の宝を得ることができるとなれば、なんのためらいもなく火山の烈火の中にさえ飛び込むであろう。

(四) 焰慧地(arciṣmatī)

arciṣmatīとは「燃焼」という意味で、菩薩の第四の段階に与えられた名前である。

そこにおいて菩薩は、菩提を浄化する灼熱のるつぼにおいて、無知と邪悪な熱情との残滓をことごとく焼き尽くす。この段階において菩薩は、完全な菩提を獲得するために必要とされる「三十七菩提道品《ぼだいどうぼん》」と呼ばれる三十七の徳行を全力で実践する。その「三十七菩提道品」は次の七つのカテゴリーに分類されている。

Ⅰ　四種の黙想（四念住《ねんじゅう》、smṛtyupasthāna）一、身体の不浄について。二、感受の害悪[一]について。三、現世的関心事の無常性について。四、作られた事物に我（ātman）が存在しないということについて。

Ⅱ　四種の正しい努力（四正勤《しょうごん》、samyakprahāṇa）一、悪が生じないようにすること。二、すでに生じてしまっている悪を抑え込むこと。三、まだ存在していない善を生み出すこと。四、すでに存在している善を保持していくこと。

Ⅲ　四種の意志の力（四如意《にょい》足《そく》、ṛddhipāda）一、為そうと思ったことを完遂する決意。二、対象に心を集中するエネルギー。三、対象を記憶に留めておく力。四、涅槃への道を理解する知性。

Ⅳ　すべての道徳的善を生み出す五種の力（五根《こん》、indriya）一、信仰。二、エネルギー。三、細心の注意。四、心の平衡状態あるいは平静状態。五、智慧。

Ⅴ　五種の機能（五力《りき》、bala）右のⅣと同じ[1]。

Ⅵ　七種の菩提の構成要素（七覚支《かくし》、bodhyaṅga）一、記憶の力。二、区別。三、エネルギー。四、満足。五、謙虚。六、バランスのとれた心。七、心の広さ。

Ⅶ　八種の聖なる道(八正道《しょうどう》、āryamārga)　一、正しい見解。二、正しい決意。三、(三)正しい言説。四、正しい行い。五、正しい生活。六、正しい回想。(七、正しい努力。)八、正しい平静状態すなわち正しい瞑想。

(五)　**難　勝　地**(sudurjayā)

sudurjayāとは「うち勝つことがきわめて困難な」という意味である。「三十七菩提道品」で完全に武装し、菩提の誘導灯に導かれた菩薩が、煩悩の柱を果敢にうち破るとき、彼はこの段階に到達する。愛と智慧というふたつの精神的な糧を備え、過去・現在・未来の一切諸仏の精神によって恵みを受けて、菩薩は存在のシステムの奥底にまで至る知力を発展させてきた。その彼は、四聖諦を正しく理解し、如来の中に最高の実在を認識し、さらには、本質的には絶対的に一であるはずの最高実在が個別存在の世界において顕現するということや、相対的知(世俗《せぞく》、saṃvṛti)と絶対的知(勝義《しょうぎ》、paramārtha)は唯一無二なる真理の二つの側面であるということ、そして主観性が阻害される時には個別性が現れ、それが阻害されない時には如来の永遠の光(如来知)だけが輝きわたるということを見てとるのである。

(六)　**現　前　地**(abhimukhī)

abhimukhīとは、「自分の顔をみせること」を意味する。すなわちこの段階に至った菩薩の前には、智慧が姿を現すのである。

菩薩は、一切諸法を貫く唯一の本質を考察することにより、この段階に入る。彼がその真理を理解すると、その心は大いなる愛で満たされる。無知な者たちは邪悪な誘惑に身をゆだねて常にさまよっており、エゴイズムという間違った考えに執着し、そしてそれゆえに自らを永遠の破滅の餌食にしているのであるが、そういった人たちの生涯についてしっかりと思いめぐらすようになるのである。それから彼は、悪というものの展開過程をひろく考察するようになる。すなわち、まず無知があり、そして業がある。この盲目的活動という不毛の土壌に、意識という種がまかれる。そしてそこに貪欲という湿り気が全体にわたって浸透し、エゴイズムあるいは個別化の水が注がれるのである。こうしてあらゆる形の個別性を生み出す苗床が整うと、そこには名色《みょうしき》(名称と形態、nāmarūpa)の芽がひときわ盛んに生え出る。そしてそれが感覚器官という花を咲かせ、他の諸存在と接触し、印象を生じさせると、それに対して好ましい感情を持つようになり、その存在に強く執着するようになる。この個別化の原理あるいは十二縁起で言われるところの有《う》(bhava)の原理としての執着、すなわち生きようとする意志から、五蘊から成る別の肉体が現れてきて、それが変化のあらゆる様相を経ながら解体し消滅していくのである。一切衆生はこのように、集合と離散、楽と苦、生と死の永遠の繰り返しの中に置かれている。しかし事物の根底にある本質は永遠に変化することなく、生成も消滅もないのであって、菩薩の洞察はそこにまで深く達するのである。

（七）遠行地（dūraṃgamā）

dūraṃgamā は「遠くへ行くこと」を意味する。いわゆる方便知（upāyajñā）を獲得することにより、この段階に入る。方便知とは、救済という仕事に役立ついかなる手段、方法でも生み出すことのできる智慧のことである。菩薩自身は、空性《くうしょう》（śūnyatā 超越性）、無相《むそう》（animitta 非個別性）、無願《むがん》（apraṇihita 無欲性）という三種の原理に住しているのであるが、彼の慈愛の心が、彼を衆生のために忙しく立ち働かせるのである。彼は諸仏と自分とが根本的に全くかけ離れた生き物ではないということを承知していながらも、彼らに対してふさわしい敬意を払うことはやめない。彼はいつでも絶対存在の本質について思索しているが、それでいて徳を積むことを放棄したりはしない。彼はもはや現世的な考えに煩わされることはないが、世俗的な事柄に関わることを軽蔑したりはしない。彼自身は、焼き尽くす煩悩の火からは完全に離れているが、衆生が貪（lobha）、瞋（dveṣa）、痴（moha）の猛火を消すことのできるあらゆる方策を講じる。彼は、一切の個別存在が夢や幻、あるいは水面に映る月影のようなものであると知っているが、それでも個別化の世界で懸命に働いて、業を制圧するために身を捧げる。彼は浄土（sukhāvatī）が超越的本質を持つものであることを知っているが、悟りを開いていない大衆のために、それを物質世界の色合いを用いて語る。彼は一切諸仏の法身が物質的存在ではないということを知っているが、あえて自分の身体を偉大な人間あるいは神が具えている三十二相八十種好という特徴で荘厳することを拒否しない。彼は一切諸仏の言語が人間の理解力を越えたものであるということを知っているが、あらゆる方便を駆使して、人々にもそれが理解できるように努力する。彼は、一切諸仏が過去、現在、未来を一瞬の間に理解できるということを知っているにもかかわらず、自分自身をこの物質世界の様々な状況に適応させて、衆生がそれぞれの運命や性質に応じて菩提の重要性を理解できるよう懸命に手助けする。これをまとめて言うなら、菩薩というものは、自分は現世の煩悩から遠く離れた高度な精神性の領域にいながらも、その安穏で悩みのない主観世界に引きこもることはせず、個別と感覚の世界へと果敢に踏み込み、自分自身を無知な者たちと同じレヴェルに置き、彼らと同じように働き、彼らと同じように骨を折り、彼らと同じように苦しむのである。それでいてその間もずっと慈愛の福音を実践し、皆の救済と精神的教化のために自分の福徳をすべて廻向する。すなわち彼は決して十波羅蜜の実践に倦むことがないのである。

その十波羅蜜の実践とは次のようなものである。

一、菩薩は自分が過去の諸仏に従うことによって獲得してきた福徳のすべてを一切衆生に与えることで、布施(dāna)を実践する。

二、菩薩は心の平静を妨害する一切の煩悩を破壊することによって、持戒(śīla)を実践する。

三、菩薩は無知な者たちが彼に対して為す行為に決して腹を立てたり怒ったりしないということによって忍辱《にんにく》(kṣānti)を実践する。

四、菩薩は同朋たちの中にあってたゆまず徳を積み善意を促進することによって精進(vīrya)を実践する。

五、菩薩はわき目もふらずにひたすら最高の智慧を追求することで禅定《ぜんじょう》(dhyāna)を実践する。

六、菩薩は自分の考えが絶対真理の道から離れないよう、いつも気持ちを引き締めることで智慧(prajñā)を実践する。

七、菩薩は普遍的救済という使命のための方策を生み出す無尽の鉱脈を持つことで方便(upāya)を実践する。

八、菩薩は最高知の命令に意を決して従うことにより、誓願(praṇidhāna)を実践する。

九、菩薩は、いかなる邪悪な影響、いかなる異端思想によっても、すべての人々を幸福にするための努力をあきらめたり、力を抜いたりしないことにより力(bala)を実践する。

十、そして最後に、菩薩は事物の究極の本質を正しく理解し、説き明かすことによって知(jñāna)を実践するのである。

（八）不動地(acalā)

acalāとは「不動」という意味で、菩薩の第八段階に対する名称である。菩薩があらゆるかたちの散漫な知や分別知を超越し、無生法忍《むしょうぼうにん》(anutpattika-dharma-kṣānti)と呼ばれる完全なる知を獲得したとき、彼は第七の段階を越えたと言われるのである。無生法忍の文字通りの意味は「無―生―法―忍、not-created-being-forbearance」であり、仏教徒たちはこの語を、この世界には作られたものなどなにもなく、一切の事物はあるがままの姿で存在している、すなわち真如そのものなのであるという見解を心に抱き続けるという意味で用いる。この知は、我々のすべての論理的、実証的知を形成している相対的な知と対比させて、無意識の知とか無分別知とも呼ばれる。厳密に言うなら、このいわゆる知と呼ばれているものは通常の意味での知ではない。それはある種の無意識的あるいは潜在意識的知性であり、人によってはそれを直接知とも呼ぶ。そこにおいては、意志と行動だけでなく認識と意志もまた唯一不可分なる活動の顕れとなっており、一方から他方への論理的あるいは自然的な遷移というものがない。そこにおいては、知ることがすなわち意志であり、そして意志は行動なのである。「光あれ（三）」といえばそこには光があり、そしてその光は善なのである。それは神的な精神状態である。

　この段階の菩薩の心境を譬えるなら、夢の中で深い河水を渡ろうと考えた者が、力を奮い起こし、詳細な計画を練り、いよいよ渡り始めようとしたその時に突然目が覚めて、それまで苦労して準備してきたことが全く無意味なことであったと分かった時のようなものである。菩薩はここまでずっと、最高の知を獲得するためのたゆまぬ精神的努力を重ね、涅槃を得るためにあらゆる徳を着実に実践し、一切の煩悩を根絶するために果敢な努力を続けてきたのだが、その働きが頂点に達した瞬間に、彼は突然、この不動地に入り、そしてそれまで行ってきた努力が自分の意識の中から忽然と消え失せてしまっていることに気づくのである。今や彼の心は、世俗事やエゴイズム、邪悪な熱情の満足などは言うにおよばず、仏陀、涅槃あるいは菩提心といったことにさえも特別な愛着を感じなくなる。それまでの全段階において特徴的であった意識的努力はいまや気高い純真さと神々しい戯れの自発的活動に道をゆずる。彼がしようと思うことはすべて為される。彼が望むことはみな現実化される。彼の活動には人為的労作や意識的あるいは強制的束縛を示す痕跡は全くなく、それゆえ彼は自然そのものである。この完璧に理想的な自由の状態は美的とも言い得るものであって、それは天才の為し業《わざ》である。ここには意識的になんらかの規定された法に従っている痕跡も、また定式に無理に合わせるための苦痛もない。詩的に言うなら、この段階における菩薩の内的生活は、ソロモン王が具えている、人としてのあらゆる威厳の輝きをしのぐ栄光を持っている野の百合の如きもの(四)と言うことができよう。

この点に関してカントは非常に示唆に富むことを言っているので、それを彼の『判断力批判』から引用しよう(レクラム版一七三ページ)。

「美的芸術の作品における合目的性というものは、たとえなにほどか意図されたものであっても、それが意図的に見えてはならない。すなわち美的芸術は、たとえそれが芸術として意図したものであっても、自然のように見えなければならないのである。この場合、芸術上の作品が自然として見られるためには、その作品がなんらかの意図を表現するに際して従うべき規則に十分一致しながらも、そこに人為的な努力の跡を少しも留めてはならない。つまり、なんの痕跡も残さないようにして、芸術家の規則が現前に浮かび上がり、その精神がそこに結びついていなければならないのである(2)」。

(九) **善慧地**(sādhumatī)

sādhumatīとは「善なる知性」という意味で、菩薩の第九番目の段階の名称である。普通の人間には計りがたい最高の完全なる智慧に菩薩が到達し、衆生が利益を受けた時、菩薩はこの段階に達したといわれる。その智慧は菩薩を、甚深なる神秘である法、完全なる霊性である三昧、神的自発性であるダラニ、絶対的純粋性である慈悲、最高の自由である本願へと導く。

菩薩はこの段階において、四種のpratisaṃvid(無礙《むげ》解、包括的智慧)を獲得する。それはすなわち、dharma-pratisaṃvid 法無礙解、artha-pratisaṃvid 義無礙解、nirukti-pratisaṃvid 詞無礙解、pratibhāna-pratisaṃvid 弁無礙解である。菩薩は法無礙解によって一切存在の自性を理解し、義無礙解によってその一切存在各々の属性を理解し、詞無礙解によってそれらの不滅性を理解し、弁無礙解によってそれらの永遠の秩序を理解するのである。さらには、法無礙解によって、一切諸法には絶対的実在性がないということを理解し、義無礙解によって、それら一切が恒常的生成の法則に従っているということを理解し、詞無礙解によって、それらがただの名称にすぎないということを理解し、弁無礙解によって、それらが名称にすぎないものではあっても、なんらかの価値を持っているということを理解する。さらにまた菩薩は、法無礙解によって、一切諸法は不滅なる唯一の実在を持つものであるということを理解し、義無礙解によって、この唯一の実在が自分自身を分化して、因果の法則に従うものになるということを理解する。詞無礙解によって、一切諸仏はすぐれた理解力という徳により、一切衆生の称賛の対象となり安息の場所となることを理解し、そして弁無礙解によって、一切諸仏が真理というひとつの体のうちにおいて、法の無限の光明を説いているということを理解するのである。

(十) 法雲地(dharmameghā)

dharmameghā とは「法の雲」という意味で、菩薩の最終第十番目の段階に対する名称である。すべての清浄なる徳行を実践し、菩提の構成要素の一切を積み重ねてきた菩薩は、この段階に至って大いなる力と知性で武装し、大慈悲の原理をあまねく実行し、個別存在の神秘を深く見通し、感覚の深奥を見抜き、すべての如来が歩んだ道を着実にたどっていくことになる。菩薩が心に抱くあらゆる思想が、いまやすべて、永遠に寂静なる如来の住み家に住することとなり、彼が行う行為はすべて、仏陀の十力(3)、四無所《むしょ》畏《い》(4)(確信)、十八不共《ふぐ》法(5)(特性)に向けられるのである。これらの徳によって菩薩はいまや、一切知を獲得し、すべてのダラニと三昧との聖域に住み、一切の活動の頂点に達する。

この段階に至った菩薩は、自らの内なる意志という泉からかぎりなく湧き出る慈悲の権化となっている。彼は徳と智慧の雲を集め、その中に、様々な姿で自らを顕し出す。彼は菩提、明、無所畏の稲妻を起こし、全世界を法の雷鳴で震わせて、一切の邪悪なるものを粉砕する。そして善き法の豪雨を降らせることにより、一切衆生を焼き尽くしている無知と欲情の燃え上がる炎を鎮めるのである。

以上述べてきた菩薩の十地により(6)、大乗仏教徒たちによって具体的なかたちで示された理想的生活というものがどのようなものであり、それが他の宗教の信者や、さらには同じ仏教でも声聞、独覚といった者たちの理想的生活とどのような点で異なっているかが明らかになった。大乗仏教は、我々を単に仏陀の教えの伝達者すなわち「声聞」とすることでは満足せず、かつてシャカムニの高貴な心を心底から揺さぶった宗教的、倫理的動機の一切によって、我々を奮起させようとするのである。大乗仏教は人間の魂の本来の価値を完全に認識していて、高い理想と気高い志を掲げながら、我々の精神生活のあらゆる可能性を発展させようと奮闘する。そしてそれは、我々が一所懸命に努力し、果敢に前進していけば、このはかない現世においてさえ、いつの日か実現するものなのである。我々個別の存在というものは、それを成り立たせている条件が消滅すれば、たちまちにして消え失せてしまう影のようなものにすぎない。我々死すべき生き物は、業の大風の中で翻弄され、なすすべもなく吹き飛ばされる幾千もの塵芥にすぎない。しかし我々が、我々自身の存在を包含している法身の愛と智慧とにおいてひとつに結びつくなら、我々は菩薩となり、生死の嵐や無知の烈風に対して毅然として立ち向かうことができる。そうすれば、一見とるに足らないように見える慈悲行であっても最終的には、その行為者だけでなく、その者が属する社会全体をも永遠なる至福の場所へと導くことになる。なぜなら、愛というものは、法身という無尽蔵の源泉によって絶えず水を供給されている菩提心という湖からひとりでに流れ出るものであり、一方、無知がもたらすものは、エゴイズムや憎悪、貪欲、障害、広範なる悲惨ばかりだからである。

第十三章　涅槃

大乗仏教では涅槃《ねはん》を虚無的な意味には解さない。声聞すなわち小乗仏教徒においてさえも、涅槃は宗教生活の目的というよりもむしろ、四聖諦《ししょうたい》を理解することであり、八正道を実践することであり、あるいはエゴイズムの軛《くびき》から脱することであると考えられている。私の見るかぎり、涅槃の概念が仏陀の最も根本的な教えのひとつとしてとりあげられ、同時にその中身が、貴賤の別なく、人間が持つ一切の熱情と欲求の根絶であると言明されるようになった主たる原因は、非仏教徒側からの批判にある。

実際、涅槃とは文字通りには五蘊の「終息」あるいは「消滅」を意味しており、それゆえ涅槃に入ることは、物質存在や一切の熱情の根絶に等しい(一)と言われるのかもしれない。しかしながら心ひろき仏教徒たち(Catholic Buddhists)は涅槃を空の意味では理解しない。というのは、彼らによれば仏教は死の宗教でも死者のための宗教でもなく、それが教えるのは永遠の生命を獲得する方法であり、事物の真の本質を洞察する方法であり、そして我々の行動を最高真理と調和するかたちで規定していく方法だからである。したがって仏教というものは、それが創始者の精神に基づいて正しく理解された場合、一般の人たちが普通に考えているイメージとはかなり違ってくるのである。

このあと私は、人間活動の完全な根絶という意味での涅槃が、仏教徒にとっては決して最大にして唯一の目標ではないということを指摘し、さらには、涅槃というものが大乗仏教においてはどのような意味で理解され、そしてその大乗仏教的意味での涅槃が仏教全体の中でどのような位置に置かれるのかを明らかにしていく。

第一目標にあらざる虚無的涅槃

涅槃の本当の意味を知るためには、まず最初に仏陀自身が彼の宗教的航海においてどのような方向に進路をとり、最後にはどのような岸辺に上陸したのかを見ておく必要がある。これによって我々は、仏教信者があらゆる精神的努力をはらって到達しようとする仏教の最大にして唯一の目標とは、虚無的な無としての涅槃なのか否かを知ることができるであろう。

もしもこの消極的な意味での涅槃を獲得することが、仏教の唯一の目的であったのなら、当然、仏陀の最後の説法はそれを中心に語られたはずである。ところが仏陀は、弟子たちへの最後の説法において、人生の中に現れるあらゆるかたちの活動はすべて無視して、涅槃の静寂を獲得することに一切の道徳的努力を集中せよとは説かなかった。それどころか『大般涅槃経《だいはつねはんぎょう》』(Mahā-parinibbāna-suttanta, *Sacred Books of the East*, vol. XI, p. 114)

によれば、仏陀は「因縁によって生ずるものは自ずから滅する。努めて自己の救済にあたれ」と言っている。日々の努力を説くこの訓戒は、馬鳴《めみょう》の『ブッダチャリタ』に記されている仏陀の最後の言葉と完全に一致する(漢訳第二六章)。

たとえ私がさらに一劫《こう》、寿命を延ばしたとしても
所詮、別離は避けがたいものである。
様々な要素の寄せ集めであるこの肉体。
それが永遠に存在し続けることなどあり得ない。
自己と他者とに利益を与え終わって、
さらにこの先、生き続けたとしてもなんになろうか。
救われるべき神々も人間も、
すべては今やもうすでに救済された。
弟子達よ。
たゆまず善法を伝えてゆけ。
事物は必ず滅するということを理解せよ。

そして二度とおのれを悲痛に投げ入れることなく、

励んで道を追求し、
別離なき家を目指せ。
私は智慧の灯明をともしたが、
その輝きは世界の闇を追い払う。

汝等は、この世界が耐え難いものであることを知れ。
不治の病におかされた父母が、
手当を受けて苦痛から解放されるのを見るが如くに、
安らぎの気持ちを持て。

私も同じである。私は今、
悲惨の器を捨てて、生死《しょうじ》の流れを渡る(1)。
そして一切の苦痛と苦難から永遠に解放される。
このこともまた、祝福されるべきなのである。

汝等は自らをよく防護せよ。
決してなまけてはならない。
すべて存在するものは必ず滅する。
さあ、私は涅槃に入ろう。(2)

ここに記されているのは、時を無駄にせず、全力を傾けて懸命に自己の救済に努めよと弟子達に訓戒する、仏陀特有の教えであるが、そこには仏教の基本的教えであると思われている寂滅の福音は全く見られない。

それならば仏陀は、人が持つすべての欲求の絶対的根絶を目的として宗教的修行を開始したのに、長い瞑想の結果、それとは矛盾する結論に達したということなのであろうか。いや、そうではない。彼の終始一貫した目的は、悟りと智慧と真理をとおして、一切衆生を無知と悲惨と苦悩から救い上げることにあったのである。悟りを開こうとしている仏陀を破滅させようとして、魔が悪しき力の総力をふるった時、天界の善神たちは次のように叫んだ。(3)

「魔よ、無駄なことはやめよ。悪意を捨てて引き上げよ。山の王メール山が風で揺らぐことがないように、この賢者がお前の力で揺らぐことなど決してない。
たとえ火が熱さを失い、水が流動性を失い、地が堅固さを失ったとしても、彼は自分の決意を捨てはしない。彼は無数劫にわたって積み重ねてきた行為によって、その徳を獲得したのだ。

彼の目的は勇猛果敢な努力、輝かしき力、一切衆生への慈悲にある。最高の智慧［あるいは真実性、tattva］に到達するまで、彼は決して座より起つことはない。闇を払うことなくして太陽が昇らないように。

病苦と熱情の中で苦しみ横たわる世界を哀れんで、智慧の良薬を得るために全力を尽くしている、この偉大なる医師を妨げてはならない。生存の洪水に流され、向こう岸にたどりつくことのできないこの世界を見て、この人は皆を無事に渡らせようと全力を尽くしているのだ。まともな心を持つ者ならば、一体誰が、そのような人に対して悪行をなす事ができようか。

智慧の樹は、その根を堅固さの中に深くおろし、忍耐を幹とし、善行を花とし、記憶と思考を枝とし、法の果実をつける。それが今や伸び出ようとしている時に、切り倒されることなどあってはならない[三]」。

この天界の善神たちの言葉はそのまま、世界の救済というとてつもない仕事へとシャカムニを駆り立てた動機を表しており、ここには、先に涅槃の特質だと考えられていた虚無的思索のかけらも見あたらない。仏陀は、その宗教生活の第一歩から、全宇宙を照らして無知の闇を追い払う光明を探し求めていたのである。

それでは、最初の目的を追求した仏陀が最終的に獲得したのはいかなる悟りであったのか。六年間にわたる忍耐と深い瞑想の後、菩提樹の下で彼が見つけたといわれているものはいかなる真理だったのか。周知の如く、それは四聖諦と十二縁起にほかならない。それが仏陀の本質的な根本教義であることは、小乗仏教徒だけでなく大乗仏教徒も認めていることである。ではこれらの真理を見いだした時の彼の主観的状態はどのようなものだったのであろうか。エゴイスティックな思考や熱情を智慧によって征服した時、彼は心の奥で何を感じたのであろうか。南方仏教の伝統によると、有名な「勝利の偈」は、この時に仏陀の口から発せられたものだとされている(*Dhammapada*, p. 153)。

何生にもわたって休むことなく、
私は定めにしたがって輪廻しながら探し続けてきた。
住居の作り手を求めて。
あの状態からこの状態へと苦しい生涯を繰り返しながら。
住居の作り手よ、今や私はお前のことがわかった。
お前はもう二度と住居を造ることはない。
お前の喜悦の炎はすべて消え去り、

梁《はり》は折れ、屋根は壊れた。
私の心は広がり、
永遠を獲得し、欲望は滅びたのだ。[4]

この「勝利の偈」で「住居の作り手」と呼ばれているのは、我々の心的経験の背後に密かに存在していると考えられているエゴのことである。先述した如く、仏教の否定的側面は、この基体としてのエゴすなわち果てしなき輪廻の「作り手」を根絶するところにあった。今や仏陀は、このアートマン(ego-soul)というものが幻影であって、究極存在ではないということを発見したのであり、この洞察によって、それまでずっと彼を悩ませてきたエゴに基づく欲望は永久に死滅したのである。彼は、それらの欲望による束縛が粉砕されたことを感じ取り、我々全員がその中で生活し動き回り自分たちの存在を保っているところの「永遠の広がり(the Eternal Vast)」に同化したのである。ここには、涅槃の属性であると考えられている絶対的虚無を示唆するものは影も形もない。

先へ進むまえに、大乗仏教がこの点についてどう言っているのかを見ておこう。他の多くのことと同様、この場合においても、様々な異なる見解が伝わっている。『ブッダチャリタ』の漢訳を翻訳したビール(Beal)の *Romantic History of Buddha* によれば、[5]この時仏陀は次のように感嘆の言葉を発したと言われている。

過去幾生にもわたって私は功徳を積み続けてきたが、
それによってついに今、心に欲していたものを獲得した。
なんと早く、私は不変の状態に到達し、
涅槃の岸辺に足をおろすことができたことか。
世の悲嘆と対立、
欲界の主である魔ピスナ、
これらは今や何の力もない。皆、破壊されてしまった。
宗教的徳と智慧の力によって、捨て去られてしまったのである。
不動の決意をもってたゆまず
最高の智慧を求めよ。
そうすれば必ず獲得することができる。
一旦それを手に入れたなら、
一切の悲嘆は去り、一切の罪科は永久に消え去るのだ。(6)

これに基づいて仏教の意義を考えるなら、エゴイズムの放棄および、それに沿った日常生活の実際的規律を強調した仏陀も、人間の願望を一切放棄してしまうという意味での涅槃の教義はさほどに強調しなかったということが明白となる。貴賤の別を問わず一切の熱情が「燈火の如く吹き消されてしまう状態」として考えられている涅槃というものは、仏教徒の生活における最大の目的ではないのである。それどころか、仏教は信奉者たちに対して、無知とエゴイズムの束縛からの完全な自由を手に入れるため、全霊を尽くして厳しい修行を行うよう指導する。なぜならそれこそが、世俗の虚栄を打ち破り、永遠の生の至福を享受できるようになる唯一の道だからである。『清浄道論《しょうじょうどうろん》』(XXI)から引用する次の偈は、否定的かつ個別的側面に関しての仏教の教えを実際的にまとめたものである。

モーガラージャよ、
念を保ち、我見を払い捨てて、
世界は空であると観察せよ。
そうすれば死の領域を越えることができる。
そのように世界を見る者を、
死王は決して見ることがない。(7)

涅槃は積極的なものである

ここで私は、この問題を歴史的に考察していくつもりはない。我々は、仏陀の信奉者たちがいかにして涅槃の積極的な面を、仏陀の道徳的、宗教的教義の実際的適用と関連させるかたちで次第に発展させたかという問題には関わらないし、一切衆生を無知と悲惨から救い出そうという仏陀の気高い決意が、後代の信者たちによってきわめて明確なかたちで表出されるようになっていく、その進化の過程を跡づけていく作業に関わることもしない。涅槃の積極的概念とその展開に関して私がここで示したいのは次のようなことである。大乗仏教というものは、それまでは涅槃を存在の完全な根絶であると見ていたインド人思想家たちの中において、はじめてそれと対立する考えを示した宗教教義であった。そういったインド人思想家たちは存在を悪であると考え、悪は悲惨であると考えた。そして、悲惨を逃れる唯一の道は、存在の根を断ち切ること以外にないと考えたのである。それは涅槃的無意識状態における欲求と活動の全面的停止ということにほかならない。ヨーガ派は深い瞑想の中での自己忘却を教えたし、サーンキヤ派はプルシャ(puruṣa)とプラクリティ(prakṛti)の絶対的分離を教えた。プラクリティとは無礙《むげ》なる内観を意味する。また、ヴェーダーンタ派は、一切の個別存在の上に君臨する梵との同化を教えた。そしてそのいずれもが、人間が持つ欲望や欲求からの解放こそが天の至福すなわち涅槃であると考えた。形而上的にいえば、彼らの主張はみなそれぞれに正しいと言えるかもしれないが、倫理的には、彼らの見解は我々の現実生活においてほとんど何の意味も持たず、道徳的問題を扱う上においては哀れなお粗末さを露呈するばかりである。

仏陀は彼らの教義の欠陥を鋭く見抜いていた。それゆえ、涅槃とは存在の完全な終息にあるのではなく、八正道の実践にこそあるのだと説いたのである。この道徳的実践により、我々は涅槃の本当の喜びへと導かれるのだが、それは人の欲求の鎮静化ではなく、人の生活が充足し、展開していくことなのである。根絶という意味での涅槃という語は仏陀が世に現れる以前からあった。しかし、それに新たな意味を与え、道徳的資質を持つ人たちの到達目標としての価値を付与したのは仏陀である。涅槃の、教義としての側面は、すべて後代の付加、というよりむしろ仏教学者たちによって展開されたものである。彼らによれば、その議論はなんらかの聖典の文句を確固たる基盤として成り立っているという。ともかく私が確信するところでは、涅槃の積極的意義を発展させた者たちは、否定的側面を強調した者たちに比べてより一層、創設者仏陀の精神を正しく受け継いでいるのである。『ウダーナ』(第四章第九節)は次のように語る。

生によって苦しめられない者は、
死に臨んでも悲しむことがない。

断固たる意志をもち、涅槃を見た者は、
悲痛の最中にあっても悲しまない。
生存への渇望を根こそぎにした、
寂静なる心の比丘は、
生死輪廻を終わらせて、
二度と生まれることがない。(8)

大乗的概念にしたがえば、涅槃とは世界の根絶や生の終焉ではなく、生死輪廻の中に生きながらも、それを超越することである。それは肯定であり充足なのである。そしてそれは、盲目的あるいはエゴイスティックに達成されるものではない。なぜなら涅槃とは悟りにほかならないからである。それがどのようなものであるか、続けて考察していこう。

涅槃の大乗的概念

小乗仏教の場合には涅槃の概念が不確定で混乱したままであったのに対して、大乗仏教徒たちは涅槃に対していくつかの限定的意味合いを付け足して、その各々になんらかの特殊で顕著な特性を持たせようとした。すなわち涅槃という語が最も包括的かつ形而上的意味で用いられる場合には、それは真如あるいは法身の同義語となるし、仏陀の入涅槃という文脈で語られる場合には、それは物質的存在の終わり、すなわち死を意味する。それが輪廻や煩悩の対立項として用いられるなら、輪廻の対立項としては永遠の生命すなわち不死の状態を意味し、煩悩の対立項なら個々の存在の内に法身があることを理解することから得られる特定の意識状態を指すことになる。

したがって涅槃はきわめて意味の広い語になった。そしてそれは、西欧世界に知られるようになった仏教にずっとつきまとってきた混乱と誤解を、一層助長することになる。いわゆる「原始仏教」もまた、場合によっては単に漠然とした萌芽的なかたちではあるにしても、これら涅槃という語に与えられた多彩な意味を幾分かは認めている。しかし大方のヨーロッパ人宣教師やヨーロッパの学者たちは、この事実を無視して、涅槃という語をひとつの限定された固定的意味で理解し、それでもってその語に関わるすべての問題点を解きほぐそうとした。ある学者は、涅槃の意味が幾分はっきりと読みとれるような特定の経典の一節を選び出し、それを鍵として他のすべての問題を解こうとするし、別の学者は仏典の別の一節を使って同じことを試み、他の学者の説を否定する、といった具合である。しかしながら彼らの中の大多数の者は、涅槃の意味として考えられ得るすべての解釈の中から、特に顕著なものを一つだけ選び出すことが、伝道活動にとって有利になるということに気づくようになった。そのたった一つの顕著な意味というのが、涅槃の否定的解釈なのである。

『成唯識論《じょうゆいしきろん》』(漢訳巻第一〇)によれば、大乗仏教徒は涅槃を四種の形態に分類する[三]。すなわち、

(一) 法身の同義語としての絶対的涅槃。それは本質として永遠に清浄であり、一切存在の真理と実在を構成するものである。それは汚れと相対の世界に顕現するが、その本質は永遠に無垢のままである。それは自己の内部に無数無限の霊的徳性を含んでいるが、それ自身は絶対的に単純であり、かつ不滅である。その完全な静寂性は、その内部で考え得る限りのあらゆる運動を可能とする空間にも譬えることができるが、それ自身は常に同一のままであり続ける。それは生物、無生物のいかんを問わず[9]、あらゆる存在の中に普遍的に現れ、そしてそれらの諸存在を実在化する。ある面から見れば、それはそういった一切の諸存在と同一視されるべきもの、すなわち汎神論的に理解されるべきものであるが、別の面から見れば、超越的なものである。なぜなら個々の存在はそれ自体が涅槃ではないからである。だが、この霊的な意味は凡人の理解の範囲を越えており、仏陀の最高の智慧でなければ把握できないものである。

(二) 有余《うよ》涅槃(upadhiśeṣa-nirvāṇa)、すなわちなんらかの残滓をともなう涅槃。これは、仏教徒たちが生存中に獲得し得る悟りの状態である。彼らの内部に潜在していた法身が覚醒し、「感情性の障害物[10]」から解放されはしたものの、いまだ生死輪廻の束縛か

らは脱していない状態である。それゆえ、彼らはまだ人生の悲惨からの絶対的自由を手に入れてはいない。彼らを苦しめるものが、彼らの中にまだ残っているのである。

(三) 無余《むよ》涅槃(anupadhiśeṣa-nirvāṇa)、すなわち残滓が全くない涅槃。如来の本質(すなわち法身)が、熱情と罪の呪縛のみならず、生死輪廻の苦痛からも解放される時、この状態が達成される。西欧の宣教師や学者たちが仏教徒の涅槃として普通に理解していたのは、このかたちの涅槃だったと思われる。仏教徒たちは生存中にエゴイスティックな霊魂の概念から離れ、八正道を実践し、生死の世界で輪廻する原因となる業を根絶やしにするのであるが、それでもまだ、以前に積んだ業の必然的結果として、物質的存在に固有のあらゆる諸悪に苦しまねばならない。しかしついには、この浮き世の煩わしさをも消し去って、無知のせいでそこから飛び出して生死輪廻へと入り込んでしまった、そのおおもとの「絶対」へと立ち戻るのである。この「絶対」の領域における超現世的至福の状態が無余涅槃、すなわち残滓がまったくない涅槃である。

(四) 無住処《むじゅうしょ》涅槃(apratiṣṭhita-nirvāṇa)。ここにおいて仏陀の本質(法身)は、熱情と罪(煩悩、kleśa)の呪縛から解放されるだけでなく、心に一番しつこくくっついて離れない知的偏見からも解放される。仏陀の本質すなわち法身は、ここにおいて完全に清浄な状態で現れる。一切を包含する愛と一切を理解する智慧が道を照らし出す。この主観的正覚の状態に到達した者は、住処、住みかを持たないと言われる。すなわち彼はもはや生死輪廻の影響を受けず、そのうえ完全な終息の場所としての涅槃にも執着しない。つまり彼は輪廻も涅槃も超越するのである。彼が生きる唯一の目的は、永遠に一切衆生を利益しつづけることであるが、彼がそれを為そうとするのは人間の意識的努力や奮闘によってではない。ただひたすら、自己の内部にある法身の普遍的愛に突き動かされて、彼はすべての同朋を悲惨から救い出したいと願うのであり、自分自身がこの世の騒乱から抜け出すことは考えない。俗世の利得がはかないものであることは十分承知していながら、だからといってそれを避けようとはしない。その一切知によって、事物の究極の本質と存在の最終的な成り行きとに関する霊的洞察を得る。彼は「泣かないかのように泣き、喜ばないかのように喜び、所持しないかのように買い、乱用することなくこの世界を利用する。世の流儀は過ぎ去るが故に」(四)というような宗教的人物の一人なのである。いや、ある意味ではそれ以上である。彼の生活は積極的な活動性で満ち満ちているのだから。それはなぜかといえば、彼の心と魂は一切衆生を最終の解脱と究極の至福へと導くことに捧げられているからである。人がこのような精神生活の状態に達した時、彼は住処なき涅槃にいると言われる。

『成唯識論』の注釈者は、これら四種の涅槃のうち第一のものは、人間の完全性の中で活動しているか、それとも潜在状態で眠っているか、あるいはまた無知によってみじめに遮られているかという違いはあるにしても、ともかくあらゆる衆生が保持しているものであり、第二、第三の涅槃はすべての声聞と独覚によって獲得されるものであるが、四種の涅槃をすべて持つことができるのはひとり仏陀だけであると付け加えている。

法身としての涅槃

いま述べてきたことから明らかなように、大乗においては涅槃という語は心理学的、存在論的にいくつかの異なる意味合いを含んでいる。しかしこの見かけ上の混乱は、大乗特有の純粋な理想主義的傾向によるものである。大乗仏教は普通、存在と思考、客観と主観、認識されるものと認識するものの間の区別を無視するのである。涅槃は悟りという主観的状態だけでなく、その働きをとおしてこの至高の状態を到達可能にする客観的な力でもある。それは単に「絶対」へとすべてを同化してしまうことや、阿羅漢の生き方に示されているように生存中に現世的欲望から離れることだけを意味するのではない。大乗仏教徒は涅槃にこのような意味を見るだけでなく、それを法身や真如と同じものだと考え、それが一切衆生の中に普遍的、霊的に現存していることを理解するのである。

龍樹が『中論』(11)で「欲せず、得られず、止むことなく、止まないことがなく、滅せず、生じないもの、それが涅槃と呼ばれる」と言うとき(五)、彼は明らかに涅槃を法身の同義語として語っており、それは先の分類で言えば第一番目の意味である。したがってチャンドラキールティが、涅槃は sarva-kalpanā-kṣaya-rūpam すなわち「一切の確定した形態を超越するもの」[12]と注釈するのは全く正しい。涅槃とは絶対なるものであり、存在(bhāva)と非存在(abhāva)の相対性を越えているのである。[13]

時に涅槃は次の四種の属性を持つと言われる。すなわち(一)常《じょう》(nitya)、(二)楽《らく》(sukha)、(三)我《が》(ātman)、(四)浄《じょう》(śuci)である。涅槃の基本的特性としてここに挙げられた性質から判断して、ここでもまた涅槃は仏教における最高実在すなわち法身と同一視されていることがわかる。それは非物質的なものであるがゆえに常なのであり、一切の苦を越えているがゆえに楽なのであり、いかなる強制も受けることがないので我なのであり、そして熱情と過失に汚されることがないので浄なのである。[14]

第四の意味における涅槃

先に挙げた涅槃の四つの意味において、第一番目の意味をこれ以上説明する必要はないであろう。それについては法身の性質を説明した際にすでに述べた。第二、第三の意味についても長々と説明する必要はあるまい。これらについてはすでに西欧の宣教師の学者や東洋学者たちが、一面的で偏向したものではあるが、パーリ語資料に基づく詳細な調査をほぼ完了しているからである。いまや我々に残されている仕事は、第四番目の意味での涅槃の大乗仏教的概念を分析することである。

涅槃とはひとことで言えば、すべてを包括する法身の愛と、すべてを理解する法身の智慧とを、現世において実現することである。それは人間の日常生活の中で多かれ少なかれ無知とエゴイズムの影に隠されてしまっているレーゾン・デートルを開示することである。それはただ単に仏陀によって定められた戒を守るだけでは達成できないことであり、また、盲目的に八正道に従うことや、俗世から隠遁して抽象的な瞑想に没入することだけで獲得できるものでもない。大乗的涅槃とは、一切を包括する法身の愛から生まれ出るエネルギーと活動性で満ちあふれるものなのである。そこには受動性というものが全くないし、世俗の喧噪からの逃避もない。このような涅槃に入っている者は、人間的欲求が根絶された状態に安住したいとは考えず、果てしなき輪廻を前にしてもひるむことがない。それどころか彼は輪廻の激流に己が身を投じて、そこで永遠に溺れつづける運命にある同朋を救うため、自分自身を犠牲にするのである。

このように大乗の涅槃は、煩悩と過失の泥沼の中でこそ実現されるものであるが、それが無知の汚れでよごされることは決してない。それゆえ涅槃に住する者は、エゴイズムの渦中にあっても、罪の暗黒の中にいても、存在の究極の本質を奥底まで見通す全能の洞察力を失うことはない。彼は事物が無常であることを知っており、現世の生というものは、無辺の空間と無限の時間の中でのみ、その働きを実現する法身というものの永遠なる顕現の、そのわずか一瞬間の小片にすぎないということを理解している。彼はこのことにじゅうぶん通達しているので、罪の世界に心を奪われることは決してない。蓮の花は泥沼に生えているのに、その泥に汚されることがない。その清浄無垢の象徴である蓮の花の如くに、彼はこの世界を生きるのである。あるいはまた彼の生き方は、後ろになんの痕跡も残さずに空を飛ぶ鳥にもたとえることができる。さらには山の峰にかかる雲にも譬えられるであろう。それは突然山の峰に集まり、風に乗って空高く昇り、そして誰も知る者のないところへと消え去っていくのである。つまり、彼は輪廻と涅槃の中で生きていながら、それらを超越しているのである。

『維摩経《ゆいまぎょう》』は次のように言う（巻八）(六)。

「維摩は文殊に「あなたは一切の［人間が持つ］煩悩と過失が仏陀となることの種子であると明言されましたが、それはどういうことなのでしょう」と問う。

それに対して文殊は答える。「良家の子よ、無為という見解に固執し、永遠の寂滅状態にとどまる者は、無上の完全なる悟りに目覚めることはありません。煩悩と過失の中に住し、十の段階を通過し、事物の究極的本質を正しく思索する菩薩だけが、これに目覚め、智慧を獲得することができるのです。

良家の子よ、蓮の花は乾燥した陸地ではなく、暗くて湿った泥沼の中に咲きます。［智慧も］それと同じです。声聞や独覚があこがれる無為や永遠の寂滅の中では、仏陀の境涯へと達する種子も芽も成長する可能性はありません。智慧は、煩悩と罪の泥沼、塵垢の中でしか育たないのです。仏陀の境涯へと達する種子や芽は、煩悩と罪の効力によって伸びることができるのです。

良家の子よ、いかなる種子も空中では育つことができず、汚れた泥土の中でこそ芽を出します。しかもそこにおいてこそ大いに繁茂するのです。良家の子よ、〔悟りもまた〕それと同じです。それは無為からも永遠の寂滅からも生え出ることはありません。知性が目覚め、仏種という人知を越えた智慧にまで成長するのは、山のようなエゴイスティックな我見《がけん》の塊からだけなのです。

良家の子よ、四つの大海の海底深くにまで飛び込まなければ高価な真珠を手に入れることができないように、良家の子よ、〔智慧もまた〕それと同じです。煩悩と罪の広大な海に飛び込まずして、どうして仏陀の本質という貴重な宝玉をつかみとることができるでしょうか。それゆえ、智慧の最初の種子は、その活力を煩悩と罪の中から引き出すのだということを理解しなくてはなりません」と。また、パウロの書簡は「最初の人は土ででき、地に属する者である」(七)と言っている。さらにエマーソンは次のようにうたう。(八)

たとえどこへ行こうとも
私には天界の音楽が聞こえる
それは高き天空の星々からではなく

蕾ふくらむ花の中からでも
コマドリの甘い歌声や
夕立に微笑む虹の中からでもない
世の事どもの泥、芥のその内に
いつもいつも、歌うものはいる

ここには大乗仏教的な情感が最も鮮やかに言い表されているのではなかろうか。

涅槃と輪廻は一体である

大乗的な涅槃の概念の最も顕著な特徴は、次の句に表現されている。“Yaḥ kleśaḥ sa bodhi, yaḥ saṃsāras tad nirvāṇam.”「煩悩(sin or passion)というもの、それこそが菩提であり、生死(すなわち輪廻)というもの、それこそが涅槃である」。これは仏教教義の歴史の中でもかなり大胆で革命的な命題である。しかしそれは、創設者である仏陀によって命を吹き込まれた精神の自然的発展にほかならない。『勝思惟梵天所問経《しょうしゆいぼんてんしょもんぎょう》』(15)(巻二)には次のように説かれている。

「輪廻は涅槃である。なぜなら法身の究極的本質からみれば、消え去るものも生まれ出るものもなく[輪廻が現れてくるだけ]だからである。また、涅槃が切望され執着される時には、涅槃は輪廻である」。

同じ経典の別の箇所では同じことがもっと平易な言葉で表現されている。「本当は、万物の本質は執着からも属性からも、そして欲望からも自由である。それゆえそれは清浄である。清浄であるがゆえに、生死(輪廻)の本質となるものは涅槃の本質なのであり、涅槃の本質となるものは生死(輪廻)の本質なのだと我々は知る。言いかえれば、涅槃は俗世の外部に求められるべきものではない。この世は無常なものであるが、本質的には涅槃そのものにほかならない。なぜなら涅槃と生死(輪廻)がそれぞれ別個にあって、両者が互いに別の領域にあると考えることは我々の理性にとって受け容れられないことであり、それゆえ、生死の世界を根絶したり、あるいはそこから脱出したあとでなければ涅槃には到達できないなどと考えることはできない。もし我々が混乱した主観に妨げられることさえなければ、現在のこの俗世の生活こそが涅槃の活動そのものなのである」。

龍樹はこれと同じことを『中論』の中で次のように語っている。

> 輪廻は決して涅槃と区別されるものではない。
> 涅槃は決して輪廻と区別されるものではない。(16)

あるいは次のようにも言う。

涅槃の領域は輪廻の領域であり
両者の間にはいかなる相違もない(17)。

無著《むじゃく》はさらに一歩進んで、大胆にも、涅槃や法身を基盤とする一切の仏法は、凡夫の心の煩悩、過失、罪を特質とするものだと明言している。『摂大乗論《しょうだいじょうろん》』の中で彼は次のように言う(九)(*The Chinese Tripitaka*, Japanese edition of 1881, wang VIII., p. 84)。

「(一)一切の仏法は永遠性によって特徴づけられる。なぜなら法身は永遠だからである。

(二)一切の仏法は根絶する力によって特徴づけられる。なぜならそれは、最終解脱への障害をすべて根絶するからである。

(三)一切の仏法は再生によって特徴づけられる。なぜなら[応身は]常に再生するからである。

(四)一切の仏法は到達する力によって特徴づけられる。なぜなら[真理に]到達することによって、それらは無知な衆生が心に抱く無数の悪しき煩悩を征服するからである。

(五)一切の仏法は、凡夫が持つ所有欲、悪しき気性、愚劣さ、そしてその他すべての煩悩によって特徴づけられる。なぜならそれらの堕落した魂は仏陀の愛によって救われるからである。

（六）一切の仏法は無執着、無垢によって特徴づけられる。なぜならこれらの徳によって完全なものとなっている真如は、いかなる邪悪な力によっても汚されることがないからである。

（七）一切の仏法は執着と汚れを超越している。なぜなら一切諸仏がこの世界に姿を現しているにもかかわらず、彼らは決して俗界に汚されることがないからである」(18)。

ここでいう仏法とは仏性に属する一切の事物、あるいは一切の徳、あるいは一切の能力を意味する。無執着は仏法である。愛も仏法であり、智慧も仏法である。そして、仏性の最も根本的な本質を構成する法身や涅槃は言うまでもなく、「絶対存在(Perfect One)」の属性はすべて仏法なのである。したがって、先に挙げた無著の七種の命題から導かれる結論は以下のごときものとなる。すなわち「無常転変のこの世界全体が涅槃であるばかりか、そこで過失、罪、邪悪として現れてくるものも、多種多様な様相としての涅槃の顕現なのである」。

大乗的な涅槃の概念がこのようなものであるとすれば、涅槃は明らかになんら超越的なものではないし、生と死、喜悦と悲哀、愛情と嫌悪、和平と闘争に満ちたこの世界よりも上位に立つものでもない。涅槃は諸々の天界に求められるものではないし、この地上世界での人生が終わった後や、あるいは人間の煩悩、渇愛を根絶したところに求められるべきものでもない。そうではなくて、涅槃というものは俗世間のただ中において求められるべきものである。なぜなら、あらゆる苦楽の高ぶりに満ちた人生こそが涅槃そのものにほかならないからである。人生を抹消して隠遁主義の中に涅槃を見つけようとするなら、涅槃は永遠に失われることになるであろう。願望や希望、喜び、悲哀といった人生を形作るあらゆる要素を沈黙の墓石に永遠に押し込めるなら、それによって涅槃は地中深く埋められてしまい、もはや再生不可能なものとなってしまう。禁欲主義や瞑想や儀礼主義、あるいは形而上学においてさえ、涅槃を懸命に求めようとすればするほど、それは遠くへ逃げていってしまう。我々の宗教的感情の完全な充足である涅槃というものが、人間が持つ一切の欲望、野心、希望、苦痛、喜びを捨てることによって得られるだろうと考えたことは、かつて宗教思想家たちが犯した過ちの中でも最も重大なものである。愛と智慧をとおして完全に覚醒した菩提(知性)を獲得するなら、それまでは罪深く汚らしいと思われていたすべてのことが、素晴らしく清浄なものに変わるのである。同じ人間の心でありながら、先には無知とエゴイズムの源泉であったものが、いまや永遠なる至福が住まう場所になる。そして涅槃はその本来の壮麗さに輝くのである。暗い小部屋に松明の光が持ち込まれた時を想像してみるがよい。それまでは人々はそこが恐ろしくて気味の悪い鬼の住みかだと思っていて、徹底的に打ち壊してしまいたいと考えていたのだが、明かりが持ち込まれるや、たちまちにして暗闇は追い払われ、部屋の隅々までが完全に照らし出される。内部にあるものはすべて本当の姿を現し、それまでは薄気味悪くて恐ろしいと思っていたものが、実は巨大な宝石であったことを知って人々は驚き、さらに彼らは、それらの宝石はどれもが、用い方によっては同朋たちに多大な利益をもたらすものであるということを知るのである。ここでいう暗い小部屋とは、涅槃を悟る以前の人間の心である。そして松明の明かりが愛と智慧なのである。心が愛によって暖められ、智慧によって照らし出される時、その心は、以前は耐え難い苦悩の原因であったすべての煩悩と罪深い欲望が、いまや素晴らしい願望に変わっていることに気づくのである。しかし、小部屋そのものが暗闇にも明るさにも全く影響されることなく同じ小部屋としてあり続けるのと同様に、心そのものは変わることなくずっと同じである。この譬喩は、涅槃と輪廻、菩提と煩悩(すなわち智慧と情念)の同一性を説く大乗の思想をよく表している。

それゆえ、次のように説かれている。

すべての罪は、悟りを構成するものへと変わり、
輪廻の転変は、涅槃の至福に変わる。
それはすべて、偉大な方便を修することから生じる。

実際、一切諸仏の不思議は、我々の理解を越えている。(19)

中道

ある意味で、仏陀はつねに自分の教えの中で折衷的、融和的、総合的精神を示したといえる。仏陀は、ものごとの一方だけを高く持ち上げ、他方を軽視することで結局は構造全体がひっくり返ってしまうような極端な教義には耳を傾けなかった。仏陀は菩提樹の下の悟りの座から立ち上がった時、二種の極端、すなわち禁欲主義と快楽主義を避けることを自分の使命とした。そして彼は確かに、その一生をとおして、穏やかで威厳があり、思慮深く、自己抑制のできる人間として生き、一度たりとも感情的になることはなかった。この感情的という点では、怒って寺院の中の商人たちをみな追い出して両替人のテーブルをひっくり返したり、空腹を満たすのに役立たない葉っぱばかりつけているイチジクの木を呪ったりしたナザレの聖者(一〇)とは好対照である。中道(madhyama-pratipad)の教えは、それが道徳的、知的に何を意味するにしろ、後代に発達した仏教教義だけでなく、仏陀その人の生き方と教えとを常に特徴づけるものでもある。彼の弟子たちは、それぞれが互いにどれほど異なる見解を持っていたとしても、師によって敷かれた中道という道をしっかり歩んでいかねばならないということをみな確言していた。皮相的な批判者にとっては絶対的虚無主義としか映らない、かの有名な八不《はっぷ》の教えを龍

樹が主張したときでさえ、彼は、その八不の中にのみ中道を見いだすことができると言っている。(20)

大乗仏教は、この仏陀の総合的方法を大乗的な涅槃説にしっかりと適用し、そこに内在する意味を十分に発展させることで、涅槃説を一層高めていった。世親は『仏性論《ぶっしょうろん》』の中で『勝鬘経《しょうまんぎょう》』からの次のような一節を引用している。それは大乗仏教徒が最終の結論に達するまでに歩んできた道を平易に語るものである。「存在の無常性だけを見る者は虚無主義者と呼ばれ、涅槃の常住性だけを見る者は常住論者と呼ばれる。どちらの見解も間違っている」。この引用に続けて、世親は次のように語る。「したがって、如来の法身は両方の極端を離れており、それゆえ偉大にして永遠なる完全性と呼ばれるのである。真如のこの絶対的視点から見れば、涅槃と輪廻の論理的区別は実際には失われ、これによって我々は不二の領域へと入るのである」(二一)。そしてここでいう不二の領域こそが、虚無主義的意味ではなく、大乗的意味での涅槃の中道なのである。

いかにして涅槃を実現するか

我々はどのようにすれば涅槃の中道に到達することができるのであろうか。我々はどのようにすれば悲観的禁欲主義でも即物的快楽主義でもない人生を実現することができるのであろうか。我々はどのようにすれば輪廻の荒れ狂う渦にのみ込まれることなく、それに敢然と立ち向かい、逆巻く渦潮の中で舵を取っていくことができるのであろうか。その答は、すでに再三述べたごとく、この人生は法身の顕現であり、人間存在の理想は、身心の可能性の中に、法身について考えられるあらゆることを実現することだと理解した時、たちまちにして得られる。そしてその法身とは、一切を包み込む愛と一切を見通す智慧だということを我々はすでに知っている。それゆえ、自分の無知を一撃のもとに破壊し、エゴイズムと手を切ってしまえば、そこには愛と智慧の永遠なる流れが湧きだしてくるのである。

世親は次のように言う。「prajñā(智慧)の徳により、我々のエゴイスティックな考えは破壊され、karuṇā(愛＝悲)の徳により、利他的な思いがはぐくまれる。prajñā の徳により、凡夫の心に生来そなわっている[情緒的]執着心が根絶され、karuṇā の徳により、声聞や独覚が持っている[知的]執着心が根絶される。prajñā の徳により、[超越的な意味における]涅槃は否定されず、karuṇā の徳により、[移り変わり転変する]輪廻は否定されない。prajñā の徳により、仏教の真理が獲得され、karuṇā の徳により、一切衆生は[救済にむけて]成熟する」。

仏教徒の実際の生活は、互いに齟齬《そご》はしないが、全く反対の二方向、すなわち上方と下方に向かう。そしてこの両者は、涅槃の中道において統合されるのである。上方へ向かうということは真理の知的理解を目指すのであり、一方、下方へ向かうとは、同朋たちの中において、一切を包含する愛の実現を目指すことである。この二方向は、互いに相手を補完するという関係にある。知的側面が情緒的側面に比べてあまりに強調されすぎると、涙の泉は干上がってしまい、同朋の苦難に涙することのない独覚、すなわち一人きりで思索にふける者となってしまう。一方、情緒的な側面だけが極度に主張されると、愛はエゴイスティックな色合いを帯びてきて、まわりのものをすべてその色に染めてしまう。なぜならそれは識別する力がなく、感覚的なものを霊的なものと取り違えてしまうからである。もしそれがセンチメンタルなものにならないとすれば、快楽的なかたちをとることになるであろう。宗教の歴史の中でどれほど多くの迷信的行為や汚らわしい行為、さらには残忍非道な行為さえもが、宗教的美名すなわち神と人への愛という名の下に為されてきたことか。宗教的狂信者たちがどのようにしてライバルや敵対者たちを火刑台で火あぶりにし、たった一日で何千という人を残酷に虐殺し、敵の土地を一面の荒廃と廃墟に化したかを考えた時、我々は血も凍る思いがする。そしてそういった悪魔の所業はすべて、神への純粋なる愛のために行われたのである。それゆえ『大丈夫《だいじょうぶ》論《ろん》』の作者提婆羅《だいばら》(Devala)は次のように言う。「賢者たる者は、知性のない愛を認めないし、愛のない知性も認めない。なぜなら、どちらが欠けても、我々は最高の道に到達することができないからである」(二一)と。智慧は眼であり、愛は手足である。眼によって指示されて、手足はどのように動くべきかが分かる。手足があってはじめて、眼は見ているもののところまで行き着くことができる。愛だけならば盲目であり、智慧だけならば歩けない。互いが補い合ってはじめて、我々は完全で円満な人間たりうるのである。

理想的人間としての仏陀の中に、我々は愛と知性の完成を見る。なぜなら法身は彼の中にこそ、自己の完全なる肉体的顕現を現したのだからである。しかし菩薩の場合には、その天分は人によって様々であるし、気質もみな違っているので、知的要素の方が勝っている者もいれば情緒的側面の方が強く現れている者もいる。すなわち実際的方向へ進む傾向の強い者もいれば知性を重視することを好む者もいるということである。したがって当然のことながら、菩薩の中には宗教的予言者というより、哲学者とみるべき人たちもいることになる。そういった者たちは時として宗教の情緒的側面よりも知的側面を強調し、愛(karuṇā)よりも智慧(prajñā)を重要視する傾向がある。しかし涅槃の中道は、智慧と愛、菩提(bodhi)と方便(upāya)、知識と情愛、知性と感情の真の調和のうちにこそ存在するのである。

愛は智慧を覚醒させる

しかしもし我々が愛と智慧のどちらかを選ばねばならないとしたら、最初に選ぶべきは一切を包含する愛の方である、と仏教徒たちは言うであろう。なぜなら愛こそは、永遠の苦痛と永久に続く輪廻から衆生を解放するための方法を見つけたいという強い欲求を我々に呼び起こすものだからである。そうなってはじめて知性はその最高の可能性を実現するのであり、菩提は、その最大限の力を発揮することになる。この人生は唯一にして永遠なる法身の表現であるということや、個々の存在は、それらが主観的無知による個別化によってそうなっている限りにおいてはいかなる我(ātman, svabhāva)も有していないということが判明し、そしてそれゆえに我々が絶対的法身と一体であると理解した時にのみ、我々は真実となり実在になるということが分かった時、菩薩に最高真実を追求しようという気持ちを起こさせたところのその愛は、最大の意義を発揮することになる。

この愛、すなわち大乗への信仰は、よく言われるように宗教的意識が初めて目覚めた時にはかなり漠然としたかたちで感じられるものであって、それが、それまでの人生であらゆる自己中心的な考えや欲望に心を奪われていた者の心を激しく揺さぶるのである。彼はもはや声聞や独覚のように自分ひとりだけが輪廻の呪縛から逃れることには真の満足を見いだせなくなる。自分よりも他者のことを大切に思う菩薩は、無知の束縛からの解放がどれほど甘美なものであろうとも、それによって得られる自由にはなにかが欠けていると知り、それを手放しで受け容れることができない。それが、受け容れ可能なものとなり、しかも甘美であるためには、彼のすべての同朋を我が子同様に包み込む愛の心で十分に味付けされていなければならないのである。声聞や独覚の解脱は譬えてみれば塩気のないご馳走のようなものである。それは無味乾燥な形式的、哲学的解脱にすぎないからである。愛こそが人に刺激を与え、自己の利益を越えて先へ進ませる要因なのである。それは一切諸仏ならびに菩薩たちの母である。彼らに涅槃的自己満足の生活を放棄しようという気にさせる神聖な動機とは、一切衆生への限りなき愛にほかならない。彼らは自分だけの個人的解脱にとどまろうとは考えず、一切の衆生をことごとく解脱させ、至上の幸福を与えたいと願う。それゆえ、愛は我々に二つの精神的恩恵を授けてくれる。すなわち、(一) 一切衆生を悲惨さから救い出すということ。そして、(二) 我々の内に仏陀の智慧を目覚めさせてくれるということである。

このあとアトランダムに引用する提婆羅(Devala)の『大丈夫論』は、大乗仏教徒が考えていた涅槃の本当の意味と愛(karuṇā)の価値を理解するための一助となるであろう。

「輪廻を恐れ、最終解脱のなかに自分自身の利益と幸福を求める者たちは、菩薩とは全く較べものにならない。菩薩というものは、再び世俗的存在を身に引き受けることになる時、他者を利益する機会がまた与えられたといって喜ぶものなのである。自分の利己的な苦しみしか感じることができない者たちはさっさと涅槃に入ってしまって、「他の者たちの苦しみを我がことのように思い煩うことはしない」。しかし同朋のあらゆる苦痛を自分のことのように感じる菩薩たちには、最終解脱へ向かう時に他の者を見捨てていって、自分だけが涅槃の静寂に安穏とすることなど思いもよらないことである。真の涅槃とは他者の幸せを喜ぶところにこそある。そしてそれを喜ばないところに輪廻というものがある。同朋たちに対して普遍的な愛を感じる者は、彼らに至福を分け与えることに喜びを感じ、そしてそうすることのうちに、自分の涅槃を見いだす」(21)。

「苦悩とは実に、人がエゴイスティックな幸福を追い求めるところにある。そして涅槃は、人が他者のために自分の幸福を犠牲にするところに見いだされる。人々は普通、自分自身の苦痛から解放された時を解脱だと考えるが、愛の心を持つ人は、他者を悲惨さから救い出すところに解脱を見いだすのである」(二三)。

「愛の心のない人々は、あらゆる罪を犯す。他者の不幸や苦悩を見てもやさしい心を起こさない者は、極悪人と呼ばれる」(二四)。

「一切衆生が貪欲や激情、不機嫌、迷妄、愚かさに痛めつけられ、生死老病に不断に脅かされている時、彼らの中で暮らしている菩薩が、憐憫の情を起こさないなどということがどうしてあり得ようか」(二五)。

「一切の善徳の中で、愛の心こそが第一である。それはあらゆる功徳の源である。それは一切諸仏の母である。それは他の者たちに、比類なき菩提への帰依をうながすものである」(二六)。

「菩薩の愛の心を悩ます唯一のことは、一切衆生が絶えずあらゆる種類の苦痛によって痛めつけられ、脅かされているという事実である」(一七)。

大乗経典から、別の興味深い一節を引用してみよう。維摩が病の理由を尋ねられた時、彼は次のように答えるのだが、そこには宗教的にきわめて重大な意味が含まれている。「無知から欲望が生じます。それが私の病気の原因です。一切の衆生が病気なので、それで私も病気になっているのです。一切衆生の病気が治れば私の病気も治ります。なぜならば菩薩が生死輪廻の苦しみを受けるのは、衆生にその原因があり、生死輪廻があるから病気になるのだからです。衆生に病気がなくなれば、そのときは菩薩にも病気はなくなるでしょう。良家の一人息子が病気になれば、その両親も病気になり、その息子が恢復すれば両親も元気になります。菩薩の場合もこれと同じです。菩薩は一切衆生を自分の子供のように愛します。その衆生が病気になれば、菩薩も病気になり、衆生の病気が恢復すれば、菩薩も恢復するのです。あなたは、この[同情の]病がどこから来るのかをお知りになりたいのですか。それは、一切を包含する愛(mahākaruṇā)から来るのです」(一八)。

この普遍の愛という福音は、あらゆる宗教的情緒(その起源がなんであるかはともかくとして)の極致である。これなくしては、いかなる宗教もあり得ない。すなわちこれなくしては、生命と精神を持って躍動する宗教はあり得ないということである。なぜなら、我々の心が、たんなる黙想や哲学的思索だけでは動かされないということは至極当然の事実だからである。どの宗教も、この事実を知的に解釈するに際して、それぞれが独自の方法をとっているが、その実際の結果は宗教の違いにかかわらずすべて同じである。すなわち愛の躍動するエネルギーがなければ宗教は存続し得ないのである。声聞や独覚の教えがどれほど健全で素晴らしい理論を持つものであっても、最終的にこの俗世に打ち勝ち、我々を悲惨さから救い出す力は観念ではなく意志、すなわち法身の本願(pūrvapraṇidhāna)なのである。

結　論

さて、ここで結論を述べよう。以上みてきたことから次のことが明らかとなった。すなわち大乗の涅槃というのは生の根絶ではなく生に覚醒すること、つまり人間としての熱情や欲求を破棄するのではなく、それを浄化し高めていくことなのである。この永遠なる輪廻の世界は、邪悪なるものが跋扈《ばっこ》する場として忌避されるべきところではなく、普遍的な幸福を目指して、我々が持つすべての精神的可能性と力とを展開することができるよう、我々に常に機会を与え続けてくれる場として見なされるべきものである。我々は人生の義務と重責を前にして、居心地のよい殻の中に閉じこもっているカタツムリのように縮こまってしまう必要はない。それどころか菩薩は生死の連鎖の中に涅槃を見いだし、悪の問題に果敢に挑戦し、そして主観的無知から菩提を浄化することによってそれを解決していく。

菩薩の行動原理は次のように表現されている。

sabbapāpassa akaraṇaṃ
kusalassa upasampadā
sacittapariyodapanaṃ
etaṃ buddhāna sāsanaṃ (22)

また、菩薩の大望は以下の句によって厳粛に表現されている。これは大乗仏教の寺院、僧院、学問所で毎日聞くことのできるものである。

衆生《しゅじょう》無辺《むへん》誓願《せいがん》度《ど》
煩悩《ぼんのう》無《む》尽《じん》誓願《せいがん》断《だん》
法門《ほうもん》無量《むりょう》誓願《せいがん》学《がく》
仏道《ぶつどう》無上《むじょう》誓願《せいがん》成《じょう》

そしてこれらの高貴なる目的を倦むことなく追い求めることで、最終的には仏教徒にとっての天国である涅槃に到達することができるわけだが、それは永遠に寂静となった状態ではなく、あくまでエネルギーと智慧の源泉となるものなのである。

以上を総括すると同時に、一切の誤解を避けるため、涅槃は生命の否定でも、存在の悲惨さを意味もなく思いめぐらすことでもないということをもう一度繰り返しておこう。仏教徒の生活は、決して経典をひたすら繰り返し唱えることでもなければ、食事を求めて乞食行にまわるところにあるわけでもない。それどころではないのだ。仏教徒たるものは、あらゆるかたちの日常生活に関わっていくのである。なぜなら彼は、僧院に閉じこもることで普遍的救済が達成できるなどとは信じていないからである。

理論的にいえば、涅槃とは菩提の光明にまとわりついている無知の雲を追い払うことである。道徳的にいうなら、それはエゴイズムの制圧と愛(karuṇā)の覚醒である。そして宗教的にいうならそれは、自己を法身の意志に絶対的にゆだねることを意味する。無知の雲が追い払われた時、我々の知性は、より明瞭でより広い地平を獲得し、泡沫や稲妻のようなものにすぎない我々の個別存在も、法身に同化することで真の実在を得ることができるということを認識できるようになる。この確信により、我々は否応なく、自分たちが今まで抱えてきた古いエゴイスティックな人生観を永遠に捨て去ることとなる。我というものは、非我との関係において認識される場合にのみ、意義を見いだすのである。言葉を換えれば、自己愛というものは、それが他者への愛によって浄化されたものでない限り、なんの意味も持たないということである。しかしこの他者への愛は、盲目、暗愚なままであってはならず、存在の基準であり存在の理由である法身の意志と調和していなければならない。愛の使命は、我々が「汝のこころのままに」というほどの信仰に到達してはじめて、本当の意味で高貴なものとなり、完遂されるのである。天意に対するこのような忍従をともなわない愛は、単にかたちを変えたエゴイズムにすぎない。すでに根っこが腐っている時に、どうして幹や枝葉や花が真の成長を遂げることができようか。

次のような菩薩の思いで本書を締めくくることにしよう。それは仏教の意義を概観するものである。

菩薩は、六波羅蜜《ろっぱらみつ》や、その他の数えきれない徳行を行ってきて、次のように考える。「私が行ってきたすべての善行は、一切衆生の利益のため、彼らを「罪から」究極的に浄化するためのものである。それら善行の功徳により、一切衆生が様々な存在の場所で味わっている無数の苦しみから解放されることを私は願う。それら善行を廻向することにより、私は一切衆生の避難所となり、彼らをその悲惨な存在から救い出したい。私は一切衆生にとっての大いなる燈火となって無知の暗闇を追い払い、智慧の光明を輝かせたい」。

彼はさらに次のように考える。

「一切衆生は数え切れない方法で悪業を作っていく。そしてその業のせいで、数え切れない苦しみを味わう。彼らは如来に気付かず、善法に耳を傾けず、聖者たちの集団に敬意を払わない。これらの衆生はみな、無数の大きな悪業を背負っており、限りなく苦しまざるを得ない。彼らのために、私は三悪道のただ中にあって彼らの苦しみをすべて引き受け、彼らを一人残らず救い出そう。その苦しみがどれほどつらいものであっても、私はひきさがらないし怯えない。あきらめることもないし同朋を見捨てることもしない。なぜかというなら、一切衆生がみな解脱することこそ、［法身の］意志だからである」。

彼はさらに次のように考える。

「太陽神は、世界をあまねく照らしながらも見返りを求めることなどなく、そこにひとり悪人がいるからといって、その荘厳なる輝きの堂々たる顕示を中止することもなく、また、ひとり悪人がいるからといって、一切衆生の救済を放棄することもない。私の行為もこれと同じである。私の功徳をすべて廻向することで、私は同朋の全員を幸福に安楽にしたいのだ」(一九)(『華厳経』巻一四)。

付録

大乗賛歌

法身（如来）[1]

法身体遍諸衆生　万徳凝然性常住
不生不滅無来去　不一不異非常断
法界遍満如虚空　一切如来共修証
有為無為諸功徳　依止法身常清浄
法身本性如虚空　遠離六塵無所染
法身無形離諸相　能相所相悉皆空
如是諸仏妙法身　戯論言辞相寂滅
遠離一切諸分別　心行処滅体皆如

如来の法身[2]

十方諸世界　一切群生類
普見天人尊　清浄妙法身
譬如一心力　能生種種心
如来一法身　出生諸仏身
菩提無二法　亦無有自性
無二浄法身　荘厳無不現
究竟如虚空　猶如幻化現
功徳不可尽　其唯諸仏境
三世一切仏　法身悉清浄
随其所応化　普現妙色身
未曾生想念　我為如是像
遠離諸希望　自然応衆生
不壊諸法性　亦不著法界
応現種種形　教化衆生故
法身非変化　亦非非変化
諸法無変化　示現有変化
正覚不可量　究竟等法界
深広無涯底　言語道悉断
一切趣道法　如来知実義
遊行一切刹　未曾有障礙

如　来（一）③

如来不出世　亦無有涅槃
以本大願力　顕現自在法④
是法難思議　非心之境界
究竟彼岸智　乃見諸仏境
色身非如来　音声亦如是
亦不離色声　有仏自在力
少智不能知　甚深仏境界
成就本業智　乃達諸仏境
諸仏無来処　去亦無所至
清浄妙法身　顕現自在力
無量世界中　示現如来身
広説微妙法　其心無所著
無量無辺慧　諸法無障礙
入於深法界　顕現自在力
衆生及諸法　了達無障礙
変化身無量　普現一切刹
欲求一切智　自然成正覚
先当浄其心　具修菩薩行
如是見如来　無量自在力
除疑常親近　無上善知識

如　来（二）⑤

如来真金色　相好端厳身
於塵沙劫中　積集諸功徳
福智悉円満　証於無上道
興運大悲心　応現娑婆界
人天八部衆　瞻仰無厭足
従於自性中　演出微妙法
甚深難可測　唯仏乃能知
衆生性昏懵　聞説不能解
如来大導師　方便能善巧
誘彼諸群迷　漸次得開悟
衆生妙明心　本来常湛寂
清浄無垢染　具足諸功徳

体性如虚空　無有諸罣礙
不生亦不滅　無去亦無来
安住於法性　不動如須弥
一切悉平等　真実不思議
衆生無始劫　貪著於諸欲
堕入苦海中　不能求出離
如来甚深法　微妙極難思
於上中下機　随順而演説
如天一味雨　遍灑於十方
草木及叢林　根茎随大小
而於大地中　無不蒙滋益
如来所説法　悉亦復如是
以一微妙音　演説無量義
根器有差殊　聞之各得解
故於一会中　咸皆入仏慧
是仏神通力　名為不思議

悔過(6)

若能如法懺悔者　所有煩悩悉皆除
猶如劫火壊世間　焼尽須弥幷巨海
懺悔能焼煩悩薪　懺悔能往生天路
懺悔能得四禅楽　懺悔雨宝摩尼珠
懺悔能延金剛寿　懺悔能入常楽宮
懺悔能出三界獄　懺悔能開菩提華

一切衆生は父母である(一)

有情輪廻生六道　猶如車輪無始終
或為父母為男女　世世生生互有恩
如見父母等無差　不証聖智無由識
一切男子皆是父　一切女人皆是母
如何未報前世恩　却生異念成怨嫉
常須報恩互饒益　不応打罵致怨嫌

十波羅蜜(二)

若有仏子修聖道　発起無上菩提心
厭世住於蘭若中　亦得名修三種度

毎日自食先布施　兼将法宝施衆生
三輪(7)清浄是檀那　以此修因徳円満
当知証獲波羅蜜　唯由心浄不由財
若有染心施珍財　不如浄心施少分
財施即得名檀度　此波羅蜜非二三
能施身命及妻子　如是得名親近度
若有求法善男子　為説一切大乗経
令発無上菩提心　乃名真実波羅蜜
慈悲浄信具慚愧　摂受衆生離於貪
願成如来無上智　財法二施名初度
堅持菩薩三聚戒(8)　開発菩提離生死
擁護仏法住世間　能悔誤犯真持戒
伏瞋恚心慈悲観　当念宿因対怨害
不惜身命救衆生　是名忍辱波羅蜜
能行難行不暫捨　三僧祇劫常増進
不共染汚恒錬心　為度有情求解脱
入出三昧得自在　変化神通遊十方
為断衆生煩悩因　三摩地門求解脱

若欲成就真智慧　親近菩薩及如来
楽聞出世妙理門　修達三明(9)断二障(10)
能知衆生心差別　随病与薬令服行
慈悲善巧応根宜　方便利生度群有
観一切法真句義　不著中辺離有無
浄智無間会真如　二利均平周法界
智力能了衆生性　為説相応種種法
智力能入衆生心　令断輪廻生死本
智力能分黒白法　随応取捨各了知
生死涅槃本平等　成就有情離分別
如是十種殊勝行　摂入八万四千中
随其品類勝法門　乃名菩薩波羅蜜
八万四千三摩地　能滅衆生散乱心
八万四千総持門　能除惑障鎖魔衆
大聖法王方便力　三種法要化衆生
教網垂於生死海　置彼人天安楽処

菩提(11)

衆生即菩提　菩提即衆生
菩提衆生一　知是為世尊

涅槃と三悪(三)

貪欲是涅槃　恚痴亦如是
如此三事中　有無量仏道
若有人分別　貪欲瞋恚痴
是人去仏遠　譬如天与地
菩提与貪欲　是一而非二
皆入一法門　平等無有異
凡夫聞怖畏　去仏道甚遠
貪欲不生滅(12)　不能令心悩
若人有我心　及有得見者
是人為貪欲　将入於地獄
貪欲之実性　即是仏法性
仏法之実性　亦是貪欲性(13)
是二法一相　所謂是無相
若能如是知　則為世間導

無我と偏見(14)

譬如愚迷人　於空生怕怖
悲哭而遠行　恐虚空落地
虚空無所礙　不損於衆生
此人自愚迷　妄生於驚怖
沙門婆羅門　愚見亦如是
聞彼諸法空　心生於怖畏
若空破壊我　依何生受用

無　為(四)

譬如虚空　晴無雲霧　於彼世間
終不降雨　菩薩亦爾　寡聞少智
於其有情　無説法相(15)

自己の迷妄(五)

譬如工画師　画彼悪夜叉
於彼自驚怖　迷悶仆倒地

凡夫亦復然　自著於声色
迷彼不覚知　堕落輪廻道

一味(六)

譬如一切　江河諸水　皆入大海
同一鹹味　菩薩亦爾　所有一切
善根利益　廻向菩提　及彼真際
同帰一味

断見(七)

譬如太虚空　無涯無有量
若人於空中　何処植種子
断見亦如是　過去不可有
未来亦不生　現無仏法種

断見論者(八)

譬如重病者　令彼服良薬
雖服病不退　彼人不可療
著空亦如是　於彼一切処
深著於空見　我説不可医

仏法(一)(九)

猶如地性一　能持種種物
不分別一異　諸仏法如是
猶如火性一　能焼世間物
火性無分別　諸仏法如是
猶如大海水　注以百川流
其味無別異　諸仏法如是
猶如風性一　吹動一切物
風性無分別　諸仏法如是
猶如龍雷震　普雨一切地
雨渧無分別　諸仏法如是

仏法(二)(一〇)

猶如大地一　能生種種芽
地性無別異　諸仏法如是

猶日無雲曀　普能照十方
光明無異性　諸仏法如是
猶如空中月　世間靡不見
非至一切処　諸仏法如是
猶如大梵王　普応現大千

煩悩と智慧（一一）

譬如大地糞　随処可種植
衆生煩悩糞　周遍於世間
仏子若親近　可下仏法種

仏告迦葉。譬如鹹鹵陸地不可種於蓮華。迦葉。如是無行性者本自非有。未来不生何得菩提之種。我今於此而説頌曰

譬如鹹陸地　不可出蓮華
於彼泥水中　出生甚氛馥
無性亦如是　過未本来無
終不生仏種

仏告迦葉。譬如糞壌之地可生蓮華。迦葉。如是煩悩邪行衆生亦可生其仏法種智。我今於此而説頌曰

譬如泥糞地　而可生蓮華
邪行業衆生　亦生仏法種

無知と悟り（一）（一二）

如舎百千年　無人無戸牖
忽有天及人　於彼焼燈火
如是久住暗　刹那而滅謝
是彼舎黒暗　不言我久住
於此而不去　業識煩悩集
其義亦如是　雖住百千劫
本性不真実　行人昼夜中
正入如実観　慧燈晃耀生

彼等煩悩集　刹那不可住

無知と悟り（一三）

譬如於燈光　能破於黒暗
彼暗滅謝時　諸方無所去
若復此燈光　非暗不能顕
二倶無自性(16)　無性二倶空
智慧亦如是　有智若生時
無智而自捨　此二若空花
倶無有自性　取捨不可得

菩薩と一切衆生(17)

譬如地大　与諸衆生　依止長養
於彼衆生　無求無愛　菩薩亦爾
従初発心　直至道場　成無上覚
運度有情　無求無愛　無冤無親
平等摂受　令得菩提
……

譬如水界　潤益一切　薬草樹木
令得生長　無愛無求　菩薩亦爾
以浄慈心　遍及有情　次第普潤
浄種増長　破大力魔　得仏菩提
……
譬如火界　成熟一切　五穀苗稼
而彼火界　於其苗稼　無求無愛
菩薩亦爾　以智慧火　成熟一切
衆生善芽　菩薩於彼　無求無愛
……
譬如風界　随自勢力　普遍仏刹
諸菩薩衆　亦復如是　以善方便
為其仏子　説最上法

菩　薩

菩薩の堅固さ（一四）

譬如魔冤　領四軍兵　欲界諸天
不能降彼　菩薩亦爾　得意清浄

一切衆魔　不可惑乱

菩薩の進歩(一五)

譬如白月　漸漸増長　直至円満
菩薩亦爾　以無染心　求修諸善
漸漸増進　白法円満

菩薩の悟り(一六)

譬如日出　照彼世間　一切物像
無不朗然　菩薩亦爾　放智慧光
照諸有情　無不開解

菩薩の無畏(一七)

師子獣王　威徳勇猛　所行之処
心無驚怖　菩薩亦爾　安住多聞
持戒智慧　於彼世間　所行之処
離諸怖畏

菩薩のエネルギー(一八)

譬如龍象　有大勢力　身負重物
而不疲苦　菩薩亦爾　担負衆生
五蘊諸苦　亦無疲苦

菩薩の清浄さ(一九)

譬如蓮華　出生水中　濁水淤泥
而不可染　菩薩亦爾　雖生世間
種種雑染　而不能著

菩薩の自己犠牲(二〇)

譬如有人　以其方便　而断樹身
不断樹根　如是後時　復生大地
菩薩亦爾　以善方便　断彼煩悩(18)
不断彼種　以大悲故　復生三界

菩薩の出家生活(19)

出家菩薩観在家　猶如暴風不暫住

亦如妄執水中月　分別計度以為実
水中本来月影無　浄水為縁見本月
諸法縁生皆是仮　凡愚妄計以為我
即此従縁法非真　妄想分別計為有
若能断除於二執(20)　当証無上大菩提
凡情妄想如黒風　吹生死林念念起
四顚倒鬼常随逐　令造五種無間因
三不善根現為纏　生死輪廻鎮相続
若人聞経深信解　正見能除顚倒心
菩提種子念念生　大智神通三昧起
若能修習深妙観　惑業苦果無由起
唯観実相真性如　能所倶亡離諸見
男女性相本来空　妄執随縁生二相
如来永断妄想因　真性本無男女相
菩提妙果証皆同　妄計凡夫生異相
三十二相本非相　了相非相為実相
若人出家修梵行　摂心寂静処空閑
是為菩薩真浄心　不久当証菩提果

仏教徒(21)

不為自身命　邪説及妄語
心恒愍衆生　除妄及懈怠
能作如来使　及為衆生師
顕発行菩提　名聞遍四方
教化諸衆生　令成無上覚
安住此法中　菩提心不退

菩薩の賛歌(22)

大士救護運悲心　等視衆生如一子
勇猛歓喜情無吝　捨身済苦福難思
定至真常勝妙処　永離生死諸纏縛
不久当獲菩提果　寂静安楽証無生

菩薩の誓い(23)

我為法界諸衆生　志求無上菩提処
起大悲心不傾動　当捨凡夫所愛身

菩提無患無熱悩　諸有智者之所楽
三界苦海諸衆生　我今抜済令安楽

真の出家者(24)

雖不服染衣　心無所染著
則於仏法中　是名真出家
雖不除飾好　能断諸結縛
心無縛無解　是名真出家
雖不受禁戒　心常離諸悪
開定慧徳行　是名真出家
雖不受持法　能壊諸法故
離一切法相　是名真出家
若不分別我　亦不得衆生
而心不退没　是名発菩提
若発菩提心　不得尽心相
無得而不動　是人不可壊

菩薩の精神生活(二)

譬如大海能悉受　一切衆水無満時
此諸菩薩亦如是　常求法利無厭足
又如大海納衆流　一切悉帰無損益
此諸菩薩亦如是　聴受深法無増減
又如大海不受濁　濁水流入悉清浄
此諸菩薩亦如是　不受一切煩悩垢
又如大海無涯底　此諸菩薩亦如是
功徳智慧無有量　一切衆生不能測
又如大海無別異　百川流入皆一味
此諸菩薩亦如是　所聴受法同一相
又如大海所以成　非但為一衆生故
此諸菩薩亦如是　普為一切発道心
如海宝珠名集宝　因是宝故有衆宝
菩薩宝聚亦如是　従菩薩宝出諸宝
如大海出三種宝　而此大海無分別
菩薩説法亦如是　三乗度人無彼此
又如大海漸漸深　此諸菩薩亦如是
為衆生故修功徳　廻向甚深薩婆若

又如大海不宿屍　此諸菩薩亦如是
発清浄心菩提願　不宿声聞煩悩心

あるいは

譬如大海能悉受　一切衆水無満時
此諸菩薩亦如是　常求法利無厭足
譬如大海納衆流　一切悉帰不盈少
此諸菩薩亦如是　聴受深法無増減
譬如大海性不濁　濁水流入悉澄清
此諸菩薩亦如是　能浄一切煩悩垢
譬如大海深無底　此諸菩薩亦如是
功徳智慧無有量　一切外道不能惻
譬如大海等一味　百川流入味不殊
此諸菩薩亦如是　所聴受法一空味
譬如大海在世界　非但為一衆生有
此諸菩薩亦如是　普為一切発道心
如海宝珠名集宝　因是宝故有衆宝
菩薩宝聚亦如是　従菩薩宝出三宝
譬如大海有三宝　而彼大海無分別
菩薩説法亦如是　三乗度人無彼我
譬如大海漸漸深　此諸菩薩亦如是
為衆生故修功徳　漸入甚深薩婆若
譬如大海不宿屍　此諸菩薩亦如是
発清浄心菩提願　不宿声聞縁覚心

菩薩の信心(一)[27]

一切中知一　一中知一切
菩薩於彼行　精勤不放逸
苦楽無厭著　欲度衆生故
一切仏現前　楽観無厭足
悉入甚深法　無量功徳海
五道諸群生　愍之如一子
令除衆垢穢　具足清浄法

菩薩の信心(二)[28]

我聞最勝教　即生浄慧光

普照十方世　悉見一切仏
若計有衆生　是為最難処
法本無真主　但有仮言説
愚惑莫能知　自身真実性
如来非取相　是故不見仏
塵垢障慧眼　不見等正覚
無量無数劫　流転生死海
流転則生死　非転是涅槃
生死及涅槃　二皆不可得
虚誑妄説者　生死涅槃異
迷惑賢聖法　不識無上道
如是取相者　言有仏等覚
顛倒無正念　是故不見仏
能知此実法　寂滅真如相
則見最正覚　超出語言道
虚妄説諸法　法実無所有
一切諸世尊　諦求不可得
明了過去世　未来及現在
究竟永寂滅　故説為如来

菩薩の信心(三)(29)

寧受無量苦　得聞仏音声
不受一切楽　而不聞仏名
所以無量劫　受此衆苦悩
流転生死中　不聞仏名故
実以無実法　正覚等真偽
以無和合相　是名為菩提
現仏非縁合　去来亦復然
一切法無相　是則仏真性
若能如是観　諸法甚深義
則見無量仏　法身真実相
於実知真実　非実知非実
善解真実際　故号為正覚
覚者無所覚　是仏真妙法
諸仏如是修　非一亦非二
知一法為衆　知衆法為一

法無所依処　云何而縁合
作者及所作　二倶無所有
若能如是解　求之不可得
是処不可得　諸仏所依止
法無有所依　覚者無所著

注

序論

（1）世友《しょう》(Vasumitra)が書いた『異部宗輪論《いぶしゅうりんろん》』には三本の漢訳が伝えられているが、そのうち最も古いものは四〇一年の鳩摩羅什《くまらじゅう》訳である。その『異部宗輪論』によれば、最初の仏教僧団分裂（根本分裂）は仏滅の約百年後に起こったという。異説を唱えた者たちの指導者は大天《だいてん》(Mahādeva)という人物で、その部派は大衆部《だいしゅぶ》(Mahāsāṃghika)と呼ばれ、一方、それにたいする正統派の部派は上座部《じょうざぶ》(Sthavira)と呼ばれた。その後、この二大部派はさらに細かく分派していき、世友の言うところによれば二十の部派に分かれたという。この本は、インド仏教の初期の歴史を解明するうえできわめて重要な価値を持っている。

（2）セイロンのダルマパーラ(Anāgārika Dharmapāla)は、この地理的区分に異議を唱えている。セイロン仏教もまた、大乗の特徴とされている、阿耨多羅三藐三菩提《あのくたらさんみゃくさんぼだい》(anuttarasamyaksambodhi)と六波羅蜜《ろっぱらみつ》(pāramitā)の完成を説いており、それゆえセイロン仏教を小乗と考えるべきではないというのが彼の見解である。龍樹《りゅうじゅ》や提婆《だいば》の時代、いわゆる大乗仏教が中央インド全域に勢力を伸ばした時期、その信者が獅子の島（セイロン）にもいて、その影響でセイロン仏教がその保守的立場をいくぶん修正したために、こういった要素が含まれたのかもしれない。しかし現段階の仏教学では、出来事の具体的状況を完全に解明することは困難である。パーリ語、シンハラ語、チベット語、サンスクリット語、漢文の仏教文献をきっちり比較すれば、仏教の歴史と展開を完全に理解する可能性も開けるであろう。

(3)『大乗起信論』は著者〔鈴木大拙〕によって英訳され、一九〇〇年、シカゴの the Open Court 出版社から出版された。

(4) この真如、法身という語についてはのちほど説明する。

(5) 外道(tīrthika)とは、仏教以外の宗教を信じる者のこと。この語は、キリスト教における「異教徒(heathen)」と同様、軽蔑的な意味で用いられる。

(6) 法身の概念は、大乗の体系において中心的役割を果たすもので、これを正しく理解することが最も重要なことである。それは通常、「法の体(The Body of the Law)」と英訳されるのであるが、それは正確な訳ではなく、時として体系全体を誤解する原因ともなる。その点についてはこのあとで詳細に論じる。

第一章

(1) 五蘊とは、(一)かたち、あるいは物質(色《しき》、rūpa)、(二)感受(受、vedanā)、(三)想念(想、saṃjñā)、(四)活動あるいは行為(行《ぎょう》、saṃskāra)、(五)意識(識、vijñāna)である。これらについてはのちほど説明する。

(2)『ダンマパダ』第一六五偈《げ》(A・J・エドムンズの英訳)。

〔訳注〕 O. von Hinüber and K. R. Norman, *Dhammapada*, Pali Text Society 1994, p. 47.

（3）『ダンマパダ』第一二七偈。

〔訳注〕 O. von Hinüber and K. R. Norman, 前掲書（注2）p. 36.

（4） この最後の句を、存在の絶対的否定と解してはならない。それは単に、最高原理の超越性を意味しているだけである。

（5）『カタウパニシャッド』(IV 10)。

（6） フランスの社会学者ギュヨー(Guyau)は、その著書 *The Non-Religion of the Future* の中で涅槃の仏教的概念に言及しているが、そこに現れる解釈こそは、ほとんど何の知識もないくせによく知っているようなふりをしてものを言う、非仏教徒の批判者の典型的なものである〔訳注〕(英訳 pp. 472-474)。

「人生の悲惨さを考えた時に悲観論者が提唱する救済策というのが、現代の仏教徒たちが流行らせている新しい宗教的救済であり、それが涅槃の考えなのである。あなたを外界に縛り付けている束縛をすべて断ち切ること、すべての欲望の萌芽を取り除くこと、それらから逃れることが解脱であると理解すること、ある種の完全な精神的割礼の実行、自己に立ち戻り、そしてそうすることで事物の大いなる総体の社会(神秘主義者に言わせるなら神の社会)へと入ること、内的真空を創って、その虚無の中でめまいを感じ、それでいながらその虚無が超越的なものであると信じ込むこと。これらのことが、常に人々を誘惑しつづけてきた。人は目のくらむような崖っぷちに次第次第に引き寄せられていくように、そういったことに手をだすよう誘惑されてきた。……実際、涅槃とは個および種の断滅をもたらすものであり、うち負かされた者こそが人生の災難と悲惨さに勝利した者であるという論理的不整合へと導くものなのである」。

このあと著者は、彼の知り合いに関する実例を挙げる。その知り合いは涅槃を実践しようとして食事を制限したのである。肉食、飲酒、一切の煮込み料理、一切の香辛料を止め、あらゆる生き物の根元的欲望である食欲を徹底的に抑え込んで、代わりに数杯の牛乳だけを摂った。「このように味覚と食欲を鈍感にし、あらゆる肉体的活動を放棄した結果、彼は抽象的な瞑想と美的な期待に喜びを見いだしたように思った。正確に言えば、彼は夢の国の状態には入らなかったが、しかしだからといって現実生活の状態にも入らなかったのである」。

〔訳注〕J. M. Guyau, *L'Irréligion de l'avenir*, Paris 1887. 英訳本は *The Non-Religion of the Future*, London 1897.

(7)「菩提心」に関しての詳しい説明は第十一章を参照。

(8)『ウダーナ』第八章一一八ページ。D・M・ストロングの英訳。

〔訳注〕P. Steinthal, *Udāna*, Pali Text Society 1885, p. 85.

(9) 息念観。これはインドの宗教の代表的修行方法であり、自分の呼吸を数えることである。この修行に集中する者は、自己の周囲や内部のあらゆることを忘れて、次第にトランス状態へと入っていく。この修行により、人は緊張を解きほぐし、心をリラックスさせることができるのだが、しばしば自己催眠状態になってしまうこともある。

(10) ここでいわれる涅槃とは明らかに、自己否定あるいは厭世あるいは平穏主義の意味で理解されていて、仏教本来の正しい解釈とは相容れないものである。

(11) 黄金律の心情は、キリスト教だけが専有するものではない。それはほとんどの思想的指導者によって語られてきた。たとえば老子は「仇に報いるに徳をもってす」と言ったし、仏陀は「憎しみは愛によってのみ鎮められる」と言った。また孔子は「他の人からされたくないことを他の人にはするな」と言い、プラトンは「人はたとえ自分に害を及ぼす者たちに対してさえも、悪行で仕返ししたり、悪行をなしてはならない」と言った（『クリトン』）。

(12) 『ブッダチャリタ』IX. 63-64.

〔訳注〕 梶山雄一等共訳『原始仏典十、ブッダチャリタ』（講談社、一九八五年）第九章七三―七四偈、一〇五ページ参照。

(13) 北方仏教伝承のなかのひとつによれば、仏陀は最高の精神的至福の時、「なんと素晴らしいことだ。一切衆生がみなひとしく、如来の智慧と徳を具えているとは」と叫んだ。

第二章

(1) 堅意の生没年は不明であるが、漢訳で現存する彼の二、三の著作の内容から判断すれば、馬《め》鳴《みょう》よりは後で、龍樹《りゅうじゅ》よりは前あるいは同時代である。この小さな本は、インドにおける大乗仏教の展開において非常に重要な位置にある。漢文文献を通して大乗学派の歴史を総合的に把握しようとする学者は、馬鳴の『大乗起信論』とともに、本書をも注意深く研究しなければならない。

(2) ここでの菩薩というのが、選ばれた者という意味での特別に恵まれた人ではないということに注意しておかねばならない。我々の誰もが、ある意味では菩薩なのである。つまり、我々全員が等しく正等覚すなわち最高の正しき知性を有しており、それによって誰もが例外なく最終の悟りに到達できるという真理を理解した時、その人は菩薩なのである。

(3) 一、無著《むじゃく》『大乗阿毘達磨集論』Mahāyāna-abhidharma-saṃgīti-śāstra 南条目録第一一九九番。二、『瑜伽師地論』Yogācārabhūmi-śāstra(南条目録第一一七〇番)は、伝説上のある菩薩が無著に告げたものだといわれている。三、無著『顕揚聖教論』南条目録第一一七七番。四、無著『摂大乗論』南条目録第一一八三番。

〔訳注〕無著『大乗阿毘達磨集論』の原題は Abhidharmasamuccaya。『瑜伽師地論』の原題は Yogācārabhūmi。『顕揚聖教論』の原題は判明していない。Āryaśāsanaprakaraṇa か。『摂大乗論』の原題は Mahāyānasaṃgraha。これらの論書の資料情報に関しては、塚本啓祥等編『梵語仏典の研究 Ⅲ 論書編』(平楽寺書店、一九九〇年)を参照。

(4) 大乗教徒たちは、法身が、国籍や信奉する教義に関係なく、あらゆる精神的指導者として転生するということを認めるので、ソクラテスやマホメット、キリスト、アッシジのフランシス、孔子、老子、その他大勢のそういった指導者たちを仏陀であると考える。

(5) 古代インドの仏教徒たち、およびその同類の哲学者たちは、精神的に理想化された者の存在を信じていた。そのような者は、時間・空間によって束縛されず、一切衆生の利益のためにあらゆる場所に姿を顕すのである。ほとんどすべての大乗経典には、こういった神秘的な姿が描写されている。それは額から無数の光線を放って三千大千世界を一瞬にして輝かす。これは単に詩的な誇張にすぎないのかもしれない。この報身《ほうじん》(saṃbhoga-kāya)の姿(馬鳴の『大乗起信論』一〇一ページ）を、文字通りのものとして理解することはきわめて困難である。詳しくは「三身説」の章（第十章）を参照。

(6)　ここで一旦脇道にそれて、インド仏教のこの二派の教義について念入りに説明したいが、そのためにはかなり長い論述が必要であるし、内容が本書の目的から逸脱してしまうため、あきらめざるをえない。

(7)　ここで示したものとは異なる、馬鳴のアーラヤ識の概念は、彼の『大乗起信論』を読んでいる読者にはおなじみのものであろう。これは大乗仏教哲学の中でも最も難解な問題であり、その性質や属性、活動などについてはいくつかの異なる説が存在している。そういった議論の状況は、インド精神史を学ぶ者にとっては興味尽きない問題であるが、本書のような著作においてはそれについて概説することさえ不可能である。サーンキヤ哲学の用語で言うなら、アーラヤ識とは霊魂（プルシャ）と原質（プラクリティ）の合成体である。中立であり、かつ一切の現象世界と関係を持たず、我々を越えたところにありながら我々の内部に存在し続ける点で、それは霊魂である。すべてのものの蓄積所であり、一旦その蓋が無知の手によって開かれたなら、そこからたちまちにして有限かつ相対的なこの世界が表出してくるという点で、それは原質である。したがって、悟り、即ち涅槃とは、この無知の過失を認識し、妄念の産物に執着しないことだということになる。

(8)　瑜伽行派の観念哲学に関する詳細は、一九〇五年に *Le Museon* に発表した私の論文を参照せよ。

(9)　ekacitta「一心」は、きわめて広い意味での一元論的観点に沿った精神の傾向である。

(10) これら十の精神の発展段階については第十二章を参照せよ。

(11) 十善とは、(一) 不殺生、(二) 不盗、(三) 不邪婬、(四) 不妄語、(五) 不両舌(人を誹謗しない)、(六) 不悪口(侮蔑的な言葉を言わない)、(七) 不綺語(くだらないことを言わない)、(八) 不貪、(九) 不瞋、(一〇) 不邪見。

(12) 大乗では、普遍的実在を明確に理解するための入り口は二つあるという。ひとつは「同一性の入り口(samatā)」であり、もうひとつは「多様性の入り口(nānātva)」である。前者は我々に事物の普遍性を示し、存在の汎神論的解釈を示す。後者は事物の特殊性を示し、最終的には多様な視点から見た、一神教あるいは多神教に至る。仏教徒は、どちらの入り口も、一方だけでは存在の至高なる場所に至ることはできないと主張する。一般の事物に対して健全でバランスのとれた理解を得るためには普遍性と個別性の両方の入り口を通らねばならないのである。

(13) 三身説については第十章で、より詳細に論じる。

第三章

(1) 大乗思想の歴史的展開を跡づけるという作業を体系的に行おうという努力は、中国・日本仏教だけでなく、インド仏教に関しても全くなされていない。漢訳およびチベット語訳の大蔵経に関しては、大乗の発展をおおまかに知るに足るだけの資料は揃っている。公正で偏見を持たない研究者がこれらの資料をパーリ語およびサンスクリット語資料と厳密に比較すれば、過去二千年間にわたって東洋人に影響を与えてきた思想の歴史を総合的に書き著すことが可能となるであろう。そしてさらにそれを別の宗教体系の歴史と比較することで、人間性の進化というものが大いに解明されるはずである。

（２）prajñā, bodhi, buddhi, vidyā, jñā, jñāna といった語は多くの場合、交換可能な同義語である。しかしはっきりと区別することもできる。一般的に言えば、prajñā は理性（reason）、bodhi は英知あるいは知性（wisdom or intelligence）、buddhi は悟り（enlightenment）、vidyā は観念性あるいは理解（ideality or knowledge）、jñā あるいは jñāna というのは思考力（intellect）である。これら五種の中で prajñā と bodhi の二つは本来仏教特有のものであって、テクニカルな意味を持っている。prajñā と bodhi はその意味が重なるものなので、本書においてはどちらも智慧と訳す。しかしこれでは曖昧さも残るので、智慧と訳しただけでは誤解される恐れのある箇所では、英語に訳さずにそのまま原語をだすか、あるいは原語を括弧にいれて訳語の後ろへ置くことにする。より正確に言うなら、prajñā は多くの場合、信仰によって得られるものである。すなわち明らかとなった真理を確信することによってではなく、直観的知性によって獲得される瞬間的認識によるということである。prajñā は、一切の推理と経験を形成するので、ある意味では分別と関連している。ギリシャ語の sophia と同義であると考えることもできよう。一方、bodhi は、宗教的、道徳的な意味を持っている。それは prajñā であると同時に愛（karuṇā）でもある。なぜなら、仏教では prajñā と karuṇā というこの二つが、bodhi の核心を形成するからである。bodhi はある意味で、キリスト教がいう神の知恵の同義語と考えることもできよう。しかし仏教の bodhi には、知恵とか知性という言葉では表現しきれないものが含まれている。これは神の概念に対する仏教とキリスト教の哲学的解釈の違いが原因であろう。この点については後ほど明らかにしていく。

第四章

(1) この三種の知識について詳細に知りたい人は無著の『摂大乗論《しょうだいじょうろん》』(南条目録第一一八三番)、世親の『唯識三十論頌《ゆいしきさんじゅうろんじゅ》』(南条目録第一二一五番)、『解深密経《げじんみっきょう》』(南条目録第二四六、二四七番)などを参照。

〔訳注〕(一)『摂大乗論』(大正大蔵経第三一巻、第一五九三番)一一二ページ。(二)『唯識三十論頌』(大正大蔵経第三一巻、第一五八六番)六〇ページ。(三)『解深密経』(大正大蔵経第一六巻、第六七五番)六六五ページおよび(第六七六番)六八八ページ。

(2) 紀元五、六世紀、両派の傑出した代表者であるダルマパーラ(Dharmapāla)とバーヴァヴィヴェーカ(Bhāvaviveka)がインドで活発な著作活動を行った頃になると、彼らは党派心に煽られて、両者の原理が依って立つ共通土台の存在を忘れ、互いを激しく非難しあうようになる。彼らがむやみに強調した意見の相違点は、実際のところはきわめて些細なことにすぎない。それはただの言葉使いを巡る争いである。その原因というのも、特定の用語を、相手が使っているのとは違った意味で用いることを互いに主張し合うところにあった。

(3) dve satye samupāśritya buddhānāṃ dharmadeśanā
lokasaṃvṛtisatyaṃ ca satyaṃ ca paramārthataḥ.

ye 'nayor na vijānanti vibhāgaṃ satyayor dvayoḥ
te tattvaṃ na vijānanti gambhīraṃ buddhaśāsane.

〔訳注〕 Louis de la Vallée Poussin, *Mūlamadhyamakakārikās de Nāgārjuna avec la Prasannapadā Commentaire de Candrakīrti*, Bibliotheca Buddhica IV, St-Pétersbourg 1903-1913, pp. 492, 494.

（4） vyavahāram anāśritya paramārtho na deśyate
paramārtham anāgamya nirvāṇaṃ nādhigamyate.
『中論《ちゅうろん》』一八一ページ。

〔訳注〕 Louis de la Vallée Poussin, 前掲書（注3）p. 494.

第五章

（1）『ウダーナ』第六章三五八ページ参照。

〔訳注〕 P. Steinthal, *Udāna*, Pali Text Society 1885, pp. 66-69.

（2） svabhāvaṃ parabhāvaṃ ca bhāvaṃ cābhāvam eva ca
ye paśyanti na paśyanti te tattvaṃ buddhaśāsane.

〔訳注〕 Louis de la Vallée Poussin, *Mūlamadhyamakakārikās de Nāgārjuna avec la Prasannapadā Commentaire de Candrakīrti*, Bibliotheca Buddhica IV, St-Pétersbourg 1903-1913, p. 266.
この和訳はあくまで鈴木の英文からの重訳であり、サンスクリット原文からの訳ではない。

（3） astīti śāśvatagrāho nāstīty ucchedadarśanaṃ
tasmād astitvanāstitve nāśriyeta vicakṣaṇaḥ.

〔訳注〕 Louis de la Vallée Poussin, 前掲書（注2）pp. 272-273. この和訳はあくまで鈴木の英文からの重訳であり、サンスクリット原文からの訳ではない。

（4） astīti nāstīti ubhe 'pi antā
śuddhī aśuddhīti ime 'pi antā
tasmād ubhe anta vivarjayitvā
madhye 'pi sthānaṃ na karoti paṇḍitaḥ.

〔訳注〕 Louis de la Vallée Poussin, 前掲書（注2）p. 270. この和訳はあくまで鈴木の英文からの重訳であり、サンスクリット原文からの訳ではない。

（5） これは『ブリハッド・アーラニヤカ・ウパニシャッド』の中にしばしば現れる有名な句である（II, 3, 6 ; III, 9, 26 ; IV, 2, 4 ; IV, 4, 22 ; IV, 5, 5）。「これが「そうではない、そうではない」といわれる我すなわちブラフマンである。それは把握され得ないゆえに把握されることがない。それは破壊されることがないから、破壊されない。それは自分に執着しないから無執着である。それは束縛されず、傷つかず、衰えない。「なんらかの理由により悪いことをなした」「なんらかの理由により善いことをなした」というこの二つのことは、彼に打ち勝つことはない。彼が、この両者に打ち勝つのである。彼が為したことも、為さなかったことも、彼に影響を与えることはない」。

（6）『大乗起信論』五九ページ。これはW・ジェイムス教授の『宗教経験の種々相』においてDionysius the Areopagiteの言葉として引用されるものに相当する。それは次のようなものである。「一切の事物の因は魂でもなければ知性でもない。それは想像力も意見も判断力も知能も持たない。それは語られることもなく、考えられることもない。それは数でも順序でもなく、大きくも小さくもなく、平等でも不平等でもなく、類似でも非類似でもない。それは立つこともなく、動くことも、止まることもない。それはエッセンスでもなく永遠性でもなく時間でもない」。

〔訳注〕『大乗起信論』（大正大蔵経第三二巻、第一六六六番）五七六ページ上段―中段。W. James, *Varieties of Religious Experience*, 1902の第一六、一七講「神秘主義」。桝田啓三郎訳『宗教的経験の諸相（下）』（岩波文庫、一九七〇年）二三〇―二四〇ページ。

（7）anirodham anutpādam anucchedam aśāśvatam
anekārtham anānārtham anāgamam anirgamam.
（『中論』帰敬偈）

（8）paraṃ nirodhād bhagavān bhavatīty eva nohyate
na bhavaty ubhayaṃ ceti nobhayaṃ ceti nohyate.
tiṣṭhamāno 'pi bhagavān bhavatīty eva nohyate
na bhavaty ubhayaṃ ceti nobhayaṃ ceti nohyate.
（『中論』一九九ページ）

〔訳注〕Louis de la Vallée Poussin, 前掲書（注2）p. 11.

〔訳注〕 Louis de la Vallée Poussin, 前掲書(注2)p. 534.

(9) 菩提達磨は南インドのカーシー国の王の三男であった。彼は紀元五二七年に中国にやって来て、武帝を改宗させようとしてうまくいかず、その後、布教活動には関わらず、僧院にひきこもってひたすら面壁を続けたと言われている。しかし彼は最後に、もとは儒者であった神光《じんこう》というすぐれた弟子を見いだし、その神光の力により、禅宗は中国および日本における最も盛んな大乗仏教の一派となったのである。達磨は五三五年に死んだ。ここで挙げた記録以外にも、達磨が皇帝と対話をした記述が残っている。そこで皇帝は達磨に「私は多くの僧院を寄進し、多くの聖典を写経し、多くの者を比丘、比丘尼にしてきましたが、これらの行為による私の功徳はどれほどのものでしょうか」と尋ね、それに対して達磨は「功徳などなにもない(無功徳)」と応えている。

(10) ある中国の仏教者の次の逸話も面白い。彼は数年にわたって真如の絶対性について熟考し、そしてある日突然、「それをなにかの形で言い表したとたん、それは間違いとなる」ということを理解したというのである。

(11) 『維摩経《ゆいまぎょう》』鳩摩羅什訳、Part II, Chapter 5.

〔訳注〕『維摩詰所説経《ゆいまきつしょせつきょう》』(大正大蔵経第一四巻、第四七五番)五五〇ページ。

(12) ドイッセン(Deussen)は、一八九三年、Bombay Branch of the Royal Asiatic Society に示した所見の中で、これと同じ考えが、最高存在ブラフマンに対するあるヴェーダーンタ学派の神秘主義者にも見られるということを言っている。「バヴァは、ヴァクシャリ王に、ブラフマンのことを説明するよう求められた時、沈黙を守った。そして王が同じ質問を何度も繰り返し尋ねた時、その仙人は「私がそれを語っても、あなたは理解できない。このアートマンは鎮まったものである」と答えた」。

（13）よく知られているように、ヴェーダーンタ哲学もこれと似た考えで、ブラフマンを「特徴づけられるブラフマン」と「特徴づけのできないブラフマン」に区別する。前者は相対的、現象的であって独自の特徴を持っているのに対し、後者は絶対的であって表現できるいかなる特徴も持たない、すなわち絶対的真如なのである（マックス・ミュラーの *The Six Systems of Indian Philosophy*, p. 220 以下参照）。

そうすると、非常に興味深い問題が生じてくる。つまり、大乗仏教とヴェーダーンタ哲学のうち、どちらがオリジナルかという問題である。大抵のヨーロッパのサンスクリット学者たちは、一も二もなく、仏教がヴェーダーンタの考えを取り込んだという説にとびつくであろう。しかし私は逆だと確信している。そう考えるべき信頼できる証拠があるからである。馬鳴はシャンカラやバーダラーヤナよりもずっと古い時代の人であるが、彼の著作の中に、絶対的真如と相対的真如という、この区分が説かれているのである。彼は『大乗起信論』の中で次のように言う（五五ページ以下）。真如はすべての限界や条件化の形態を離れているため、我々の限られた意識がそれを思考することはできない。しかし我々が生得的に持っている無明《むみょう》（avidyā）のせいで、絶対的真如は現象世界の中にその姿を現すことになり、そのために因果性および相対性の法則の影響をこうむることとなる。その結果、真如には、説明可能性という観点から二つの異なる面が生じてくる。第一は、一切の非実在なる事物の関与を完全に離れているという意味での、空性としての真実性である。すなわち正真正銘の実在という一面である。第二は、無限の功徳を含み、自立存在としてあるという意味での、非空性としての真実性である。馬鳴がヴェーダーンタの哲学者たちより古い時代の人物であるという事実を考慮するなら、ブラフマンを二つの面で理解するというヴェーダーンタ学派の考えは、それ以前に成立していた仏教の考えをあとになって拝借したものだということになる。

なお、シャンカラは saguṇa-vidyā, nirguṇa-vidyā という区分も主張しているが、これと類似の考えは大乗の saṃvṛti satya と paramārtha satya の区分に見いだすことができる。

〔訳注〕『大乗起信論』の成立時期に関する鈴木の理解がまったく誤りであることは訳注「序論」(一)で示した。したがって、ここでの鈴木の議論は根拠のないものとなる。

(14) どうしてもここで脇道にそれて、ある議論についてひとこと語っておきたい。西洋の仏教批判者たちが頑迷にも、仏教徒自身によって主張されていることを正しく理解しようとしないという現実があるからである。仏教のことをよく知っていると思われる学者たちでさえ、誤った考えを持ち、仏教に対して言い掛かりをつけてくる。たとえばマックス・ミュラーは *The Six Systems of Indian Philosophy*(二四二ページ)で「仏教とヴェーダーンタ学派の重要な違いは、前者はこの世界が非存在から生じてきたと考えるのに対して、後者は最高存在(sat)すなわちブラフマンから生じてきたと考えるという点にある」と言っている。これまでの私の説明を注意深く読んできた読者なら、マックス・ミュラーのこの結論には、仏教の教えに関する誤った見解が示されているということにすぐ気づくであろう。繰り返し言っているように真如というものは、否定語によって示されるものではあるが、決して非存在の状態を意味するものではない。それは人間の知性が到達し得る最高の総合体なのである。世界が現れてくるのは、真如が空虚なものだからではなく、そこに現実が充満しているからなのである。そうでなかったら、仏教は、我々を現象世界のはかなさと空虚さから解放した後、どこへ連れていくというのか。

マックス・ミュラーは前掲書の別のところで(二一〇ページ)、ヴェーダーンタ学派が主張する、現実的な目的(vyavahārārtham)のための客観世界の実在と、「仏教徒のニヒリズム」に敵対する彼らの姿勢について語っている。ここで彼が言うその「仏教徒」とは中観派《ちゅうがんは》のことである。しかし中観派の本をしっかり読めば、彼らが否定しているのは条件付き真如の現れとしての世界の現実性ではなく、独立存在としての真如の現実性および、それに執着する我々の態度であるということがはっきり分かるはずである。中観派は決してニヒリズムの体系ではなかった。中観派の人々が否定語を多用したのは確かだが、それによって彼らが何を示そうとしているかは、注意深い読者なら誰でもはっきりと理解できたのである。

(15)「法界」とは悟った心によって見られる世界であって、そこでは一切の個別存在が相互に矛盾するのではなく、ひとつの調和的総体を形成している。

(16)「念」という語は文字通りに訳せば「追想」「記憶」である。馬鳴や、その他の多くの仏教哲学者たちは、それを無知の同義語として用いている。

(17)意識(smṛti, citta, vijñāna)。馬鳴やその他の著作者は、これらの語を同義語として用いている。smṛti の文字通りの意味は「記憶」であり、citta は「思考、心」である。vijñāna の場合、厳密に正確とは言い難いが、普通は「意識」と訳される。

第六章

（1）『バガヴァッドギーター』(*Sacred Books of the East,* 第八巻、第一四章三、四偈)一〇七ページ、「わが胎(yoni)はマハッド・ブラフマなり。その中にわれは胎子(garbha)を置く。一切万物の発生はそれより起こる、バラタの後裔よ。一切の胎において、いかなる形態が発生するとも、クンティー夫人の子よ、大梵がその胎なり。われは種子を与うる父なり」。

〔訳注〕辻直四郎『バガヴァッド・ギーター』(講談社、一九八〇年)の訳を参照した。

（2）これは実叉難陀《じっしゃなんだ》による漢訳からの訳である。サンスクリット本文は以下のとおり。

taraṅgā hy udadher yadvat pavanapratyayeritāḥ
nṛtyamānāḥ pravartante vyucchedaś ca na vidyate.
ālayaughas tathā nityaṃ viṣayapavaneritaḥ
cittais taraṅgavijñānair nṛtyamānāḥ pravartate.

〔訳注〕『大乗《だいじょう》 入楞伽経《にゅうりょうがきょう》』(大正大蔵経第一六巻、第六七二番)五九四ページ下段。原注のサンスクリット原文はBunyiu Nanjio(南条文雄)の *The Laṅkāvatāra Sūtra,* The Otani University Press, Kyoto 一九二三年、四六ページによって訂正したものを掲載した。なおサンスクリットからの和訳は常盤義伸『「ランカーに入る」――梵文入楞伽経の全訳と研究――、花園大学国際禅学研究所研究報告第二冊、本文・研究』(花園大学国際禅学研究所、一九九四年)四七ペー

ジ参照。

（3） 漢訳からの訳である。サンスクリット本文は以下のとおり。

nīle rakte 'tha lavaṇe śaṅkhe kṣīre ca śārkare
kaṣāyaiḥ phalapuṣpādyaiḥ kiraṇā yatha bhāskare.
na cānyena ca nānanyena taraṅgā hy udadher matā
vijñānāni tathā sapta cittena saha saṃyutāḥ.
udadheḥ pariṇāmo 'sau taraṅgāṇāṃ vicitratā
ālayaṃ hi tathā cittaṃ vijñānākhyaṃ pravartate.
cittaṃ manaś ca vijñānaṃ lakṣaṇārthaṃ prakalpyate
abhinnalakṣaṇā hy aṣṭau na lakṣyā na ca lakṣaṇam.
udadheś ca taraṅgāṇāṃ yathā nāsti viśeṣaṇam
vijñānānāṃ tathā citteḥ pariṇāmo na labhyate.
cittena cīyate karma manasā ca vicīyate
vijñānena vijānāti dṛśyaṃ kalpeti pañcabhiḥ.

〔訳注〕『大乗入楞伽経』（大正大蔵経第一六巻、第六七二番）五九四ページ下段。鈴木の英訳は必ずしももとの漢訳に忠実ではないが、ここでは英訳に基づいて訳した。原注のサンスクリット原文は Bunyiu Nanjio（南条文雄）前掲書（注2）。サンスクリットからの和訳は常盤義伸前掲書（注2）四七―四八ページ参照。

（4）ここでいささかの余談を呈する。大乗仏教の倫理については、それがニヒリスティックな傾向を持つことから、感情や本能を無視した禁欲主義に向かうものであるとしばしば言われる。確かにヴェーダーンタ哲学の「もし殺人者が自分を殺人者であると考え、殺される者が自分を殺される者であると考えるなら、彼らは分かっていない。彼らは殺すのでもなく、殺されるのでもないからである」（『カタウパニシャッド』II 19）という主張に、大乗仏教は全く同意する。この非活動（老子の「無為」）の思想は相対的世界の存在を否定しているかのように見える。しかし大乗哲学のこの絶対的な側面だけで終わってしまって、その実際的側面まで考慮しようとしないなら、それは表面的な批判にしかならない。上で見てきたように、仏教はマナスの展開を、宇宙精神の過失であるとは見なさないし、無明が全く間違ったもので道徳的に悪であるなどとも考えない。それゆえ大乗仏教は、この感覚世界が相対的で非絶対的なものではあっても、その現実性を否定することはない。

「汝はそれである」とか「我は仏陀なり」といった主張は一見、傲慢なように思えるかもしれないが、絶対的アイデンティティーの領域においては完全に合理的なものであり、そこでは真如の穏やかな光だけが満ちているのである。しかし我々が地上に下って、日常の現実的で二元論的生活のドタバタに巻き込まれるや、どうしてもその世俗的限界の被害をこうむることになる。我々は空腹や喉の渇きをおぼえ、愛しいものをなくしては悲しみ、犯した過ちを悔やむのである。大乗は、こういった人間の情感、感情を否定しはしない。

かつてあるところに遁世の哲学者がおり、村人たちは彼のことを、人間のもつ欲求や野心を完全に捨て去った人物だと考えていた。村人は彼を超人であると考え、ほとんど崇拝せんばかりに敬っていた。ところがある冬の初めの日、ひとりの信者が彼に近づいてうやうやしくご機嫌をうかがった時、その賢者は次のような偈で答えたのである。

「私はまこと、世を捨てた隠遁者である。

だが、大地が雪で白く覆われる時、

寒気が走り、我が身は震えるのである」と。

宗教的聖者に関して、敬虔ではあるが同時に無知でもある多くの人々が心に抱く誤ったイメージというものは、ある種のひどい迷信を生み出し続けてきたし、その悪影響は我々自身の中にもいまだ生き残っている。我々の日常生活には多くの限界や辛苦がある。肉体が受ける危難というものは、なんらかの資具や科学的方策によって軽減されねばならないものなのである。

(5)　仏教の無明がサーンキヤの根本物質に相当するということは、サーンキヤ学派の注釈者たちが根本物質の同義語として śakti（エネルギー。それは業や輪廻を想起させる）、tamas（暗黒）、māyā（幻）、さらには avidyā（無明）といった語を与えていることからも分かる。

(6)　アーラヤ識すなわち citta が単一であるというこの考えを承認しない大乗仏教徒もいるであろう。特に瑜伽行派《ゆがぎょうは》にとっては受け容れがたいものであろう。しかし著者〔鈴木大拙〕はここで、よりオーソドックスで典型的な、したがってより広く認められていた大乗の教義、すなわち馬鳴の学説を解釈しようとしているのである。

〔訳注〕それが鈴木の思いに反して、大乗仏教後期のきわめて特殊な説であることに留意すべ

きである。

第七章

（1）大乗仏教では、アートマンの同義語として pudgala あるいは pudgalasaṃjñā という語をよく用いる。仏教徒が個我の意味で用いるアートマンは、ヴェーダーンタ哲学が言うところの jīva-ātman に相当すると考えることもできる。jīva-ātman は、超越存在であるブラフマンを表す parama-ātman と対比して用いられる語である。

（2）通常、大乗仏教徒は、アートマンの基本特性を自在性にあると考え、そして自在性とは永遠性、絶対的統一性、超越的権威性を意味すると考える。無常性を持つ存在は、他の諸存在によって条件づけられているために自在ではなく、したがってアートマンを持たない。構成要素やエネルギー状態の集合体として存在しているものは、相互依存の状態にあるのであるから絶対なものではなく、したがってアートマンを持たない。さらに、自分自身や他の諸存在に対して権威的支配力を持たない存在は、自分以外の力に支配されるから自在ではなく、したがってアートマンを持たない。こうしてみると、我々がこの個別化の世界で出会うもので、無常性、複合性、不自由性（すなわち依存性）という三つの性質のいずれか、あるいはそのすべてを持っていないものがあるであろうか。したがって、人間も含むすべての具体的個別存在はアートマンを持っていない、すなわち永遠でも絶対でも超越的でもないということになるのである。

（3）家屋の作者（つくりて）とは個我の比喩である。仏陀もはじめは、世間一般の誤った考えに従って、我々の心的経験の背後に鎮座していると想定される我というものを一所懸命に探し求めたのである。そしてその結果が、この偈で示される感嘆の句なのである。

（4）『ダンマパダ』第一五三―一五四偈。A・J・エドムンズにより英訳。
〔訳注〕和訳にあたっては中村元『仏陀の真理のことば、感興のことば』（岩波文庫、一九八七年）を参照した。

（5）prakṛti-vikṛti. これはサーンキヤ哲学の専門用語で、prakṛti から展開し、さらに展開し続けるものとしての prakṛti の諸相を意味している。バネルジー（S. Ch. Banerji）の *Samkhya-Philosophy*, p. 33 以下を参照。

（6）この文句およびこのあとの段落での引用は、馬鳴の『ブッダチャリタ』からのものである。
〔訳注〕梶山雄一等共訳『原始仏典十、ブッダチャリタ』（講談社、一九八五年）の第一二章第七〇―七一偈（一三六―一三七ページ）がここに対応する。漢訳『仏所行讃《ぶっしょぎょうさん》』（大正大蔵経第四巻、第一九二番）の対応箇所は二三ページ下段から二四ページ上段。

（7）*The Questions of King Milinda, Sacred Books of the East*, vol. XXXV.
〔訳注〕V. Trenckner, *The Milindapañho*, London 1880（rep. The Royal Asiatic Society 1928）, p. 25-28. 和訳にあたっては、中村元、早島鏡正『ミリンダ王の問い――インドとギリシアの対決――一』（平凡社東洋文庫、一九六三年）六八―七四ページを参考にした。

（8）この言葉は、先に紹介した『カタウパニシャッド』の文章を想起させる。

（9）別の箇所で紹介したように、禅宗の菩提達磨は同じような質問を受けて「知らぬ」と答えた。

ウォルト・ホイットマンは、次の一節で同様の感じを語っている。

「子供が両手にいっぱい草をつかんでぼくのところに持ってきて、「草ってなあに」とぼくにきいた、

その子にどうこたえたらいいのだろう、子供どころかぼくにだって草が何だかわからないのに」。

〔訳注〕ホイットマン「ぼく自身の歌」(酒本雅之訳『草の葉(上)』岩波文庫、一九九八年)一一八ページ。

(10) この経に関しては、鳩摩羅什《くまらじゅう》訳と真諦《しんだい》(Paramārtha)訳の二本の漢訳が存在するかのように見えるが、実際には明らかにこの二本は別個のテキストの訳であり、それが同じ題名で伝えられているのである。利用している資料が不十分なため、資料間の異同についてはっきりしたことは言えない。ここで取り上げる仏陀と阿難の対話は、真諦訳の第一巻、第二巻からの抜粋である。ビール(Beal)は *Catena of Buddhist Scriptures from the Chinese* (pp. 286-369)で『首楞厳経《しゅりょうごんぎょう》』の最初の四巻を英訳している。この翻訳は多くの点で満足できないところもあるが、それを参照することで、ここで一部だけをおおまかに要約した仏陀と阿難の対話をより詳細に知ることはできる。

〔訳注〕鈴木が、注において真諦(Paramārtha)としているのは、般刺蜜帝《はらみってい》(Pāramiti?)の間違い。鳩摩羅什訳とは大正大蔵経第一五巻、第六四二番『仏説首楞厳三昧《ざんまい》経』のこと、鈴木がいうところの真諦訳とは大正大蔵経第一九巻、第九四五番『大仏頂如来密因修証了義諸菩薩万《だいぶっちょうにょらいみついんしゅしょうりょうぎしょぼさつまん》

行首楞厳経《ぎょうしゅりょうごんぎょう》』を指す。

(11) 次の『ミリンダ問経』(*The Questions of King Milinda, Sacred Books of the East*, vol. XXXV, p. 133)の言葉を参照。「もしも個我が眼によっていろかたちを見…乃至…意によって事象を識別するならば、眼の門が除去されると、[内にある]この個我は顔を外に出し、大虚空を通して一層よくいろかたちを見るでしょう。また耳が除去され、鼻が除去され、舌が除去され、身体(皮膚)が除去されたときには、[内にある個我は]大虚空を通して一層よく音声を聞き、香りを嗅ぎ、味を味わい、触れられるべきものに触れるでしょうか?」

〔訳注〕 鈴木はこの注において、*Sacred Books of the East* の英訳をひいてくる。しかしこの英訳文は、その直前の文章を受けるかたちで書かれているため、そこだけを読んだのでは文脈が理解できない。そのため、本書ではかわりに直前の文章も含めたかたちで中村元、早島鏡正による和訳を転載した。『ミリンダ王の問い――インドとギリシアの対決――一』(平凡社東洋文庫、一九六三年)二五二ページ。

(12) nirvikalpo 'smi ciddīpo nirahaṃkāravāsanaḥ tvayāhaṃkārabījena na saṃbaddho 'smy asanmaya.

〔訳注〕 W. Paṇsīkar ed., *The Yogavāsiṣṭha of Vālmīki*, Part I, Munshiram Manoharlal 1981 (third edition), p. 670, verse 31.

(13) yathā bhūtatayā nāhaṃ mano na tvaṃ na vāsanā ātmā śuddhacidābhāsaḥ kevaloyaṃ vijṛmbhate.

〔訳注〕 前掲書（注12）p. 671, verse 44.

（14） これは鳩摩羅什による漢訳を多少意訳したものである。その鳩摩羅什の漢訳は、The Buddhist Text Society of India によって出版されたサンスクリット・テキストと非常によく一致している。

〔訳注〕 鈴木が利用している資料は大正大蔵経第三〇巻、第一五六四番『中論』、一三ページ中段から一四ページ中段までの記述である。この本は龍樹がつくった偈を梵志青目《しょうもく》(Piṅgala)が注釈したものであるが、その中の偈の部分、すなわち龍樹が書いた部分を鈴木なりに解釈したのが、以下の訳文である。対応するサンスクリット原典は、Louis de la Vallée Poussin, *Mūlamadhyamakakārikās de Nāgārjuna avec la Prasannapadā Commentaire de Candrakīrti*, Bibliotheca Buddhica IV, St-Pétersbourg 1903–1913, pp. 192–201.

（15） サンスクリット原文には、この文はない。

（16） lakṣyāl lakṣaṇam anyac cet syāt tal lakṣyam alakṣaṇam.

〔訳注〕 これは龍樹作といわれている Lokātītastava 11 と対応する。本多恵『チャンドラキールティ中論註和訳』（国書刊行会、一九八八年）七九ページ、注二〇二。

（17） rūpādivyatirekeṇa yathā kumbho na vidyate
vāyvādivyatirekeṇa tathā rūpaṃ na vidyate.

〔訳注〕 注（16）に同じ。

（18） 青目（Piṅgala）の Commentary on the Mādhyamika śāstra 第七章（鳩摩羅什漢訳）からの抄訳

である。

〔訳注〕　大正大蔵経第三〇巻、第一五六四番『中論』。

(19)　この括弧［　］内の文章は『中論』に対するチャンドラキールティの注釈（一八〇―一八一ページ）からとったものである。

〔訳注〕　Louis de la Vallée Poussin, 前掲書（注14）pp. 492–493.

第八章

(1)　十二縁起とは次のとおり。(一)　無明《むみょう》(avidyā)、(二)　行(saṃskāra)、(三)　識(vijñāna)、(四)　名色(nāmarūpa)、(五)　六処(ṣaḍāyatana)、(六)　触《そく》(sparśa)、(七)　受(vedanā)、(八)　愛(tṛṣṇā)、(九)　取(upādāna)、(一〇)　有《う》(bhava)、(一一)　生《しょう》(jāti)、(一二)　老死など(jarā-maraṇa, śoka etc.)。

〔訳注〕　十二縁起という場合の「縁起」の原語は nidāna ではなく pratītyasamutpāda である。

(2)　漢訳大乗経典からの引用。

〔訳注〕　この句は仏教文献の様々な箇所に多出する。たとえば『大宝積経《だいほうしゃっきょう》　仏説入胎蔵会《ぶっせつにゅうたいぞうえ》』（大正大蔵経第一一巻、第三一〇番）三二五ページ中段。『仏説光明童子因縁経《ぶっせつこうみょうどうじいんねんぎょう》』（大正大蔵経第一四巻、第五四九番）八六二ページ下段。『根本説一切有部毘奈耶《こんぽんせついっさいうぶびなや》』（大正大蔵経第二三巻、第一四四二番）六五七ページ下段。『大乗成業論《だいじょうじょうごうろん》』（大正大蔵経第三一巻、第一六〇九番）七八三ページ上段。

（3）パーリジャータカ第二二二話。W・H・ローズの英訳による。
〔訳注〕 V. Fausbøll, *The Jātaka Together with its Commentary*, vol. 2, Pali Text Society 1884, p. 202. 中村元監修『ジャータカ全集』第三巻、九一ページ参照。

（4）ワレン(Warren)の *Buddhism in Translations*, p. 214.
〔訳注〕 Léon Feer, *The Saṃyutta-Nikāya of the Sutta-Piṭaka*, vol. 1, Pali Text Society 1884, p. 72.

（5）世親《せしん》の『成業論』(南条目録第一二二三番)。
〔訳注〕『大乗成業論』(大正大蔵経第三一巻、第一六〇九番)七八六ページ中段。

（6）世親の『弁中辺論《べんちゅうべんろん》』(南条目録第一二四八番)。
〔訳注〕『弁中辺論』(大正大蔵経第三一巻、第一六〇〇番)四七七ページ中段。

（7）Manhattan's Streets I Saunter'd, Pondering. 詩の全文を引用すればよいのだが、スペースの制約があってできなかった。
〔訳注〕 ホイットマン「秋の小川」(酒本雅之訳『草の葉(下)』岩波文庫、一九九八年)二七ページ。

（8）もしトルストイの次の言葉を、業の不滅性に関する仏教の教義に照らして理解するなら、おそらくはトルストイ自身が伝えようとしたこと以上の意味をそこに見いだすであろう。トルストイは言う。「私の兄弟は死んでいるが、生きていた時よりも今の方が、ずっと強く私に働きかけてくる。彼は私の存在を貫き、私を自分の方へ向かって持ち上げようとさえするのだ」。

第九章

（１）『華厳経《けごんぎょう》』仏陀跋陀羅《ぶっだばっだら》訳、巻三四。
〔訳注〕『大方広仏華厳経《だいほうこうぶつけごんぎょう》』（大正大蔵経第九巻、第二七八番）六一六ページ上段。
（２）如来（tathāgata）とは人格化された法身である。
（３）ヒンドゥー教哲学では、虚空は常に、その中に一切の事物が存在する客観的実在と考えられている。
（４）これは以下の文句の意味に対応すると理解すべきである。「父は悪人にも善人にも太陽を昇らせ、正しい者にも正しくない者にも雨を降らせてくださる」〔訳注〕。虚空が、普遍的包含性を持つのと同様に、法身の愛は普遍である。なぜなら法身は、エゴイズムから生まれるがゆえに常に差別的で排他的な傾向を持つ人間の欲望や愛着からは完全に離れているからである。
〔訳注〕新約聖書（新共同訳）「マタイによる福音書」五章四五節（『聖書』日本聖書協会。以下この掲出は略す）。
（５）「四種の見解」とは次のようなものである。（一）肉体は不浄である。（二）感受は苦である。（三）心は無常である。（四）一切の事物には我がない。
（６）すなわち法身は、それが顕現する生き物の部類に応じてあらゆる形の存在形態をとるので、信者たちは時としてそれを短命の神であると考えたり、あるいは不滅の霊魂、百劫生きる天界の神、一瞬の存在などと見なしたりする。多くの異なる性質、気質、業、知能、道徳的環境などがあるため、衆生たちの心の中で主観的に描かれる姿と同じ数だけの法身があるということになる。しかし、客観的に見れば、法身は絶対的に一なるものなのである。

(7) 無著《むじゃく》『摂大乗論《しょうだいじょうろん》』。
〔訳注〕この無著の言葉は『摂大乗論』第一〇章の「仏の三身」の内容を鈴木が要約したものと思われる。玄奘《げんじょう》訳でいうなら対応箇所は『摂大乗論釈』(大正大蔵経第三一巻、第一五九八番)四三五ページ下段―四四九ページ中段にあたる。

(8) 『華厳経』第一三章「功徳について」(初発心菩薩《しょほっしんぼさつ》功徳品《くどくほん》第一七)。
〔訳注〕『大方広仏華厳経』(大正大蔵経第九巻、第二七八番)四五四ページ上段、四五五ページ上段、四五六ページ下段、四五七ページ上段。

(9) これは本当ではない。もちろん大乗仏教の最重要経典のいくつかが仏滅後数百年の間に編纂されたということは十分ありうることであるが、それでも大乗経典が仏陀の直弟子たちの時代よりもずっと後の作者たちによって作られたということは疑いのない事実である。

(10) pūrva-praṇidhāna-bala は通例「本来の(あるいは原初の)祈願の力、the power of original (or primitive) prayer」と訳される。個々の字義を見れば、pūrva は「前の」「本来の」「原初の」という意味であり、praṇidhāna は「要求」あるいは「誓い」「祈願」、bala は「力」を意味する。したがってサンスクリット原語の字義どおりに読めば、「本来の祈願の力」となる。しかし法身すなわち如来の原初の祈願といった場合、それをどう理解すればよいのであろうか。ここで祈願などというものがなんらかの意味を持つであろうか。法身は自分の自由意志によってどのようなかたちの存在にも現れることができ、最良と思うどのような方法を用いてでも、その働きを成就することができる。その法身が、働きを達成するのに苦労してなんらかの祈願を唱える必要などあるはずがない。宇宙には、法身が助けを求めなければならないほど、その働きを強力に妨害する力などどこにもないし、法身の活動にはいかなる闘争も苦悩もあり得ない。したがって祈願という語は、全く不正確で誤解を招くものであり、法身に対する仏教の通念と矛盾する重大な過ちへと我々を導くものである。我々は仏教の基本的教えとの調和をはかるため、この祈願という語を一切無視してしまわねばならない。この点については後ほど詳しく考察する。

〔訳注〕　鈴木がこのような強引な解釈を必要とする理由は、宇宙に遍在して自在力を発揮する絶対存在としての法身を、大乗仏教の大前提としていることにある。しかしそのような概念は大乗でも一部にしか見られないものであり、それよりもずっと根本的にして重要な菩薩思想というものは、菩薩の誓願というアイデアなしでは成立し得ない。

(11)　「私は一切衆生の父であり、彼らは私の子供である」(『華厳経』、『法華経』など)。

(12)　浄土系思想の意味についてもっと詳しく知りたい読者には、*Sacred Books of the East*, vol. XLIX の Sukhāvatī Sūtras を参照するよう勧める。

第十章

(1)　以下の引用は東晋時代(A. D. 317-420)に仏陀《ぶっだ》跋陀羅《ばっだら》によって漢訳された『如来蔵経《にょらいぞうきょう》』からの一節である。南条目録第三八四番。

いる。

〔訳注〕『大方等如来蔵経《だいほうどうにょらいぞうきょう》』（大正大蔵経第一六巻、第六六六番）四五七ページ上段。

（2）「ニユタ」とはきわめて大きな数を表す単位であるが、普通は十億とされる。

（3）これらはすべて人間ではない存在であり、そこには悪鬼や龍王、翼のある獣などが含まれている。

（4）「āsrava」という語は「漏出」「漏れ出し」という意味であり、「漏《ろ》」と漢訳される。おおまかに言えば、それは主に物質的、感覚的両面における悪（evils）を指す。インドの仏教学者によれば、āsrava には三種類の意味があるという。（一）「保持」。衆生を生死の渦の中に保ち続けるからである。（二）「流れ」。あらゆる衆生を生死の流れに押し流すからである。（三）「漏出」あるいは「しみ出し」。潰瘍が血液や膿を出すのと同じように、貪欲、怒り、肉欲といった悪を、六種の認識器官（六根）から外に漏出するからである。漏の原因は盲目的意志であり、その結果は生死輪廻である。漏には（一）欲漏（kāmāsrava）、（二）無明漏（avidyāsrava）、（三）有漏《うろ》（bhavāsrava）の三種があり、ここで言及しているのはそのうちの第三番目のものである。（一）の欲漏とはエゴイスティックな欲望。（二）の無明漏とは無明のこと。（三）の有漏とは以前の業のせいで我々が苦しみを受けることになる物質的存在状態のことである。

（5）注意深い読者諸氏は、大衆部の仏陀の概念が、大乗仏教のそれとよく似ているということに気付かれたに違いない。インドにおける大乗仏教の展開を詳細に跡づけることは未だできないが、多くの日本の研究者は、大衆部が大乗的傾向を持っているという仮説を支持している。

〔訳注〕鈴木が本書を著した当時は、このような大衆部起源説が有力であったが、その後一九

六八年になって平川彰が、在家者集団から大乗が発生したという新たな説を発表し、そちらが定説となった。しかしこの平川説も近年は疑問視されるようになっており、現在では既存の小乗仏教世界から大乗が発生したという説が受け入れられつつある。大衆部も小乗仏教世界の一員であると考えられているので、一見すると旧来の大衆部起源説に逆行したかに思えるが、大衆部のような特定のグループから一元的に大乗が生まれてきたのではなく、広く小乗仏教全域から同時並行的に様々な新思想が生まれ、それが後代、大乗という名のもとに統括されるようになったと考える点に、大衆部起源説とは本質的相違がある。

（6）『涅槃経《ねはんぎょう》』。

〔訳注〕*The Dīgha Nikāya*, vol. 2, Pali Text Society 1903, pp. 157-158.『長阿含経《じょうあごんぎょう》』（大正大蔵経第一巻、第一番）二七ページ中段。

（7）この経には三本の漢訳がある。一つは紀元五世紀の最初の二十年間に曇無讖《どんむせん》(Dharmakṣema)によって訳されたもの。二番目は梁の時代、紀元五四六年に中国へやって来て、五六九年に亡くなった真諦《しんだい》(Paramārtha)によって訳されたもの。そして三番目は、唐の時代、義浄《ぎじょう》が訳したものである。彼は六九五年にインドから帰国し、七〇三年にこの経を漢訳した。これら三本のうち、三番目のものだけが『金光明経』の完全訳である。オリジナルのサンスクリットテキストの一部がネパールで発見され Buddhist Text Society of India から一八九八年に出版されている（南条目録第一二六、一二七、一三〇番）。

〔訳注〕鈴木は曇無讖のインド名を Dharmarakṣa としている。この経に関しては山田龍城

『梵語仏典の諸文献』(平楽寺書店、一九五九年)一〇二―一〇三ページ、および勝崎裕彦等編『大乗経典解説辞典』(北辰堂、一九九七年)三一九―三二二ページ参照。

(8) 偉大な人は決して死なないという考えは普遍的なものである。彼らを活動させ、人類の歴史にその名を残さしめた思想は真理から生まれたものであるが故に、彼らは精神的には決して死なないのである。そしてこの意味から言えば、価値ある思想を持つ人は誰もが不死であり、一方、価値のないくだらないものでできた魂は、必ず消滅することになるのである。しかし大衆はこの種の不死性には満足しない。彼らが求めるのはより一層実体を持ち、感覚に訴える、個別的な不死性なのである。この事実の好例がキリストの復活という考えである。伝説によればキリストの信奉者たちが師の墓を開いたところ、そこには彼の遺体がなかった。そうして彼らは直ちに、復活という考えを持つことになった。なぜなら普通の生き物だけがこうむるべき運命が、キリストほどの偉大な人物にも降りかかるはずなどないと考えたからである。キリストの肉体的復活の話は急速に広まり、熱狂的に受け入れられた。キリストが語りかける言葉を聞いたという者や、パンをちぎって与えるのを見た者、彼の傷にさわったという者たちが現れたのである。初期キリスト教徒たちは(そして信じられないことに、二十世紀のキリスト教徒たちの一部もであるが)復活と不死についてなんとひどい物質的概念にしがみついていたことか。したがって仏陀の人格に関する深刻な疑問が原始仏教時代の信者たちによって提起され、それが大乗仏教徒による報身《ほうじん》(saṃbhoga-kāya)の概念において頂点に達したということは不思議なことではないのである。

(9) 姿を変えたキリストと比較せよ。

（10）「コリントの信徒への手紙 一」一三章一一節。「幼子だったとき、わたしは幼子のように話し、幼子のように思い、幼子のように考えていた。成人した今、幼子のことを棄てた」。我々の精神の恒常的発展に関しては、『法華経』の中に見事な表現がある。第二、三、四、五、一一章を参照。第二章四九ページ（ケルン訳）にある以下の文は、ここで詳説したような、方法の多様性と目的の単一性に関して、かなりうまく言い表している。「それら最高の人々はみな、何百というすぐれた方便《ほうべん》の技能により、例示や理屈や議論を使って聖法を明らかにしてきた。そして彼らはみな、ただ一乗のみを顕し、ただ一乗のみをこの世に宣布したのである。一乗によって、かれらは数限りない何千コーティもの衆生を、完全な成熟へと導いてきたのである」。別の箇所でも述べたが、この教義は時に「方便説（the theory of upāya）」と呼ばれるものである。upāyaは英訳するのがきわめて難しい用語である。本来は「道（way）」「方法（method）」「戦略（strategy）」を意味する。詳細は第十一章注（7）を参照。

（11）この書は瑜伽行派の哲学書の中でも最も重要なもののひとつである。世親はわずか三十の詩でできた作品を著しただけであるが（南条目録第一二一五番）、彼の死後、数多くの注釈者が現れた。報身の問題に関しても、『唯識三十頌』自体は極めて簡潔に述べているだけなので、当然のことながら注釈者たちの間には大きく異なる様々な見解が現れることとなった。玄奘は六五九年、十人の著名なインド人注釈者の見解を選び取って漢訳した。この本は十巻から成り、Discourse on the Ideality of the Universeとして知られている（漢訳名は『成唯識論《じょうゆいしきろん》』南条目録第一一九七番）。

〔訳注〕 大正大蔵経第三一巻、第一五八五番。

(12) 大方のキリスト教徒によって受け入れられている神の概念は、法身そのものというより、むしろ報身に相当すると言っては言い過ぎであろうか。確かに神にはきわめて霊的な面もあるが、別の面では、それは我々と同じく具体的で物質的な存在として考えられている。人間の魂は、このパラドックスから逃れようとずっともがいているのだが、それはうまくいかず、一方、大衆は、彼らの心の中深くに埋められたこの永遠の矛盾に気づくほどの知性も思慮もないといった状況にあるように思える。

(13) 浄土とは、はるか西方《さいほう》の彼方にある阿弥陀仏の住処として『阿弥陀経』の中で念入りに描写される場所だけを指すと考えてはならない。それどころか大乗経典は、如来や菩薩の数と同じだけの無数の浄土が存在していると説く。そして、それら聖なる場所の一つ一つには限界がなく、宇宙と共存しており、それゆえそれらの領域は必ず相互に交わり、重複しているとされている。知性ある人たちにとって、このように神秘的かつ不可解なかたちで無数の仏国土が存在しているというアイデアは、我々自身が主観的に創作した考えにすぎないと思われるであろう。

(14) これについては *Dharmasaṅgraha*, p. 53 以下を参照。人間仏陀の神秘化、神格化は、彼の死の直後からすでに始まっていたものと思われる。そして大乗における応身《おうじん》や報身《ほうじん》の概念は、単にその流れの最終到達点にすぎない。大乗にくらべて、より「原始的な」形態を示していると考えられる南方仏教の中にも、大乗仏教と同じくシャカムニが三十二相八十種好という偉大なる人物の肉体的特徴を有していたと説いているものがある(たとえば『ミリンダ問経』*Sacred Books of*

the East, vol. XXXV, p. 116を参照）。しかし常識ある人なら、普通の人間をそういう肉体的特徴を持つ者として描くことはばかげたことだと即座に考えるであろう。だからこそ、南方仏教徒よりも合理的にものを考える大乗仏教徒たちは、そういった神秘的な特徴を持つ者として人間仏陀を描き出すという従来のやり方を放棄したのであろう。彼らはそれらの特徴を、三身説に沿って、報身すなわち地上世界での徳行の果を天界の住処で享受している仏陀の特徴付けのために転用したのである。しかしながら浄飯王《じょうぼんおう》の息子としてこの世に現れた仏陀は我々と同じ普通の人間であった。なぜなら彼は応身すなわち三十二相八十種好として知られるそのような肉体的特徴を全く持たない転変の身体を持って我々の前に現れたのだからである。ところがいわゆる南方仏教徒たちは、人間としての仏陀にそういった幻想的な特性を与えることがいかにばかげたことであるかという点に思いが至らなかった。そう考えれば、仏陀の直弟子たちが保持していた人間としての仏陀に関する記憶が、それに続く信奉者たちの代になって消滅するやいなや、盛んな推測や旺盛な想像が継続的に働きだし、様々な部派が各個独自のやり方でその問題を確定するまでそれが続いたという現象を説明することができる。

(15)「コリントの信徒への手紙　一」一一章一九節以下を参照。

〔訳注〕「一一章」は「九章」の誤りか。聖書原文の九章一九節は「わたしは、だれに対しても自由な者ですが、すべての人の奴隷になりました。できるだけ多くの人を得るためです」。

第十一章

（1） ケルン（Kern）の英訳（*Sacred Books of the East*, vol. XXI）、第三章、八〇ページ。

〔訳注〕『妙法蓮華経』（大正大蔵経第九巻、第二六二番）一三ページ中段、一八行目。

（2） 普遍的救済の考えが小乗仏教徒たちに全く欠けているわけではないという点には注意しておかねばならない（訳注　ここの文には明らかに否定辞が欠落しているので補って訳した）。しかし、それが大乗と異なるのは、普遍的救済の考えを十分に拡大せず、仏陀の特性として限定してしまっているという点である。彼らは次のように考える。すなわち、仏陀は世界を解放しようとして一切知者となったが、我々凡人たちの場合は、仏陀となることを望むには余りに無知であり、無力である。我々はただ仏陀を崇敬し、自分たちの精神的向上のため、仏陀によって定められた戒を忠実に守っていくしかない。我々の知恵と力は限られていて、人類の普遍的救済を達成するといったとてつもない仕事をこなすことなどできない。そういった仕事は仏陀や菩薩に任せておいて、我々は彼らや彼らのすることを深く信頼して任せておけばいいのだ。小乗仏教徒たちがこのように考えていたに違いないその時に、大乗仏教徒たちは同じ仏教徒でありながら自分自身が仏陀となるため果敢に奮闘していたのである。小乗、大乗という仏教の二つの系統がどう違うのかを簡潔に言うなら、小乗はきわめて従順に仏陀を信奉しているだけなのに対して、大乗は仏陀を手本とし、自分もそうなろうと努力するということである。次に引用するのは、仏陀の前世としてのスメーダという人物の言葉であるが（『ジャータカ』の「スメーダの物語」より。ワレン（Warren）の *Buddhism*, p. 14）、彼はここで自分が将来仏陀になりたいという決心を語っている。

それは大乗仏教徒自身の決意であると考えてもよいであろう。それに対して小乗仏教徒たちは、敢えてそれを自分自身の望みとすることはないのである。

「私が勇敢なる者としてたった一人で大海を渡ることなどどうしてできようか。私はまず、すべてを知る智慧を獲得して、そして人々と神々を渡そう。今から私は、この、人々の中の最高者の前で、この熱心な願いを為して、いつの日か、すべてを知る智慧を獲得して、そして多くの人々を渡そう。輪廻の流れを止め、生存の三つの形態を破壊し、教えの船に乗り、そして人々と神々を渡そう」。

〔訳注〕 *The Jātaka*, vol. 1, Pali Text Society 1877, p. 14.『ジャータカ全集』第一巻（春秋社、一九八四年）一四ページ。

（3） これは『華厳経』巻二一―二二で詳説される廻向説をごく簡略にまとめたものである。『華厳経』の当該箇所において廻向は十種に分類され、解説されている。

〔訳注〕『大方広仏華厳経』（大正大蔵経第九巻、第二七八番）五三〇ページ上段より五四一ページ下段。

（4） Warren, *Buddhism in Translations*,「スメーダの物語」一四―一五ページ。

〔訳注〕 *The Jātaka*, 前掲書（注2）に同じ。

（5） 現代の仏教徒たちは身代わりの贖罪という考えを否定してはいない。なぜならここで見たような宗教的確信がある以上、菩薩が自分の功徳を同朋の精神的幸福に廻向することを認めるからである。これはキリスト教徒の読者にとっては興味深いことかもしれない。しかし、その仏教徒たちも、キリストが無垢の血を流すことで人々の原罪を贖うという特別な使命のため、神によって地上に遣わされたというキリスト教の解釈は受け入れないであろう。それはあまりにも幼稚で物質的な話だからである。

(6)『菩提心離相論《ぼだいしんりそうろん》』(南条目録第一三〇四番)。これは大きな漢字活字本で七、八ページの小論である。この著作は十世紀に施護《せご》(Dānapāla)によって漢訳された。

〔訳注〕大正大蔵経第三二巻、第一六六一番、五四三ページ上段。鈴木の訳にはかなり恣意的な解釈が加えられており、原文の意味をそのまま伝えるものではない。

(7) 方便(upāya)という語は「方策(expedient)」「策略(stratagem)」「工夫(device)」「技巧(craft)」を意味するが、仏教では特殊な術語として用いられる。それは智慧(prajñā)と対をなす語であり、愛(karuṇā)の同義語である。それで『維摩経《ゆいまぎょう》』の中で維摩は次のように言うのである。「智慧は菩薩の母であり、方便は父である。この両者から世の指導者(菩薩)は生まれる」と。智慧は唯一にして普遍的なもので、平等性(samatā)の原理を表すものであるが、それに対して方便は複数であり、多様性(nānātva)をその原理としている。純粋に智慧の立場からみれば、菩薩たちが、苦しみを受けている個別存在を見ることはないはずである。なぜならすべては法身に含まれるものだからである。しかし彼らが愛(悲)の立場から世界を見る場合には、個別性という形態に執着することから生じてくる悲惨さと罪の条件をあらゆるところで見いだすことになる。それを除去するため、彼らは存在の最終目的に到達することを可能にするありとあらゆる方法を編み出していく。宗教としてはただひとつ、つまり真理の宗教なのであるが、そこには多くの方法、多くの手段、すなわち多くの方便があるのである。その方便はすべて、一切を包み込む法身の愛から生み出されるのであり、そのすべてが大衆を究極の悟りと普遍的善へと導いていく力を持っている。それゆえ仏教徒に言わせるなら、存在論的見地から見てこの宇宙は、法身が諸々の方便を現している偉大なる場なのである。そして法身はそれにより、一切衆生を仏性の究極的実現へと導くことを欲している。したがって多くの場合、本来の特殊な語義を損なわずに upāya（方便）という語をなんらかの英語に翻訳することはきわめて困難となる。同じことは bodhi（菩提）、dharmakāya（法身）、prajñā（智慧）、citta（心）、pariṇāmanā（廻向）といった今までに言及してきた多くの仏教用語についても言える。なお、中国の翻訳者たちは upāya に「方便（方法-便宜）」という訳語を与えた。

（8）この論書は漢訳本で十二ページ足らずのものである。これは六九一年に提雲般若《だいうんはんにゃ》（Deva-prajñā）等によって漢訳された。

〔訳注〕大正大蔵経第三一巻、第一六二六番。鈴木は一貫して堅慧《けんね》（Sāramati）を安慧《あんね》（Sthira-mati）としている。

（9）この論書は五世紀初頭に鳩摩羅什《くまらじゅう》によって漢訳された。それは二巻からなっており、各々が漢訳で約二十ページの長さである。

〔訳注〕大正大蔵経第三二巻、第一六五九番。

（10）これは世親の『発菩提心経論《ほつぼだいしんぎょうろん》』第三章冒頭部分を要約したものである。

第十二章

（1）五根と五力を敢えて分けて考える必要はないように思える。しかしインドの哲学者たちは普通、行為主体と行為、行動体と機能・作用を区別するのである。それゆえ感覚器官と感受・知覚は区別されるし、意識と、その機能である思考・専心・記憶なども分けて考えられる。そしてそれゆえに、アートマンこそは、すべての感覚的、知性的活動をコントロールする主役であると考えられるようになったのである。仏教徒たちはこのような行為主体と行為との区分を実際には認めないのであるが、彼らも時として、そういった通俗的理解をうっかり受け入れてしまうことがある。

（2）これに関連して、カーライルが『英雄および英雄崇拝』(Hero Worship)の中でシェークスピアの偉大さについて同じ意見を述べているのは興味深い。彼は次のように言っている。「もし私がシェークスピアは最も偉大な知性の人だと言えば、それだけで彼についてのすべてを語ったことになる。しかしながら、シェークスピアの知性には、我々が見ている以上のものがある。それこそが私が無意識的知性と呼ぶものである。そこには彼自身さえ気づいていないさらなる美点がある。ノヴァーリスは彼のことを見事に表現して、彼の劇が自然の産物でもあり、そして自然そのものと同じくらい深いものであると評している。そこにはすぐれた真理がある。シェークスピアの芸術は技芸ではない。その最も高貴な価値は、そこに計算や意図的工夫がないということにある。それは自然の声である、この高貴にして偽りのない魂を通して、自然の深みから生じてくるものなのである」。

（3）　仏陀の「十力」とは、（一）正しいことと間違ったことを判別する力（処非《しょひ》処智《しょち》力《りき》）、（二）業の果報を知る力（業異《ごうい》熟智力《じゅくちりき》）、（三）衆生の様々な状態の一切を知る力（種種界智《しゅじゅかいち》力《りき》）、（四）衆生の様々な解脱の形態の一切を知る力（種種勝解智《しゅじゅしょうげち》力《りき》）、（五）衆生の様々な気質の一切を知る力（根《こん》上下智《じょうげち》力《りき》）、（六）一切の行為の最終的結末を知る力（遍趣行智力《へんしゅぎょうちりき》）、（七）様々な瞑想、解脱、精神集中の修行の一切を知る力（静慮解脱等持《じょうりょげだつとうじ》等至《とうし》智《ち》力《りき》）、（八）過去世を知る力（宿住随念智力《しゅくじゅうずいねんちりき》）、（九）未来を知る無限の力（死生智《ししょうち》力《りき》）、（一〇）煩悩が完全に滅したことを知る力（漏《ろ》尽智《じんち》力《りき》）。

（4）　仏陀の「四無所畏」とは、（一）自分は最高の悟りを得たという畏れなき自信（諸法現等覚無《しょほうげんとうかくむ》畏《い》）、（二）自分は一切の煩悩を断じたという畏れなき自信（一切漏《いっさいろ》尽智《じんち》無《む》畏《い》）、（三）正しい生活の障害となるものはすべて説いたという畏れなき自信（障法不虚《しょうほうふこ》決定授記無《けつじょうじゅきむ》畏《い》）、（四）救済の道を完全に説いたという畏れなき自信（為証一切具足出道如性無畏《いしょういっさいぐそくしゅつどうにょしょうむい》）。

（5）　仏陀を他の人々と区別する十八の特性である。（一）身体的行為に過失がない。無限の過去から、戒・定・慧そして慈悲において修練を積んできたため、仏陀の現在の生活においては全く過失がなく、一切の悪しき考えが離れているのである。（二）話すことにおいて過失がない。仏陀が語るすべてのことは、その超越的弁舌能力からでるものであり、それは聞く者をより高い人生観へと導く。（三）心的行為に過失がない。仏陀は三昧を修行してきたので、常に寂静、平穏にして充足しているのである。（四）心の平等性（samatācitta）を保持している。すなわち、衆生に対する仏陀の愛は普遍的なものであって、特定の者にだけ向けられることはない。（五）心が個別化した対象を想念すること(nānātvasaṃjñā)がない。すなわち、心が超越的真理に留まっているため、感官の対象に思いが引かれるということがないのである。(六) 忍容(upekṣā)。仏陀はすべてを知っているが、じっと忍容するのである。(七) その大望が計りがたい。すなわち一切衆生を無知の苦しみから救いたいという願いに、限界がないのである。(八) 仏陀が暗愚な者たちを救うために力を尽くす。そのエネルギーが無尽蔵である。(九) 過去、現在、未来のすべての仏陀が説いた一切の善法を念じ続けることにおいて、止むことがない。(一〇) 智慧が無尽蔵である。すなわち、際限のない一切知をもって、一切衆生の利益のために教えを説くのである。(一一) その解脱(vimukti)が永遠のものである。すなわち、一切の煩悩と罪業を永久に遠離しているのである。(一二) 解脱に関する理解(vimuktijñāna)が完璧である。すなわち解脱のあらゆる状態に対する知的洞察に誤りがない。(一三) 自分の身体的行為を衆生の悟りに直接役立てるための智慧をそなえている。(一四) 自分の話すことを、同朋の教化、教導に直接役立てるための智慧をそなえている。(一五) 無知な人々の動揺した状態すべてを明らかに知り、そこから無知と迷妄のヴェールを取り除くための智慧をそなえている。(一六) 一切の過去世を知ることができる。(一七) 一切の未来を知ることができる。(一八) 現在世界のすべてを知ることができる。

(6) 十地についての詳細は『華厳経』(六〇巻本の二四から二七巻)、『首楞厳経《しゅりょうごんぎょう》』、『摂大乗論《しょうだいじょうろん》』に対する世親の注(第一〇から一一巻)、『成唯識論《じょうゆいしきろん》』(第九巻)などを参照。さらに、より詳細には『十地経《じゅうじきょう》』を参照せよ。それはサンスクリット原典が存在し、ミトラ(R. Mitra)が *Nepalese Buddhist Literature*, p. 81 以下においてその概要を報告している。

〔訳注〕　サンスクリット原典としてはRyūkō Kondō, *Daśabhūmīśvaro nāma Mahāyānasūtram,* Rinsen Book Co. 1983(rep.)がある。その和訳としては荒牧典俊『大乗仏典8、十地経』(中央公論社、一九七四年)を参照。

第十三章

(1)　文字通りには「向かっていく」。

(2)　ビール(Beal)の翻訳では *Sacred Books of the East,* vol. XIX, pp. 306-307, verse 2095-2101 にあたる。ビールは漢訳を完全に誤解している。

〔訳注〕『仏所行讃《ぶっしょぎょうさん》』(大正大蔵経第四巻、第一九二番)四九ページ下段、九行目。

(3)　『ブッダチャリタ』(カウエル(Cowell)訳、*Sacred Books of the East,* vol. ILIX, p. 145)。

(4)　エドムンズ(A. J. Edmunds)訳、*Dhammapada.*

(5)　二二五ページ。ビールの訳は必ずしも信頼できない。もし私が漢訳原本を利用できる状況にあるなら、そちらを使うべきなのであるが。

(6)　チベット資料に基づいて編纂されたロックヒル(Rockhill)の *Life of the Buddha* によれば(p. 33)、仏陀が悟りを開いた直後に発したとされている偈にはニヒリズムが暗示されている。しかし私は、ロックヒルよりも仏教の基本精神をよく理解している人に詳しく調べてもらえば、元になったチベット資料は別の読みができるのではないかと考えている。ロックヒルはしばしば、扱う事柄に対する自分の知識のなさを露呈することがある。その偈を彼は次のように訳している。

「世間的な楽しみに対するあらゆる喜びも、
神々が知っているあらゆる喜びも、
生存が尽きる喜びに比べれば、
わずか十六分の一にもおよばない。
重荷を背負う者は哀れであり、
それを下ろした者は幸せである。
一旦重荷を下ろした者は、
二度とそれを背負おうとは考えない。
一切の生存が捨て去られ、
一切の考えが終息し、
一切の事物が完全に理解された時、
もう二度と渇愛は戻ってこない」。

『ウダーナ』第二章第二節には、ここであげたうちの第一偈に相当する詩節があるが、そこでは「生存が尽きる喜び」とは言わず、「欲望の破壊」となっている。『ラリタヴィスタラ』によれば、仏陀の勝利の言葉は次のようである（R・ミトラの校訂本、四四八ページ）。

“chinna vartmopaśānta rajāḥ śuṣkā āśravā na puna śravanti, chinne vartmani vartata duḥkhasyaiṣo 'nta ucyate”.

〔訳注〕S. Lefmann, *Lalita Vistara*, 名著普及会、一九七七年(rep.)、三五一ページ。

(7) Warren, *Buddhism in Translations*, p. 376.

〔訳注〕Rhys Davids, *The Visuddhi-Magga of Buddhaghosa*, Pali Text Society 1920–1921, p. 656.

(8) D・M・ストロングの翻訳、六四ページ。

〔訳注〕P. Steinthal, *Udāna*, Pali Text Society 1885, p. 46.

(9) 原文には「生物、無生物のいかんを問わず」とは言わない。これは大乗の基本精神に沿って、著者〔鈴木大拙〕が独自に解釈したものである。

(10) 最終解脱へ向かう際には二種の障害がある。(一) 感情性の障害と、(二) 知性の障害である。感情性の障害とは、いまだ悟りを開いていない、感情に左右される、情緒的で主観的な生活であり、後者は我々が持っている知的偏見である。仏教徒は心が清浄なだけでは不十分であり、同時に知性が完全でなければならない。敬虔な人たちが輪廻から救済されるのは当然のことであるが、完全な仏陀となるためには、それだけでは不十分であり、人生と存在の意味や宇宙の運命に関するクリアーで透徹した知的洞察を獲得しなければならない。宗教の中でこのように合理的要素を強調することは、仏教が持つきわめて特徴的な点である。

(11)『中論』は大乗哲学の中でも最も重要な本である。チャンドラキールティの注釈をともなったサンスクリット語原典はアーチャルヤ(Satis Chandra Acharya)によって校訂され、Buddhist Text Society of India から出版されている。この箇所のサンスクリット語の原文は以下のようなものである(p. 193)。

"aprahīṇam asamprāptam anucchinnam aśāśvataṃ,
aniruddham anutpannam etan nirvāṇam ucyate".

(12) 文字通りの読みは「あらゆる特性の欠如によって特徴づけられるもの」である。
〔訳注〕 Louis de la Vallée Poussin, *Mūlamadhyamakakārikās de Nāgārjuna avec la Prasannapadā Commentaire de Candrakīrti*, Bibliotheca Buddhica IV, St. Pétersburg 1903-1913, p. 524.

(13) それに関しては以下の『中論』の一節を参照せよ。

"bhaved abhāvo bhāvaś ca nirvāṇam ubhayaṃ katham,
asaṃskṛtaṃ ca nirvāṇaṃ bhāvābhāvau ca saṃskṛtau".

あるいは"tasmān na bhāvo nābhāvo nirvāṇam iti yujyate".
〔訳注〕 Louis de la Vallée Poussin, 前掲書(注12)p. 530, 531.

(14)『清浄道論《しょうじょうどうろん》』XXI(ワレンの英訳三七六ページ以下)において一切諸行が持つ三種の主要な特性を観察することから生じる、解脱への三種の出発点(三解脱門《さんげだつもん》)が記されている。〔訳注〕(一)それらの初めと終わりを観察することで条件づけのない思考(無相界)に入る。(二)それらの悲惨さが心をかき乱すことを洞察することで、欲望のない思考(無願界)に入る。(三)一切諸行が我を持たないものであると考えることで、空の思考(空界)に入る。そしてこれら三つが、条件づけがない、欲望がない、空であるという涅槃の三つの側面を構成するのだという。これは、私がここまで詳細に説明してきた大乗的視点での涅槃というものが、いわゆる南方「原始」仏教にも見られるという一例である。

ついでに言っておくと、仏陀は自分の教えをまとめて表すような文書類は一切残さなかったため、その死後すぐに、いくつかの学派が登場して、それぞれに違ったかたちで師の教えを説明するようになった。そしてお互いに自分たちの説明こそが正統なものであると主張しあった。この事実を考慮するなら、南方仏教だけが本来の仏教を代表するとりわけすぐれた正統派であり、東方および北方の仏教は堕落した仏教だと結論することは全く不合理である。

〔訳注〕 Rhys Davids, *The Visuddhi-Magga of Buddhaghosa*, Pali Text Society 1920–1921, pp. 657–659.

(15) 三本の漢訳がある。それらは竺法護《じくほうご》、鳩摩羅什《くまらじゅう》、菩提流支《ぼだいるし》の三者により二六五年から五一七年の間に漢訳されたものである。

〔訳注〕『持心梵天所問経《じしんぼんてんしょもんぎょう》』(大正大蔵経第一五巻、第五八五番)八ページ下段、一二行目。『思益梵天所問経《しやくぼんてんしょもんぎょう》』(大正大蔵経第一五巻、第五八六番)四一ページ上段、八行目。『勝思惟梵天所問経《しょうしゆいぼんてんしょもんぎょう》』(大正大蔵経第一五巻、第五八七番)七一ページ下段、一七行目。

(16) na saṃsārasya nirvāṇāt kiṃ cid asti viśeṣaṇam,
na nirvāṇasya saṃsārāt kiṃ cid asti viśeṣaṇam.

〔訳注〕 Louis de la Vallée Poussin, 前掲書(注12)p. 535.

(17) nirvāṇasya ca yā koṭiḥ saṃsaraṇasya ca,
na tayor antaraṃ kiṃ cit susūkṣmam api vidyate.

〔訳注〕 Louis de la Vallée Poussin, 前掲書(注12)p. 535.

(18) (六)と(七)の類似性に関して注釈者は「(六)は真如(すなわち法身)を静的に見たものであり、(七)は動的に見たものである。(六)は仏教の最高実在が何であるかを説明するものであり、(七)はそれがどのように働くのかを説明するものである」と言っている。

(19) 世親の『仏性論《ぶっしょうろん》』。

〔訳注〕『仏性論』(大正大蔵経第三一巻、第一六一〇番)七九九ページ下段、一四行目。

(20) それは『中論』の第一偈で次のように述べられている。

"anirodham anutpādam anucchedam aśāśvataṃ, anekārtham anānārtham anāgamam anirgamaṃ".

その文字通りの訳は次のとおり。

「不滅、不生、不断、不常、

不一、不異、不来、不去」。

〔訳注〕 Louis de la Vallée Poussin, 前掲書(注12)p. 3.

(21) 普遍の愛に関する、この仏教の言明を、キリスト教のそれと比較してみれば、すべての宗教は同じ基盤のうえに立っているものだという事実が分かる。トマス・ア・ケンピス(Thomas à Kempis)の『キリストにならいて』(第八章)は次のように言う。「息子よ、私はおまえを救うために天より降り来たったのだ。私はおまえの苦悩を引き受けたが、それは強制的なものではなく愛が私にそうさせたのだ。そのおまえ自身、忍耐を学び、不平を言うことなく現世の苦悩を耐えよ。

私は生まれた瞬間から十字架で死ぬまで、悲嘆の苦しみを感じない時はなかった」。これこそが菩薩を一切衆生の救済というとてつもない大事業へと駆り立てる思いである。宗派意識の偏見から離れた者なら、たとえ環境によって違った形態をとることはあるにしても、唯一本当の宗教というものが存在するということは躊躇なく認めるであろう。「わけ登る、ふもとの道は多けれど、同じ高嶺の月をみるかな」。

〔訳注〕『大丈夫論《だいじょうぶろん》』（大正大蔵経第三〇巻、第一五七七番）二六三ページ下段、一〇行目。

(22) Dharmapada, XIV. 5. A・J・エドムンズの英訳は次のとおり。「すべての悪しきことをなさず、善いことを行い、心を清めること。これが諸仏の教えである」。

〔訳注〕O. von Hinüber and K. R. Norman, *Dhammapada*, Pali Text Society 1994, p. 52.

付　録

(1) ここで用いるのは、三蔵の中に含まれる大乗経典からの引用である。原本としたのは異なる様々な時代にサンスクリット語から中国語に翻訳された仏典であり、その多くは、インドからの伝道者や中国人学者たちの協力によって訳されたものである。これらのテキストはインド仏教史のみならず初期インド文化全般に関するきわめて重要な情報を数多く含んでいるため、その詳細な分析が緊急の課題となっている。これらの内容と資料と概要に関しては、南条目録を精査することで、不完全ではあるにしてもある程度の理解を得ることが可能である。

〔訳注〕『大乗本生心地観経《だいじょうほんじょうしんじかんぎょう》』（大正大蔵経第三巻、第一五九九番）三〇五ページ上段、二七行目。

(2) *The Avataṃsaka* (Buddhabhadra 訳)、第一四巻、七三ページ。
〔訳注〕『大方広仏華厳経《だいほうこうぶつけごんきょう》』(大正大蔵経第九巻、第二七八番)四八六ページ中段、一〇行目。

(3) *The Avataṃsaka* (Buddhabhadra 訳)、第一四巻、七二ページ。
〔訳注〕前掲書(注2)四八五ページ下段、二行目。

(4) 如来のことを、ある限られた期間だけこの世界に出現し、その後は永久に姿を消してしまったひとりの人物としてとらえることは大乗的考えではない。彼はつねに自分の意志によって、この個別化の世界に自分自身を顕しているのである。

(5) *The Sarvadharma-pravṛtti-nirdeśa Sūtra* (南条目録第一〇一二番)。
〔訳注〕『大乗随転宣説諸法経《だいじょうずいてんせんぜつしょほうきょう》』(大正大蔵経第一五巻、第六五二番)七七四ページ上段、二六行目。

(6) *The Mahāyāna-mūlajāti-hṛdayabhūmi-dhyāna Sūtra* (南条目録第九五五番)。
〔訳注〕『大乗本生心地観経《だいじょうほんじょうしんじかんぎょう》』(大正大蔵経第三巻、第一五九番)三〇三ページ下段、三行目。

(7) 「三輪」とは、(一)布施する者、(二)布施を受ける者、(三)物質、非物質を問わず、布施によって与えられるもの、である。

(8) 「三聚戒《さんじゅかい》」とは、(一)正しい行動に関するもの(摂律義戒《しょうりつぎかい》)、(二)功徳の蓄積に関するもの(摂善法戒《しょうぜんぼうかい》)、(三)一切衆生への愛に関するもの(摂衆生戒《しょうしゅじょうかい》)の三種である。

(9) 「三明《さんみょう》」とは精神的(主観的)、物理的(客観的)、そして言語的なものである。

(10) 「二障」とは知的なものと情緒的なものである。

（11） *The Sarvadharma-pravṛtti-nirdeśa Sūtra.*

〔訳注〕鈴木はこの偈の出典として注に Sarvadharma-pravṛtti-nirdeśa Sūtra をあげるが、それは『大乗随転宣説諸法経』ではなく、『諸法無行経《しょほうむぎょうきょう》』の方である。つまり同じ Sarvadharma-pravṛtti-nirdeśa という原題を持つ漢訳経典は複数あるにもかかわらず、鈴木はその区別を明記せず、一括して Sarvadharma-pravṛtti-nirdeśa という名称で呼ぶため、混乱が生じているのである。『諸法無行経』（大正大蔵経第一五巻、第六五〇番）七五一ページ上段、二八行目。

（12） 文字通りには「貪欲が生じも滅しもしない時」。それは、この世界で生きていない者としてこの世界で生きる、ということである。このような主観的観点からのすぐれた無垢というものを仏教徒たちは宗教生活の基本であると考えている。自己の利益の概念すなわちうぬぼれは、完全な徳の道における大きな障害となる。機械的作業や体育の場合と同様に、それが無意識に行われる時、すなわち行為者側がいかなる意識的努力もしない状態で為されるときにのみ、それは完全にうまく行われる。したがって道徳的、精神的生活において我々は、自分自身を自分の存在理由と一体化してはじめて、高潔あるいは神聖さの高みに達することができる。これは老子の無為自然の教えや『バガヴァッドギーター』の教義でもある。別の箇所でも指摘したように、人が宗教生活においてこの段階にまで達すれば、善悪の世界を超越し、永遠に美の領域に住するという意味で、彼はもはや人間ではなく、天界の者となるのである。

（13） この言葉は非常に過激なものであり、臆病な道徳主義者や「神を畏れる」敬虔派の人達は怯えてしまうであろう。それゆえ「神聖なものを犬に与えてはならず、また、真珠を豚に投げてはならない(訳注)」と言われているのである。しかしこれが道徳律不要論を説いているものであると考えてはならない。

〔訳注〕新約聖書(新共同訳)「マタイによる福音書」七章六節。

(14) 以下の引用はすべて *The Kāśyapaparivarta Sūtra*(南条目録第八〇五番)からのものである。

〔訳注〕この注は不正確。『大迦葉問《だいかしょうもん》大宝積《だいほうしゃく》正法経《しょうぼうきょう》』からの引用は「断見論者」の項までで、そのあとは『華厳経』からの引用に変わる。付録における鈴木の注はかなり杜撰なもので、誤りが多い。『大迦葉問大宝積正法経』(大正大蔵経第一二巻、第三五二番)二〇七ページ下段、九行目。

(15) この偈は読者にとって理解しにくいかもしれない。この偈は次のような意味を語っている。仏陀や菩薩によって為されたすべてのことは、論理的計算や入念な準備に基づいたものではなく、もっとも自然で自由なかたちで、苦痛の必要性に対応して彼らの心の奥底から直接出てくるものである。この対応は、一切の人間的作為から完全に離れたものである。なぜなら、仏陀がそうすることには、いかなる苦労もないからである。彼が行うすべてのことは、まるで自然そのものの活動のようなものである。彼の人生は、善と悪の絶望的闘争によって特徴づけられる人間の道徳性という狭い範囲を越えている。彼は無上の美の領域にいるのである。

(16) 「無自性」とは、事物が独立した存在性を持たず、そのアイデンティティーを永遠に保持するような自己特性を持たないという意味である。この説に関しては、すでに「無我説」を扱う章で説明した。簡単にいえば、闇と光は互いに相手を条件づけており、闇がなければ光はなく、反対に光がなければ、闇というものの意味もなくなってしまうということである。同じことが悟りと無知についても言える。両者が互いに独立したものであるとするなら、両方ともが存在し得なくなり、理解不能となる。それはあたかも混乱した主観性によって空中に映し出された想像上の花のようなもので、ただの観念的な作り物にすぎないものとなる。我々が下界すなわち相対性の世界で生きているということを忘れて神にしがみつくことは、神のことを考えずに世俗的喜びの渦に身をまかせて生きるのと同じくらい一面的なことなのである。しかし人生というものは対立的なものではなく統合的なものである。真理は決して一面的ではない。それはいつでも中道にある。したがって悟りは、無知と誤謬の中に求められねばならない。仏教徒は、世界と人生を二元論的に解釈することを認めない。ここで表現されている思いを、別の箇所で引用したエマーソンの詩の次の一節と比較せよ。「世の事どもの泥、芥のその内にいつもいつも、歌うものはいる」。

(17)　*The Kāśyapaparivarta Sūtra*（南条目録第八〇五番）。

〔訳注〕『大迦葉問大宝積正法経』（大正大蔵経第一二巻、第三五二番）二〇五ページ上段、一一行目。

(18)　この意味は以下のとおり。菩薩は、いかなる個別存在も区分されない「絶対存在」に完全に包含されてしまうことを決して望まない。彼はいつも、いわゆる「生きる意志」を大事に持っていて、時として、この個別化の世界へとやってくる。彼が破壊したのは、意志のもつエゴイスティックな主張なのである。なぜなら仏教の目的は、人生の永遠の基本原理を除去することではなく、それを本当の意味において顕しだすことだからである。それゆえ菩薩の望みは決して自己中心的にはならない。彼は輪廻転生が苦しみに満ちたものであるということを知っている。しかしその輪廻転生に依る以外、自分自身をこの罪の世界に参入させ、そしてそこで苦しんでいる衆生を救いだせる道はないので、決して人生の悲惨を避けようとはしない。彼の驚嘆すべき仕事は、常に変わることなく遂行されるのである。

(19) *The Mahāyāna-mūlajāti-hṛdayabhūmi-dhyāna Sūtra*(第四巻)。
〔訳注〕『大乗本生心地観経』(大正大蔵経第三巻、第一五九番)三〇九ページ中段、四行目。

(20) 悟りの前に立ちはだかる二種の偏見あるいは障害とは、(一)知的な近視眼性から生じるものと、(二)心の不浄性から生じるものとである。

(21) *Sūtra on Mahākāśyapa's Question Concerning the Absolute.*
〔訳注〕鈴木はここに出典として Sūtra on Mahākāśyapa's Question Concerning the Absolute という経典名を注記する。ところがこれは今まで何度も、鈴木自身が Kāśyapaparivarta の名で引用してきた『大迦葉問大宝積正法経』(大正大蔵経第一二巻、第三五二番)のことを指している。つまり鈴木は同一経典をまったく異なるタイトルで指示しているのである。理由は不明だが、同様の杜撰さは、付録に付された注の全体に現れている。『大迦葉問大宝積正法経』(大正大蔵経第一二巻、第三五二番)二〇一ページ中段、一六行目。

(22) *The Suvarṇa-Prabhā Sūtra.*
〔訳注〕『金光明最勝王経《こんこうみょうさいしょうおうきょう》』(大正大蔵経第一六巻、第六六五番)四五二ページ上段、一三行目。

(23) *The Suvarṇa-Prabhā Sūtra* 巻二六。

〔訳注〕前掲書（注22）四五一ページ下段、二七行目。

(24) *The Padmapāṇi Sūtra* 巻八。

〔訳注〕『華手経《けしゅきょう》』（大正大蔵経第一六巻、第六五七番）一九五ページ上段、二三行目。

次の注番号が27へとんでいる理由については、四六九ページ訳注「付録」（二二）参照。

(27) *The Avataṃsaka Sūtra* 巻九、四八ページ。この「一にして一切なるもの」という汎神論的思想は、仏教的なものと一般には考えられている。しかし実際のところは、純粋な宗教的感情ならどのようなものであれ、結局はこのような確信に辿り着くことになる。いわゆる超越的一神教であるキリスト教においてさえ、「天にましますわれらが父」という考えと対照をなす汎神論的考えが、大胆に主張されていることがわかる。たとえば、トマス・ア・ケンピスの次の言葉を見よ。「彼にとって、一切の事物は一である。彼は一切の事物を一へと還元する。そして一切の事物を一なるものと見て、寂静な心を楽しみ、神の平和に住する」（第三章）。「父は私のうちにあり、私は父のうちにある」と語るヨハネの福音も、論理的にせんじつめれば、有情、非有情を問わずすべての存在のうちに法身の顕現を認める仏教徒と同じ気持ちを表していることになる。今日のキリスト教はパウロの書簡に基づくものであるが、おそらく将来はそのキリスト教もさらに発展して、ヨハネが感じていたようなものに変わっていくであろう。

〔訳注〕『大方広仏華厳経《だいほうこうぶつけごんぎょう》』（大正大蔵経第九巻、第二七八番）四五三ページ中段、八行目。

(28) *The Avataṃsaka Sūtra.*

〔訳注〕前掲書（注27）四四三ページ下段、七行目。

(29) *The Avataṃsaka Sūtra.*

〔訳注〕 前掲書(注27)四四三ページ下段、二九行目。

訳注

序論

（一）鈴木は本書を著すにあたって、『大乗起信論《だいじょうきしんろん》』を最も根本的な資料として用いている。それはここで述べられているように、馬鳴《めみょう》作の『大乗起信論』が最も古い大乗の概説書であり、そこからその後の大乗が様々に展開したと鈴木自身が考えているからである。本書で鈴木が語る大乗の基本構造は、真如あるいは法身とよばれる汎神論的絶対存在が宇宙を包含しており、それが慈悲と智慧を顕して現実世界の個々の衆生の中で活動するというものであるが、それはこの『大乗起信論』から導かれるものである。しかし、『大乗起信論』が最古の大乗哲学書であるという説は、その後の仏教研究によって否定されている。それどころか、インドでつくられたという説さえ疑問視されており、中国で創作された可能性もある。たとえそれがインドでつくられたものであったとしても、思想内容から見てかなり後代の成立であり、大乗仏教全体を語るための基盤として利用できるものではない。そこには仏教というよりむしろヒンドゥー教的要素が色濃くあらわれてきている。本書で鈴木が語る大乗仏教の概念は、一見キリスト教的一神教にきわめて近似しているようにみえるが、それは、後代の大乗仏教が周囲のヒンドゥー世界から導入した諸要素のせいであろう。本来、大乗仏教というもの自体、ヒンドゥー文化の影響を受けて成立した可能性が高いが、それが後代に至ってはヒンドゥー化の度合いを一層高め、シャカムニ以来の仏教の特質を喪失していく。『大乗起信論』はまさにそういった段階の仏教で成立した論書なのである。したがって『大乗起信論』を基盤として語られる本書の大乗仏教思想は、決して大乗全般に通じる本質を解明するものとはなり得ていない。あくまでヒンドゥー化の進んだ後代の大乗思想を、しかも鈴木大拙個人の思いによってかなり脚色して語るものであるという点にくれぐれも注意すべきである。

第一章

(一) Jean Baptiste de Monet, chevalier de Lamarck(一七四四—一八二九)。フランスの生物学者。神の介入を考えなくても生命の起源および種の変化を説明できると主張した。その進化論は用不用説、獲得形質の遺伝によって特徴づけられる。一八〇九年、自著をナポレオンに献呈したが理解されなかった。

(二) 鈴木は「nidāna」というサンスクリットを示すが、「十二縁起」という場合の「縁起」の原語は「nidāna」ではなく「pratītyasamutpāda」である。

(三) (一二)番目の項目は「生から老死(jarāmaraṇa)が起こり、そこから苦しみが生じる」というのが正しいかたちである。鈴木は老死を落としてしまっている。

(四) 『入楞伽経《にゅうりょうがきょう》』(大正大蔵経第一六巻、第六七一番)五三四ページ下段。

(五) 『証契大乗経《しょうかいだいじょうきょう》』(大正大蔵経第一六巻、第六七四番)六五三ページ下段、五行目。

(六) 漢訳原文は「陽焰」となっているから「かげろう」であるが、鈴木はこれを「gossamer」

と英訳している。

（七）原文は「旋火輪《せんかりん》」。これは車輪ではなく、火縄などを手に持って回転させた時、先端の火が残像現象によって丸い円を描いているように見える状態をいう。

（八）「動き、作用する一切の事物」の漢訳原語は「有為《うい》（つくられたもの）」である。

（九）新約聖書（新共同訳）「コリントの信徒への手紙　一」一五章二二節（『聖書』日本聖書協会。以下この掲出は略す）。

（一〇）前同書「マタイによる福音書」六章一〇節。聖書原文は「御国が来ますように。御心が行われますように、天におけるように地の上にも」。

（一一）前同、五章四四節。聖書原文は「敵を愛し、自分を迫害する者のために祈りなさい」。

（一二）前同、三章二節。

第二章

（一）鈴木は『入大乗論《にゅうだいじょうろん》』の作者堅意《けんに》のインド語原名を一貫して「Sthiramati」としている。確証がないので断定はできないが、「Sthiramati」ならば安慧《あんね》と訳される可能性が高く、堅意とあれば通常想定される原名は「Sāramati」である。したがって本訳書においては、鈴木の用語を変更し、この人物の名を「堅意（Sāramati）」とした。

（二）『入大乗論』（大正大蔵経第三二巻、第一六三四番）三六―四九ページ。

第三章

（一）ギリシャ神話で、ヘラクレスに退治された九頭を持つ水蛇。

（二）H. Maudsley, *Natural Causes and Supernatural Seemings*, London 1886.

（三）Alfred, Lord Tennyson『インメモリアム』第一一四番の前半部分。Robert H. Ross (selected and edited), Alfred, Lord Tennyson, *In Memoriam*, New York 1973, pp. 75-76.

（四）J. M. Guyau, *L'Irréligion de l'avenir*, Paris 1887. 英訳本は *The Non-Religion of the Future*, London 1897.

（五）『ファウスト』第一部の中、「マルテの庭」の場面。小西悟訳『ファウスト』（大月書店、一九九八年）一三二ページ。

第五章

（一）『大乗起信論《だいじょうきしんろん》』（大正大蔵経第三二巻、第一六六六番）五七六ページ中段。

（二）前掲書、同ページ下段。

（三）前掲書、同ページ上段。

第六章

（一）『勝鬘師子《しょうまんしし》吼《く》一乗《いちじょう》大方便《だいほうべん》方広経《ほうこうきょう》』（大正大蔵経第一二巻、第三五三番）二二一ページ下段。

（二）『大乗起信論』（大正大蔵経第三二巻、第一六六六番）五七七ページ中段。

(三) 迦毘羅。バラモン教の聖仙。

第七章

(一) 梶山雄一等共訳『原始仏典十、ブッダチャリタ』(講談社、一九八五年)第一二章第七八偈、一三八ページ。漢訳『仏所行讃《ぶっしょぎょうさん》』(大正大蔵経第四巻、第一九二番)二四ページ上段。

(二) ここには実際には八種しか挙がっていない。大地法は受、想に始まり全部で十の心所が含まれるが、そのうちの最初の二つ、すなわち受と想はそれぞれが五蘊のうちの独立した要素でもある。したがって、大地法の要素は全部で十種であるが、そのうち、行蘊に含まれるのは残りの八種である。鈴木はもちろんこのことを理解していたのであるが、八種と言うべきところを、間違って大地法全体の要素数で十種と言ったのであろう。

(三) *The Saṃyutta-Nikāya of the Sutta Piṭaka*, vol. 1, Pali Text Society 1884, p. 135.『雑阿含経《ぞうあごんぎょう》』(大正大蔵経第二巻、第九九番)三二七ページ中段。

(四) ここは大正大蔵経第一九巻、一〇七ページ下段—一〇八ページ上段の説明であるが欠落があるようである。原文から補って訳した。

(五) 原文から読むと、ここの意味は「もし複合体なら、それによって多くの人が形成されてしまうであろう。その場合、一体なにがおまえというものになるのか」となる。

(六) 新約聖書(新共同訳)「ガラテヤの信徒への手紙」二章一九・二〇節。

(七) Louis de la Vallée Poussin, *Mūlamadhyamakakārikās de Nāgārjuna avec la Prasannapadā*

Commentaire de Candrakīrti, Bibliotheca Buddhica IV, St-Pétersbourg 1903–1913, pp. 475–518.

(八) 「因果の法則は暫定的なものにすぎない」という言明は『中論』の相当箇所には見あたらない。鈴木の個人的見解か。

第八章

(一) 「無始」とは始まりがないこと、すなわち無限の過去から続いているという意味。

(二) 『ファウスト』第一部の中、「書斎」の場面。小西悟訳『ファウスト』(大月書店、一九九八年)四八ページ。

(三) 新約聖書(新共同訳)「マタイによる福音書」一六章二五節。

(四) 鈴木は業の個人主義的解釈を仏教が認めていなかったかのように語っているが、この個人主義的解釈こそは釈尊以来の仏教が本来的に主張していたものである。しかしその原則にも時とともに例外的事象が想定されるようになり、大乗仏教の発生によって決定的に崩壊する。鈴木は、その、後代の大乗仏教的な業概念をもって、仏教全体を包括しようとしているが、このような言い方は正しくない。

(五) 新約聖書(新共同訳)「マタイによる福音書」一〇章三〇・三一節。聖書原文は「あなたがたの髪の毛までも一本残らず数えられている。だから、恐れるな。あなたがたは、たくさんの雀よりもはるかにまさっている」。

(六) 文脈から見て、ここは「業は、再生や自己増殖ができない機械とは違う」と読みたい。否定辞をとるべきか。

（七）　V. Trenckner, *The Milindapañho*, London 1880(rep. The Royal Asiatic Society 1928), p. 47. 訳にあたっては、中村元、早島鏡正『ミリンダ王の問い　二』（平凡社東洋文庫、一九六三年）一二五―一二六ページを参考にした。

（八）　業はあくまで、輪廻する一個人の流れ（相続）における因果関係であって、ここで鈴木が言うような、家系の中で親子代々に業が受け継がれるなどという考えは仏教にはない。鈴木がそういった正しい業の基本概念を十分承知していることは、ここにいたる本文の内容から明らかである。それがこのあたりから突然、家系や伝統といった、業の伝達とは全く無関係な連続体をもちだしてきて、そこに業が保持されているという奇妙な説を主張しはじめる。過去にすぐれた業績を残した家系の子孫は、たとえその本人が凡庸な人物であっても尊敬されねばならないとする鈴木の強引な解釈の根底には、天皇家の権威を仏教の理論と噛み合わせようという意図が見て取れる。

（九）　新約聖書（新共同訳）「コリントの信徒への手紙　二」一五章五五節。

（一〇）　ジャンブ洲（閻浮提《えんぶだい》、Jambu-dvīpa）とは、仏教の宇宙観において、須弥山《しゅみせん》を囲んで東西南北にある四つの島のうちの南方にある島の名。ここに我々の人間世界があるとされている。

第九章

（一）　もちろんこれは、鈴木が信仰の対象とする、一部の大乗仏教徒による特殊な教義である。仏教全体が、このような汎神論的思想を承認しているなどと考えることはできない。

(二) F. Max Müller ed. *Buddhist Mahāyāna Texts, Sacred Books of the East*, vol. 49, 1894, part II, p. xiv.

(三) この法身に沿って鈴木は、一貫して「dharmakāya」というサンスクリット原語を用いる。本書においては、それを伝統的漢訳である「法身」という語に置き換えて訳す。

(四) 慈悲(love and compassion)。鈴木は「慈悲」を現す英語として「love and compassion」を用いるが、単に「love」という場合もある。本書では用法の違いを示すため、単に「love」とある場合には、それを「愛」と訳した。おそらく鈴木の思考においては英語 love の概念が、仏教でいう慈悲に対応しているのであろう。

(五)『大方広仏華厳経《だいほうこうぶつけごんぎょう》』(大正大蔵経第九巻、第二七八番)五九九ページ中段、一二行目。

(六) 鈴木が、自己の意志によって業の法則さえも制御しようとする絶対神的存在を想定していたことは明らかである。

(七) 新約聖書(新共同訳)「マタイによる福音書」六章二八―三〇節。聖書原文は「なぜ、衣服のことで思い悩むのか。野の花がどのように育つのか、注意して見なさい。働きもせず、紡ぎもしない。しかし、言っておく。栄華を極めたソロモンでさえ、この花の一つほどにも着飾ってはいなかった。今日は生えていて、明日は炉に投げ込まれる野の草でさえ、神はこのように装ってくださる」。

(八) ここで大拙が pūrva の語を除外している点に注意。また「praṇidhāna-bala」はあくまで「誓願力」であって、単なる「意志」ではない。この点は鈴木自身も承知しており、このあとの本文で、それについて自分の見解を語っている。しかしその論理は、無条件に絶対存在としての法身の実在を承認し、それと相容れない概念は、たとえそれが大乗仏教思想に厳として存在しているものであっても排除するというものである。ここに至って本書は、『大乗仏教概論』というテーマを逸脱し、鈴木自身の思想を語る独自の理論書という性格を露わにしてくる。鈴木が誓願思想を否定するために語る以下の文言は、鈴木自身が信仰する法身についても同じく適用され得るという点に注意せよ。

「これは感情爆発の一例なのである。強烈な宗教的感情の炎は、時として知性の範囲外にまで我々を連れだし、神秘と矛盾に満ちた領域へと引っ張っていく。それは正しい思考の尺度を飛び越えてなんでも擬人化してしまい、人間が日常感じるあらゆる感情と情熱を、あるひとつの対象――それは常識ある知性人が、あらゆるかたちの人の無力さを超越したものであってほしいと望むようなものである――へと帰してしまうのである」(本書二五九ページ)。

第十章

(一)　パーリ語文献が小乗仏教文献であり、サンスクリット語で書かれた文献が大乗仏教文献であるという単純な対応は成立しない。パーリ語文献にも大乗的思想を含むものがあるし、サンスクリット語文献にいたっては、阿含経や小乗部派の哲学書など小乗仏教に属するものが多量に現存している。

(二)　この情報が間違っていることについては、訳注「序論」(一)を参照。

(三) 義浄訳による対応箇所を示しておく。『金光明最勝王経《こんこうみょうさいしょうおうきょう》』(大正大蔵経第一六巻、第六六五番)四〇四ページ下段、二七行目。

(四) 経典の中の伝説によれば、シャカムニはチュンダという信者が供養したスーカラマッダヴァ(sūkaramaddava)と呼ばれる食物を食べたため、食中毒で亡くなったとされている。

(五) 『金光明最勝王経』(大正大蔵経第一六巻、第六六五番)四〇八ページ中段、一五行目。

(六) ここでは応身が「化身」といわれている。

(七) 『大乗起信論《だいじょうきしんろん》』(大正大蔵経第三二巻、第一六六六番)五七九ページ中段、二五行目。

(八) 新約聖書(新共同訳)「マタイによる福音書」七章六節。聖書原文は「神聖なものを犬に与えてはならず、また、真珠を豚に投げてはならない。それを足で踏みにじり、向き直ってあなたにかみついてくるだろう」。

(九) 前同書「コリントの信徒への手紙 二」三章一八節。

(一〇) 第一二章の誤り。

(一一) 新約聖書(新共同訳)「コリントの信徒への手紙 一」一二章四―一三節。

(一二) 長尾雅人『摂大乗論《しょうだいじょうろん》、和訳と注解』下巻(講談社、一九八七年)第十章、三一四ページ以下を参照。

(一三) 『金光明最勝王経』(大正大蔵経第一六巻、第六六五番)四〇八ページ下段、二二行目。

(一四) 『大方広仏華厳経《だいほうこうぶつけごんぎょう》』(大正大蔵経第九巻、第二七八番)六八六ページ中段、一八行目。

第十一章

（一）ここおよび次節に現れる鈴木の主張には仏教理解に関わる重大な問題があると訳者は考えている。「訳者後記」を参照。

（二）旧約聖書（新共同訳）「創世記」二章七節。聖書原文は「主なる神は、土（アダマ）の塵で人（アダム）を形づくり、その鼻に命の息を吹き入れられた」。

（三）新約聖書（新共同訳）「コリントの信徒への手紙 一」一三章一節。聖書原文は「たとえ、人々の異言、天使たちの異言を語ろうとも、愛がなければ、わたしは騒がしいどら、やかましいシンバル」。

（四）鈴木はここを「Nāgārjuna and Sthiramati on the Bodhicitta」としているが、実際には「Sāramati（堅慧《けんね》）」であって「Sthiramati（安慧《あんね》）」は誤り。

（五）大正大蔵経第三二巻、第一六六一番、五四一ページ中段。

第十二章

（一）原文は「evil」とある。しかし本当は「苦」である。

（二）原文は「一七」が抜けている。

（三）旧約聖書（新共同訳）「創世記」一章三節。聖書原文は「神は言われた。「光あれ。」こうして光があった」。

（四）新約聖書（新共同訳）「マタイによる福音書」六章二九節（訳注第九章（七）を参照）。

第十三章

(一) おそらく「大乗仏教徒」という意味であろう。

(二) 梶山雄一等共訳『原始仏典十、ブッダチャリタ』(講談社、一九八五年)第一三章五七—六五偈、一五二—一五三ページ。

(三) 大正大蔵経第三一巻、第一五八五番、五五ページ中段。

(四) 新約聖書(新共同訳)「コリントの信徒への手紙 一」七章三〇・三一節。聖書原文は「泣く人は泣かない人のように、喜ぶ人は喜ばない人のように、物を買う人は持たない人のように、世の事にかかわっている人は、かかわりのない人のようにすべきです。この世の有様は過ぎ去るからです」。

(五) Louis de la Vallée Poussin, *Mūlamadhyamakakārikās de Nāgārjuna avec la Prasannapadā Commentaire de Candrakīrti*, Bibliotheca Buddhica IV, St. Pétersburg 1903-1913, p. 521.

(六) 『維摩詰所説経《ゆいまきつしょせつきょう》』(大正大蔵経第一四巻、第四七五番)五四九ページ上段。

(七) 新約聖書(新共同訳)「コリントの信徒への手紙 一」一五章四七節。

(八) Ralph Waldo Emerson, *Manuscript Poems* の中の詩("Let me go where e'er I will"), *Ralph Waldo Emerson, Collected Poems and Translations*, The Library of America, vol. 70, 1994, p. 361.

(九) 大正大蔵経第三一巻、第一五九四番、一四七ページ中段、六行目。長尾雅人『摂大乗論《しょうだいじょうろん》、

和訳と注解』下巻(講談社、一九八七年)二三三―二三五ページ。

(一〇)　新約聖書(新共同訳)「マタイによる福音書」二一章一二・一九節。聖書原文は「イエスは神殿の境内に入り、そこで売り買いをしていた人々を皆追い出し、両替人の台や鳩を売る者の腰掛けを倒された(一二節)。道端にいちじくの木があるのを見て、近寄られたが、葉のほかは何もなかった。そこで、「今から後いつまでも、お前には実がならないように」と言われると、いちじくの木はたちまち枯れてしまった(一九節)」。

(一一)　『仏性論《ぶっしょうろん》』(大正大蔵経第三一巻、第一六一〇番)七九九ページ下段、三行目。

(一二)　『大丈夫論《だいじょうぶろん》』(大正大蔵経第三〇巻、第一五七七番)二六六ページ上段、二二行目。

(一三)　前掲書、二六三ページ下段、二三行目。

(一四)　前掲書、二六五ページ上段、五行目。

(一五)　前掲書、二六五ページ上段、一三行目。

(一六)　前掲書、二六五ページ下段、一八行目。

(一七)　前掲書、二六五ページ中段、一六行目。

(一八)　『維摩《ゆいま》詰所説経《きつしょせつきょう》』(大正大蔵経第一四巻、第四七五番)五四四ページ中段、二〇行目。

(一九)　ここは『大方広仏華厳経《だいほうこうぶつけごんぎょう》』(大正大蔵経第九巻、第二七八番)四八八―四九〇ページの内容をまとめたものである。

（一）　鈴木はここに出典を示さないが、それは『大乗本生心地観経《だいじょうほんじょうしんじかんぎょう》』（大正大蔵経第三巻、第一五九番）三〇二ページ中段、二三行目からの引用である。
（二）　鈴木はここに出典を示さないが、それは『大乗本生心地観経』（大正大蔵経第三巻、第一五九番）三二四ページ上段、二〇行目からの引用である。
（三）　『諸法無行経《しょほうむぎょうきょう》』（大正大蔵経第一五巻、第六五〇番）七五九ページ下段、一三行目。
（四）　『大迦葉問大宝積正法経《だいかしょうもんだいほうしゃくしょうぼうきょう》』（大正大蔵経第一二巻、第三五二番）二〇六ページ上段、二一行目。
（五）　前掲書、二〇七ページ下段、二〇行目。
（六）　前掲書、二〇六ページ上段、一行目。
（七）　前掲書、二〇八ページ下段、三行目。
（八）　前掲書、二〇七ページ中段、二八行目。
（九）　先の「無我と偏見」の項で鈴木は注をつけて、「以下の引用はすべて『大迦葉問大宝積正法経』（大正大蔵経第一二巻、第三五二番）からのものである」と言っているが、これは誤り。ここからは引用原典が『華厳経』に変わる。『大方広仏華厳経』（大正大蔵経第九巻、第二七八番）四二八ページ上段、六行目。
（一〇）　『大方広仏華厳経』（大正大蔵経第九巻、第二七八番）四二八ページ上段、一六行目。
（一一）　『大迦葉問大宝積正法経』（大正大蔵経第一二巻、第三五二番）二〇八ページ下段、一〇行目。傍線部のみ訳されている。

（一二）前掲書（注一一）、同ページ中段、二〇行目。
（一三）前掲書、同ページ中段、四行目。
（一四）前掲書、二〇五ページ中段、一二行目。
（一五）前掲書、同ページ中段、一八行目。
（一六）前掲書、同ページ中段、二四行目。
（一七）前掲書、同ページ下段、二行目。
（一八）前掲書、同ページ下段、九行目。
（一九）前掲書、同ページ下段、一五行目。
（二〇）前掲書、同ページ下段、二二行目。
（二一）鈴木はここに出典を示す注番号をつけていない。ところが注をみると、(25)番として *The Avatamsaka Sutra, sic.* という注が存在している。その(25)という注は本文のこのあたりに存在するはずであるのに、本文中の番号としては欠落しているのである。したがって本来はここに注(25)が対応していたものが、本文中でその注番号が欠落したのではないかと思われる。またさらに奇妙なことに、ここで引用される大海の十相に関する偈は『華厳経』(Avataṃsaka Sūtra)ではなく、『思益梵天所問経《しやくぼんてんしょもんぎょう》』あるいは『勝思惟梵天所問経《しょうしゆいぼんてんしょもんぎょう》』から引かれたものである。注番号が欠落したうえ、その内容も間違っているのである。付録の作製時になんらかのトラブルがあったのではないかと推測される。
『持心梵天所問経《じしんぼんてんしょもんぎょう》』（大正大蔵経第一五巻、第五八五番）二八ページ下段、一四行目。

『思益梵天所問経』(大正大蔵経第一五巻、第五八六番)五八ページ中段、四行目。

『勝思惟梵天所問経』(大正大蔵経第一五巻、第五八七番)九二ページ中段、五行目。

また注(26)も、本文中の注番号が欠落しており、どの部分に対しての注なのかが分からなくなっている。注(26)の内容は以下のとおり。

「本来清浄で永遠な菩薩の心というものは、法を学ぶことにより、外部からなにかが付加されるということはない。なぜなら法とは、菩薩自身の心の表現にほかならないからである」。

訳者後記

佐々木　閑

日本が生んだ世界的宗教者、鈴木大拙の膨大な著作は、その大半が、三度にわたって刊行された『鈴木大拙全集』に収められており、鈴木の思想を理解するための情報はここに尽くされているというのが大方の見解であろう。しかし、英文で出版され、いまだ日本語に翻訳されていない鈴木の著作は実に二十点を超えており、鈴木の思想を歴史的に把握するためには、それら全集に含まれない著作にも注目しておく必要がある。

今回訳出した『大乗仏教概論』は、そういった本邦未訳資料の中、若き日の鈴木大拙が自己の仏教理解を西欧に向かってはじめて正面切って主張したという点で、きわめて重要な位置に置かれるべき著作である。鈴木大拙三十七歳。十年を越すアメリカでの修練も終わりに近づいたこの時、達意の英語力を自在に駆使しながら、西欧世界に大乗仏教の真髄を紹介するというスタイルのもとに自己の境地を存分に語った本書は、その後、鈴木が国際的活動を展開する、その原点となるものであった。私(佐々木)はこのあとがきで、本書が語る鈴木の思想と、それに対するベルギーの碩学ルイ・ド・ラ・ヴァレー・プサンによる強烈な批判を軸として、鈴木の思想のプラス面、マイナス面を明らかにしていきたいと考えている。

以下、鈴木に対する批判的な言辞も多々表出することになるが、ここで一言ことわっておかねばならないことは、私が批評の対象としているのは、仏教思想紹介者としての鈴木であり、禅研究者としての鈴木ではないという点である。鈴木の仕事は仏教思想の紹介と、禅の研究および啓蒙という異なる二分野に分けられると思うのだが、後者に関しては、専門でない私には評価能力はないし、また本書のあとがきとして取り上げるべき問題でもない。ここで論ずるのはあくまで前者、すなわち仏教思想紹介者としての鈴木の仕事の内容なのである。

まず鈴木大拙の簡略な伝記と、本書の成立状況を述べておく。

明治三(一八七〇)年、金沢の医者の家に生まれた鈴木大拙(本名貞太郎)は、幼くして父に死なれ、経済的にかなり苦しい状況の中、母の手によって育てられた。石川専門学校付属中学校から、学校制度の改革により、第四高等中学校の予科三年に編入学する。今の金沢大学である。しかし家計の事情で、鈴木はここを卒業することができず中退せざるを得なかった。だがその短い在学期間には、後の鈴木の生き方を決定づける多くの要素が揃っていた。鈴木はこの時期、多くの英文書籍に親しみ、特にエマーソン、カーライルの影響を受ける。ここに英語の達人鈴木大拙の原点がある。北条時敬《ときたか》という数学教師の指導を受けたが、彼は鎌倉円覚寺の今北洪川《いまきたこうせん》老師のもとで修行したこともある禅者であった。この北条の影響で鈴木は禅や東洋思想というものに大いに興味を持つ。この経験の延長には、やがて二十五歳にして悟りをひらく、すぐれた禅修行者鈴木大拙がある。そして同級生には西田幾多郎がいた。これは言うまでもなく、世界的仏教思想家としての鈴木大拙を生み出す希有なる機縁であった。

このような縁に恵まれながらも、やむを得ぬ事情により中学校予科を中退した鈴木は、十九歳にして能登飯田小学校高等科の英語教師となる。翌年には石川県美川小学校高等科にかわるが、その直後、母と死別する。両親ともに失った彼は、二十一歳になった時、意を決して小学校教員の職を辞し、兄の援助を受けて上京して、東京専門学校(今の早稲田大学)に入学する。しかし学校の形式的な授業には全く興味が持てなかったため、先に聞いていた鎌倉円覚寺に今北洪川老師を訪れたところ、初めて会った老師の人物に心うたれ、そこにおいて坐禅修行に専心することとなるのである。やがて親友西田幾多郎が金沢から上京してくる。その西田の勧めにより鈴木は東京専門学校をやめて西田と一緒に東京帝国大学選科に入学し、勉学と参禅の生活を続けることになる。

今北老師は、若き鈴木大拙に最も影響を与えた傑出した禅者であったが、残念なことに鈴木が円覚寺へ通い出した翌年の明治二十五年、脳溢血のために急逝してしまう。しかしその跡を継いで円覚寺管長となったのが、三十三歳の若き僧堂師家、釈宗演であったことは、鈴木にとっての大きな幸運であった。宗演という人物は、旧来の伝統に籠もることなく、国際的な舞台でも堂々と禅を語ることのできる、希有な禅僧であった。スリランカで南方仏教の修行生活を体験したり、中国、欧米へ出掛けて日本の禅を紹介するなど、その活動の場はまさに国際的であり、育てた弟子の数は千を越え、外国人の弟子さえいた。師、釈宗演と、弟子、鈴木大拙。日本の禅を世界的思想へと広げていくための人材として、これはうってつけの師弟であった。

明治二十六(一八九三)年、シカゴで開催された世界宗教会議に出席して講演する宗演のために、鈴木は講演原稿を英訳している。このあたりから、東洋思想を欧米に紹介するという鈴木の仕事が、明確な輪郭をとりはじめるのである。その三年後、明治二十九年は、鈴木にとってきわめて重要な年となった。釈宗演の指導のもと、鈴木はついに悟りをひらくことができたのである。二十六歳であった。仏道修行者としての一関門を越えた鈴木は、このあと国際社会へと身を投じていく。

明治三十(一八九七)年、二十七歳の鈴木は、宗演の推薦でシカゴのポール・ケーラスという学者のもとに渡り、オープン・コート社という出版社の編集を兼務しながら、東洋思想を英語に翻訳するケーラスの仕事の手伝いを始めた。この最初の渡米は実に十三年の長きにわたるもので、この期間に、東洋思想の紹介者としての鈴木の能力は完成の域に達したのである。この米国滞在中、鈴木は『大乗起信論』の英訳をはじめ、多くの翻訳、研究論文を発表したが、その集大成ともいうべきものが、大乗仏教の真の思想を正しく西洋世界に知らしめることを目的として書かれた本書『大乗仏教概論』(*Outlines of Mahāyāna Buddhism*)だったのである(一九〇七年出版)。この本は、鈴木が自分の言葉で、大乗仏教の真の意義と、その理想を誇り高く主張したものであり、完璧ともいうべき美文とあいまって、その後の西欧社会に強い影響を与えることとなった。いわば鈴木大拙という思想家のデビュー作である。

本書出版の翌々年の明治四十二(一九〇九)年、三十九歳の鈴木は十三年ぶりに帰国し、ただちに学習院および東京帝国大学で英語講師として教鞭をとることになる。そのあとは順風満帆、日本の思想界を代表する国際人として、その活躍は一気に加速していく。『日本的霊性』をはじめとして、日本人の心に脈打つ独自の活動性を宗教という側面から明確化し、それを西欧社会に伝えるという仕事により、「東西文化の橋渡し」としての評価は揺るぎないものになっていったのである。九十六歳になった鈴木が急逝したのは昭和四十一(一九六六)年七月のことであった。日本の禅を世界の「ZEN」に拡大し、思想文化に新たな波を起こした国際人、鈴木大拙の影響は、本人の死後も消えることなく、現在も世界各地にその果実を実らせている。おそらく科学的合理性と宗教的直観性の融合が求められる二十一世紀の新たな局面において、鈴木の残した遺産に注目する人の数はますます増えていくことであろう。

ここに訳出した『大乗仏教概論』は、その英文の出版から約百年、著者の死からは約三十八年という長い年月を経て、今、日本にはじめてその全容が示される、鈴木大拙最初期の思想書である。出版時の状況は先に述べたとおり。鈴木大拙アメリカ修養時代の総決算ともいえるきわめて重要な位置に置かれる著作である。そこには、西欧キリスト教社会に正面から挑みかかろうとする鈴木の気概と義憤が充ち満ちている。この本の英語原本は総ページ数四百二十ページ。堂々たる大著である。ではなぜ、これほどの著作が、今まで日本語に翻訳されなかったのであろうか。実は、これにははっきりした理由がある。鈴木自身がこの本を封印してしまいたいと考えていて、日本語訳はおろか、英語原本の再版さえも許可しようとはしなかったのである。秋月龍珉著『世界の禅者』(岩波書店、一九九二年)の語るところによれば、この"Outlines of Mahâyâna Buddhism"の再版を望む声はずいぶん高かったが、鈴木はこれを、若いときの未熟な著書、今からみると書き直さねばならぬものとして再版を許可しなかったという。「それでもわしが死んだら、どうなるか」と心配を口に出すほど、鈴木はこの本が再版されることを嫌がっていたのである。英語原本の方は鈴木の心配が的中し、すでに鈴木存命中に、著者の許可がないまま無断で再版されてしまった。しかし日本語訳の方は、鈴木の存命中はもちろんのこと、死後も、今日にいたるまで実現しなかった。本書には志村武によるすぐれた部分訳があるが、それも実際には、全訳を目指しながらも、鈴木の意志を尊重する立場から、やむをえず部分訳として出版せざるを得なかったという事情がある。しかし時は過ぎ、時代は変わり、もはやこの本を日本人に対してだけ封印しておくことに意味はないという思いが大勢となり、ついに今こうして日本語訳が刊行されることになったのである。

鈴木が本書の再版を嫌った理由は、その内容の未熟さにあるという。ではどこがどう未熟なのか。もし本書が未熟で不完全なものであるというのなら、その後の鈴木は本書で語られる思想をどのように変更することで、より完全なものへと進んでいったのか。この点に関して、鈴木自身は具体的にはなにも語っていない。我々がこの問題の答を知るためには、本書の内容を我々自身で吟味せざるを得ないのである。しかし、手だてはそれだけではない。本書に対して非常に厳しい批判を加えたベルギーの仏教学者ルイ・ド・ラ・ヴァレー・プサンの書評が、本書の問題点をきわめて明確に示しているのである。そしておそらくは、この書評こそが、鈴木に自己の思想の未熟さを自覚させた原因であったものと思われる。鈴木がこの書評の存在を知らなかったはずはない。ド・ラ・ヴァレー・プサン（一八六九―一九三八）は当代きっての、いやそれどころか、古今東西、現在に至る仏教学の歴史の中でも最大最高の学者である。その業績についてここで詳細を語る余裕はないが、ド・ラ・ヴァレー・プサンがいなかったなら世界の仏教学の状況は今と違ったものになっていたと言いうるほどに学界に大きな影響を与えた仏教学者である（以下、彼の名をプサンと略称する）。そのプサンが、英国において最も権威あるアジア学雑誌“The Journal of the Royal Asiatic Society of Great Britain and Ireland”の一九〇八年号（八八五―八九四ページ）に載せた書評である。鈴木の目に触れないはずはない。そしておそらくは、その結果として、鈴木は本書の封印を決意したのであろう。以下、そのプサンの批判の要点を簡略に提示する。

冒頭でプサンは、仏教など古代インドの思想を研究する場合に、その哲学原理の内容に深く関わりすぎ、それを現代の思考形態で無理に解釈しようとすることの危険性を強く警告する。それは人をおそるべきアナクロニズムに引き入れるものなのである。そして、その意味から、鈴木の『大乗仏教概論』は厳しく批判されるべきものだという。すぐれた文学的技法を駆使し、敬虔な宗教的情熱によって書かれたこの本は、多くの読者によって称賛されるものではあろうが、しかし鈴木が語る大乗仏教というものは、ヒンドゥー教を代表する哲学であるヴェーダーンタ哲学や、ドイツ哲学に染まったものだというのである。この箇所の注においてプサンは、ワッデルやモニエル・ウィリアムスに対する鈴木の批判がいかに不当なものであるかを詳細に語る。たとえばモニエル・ウィリアムスは「大乗仏教徒たちは涅槃の本当のかたちを変更し、それを天界における夢のような至福というイメージに変えてしまった」と主張するが、これを鈴木は「ばかばかしくて反論に値しない」として切り捨てている（本書三二一―三三ページ）。プサンはこの鈴木の態度を厳しく批判する。浄土系経典などの極楽のイメージはまさにモニエル・ウィリアムスの言うとおりだからである。自分に都合のいい資料だけを利用し、都合の悪い情報は無視するという鈴木の態度にプサンはかなりの怒りを感じているようである。

このあとプサンは、鈴木の思想の問題点を分析していくのだが、その前に、本書のサンスクリット語の杜撰さを指摘する。たとえば、廻向（pariṇāmanā, puṇyapariṇāmanā）を parivarta としたり、saṃvṛtisatya（世俗諦）を saṃvṛtisatya とするなどの間違いが取り上げられている。サンスクリットの杜撰さは本書の信頼性を損なう重大な要因のひとつである。私自身、本書を和訳するなかで、サンスクリット表記の間違いの多さには困惑させられた。おおよその見当でいえば、間違いの度合いは、表記箇所の約八割にのぼる。これもまた、厳密な文献学を重んじるプサンには許し難いことであったろう。そしてそれに続いて、鈴木の主張に対する本格的なプサンの批判が始まるのである。その概要は以下のようなものである。

大乗仏教と我々が一括して呼んでいる宗教運動は一元的なものではない。そこには異なる多様な教義が併存している（これは最近の学界においてとみに強調されるようになってきた事実であるが、百年前のプサンはそのことを十分承知していた）。それゆえ、鈴木が大乗思想であると主張している思想を、実際には絶対に大乗仏教のものではないといって否定することはできない。多様な大乗思想の中には、鈴木が主張するような思想があった可能性も残るからである。しかし問題は、鈴木が大乗仏教の多様性を真剣に考慮せず、あたかも自分が主張する特異な汎神論を、真の大乗仏教であるかのように言い立てるところにある。彼の言う大乗仏教は、実際には仏教というより、ヴェーダーンタあるいはヘーゲル哲学に近いものである。鈴木が考える大乗仏教は、龍樹《りゅうじゅ》や無著《むじゃく》の主張とは違うし、『無量寿経』や『入楞伽経《にゅうりょうがきょう》』の思想とも、さらには密教的イデオロギーとも異なる、全くの別物なのである。確かに大乗は時代の流れの中で次第にヒンドゥー教に吸収されていくのであるが、それでもそこには大乗固有の特性というものは厳として存在するのであり、大乗仏教をヴェーダーンタと同一視することなど許されるはずがない。ところが鈴木は、両者を完全に混同している。彼は軽率にも、法身《ほっしん》を宇宙の究極原理、移ろいゆく諸現象の存在論的基体であると考えるが、これは大乗仏教の考えではない。

さらに鈴木は、大乗仏教をヴェーダーンタ的に解釈するだけでは満足できず、法身＝自発的意志(Spontaneous Will)というアイデアをだしてくる。法身とはあらゆる場所に遍在し、常に作用し続ける自発的意志であり、それは生き物たちに最大の利益をもたらすために自己を顕すのだというのである(したがって釈迦もキリストもマホメットも、同じ尊敬を受けるべき法身の顕れということになる)。「法身の意志」などという考えは、インド大乗仏教の特質ではない。鈴木のこのアイデアは、誓願思想を勝手に改変するところから生まれてくるものである。菩薩が、未来世において一切衆生を救済するために仏となることを誓うという誓願の考えは、大乗の基本要素のひとつであるが、鈴木はその誓願を「法身の意志」と解釈することで、全く新しい概念を創出しているのである。

菩提心に関する鈴木の理解も間違っている。菩提心(bodhicitta)とは、菩提すなわち悟りを求める心、仏になりたいと望む心を意味する。鈴木が言うような、「法身が人の心に映し出されたものとしての知的心」、などという解釈は存在しない。阿耨多羅三藐《あのくたらさんみゃく》三菩提心《さんぼだいしん》についても、鈴木は「最高にして最も完全な智慧の心」と説明するが、これも間違いで、正しい意味は「完全な仏になりたいと望む心」である。

その菩提心を得た者が如来の胎児(如来蔵)と呼ばれるのであるが、鈴木は、この如来蔵についても、多くのページを割いて解説する。しかし、鈴木が自説の根拠としてだしてくる『入楞伽経』をよく読むと、その「内在する実在」を説く如来蔵のアイデアは、実際にはバラモン・ヒンドゥー思想におけるアートマンの概念と同質のものであり、それは単に初心者を入信させるための便宜的導入にすぎないと書かれていることが分かる。

鈴木のこの本を総括してみれば、そこにはタントリズムの原理を認める日本真言宗の視点が影響しているようである。その主たる教義は、「我々は誰もが本来は仏陀であって、神秘呪術的プロセスを通ることで、容易にその仏性を悟ることができる」というものである。鈴木が各所で引用してくる文章も、多くはこの教義に沿ったタントリックなものである。

以上がプサンによる批判の概要である。最後の如来蔵をめぐる議論には多少あいまいな点も見うけられるが、全体として、この批判はあたっている。本書で鈴木が大乗仏教の特質として説明する種々の思想は、決して大乗全体に適用できるものではなく、あえて対応を探すとすれば、ヒンドゥー化の進んだ後期密教にのみ見いだしうるものである。私が、このプサンの書評を入手できたのは本書の翻訳が完了する間際であり、それまでは具体的な書評内容を知らずに翻訳作業を続けていたのだが、その間つねに釈然としない思いに悩まされていた。プサンには遠くおよばぬながら、私も多少はインド仏教を学んだ人間である。その自分の知識と照らし合わせる時、鈴木の語る大乗仏教なるものの多くが、実際には大乗仏教とは似ても似つかぬ彼の創作であるということに気付かされる。間違いであることが分かっていながら、それを冷静に翻訳していくという作業は、存外に気疲れするものなのである。次に、プサンが挙げた点以外に、私が気付いた問題をいくつか並べてみよう。

① 鈴木は『大乗起信論』が馬鳴《めみょう》作の論書であり、かつ最も古い大乗の思想書であっ

て、そこからその後の大乗が様々に展開したと考えており、したがって『大乗起信論』を土台として大乗仏教の諸特性を語っていく。しかしこの情報が誤りであることはその後の研究において明らかとなっており、鈴木の議論はもはや通用しない（四五五ページの訳注「序論」（一）を参照）。ただし、そういった『大乗起信論』の資料的価値が疑問視されるようになったのは、本書出版の後のことであるから、鈴木本人にとっては不可抗力的過失である。

②　鈴木は一見、小乗仏教を同じ仏教の同朋として擁護するような姿勢を示しながらも、各所において、その劣悪性を指摘し、厳しく批判している。その基本主張は、小乗仏教は慈悲を重視せず、利他の教えを説かないから大乗よりも劣っているというものである。これは大乗仏教が小乗を非難する場合の常套句であるが、大乗の利他行というものは、業の因果則を無視したり、超世間的存在を想定するなど、本来の仏教にはなかった要素を認めてはじめて可能になるものだという視点が最初から欠落している。そういう意味で鈴木の小乗仏教批判は、論理性を無視した自説擁護の強弁なのである（四六〇ページの訳注「第八章」（四）を参照）。

③　唯識でいうアーラヤ識は、あくまで各個人のうちにある潜在的機能をさす。それが汎神論的存在として宇宙に遍満しているなどということはあり得ないことである。ところが鈴木は、なんの説明もなく、無条件に、アーラヤ識を宇宙的如来蔵などとい

った独自の造語と同一視することで、それを単一の宇宙原理という状態に移し替えてしまう。その当然の結果として、プサンが指摘するごとく、鈴木の思想は、仏教ではなくヴェーダーンタ哲学やあるいはキリスト教的一神教世界に近いものにならざるを得ない（二五六ページおよびそこに付された注(10)や、二五六—二六〇ページおよびそこに付された訳注(七)を参照）。

先のプサンによる批判点と、私の批判を一覧するなら、本書を構成する基本要素として鈴木がだしてくる諸概念のほとんどが、誤ったものであるということが分かる。それゆえ、個々の細かい情報に関しては正しいものも多いが、本書の第一目的である正しい大乗仏教の概念の提示には失敗しているのである。したがって、『大乗仏教概論』と銘打った本書の本当の内容は、大乗仏教の概論ではなく、大乗仏教を概論するつもりの鈴木が、大乗仏教の名のもとに自己の思想を開陳したものということになる。

これだけならば、本書は、鈴木が未熟な仏教理解を振り回して架空の大乗仏教像を世に紹介しようとしたお粗末な概説書という評価に終わってしまう。実際、プサンの書評はそのような評価を与えている。しかしながら、本書を日本人の目で見た時には、これとはまた別の興味深い様相が現れてくる。これは私の方から読者の方々に問うてみたいことなのであるが、本書で鈴木が示す大乗仏教のイメージに対して読み手はあまり違和感を感じないのではないかと思うのだが、どうだろうか。衆生救済の意志を持ってあらゆる場所に顕在する宇宙的単一原理の存在、自己の仏性を自覚することで瞬時に仏の境地を獲得できるとする悟りの瞬間性、個々人のうちに宇宙的意志の反映を見る一種の梵我一如性。これらはいずれも、我々日本人が普段親しんでいる仏教諸派がさかんに唱導している教義と同じではないのか。それゆえ多少とも日本仏教の教義に関心を持つ人なら、本書で鈴木が大乗仏教の思想として紹介する考え方の多くを肯定するであろうし、プサンやあるいは私が、それに対して批判的であることが納得できないかもしれない。そしてそこにこそ、本書の持つ重要性が現れているのである。

鈴木は自己の悟りの体験や、あるいはそれまで積み上げてきた仏教学の知識を、大乗仏教という広大な思想世界の説明原理として普遍的に適用しようとして失敗した。失敗の原因は、いうまでもなく、自分の悟りの体験や仏教の知識に、大乗仏教全体を統括するような普遍性がなかったからである。しかしその鈴木の説明を読んだ私は、それがインドの大乗仏教とは本質的に異なる内容であることを理解しながらも、その一方で、普段慣れ親しんでいる日本仏教との親近性を感じる。以上のことから導かれるのは、鈴木が自己の思想のベースとした日本仏教そのものが、本来のインド大乗仏教とは異質な仏教であり、それは仏教というよりむしろヴェーダーンタなどのヒンドゥー教哲学に近いものだという結論である。鈴木は、その日本仏教の特性を用いてインドの大乗仏教を説明しようとした。しかしインドの場合、仏教と平行して、より日本仏教に近い形態を持つヒンドゥー教という宗教が存在しているため、インド大乗仏教、ヒンドゥー教、鈴木の仏教思想という三者を比較することになり、その結果、「鈴木の思想はヒンドゥー教の方に近い」ということがはっきり目立ってしまうのである。つまり本書が示しているのは、「鈴木の思想がベースとしている日本仏教は、インド大乗仏教よりもむしろヒンドゥー教に近い考え方をする」という事実なのである。

プサンの書評を読んだ鈴木が、どれくらい事の重大さを自覚したかは不明であるが、少なくとも本書で著した自分の思想が、大乗仏教世界全体に通用する普遍的なものではないということは認識したはずである。だからこそ、鈴木はこの本を封印しようとしたのである。では、自己の思想の未熟さを知った鈴木としては、その後どのような方向を目指すことになるであろうか。方向は二つある。一つは自己の思想を変更して、より正確な仏教理解を目指す道。もう一つは、自己の思想そのものは変えずに、その適用範囲を大乗仏教世界全体から、日本あるいは極東という、適用可能な地域にまで縮小するというものである。その後の鈴木の著作では、この二つの方策の両方が、場合に応じて適宜使い分けられているように思える。たとえば『東洋的「一」』の中、「仏教生活と受動性」の箇所では、本書とほぼ同内容の思想を繰り返しながらも、宇宙的意志という概念が削り取られている。衆生救済の意志はあくまで菩薩の誓願というレベルにとどめられており、それを超越した宇宙的単一原理の意志といった概念は言及されなくなるのである。これは二種の方策のうちの前者である。

一方、同じ『東洋的「一」』の中の「東洋的「一」」の箇所(書名と同名の章)や、あるいは『日本的霊性』においては、後者のやり方が表れている。本書『大乗仏教概論』においては、鈴木は、日本の特殊性というものには全く言及せず、あくまで大乗仏教の普遍的特性を示すという態度で自己の思想を表明している。つまり自己の思想は、大乗仏教世界全体に即応するものだと考えているのである。これは本書に先立って出版された『新宗教論』とも共通する姿勢であり、この時期の鈴木には、自己の思想を日本という限られた地域に限定されたものとして考える態度は見られない。それが右にあげたような後の著作になると、思想内容には変更がないのに、それが「日本的」という形容つきで表明されるようになるのである。鈴木は、普遍的仏教真理として世に問うた自己の思想が、プサンの強烈な批判によって否定されたため、適用範囲を変更することによって新たに生きる道を見いだした。普遍的な場から局所的場へと思想の舞台を移し替えることで、自己の思想の活力を維持することができたのである。

鈴木はプサンの指摘を受けて、本書で示した思想の、過度にヴェーダーンタ的な部分をそぎ落とし、しかもそれを日本人に特有の思想という新たな装いのもとに西欧に紹介した。それゆえ西欧は、それを自分たちの価値観を脅かすライバルではなく、遠い未知の世界からもたらされた不思議な来客として安心して受け入れることになった。こうして、後の鈴木の思想は、キリスト教的価値観をまっこうから否定する敵対者としてではなく、むしろキリスト教的な要素を認めたうえで、そこに日本的オリエンタリズムの芳香を加えた穏やかな嗜好品として西欧に広まっていったのである。

本書を鈴木大拙という一思想家、一宗教者の著作として批評するなら、以上をもって文を締めるところであるが、私は本書に対して、また別の視点からの感想を持っている。それについて一言述べて、後記を終えたいと思う。

仏教は約二千五百年前、釈迦によりインドで生み出された宗教である。それははじめ、比較的少量の聖典を依りどころとして運営されていた。その聖典とは、阿含《あごん》という名で一括される経典群と、出家修行者の日常規則を決める律《りつ》と呼ばれる規則集である。阿含と律、この二種の聖典を絶対権威とする初期の仏教は、現在の仏教世界に見られるような幅広い多様性を持つ宗教ではなかった。すなわち本来の釈迦の教えというものは、ある特定の狭い幅に限定される教義を主張するものだったのである。この、宗教としては全くあたりまえの形態をもってスタートした仏教が、ある時期激変する。特定の教義にこだわらず、様々に異なる考えを広く受け入れていく寛容な宗教へとその姿を変えたのである。その結果が、大乗仏教と呼ばれる新しい宗教形態の発生である。この大乗成立のプロセスに関しては現在も研究が進行中であり、私自身もそういった学界の流れに身を置く一人なのであるが、ここはその詳細を語るべき場ではない。ともかく注目すべきは、仏説の多様性を認めるという共通認識をもった新しい仏教世界の中で、新規な思想が次々と登場し、それが大乗経典というかたちで続々と文書化され、聖典として伝持されるようになっていったという状況があったことである。

それらの大乗経典は建前としては釈迦の直説であるとされる。しかし実際にはそれらは、ある特定の作者のインスピレーションを核として作成される著作物である。そのインスピレーションは、それ自身としては作者個々人の体験に基づく個別のものであり、釈迦の教えとは直接の関係はない。しかしその本人にしてみれば、仏教世界に身を置き、修練を積んだ結果として感得したインスピレーションは、紛れもなく釈迦の教えの結果であり、それは釈迦の悟りの追体験にほかならない。そして仏教は、そういった人たちの「我が体験こそは釈迦が説いた真理の体現である」という主張をすべて承認するという、きわめて特殊な環境を持つ宗教世界なのである。ある特定のインスピレーションを感得した人たちの中で、その体験を文章として表現できる能力のある人は、それを釈迦の真の教えとして聖典化しようと考える。あくまでそれは釈迦の直説という建前での表出であるから、「私の個人的思想はこうだ」といった言い方にはならない。語られるのはあくまで釈迦の思想である。「ある時、お釈迦様は次のように語られました」というスタイルで、彼は自己の体験を聖典化していくのである。そこでは、すでに存在している先行聖典、たとえば阿含や律、あるいはその時までに広がっていた別の大乗経典などの文言、スタイルが取り込まれ、そこに作者独自の見解を示す文章が適宜埋め込まれることで、全体として、「釈迦の直説というスタイルをとりながら、内容は作者独自の体験を表現する」新しい聖典が生み出されることになる。このプロセスの繰り返しが、膨大な大乗経典を集積していったのである。

鈴木大拙の『大乗仏教概論』を訳してみて、私はこの本が、現代において生み出された新たな大乗経典であると感じるようになった。本書の根底には鈴木の悟りの体験がある。鈴木は当然のことながらそれを釈迦の悟りと同一線上にあるものと考え、したがって、その体験を土台にして仏教を正しく解き明かすことができると確信した。しかも鈴木には、その作業を可能にするだけの希有なる学識と文章能力が備わっていた。そこで鈴木は、先行する様々な仏教聖典を適宜利用し、さらには東西の哲学、文学の知識を駆使し、流麗なレトリックと率直な宗教的情熱によって本書を著した。そこに誕生したのは「釈迦の真の思想を世に知らしめるというスタイルをとりながら、内容は鈴木大拙独自の体験を表現する」、一冊の本であった。プサンはそれを、釈迦の真の思想を表すものではないし、大乗仏教を語るものでもないと批判する。確かにそれは論理的には正しい批判である。だがもし、本書を、仏教学という学問世界の中に含めず、仏教という宗教の流れに置いてみるなら、それは『般若経』や『法華経』などの経典と同レベルに並ぶ『大拙大乗経』とも呼ぶべき新たな聖典の誕生を意味していると思うのである。そしてその後も続々と出版された大拙系経典群は、多くの熱狂的信者を獲得し、大拙系仏教は今も脈々と生き続けているのである。

本書の翻訳作業に関しては、馬場紀寿氏に資料収集で大変お世話になった。心より感謝申し上げます。

解説

石井修道

二〇一六年歿後五十周年を迎える鈴木大拙（一八七〇―一九六六）が、禅を世界に広めた功績は誰しも認めることではあるが、そのことは大拙九十一歳の『也風流庵自伝』（一九六一年）の次の彼自身の言葉に集約されているといえよう。

　この禅というものに対して、近ごろまあアメリカの人が評判をするとか、ヨーロッパでも関心を持っておるというようなことになりだしたのはですね、ヨーロッパやアメリカから帰って来て、わしが英語で禅のことを書き出したという、そいつがまあ端緒になるでしょうね。それまでに禅のことをいうた人は、禅としていうた人は、ほとんどなかったろう。（中略）〔忽滑谷《ぬかりや》快天《かいてん》〕『武士の宗教』〔*The Religion of the Samurai: A Study of Zen Philosophy and Discipline in China and Japan.*〕とか〔大峡《おおはざま》竹堂〕『生ける宗教』〔*Zen: Der lebendige Buddhismus in Japan.*〕というような題で禅というものを書いた人はあったが、禅そのものを表から書いたのは、自分でしょうな。〔　〕は引用者の補足、以下同様。岩波書店『鈴木大拙全集』（一九九九年〜）、以下『全集』と略す。第二十九巻一五七頁）

また、大拙は本書の『大乗仏教概論』との関係についても、次のように振り返っている。

英語でそういうもの〔禅の本〕を書き出したというそのもとはですね、アメリカへ行っておって、（中略）「こりゃ、仏教のことを西洋の人は知らん」とね。そこで初めは禅のことでなくして、『アウトラインズ・オヴ・マハーヤーナ・ブディズム』と、所謂る『大乗仏教概論』というものを英文で書いたと。それがはしりになって、まあ『大乗起信論』を訳したのも機会だけれども、まあ大体、それから今度はこの禅に移ったわけですね。仏教も何だが、仏教のことを書く人はいくらでもあるし、それからパーリ語やサンスクリットをやる人もいくらでもあるんだから、それよりも禅のことを書くのは、ほかに今までにないんだし、それからわしがまあいくらかそういう点について素養があるだろうと思ったから、それで書き始めたわけなんですな。（同巻一六〇―一六二頁）

このように自他共に認めるところのものは、大拙が禅を世界に広めたことの功績こそ最大のものと言ってよいであろう。よく言われることであるが、禅の中国語のCHANが普及しないで、このように日本語のZENが世界に知られるようになったのは、大拙の活躍を抜きにしては考えられないのである。

既に本書の佐々木閑氏の「訳者後記」に、大拙の簡略な伝記を述べ、更にプサンの本書の批判や訳者の批判、特に本書と密接に関連する『大乗起信論』の大乗仏教史の位置づけの誤りを通して、佐々木氏は「鈴木の語る大乗仏教なるものの多くが、実際には大乗仏教とは似ても似つかぬ彼の創作」といい、その結果、「『大乗仏教概論』と銘打った本書の本当の内容は、大乗仏教の概論ではなく、大乗仏教を概論するつもりの鈴木が、大乗仏教の名のもとに自己の思想を開陳したもの」と結論づけている。

佐々木氏はそれらの論理的に正しい批判を前提に、一方では、改めて「本書の持つ重要性の現れ」について、「鈴木が自己の思想のベースとした日本仏教そのものが、本来のインド大乗仏教とは異質な仏教」であり、本書は「普段慣れ親しんでいる日本仏教との親近性を感じる」と言うのである。つまり、「本書を、仏教学という学問世界の中に含めず、仏教という宗教の流れに置いてみるなら、それは『般若経』や『法華経』などの経典と同レベルに並ぶ『大拙大乗経』とも呼ぶべき新たな聖典の誕生を意味していると思うのである」と述べている。ここでは、「訳者後記」に述べる「仏教思想紹介者としての鈴木」と「禅研究者としての鈴木」の二分野の内の、割愛された後者を中心に「本書の持つ重要性」との関連について触れておきたいと思う。

まず、本書が成立する前後の関連する大拙の主な動向をみてみよう。


明治二四年(一八九一)二一歳　円覚寺の今北洪川に参禅。

明治二五年(一八九二)二二歳　今北洪川遷化。釈宗演に参禅。

明治二六年(一八九三)二三歳　シカゴの万国宗教議会に出席の釈宗演の講演原稿の英訳。

明治二七年(一八九四)二四歳　「大拙」の居士号を受く。ポール・ケーラス著『仏陀の福音：*The Gospel of the Buddha.*』(佐藤茂信発行)の日本語訳書出版。

明治二九年(一八九六)二六歳　『新宗教論』(貝葉書院)処女出版。臘八摂心の時、釈宗演の下で無字を透過。

明治三〇年(一八九七)二七歳　イリノイ州ラサールのポール・ケーラス主宰のオープン・コート出版社員となる。(三十八歳まで)

明治三一年(一八九八)二八歳　「ひじ、外に曲らず」の自由と必然の悟り。

明治三三年(一九〇〇)三〇歳　"*Aśvaghosha's Discourse on the Awakening of Faith in the Mahāyāna.*"(Chicago, The Open Court Publishing Company)出版。

明治三九年（一九〇六）三六歳　英訳書 Soyen Shaku "*Sermons of a Buddhist Abbot.*" (Chicago, The Open Court Publishing Company) 出版。

明治四〇年（一九〇七）三七歳　"*Outlines of Mahāyāna Buddhism.*" (London, Luzac and Company) 出版。"*The Zen Sect of Buddhism.*" ("*The Journal of the Pali Text Society*" London, Henry Frowde) 発表。

本書の中で禅について述べるのは、わずかに禅宗の開祖とされる菩提達磨とその弟子の慧可のことに限られるが（一一八頁以下・一六一頁以下）、本書成立時には、既に大拙が個人的には禅を極めていたことは重要であろう。無字の透過のことについては、一九〇二年九月二十三日の西田幾多郎に宛てた書簡が残っていて参考になる（『全集』三十六巻二二二頁）。更に大拙はこの無字の透過に滞ることなく、自身の悟りの深まりを次のように語っている。

アメリカに渡る前の年の臘八の摂心で、まあ〝これだ〟ということがあったわけだが、その時はまだ、無我無中〔夢〕のようなものだった、と言うてよい。アメリカへ行ってラサールで何かを考えていた時に、〈ひじ、外に曲らず〉という一句を見て、ふっと何か分かったような気がした。〝うん、これで分かるわい。なあるほど、至極あたりまえのことなんだな。なんの造作もないことなんだ。そうだ、ひじは曲らんでもよいわけだ、不自由(必然)が自由なんだ〟と悟った。……ネセスィティ(necessity)とフリーダム(freedom)の問題というか、その頃ウィリアム・ゼームスなどが、しきりにそんなことを問題にしていた。カント以来、いやもっと前からだろう。西洋にフリー・ウィル(free will)とネセスィティの議論があるな。この経験があってからだ、どうも西洋の哲学というか、論理学というか、これはだめで、やはり禅でなくては、ということがわしにははっきりしてきたのだな。森本(省念)さん式に言えば、〝無字がつぶれて〟そういう形でそのとき改めてわしの自覚に入ってきたわけだ。(『人類の教師・鈴木大拙〈秋月龍珉著作集六〉』三一書房、一九七八年、一三九―一四〇頁)

ここに見られる「不自由(必然)即自由、自由即不自由」の主張が、後に大拙の構築した「般若の即非の論理」と結びつくことは容易に推測される。「般若の即非の論理」のことを本格的に論じた『金剛経の禅』(元来、一九四四年の大東出版社初版の『日本的霊性』に収む)の「般若の論理」で次のようにいう。

これから『金剛経』の中心思想と考えられるものを取り上げてお話しする。此は禅を思想方面から検討するということになるのである。まず第十三節……を延書きにすると、「仏の説き給う般若波羅蜜というのは、即ち般若波羅蜜ではない。それで般若波羅蜜と名づけるのである」、こういうことになる。これが般若系思想の根幹をなしている論理で、また禅の論理である、また日本的霊性の論理である。ここでは般若波羅蜜という文字を使ってあるが、その代りに外のいろいろの文字を持って来てもよい。これを公式的にすると、

　AはAだと云うのは、
　AはAでない、
　故に、AはAである。

これは肯定が否定で、否定が肯定だと云うことである。（『全集』五巻三八〇―三八一頁）

この「般若の即非の論理」を、具体的な禅の説法として取り上げた一九四三年初版の『禅の思想』（日本評論社）でみておくことにしよう。

吉州青原の惟信《ゆいしん》禅師と云うは黄龍《おうりょう》祖心の嗣で、宋代十一世紀の末頃の人であるが、その人に有名な上堂がある。

老僧三十年前、未だ禅に参ぜざりし時、山を見れば是れ山、水を見れば是れ水。後来、親しく知識を見て、箇の入処あるに至るに及んで、山を見れば是れ山にあらず、水を見れば是れ水にあらず。而今、箇の休歇《きゅうけつ》の処を得て、前に依りて、山を見れば祇《ただ》これ山、水を見れば祇これ水なり。大衆、この三般の見解《けんげ》、是れ同か、是れ別か。云云。(原漢文は省略)

これはどんな意味かと云うと、まだ禅も何もわからなかった時節には、世間並に、山は山、水は水と見て居た。それが後来お知識の下で入処(さとり)があったが、そのときは反対に、山は山でなく、水は水でないと云うことになった。近頃、休歇の処——即ち落著くところへ落著いた此頃は、山を見ると山、水を見ると水と云うことになった。この三様の見方は一つものか、そうでないか。さあ道《い》ってごらんと、云うのが惟信の説法である。般若の即非的論理は此にも見られる。まず常識的に分別上の肯定がある。それが全然否定せられて、分別はその根源のところで足場を失った。が、もう一つの転機に出くわしたら否定がもとの肯定に還った。無分別の分別が得られた、即非論理の過程を往還した。一寸見ると、これは単なる認識上の一事件のように考えられるかも知れぬが、その実、その人の上からすると、生活の事実経験において、今まで看取せられなかった機微の消息に触れると云うことなのである。(『全集』十三巻一七六—一七七頁)

この「般若の即非の論理」についても、筆者は起信論的思考があると考えている。本覚↓不覚↓始覚↓本覚の返本還源思想を論理的に解釈したものと思っている。ここではこの問題にそれ以上に深入りすることは避けることにしよう。

このようにして、〈ひじ、外に曲らず〉の一句の出会いによる大悟のことを論文発表したものが、「妄想録」(明治三十一年五月、北米イリノイ州片田舎にて)であり、雑誌『反省雑誌』に掲載された。冒頭にある次の説は後に述べる菩薩思想の問題と絡んで重要であろう。

倫理文学に、自利主義とか、利他主義とか曰うは、皆「理」の上の事也、客観と主観とを分別し、「我」と「我にあらざるもの」とを分別する意識の上より割り出したる事なり。故に「理」を離れたる人生の本能より見るときは、何等の閑分別ぞ。仏教が自利利他覚行円満の教えを主張するは、実に人心深奥の処に、「理」を超絶し、個人的本能を脱却したる一種幽妙の消息を認めたるによる。「理」のために束縛せられて自由自在なる能わざるもののみ、到底這裡《しやり》の風光を賞するを得じ。(『全集』三十巻一三九頁)

本書が成立した当時、既に以上述べたような大拙の徹底した大悟経験が知られる。そのことと、本書が「大乗とは菩薩の仏教にほかならず」(二三頁)の主張を基盤に展開しているが、その主張が大拙の禅と密接に関係があることは見落としてはならないと思われる。

　本書を著わすに当たって、大拙が大乗仏教の基本的な最初期の文献と思い込んだ『大乗起信論』について、岡部和雄氏は「英訳『大乗起信論』をめぐって」の中に興味深い指摘を残している。

> 　この論は、大乗の根幹をなす諸思想を体系化せんとしたはじめての試み(the first attempt of systematizing the fundamental thoughts of Mahāyāna Buddhism)であり、同時に、あらゆる大乗諸派が権威の源泉と仰ぐもの(a main authority of all the Mahāyānistic schools)であった(Introduction 四十五頁)。(中略)もともとインドで撰述された仏典にちがいない。しかもその著者が有名な仏教詩人「馬鳴」Aśvaghosa である。これほどお誂《あつら》え向きの仏典があろうか。狷介《けんかい》なキリスト教徒も少なくないアメリカ社会で毎日を送らざるを得ない大拙にとっては、『起信論』の冒頭に記されている「諸の衆生をして疑を除き邪執を去り信を起し仏種を紹がしめんと欲するが為の故に我れ此論を造る」(実叉難陀訳)の一文には、心底から共感

し、鼓舞されるものがあったにちがいない。

〔『起信論』の〕二訳のうち、後代に絶大な影響を与えた真諦訳を採らずになぜ実叉難陀訳を選んだのか。大拙はその理由を明言していないが、「于闐国の三蔵法師実叉難陀が梵本をもたらした」（作者不明の「新訳大乗起信論序」）という記述を史実と受けとめたこと、さらに実叉難陀は禅宗が重視したとされる『楞伽経』（大乗入楞伽経）も訳出したこと、に関連があるかも知れない。（『全集』三十五巻「月報」、二〇〇二年八月）

さらに岡部氏は大拙が梵本の発見を期待して手をつくしたが、可能性がないことを知って落胆したことに言及している。

後になっても、大拙は禅宗で大乗仏教を学ぶ捷径は、翻訳当時とほぼ同じ考えであった。『禅とは何ぞや』（大雄閣、一九三〇年）の中で、『大乗起信論』を次のように位置づけている。

禅宗では、やはり、『楞伽経』などを読むと同時に、『起信論』と云うものを御覧になる方がいいと思う。殊に『起信論』は薄い本である、（中略）これがよく判ったならば、そしてよく心得て居ったならば、それで仏教は納得せられて居ると云って

よろしい。大抵の人が、大乗仏教の大体を会得するには、この『起信論』で沢山だと思う。(『全集』十四巻二七二頁)

この『大乗起信論』の一九〇〇年の出版と正しく呼応するように、出版(五月自序)の翌年と言っても、わずか半年ばかり後の一月二十一日の西田幾多郎に宛てた手紙は、本書成立の経過を知る上でも、大拙の禅のことを知る上でも重要である。

予は近頃「衆生無辺誓願度」の旨を少しく味ひ得るやうに思ふ、大乗仏教が此一句を四誓願の劈頭にかゝげたるは、直に人類生存の究竟目的を示す、げに無辺の衆生の救ふべきなくば、此の一生何の半文銭にか値ひすとせん、自殺して早く茫々の処に行《ゆ》き去ること、余程気のきいたやうに思はる、真誠の安心は衆生誓願度に安心するに在り、之をはなれて外に個人の安心なるものあることなし、もしありとせば其安心は我執の窠[巣]窟に逃げこみて黒闇々の処に死坐せる安心なり、功名に奔走するの徒と何ぞ択ばん、我執の迷をはなるゝ能はざる点において、積極的なると、消極的なると、其揆一なりとす、/君は余りこんなことに心配せられざるかも知れざれど、予は始めて四句の願を聞きしとき、「煩悩無尽誓願断」が第一に来て其次に「衆生──」が来るのが当然かと思ひなりき、今にして之を考ふれば予は大に誤れり、

「衆生無辺誓願度」のために「煩悩無尽誓願断」なり、もし第一願なくんば煩悩何がために断ずる必要あらん、否、煩悩を断じ得る最要件は実に度衆生の願に在り、こんな事はどうでも可いやうに思ふものもあらんが、予はまことの安心は第一句にありて、第二句にあらずと信ず、／もしそれ然らずんば、吾はた何をくるしんで今日の境遇にぐづ〳〵してをらん／三十四年一月二十一日　貞太郎

（『全集』三十六巻二〇九頁）

この内容といい、時期といい、大拙の禅を考えるには、極めて重要な手紙といえよう。本書にも「四弘誓願」については、「第十三章　涅槃」の「結論」に「菩薩の大望は以下の句によって厳粛に表現されている。これは大乗仏教の寺院、僧院、学問所で毎日聞くことのできるものである」（三七八頁）として引用されているものである。この「菩薩の大望」のことは、本書の特に「第十一章　菩薩」の主張に承け継がれていくのである。

声聞や独覚とは異なるものとして菩薩を特殊化するこのような見解こそは、大乗仏教の最も重要な特性のひとつである。大乗仏教における菩薩は、自分の利益のためではなく一切の同胞の精神的幸福のために宗教的修行に励むのである。（中略）

しかし同じ仏教徒であっても、（中略）（声聞および独覚は）どちらも、心の平安を禁欲主義と冷徹な哲学的思索に求めた。両者はともに、消えた火にも喩えられる涅槃を得ることに専念した。彼らは一切衆生の幸福などは考えず、それゆえ、この世の罪と情欲から逃れ出ることができた時が修行の完成であり、そのあとさらに、自分たちの個人的悟りの至福を同胞たちにまで広げていこうとはしなかった。（本書二九二―二九三頁）

そのことは大拙五十五歳の比較的早い著書の『百醜千拙』（元来、中外出版社、一九二五年九月）の中の「『楞伽経』を読みて」に次のように書いていることでも確認できる。

大乗教の小乗教に異なる諸々の重要点中特に注意すべきは、大乗教が「衆生無辺誓願度」を説く所に在ると予は信ずる。玄妙深遠なる教理はともあれ、大乗教に此の一句の誓願あるがため、これをして宗教中の宗教とならしむるのである。如何なる宗教でも此の一句子《いっくす》がなくては其の真面目を発揮することが不可能である。小乗には、「煩悩無尽誓願断」はある、併し「衆生無辺誓願度」はない。（中略）維摩は「衆生病むが故に我病む」と云い、『法華』は「三界は我有なり、衆生は吾子なり」と説く、這般《しゃはん》の愛がなくては、大乗教は成り立たぬ。（『全集』十七巻二四〇頁）

大拙の大乗教に立つ立場が見事に言い表わされている。

そもそも大乗の主張は、師釈宗演の講演集の英語訳 “*Sermons of a Buddhist Abbot.*” にも見られるもので、大拙独自とは言えないであろう。その日本語版『閑葛藤』(民友社、一九〇七年)の「仏教とは何ぞ」(一九〇六年四月華盛頓《ワシントン》国民地理学会の講演)の一端を見れば、次のようにある。

此問題を解くに当つて先づ世人の所謂小乗仏教と大乗仏教との区別を明にするを要す。……故に小乗仏教は多少悲観的、厭世的、且つ倫理的(宗教的にあらず)して又た所謂出家的なり。随て仏の精神を完全に説きたるものにあらずして未だ人間の宗教心を満足せしむるには甚だ不充分なり。セイロン、ビルマ、暹羅《シャム》等に行はるゝ仏教は稍や小乗教の傾を有するも、現今日本に行はるゝ仏教は皆な大乗教なり。(『閑葛藤』八九―九〇頁)

この説は大拙の一八九六年の処女出版『新宗教論』(「宗教真義」と名づくも可、という)「第十二 宗教と道徳との区別」と同一の説となっている。

宗教の真髄は無辺の慈悲に在り。而して道徳の究竟は義務を尽すに在り。義務は寧ろ消極的意義を有し、慈悲は積極的活力を有す。義務は自己の存在を先決す。慈悲は本来無我を体とす。義務は限らるる所あり、慈悲は包まざる所なし。義務は現在的なり、慈悲は無量劫に渉る。義務は人類の間に行わる、慈悲は三界万霊を含む。故に、道徳は人なり、宗教は神なり。道徳は磊磊《らいらい》たる岩石の如し、宗教は炎炎たる熱火の如し。道徳は冷然たり、宗教は温然たり。道徳は秋霜なり、宗教は春風なり。道徳の前に立てば粛乎として容を改めざるべからず、宗教の傍に侍すれば悠然として心寛かずんばあらず。（傍点は釈宗演。『全集』二十三巻一一三頁）

この一節を読むと、恐らく誰もが若き大拙の大乗仏教という宗教を語る情熱がほとばしっているのに圧倒されることであろう。

このように、大拙をして順序として「煩悩無尽誓願断」を優先する考えがかつてあったのは、「己事究明」を第一とする臨済宗の伝統の中から帰結されていたものであろう。たとえば、大拙の説を代表することで知られている『仏教の大意』（元来、法蔵館、一九四七年九月。その元原稿は、一九四六年四月二十三と二十四日の両日にわたって天皇皇后両陛下のご進講の為に起稿したもの）に、次のように禅が自己の悟りを優先する独善性の傾向にあることを認めているところにも窺える。重要なことは、それを大拙の禅は明らかに否定しているのである。

日本の仏教では、禅は大智の面、浄土系は大悲の面を代表すると云ってよかろうと思います。禅は動《やや》もすると羅漢の独善性・逃避性に傾かんとするが、浄土系は菩薩と共に五濁の巷《ちまた》に彷徨するを厭わないのです。場合によると、禅はただの自然神秘主義だとか、自然に対する美的観照だとか、又は神に対する理性的愛だなどと評せられることもあります。しかしそれは誤っていると云うことは今更繰り返すまでもないと信じます。（『全集』第七巻七二―七三頁）

どのように大拙は否定したか。その著の最後を次のように結んでいる。

又或る時老婆が尋ねた、

「女人は五障の身だと申しますが、それはどうして免かれられましょうか。」

「誰もかれも皆極楽へ行ってくれ、わしだけはいつまでも苦海にいたいものです。」

これが趙州の答であった。禅者の大悲心にはまた独特の風調があると云ってよいと思います。（同巻七八―七九頁）

この趙州従諗（嗣南泉普願、七七八—八九七）の答えには補足の説明が必要であろう。大拙は「校訂国訳　趙州録の再版に因みて」（『趙州禅師語録』所収、春秋社、一九六四年）の中で、「自分としては、趙州が一婆子の問に答えて、「願一切人生天。願婆婆永沈苦海」（四三六章）と云った精神に、深い同感を持つものである」と述べる。

ここにも大拙の禅の根底に大乗思想の大悲の説があることがはっきりしている。

まだ大拙の禅に関しては言及しなければならないことも多々あるが、以上でほぼ大拙の禅と本書の中心思想の大乗仏教との関係を述べ、筆者の与えられた解説については一応、終わったと思えるので、ここに擱筆することとする。

最後に筆者の研究が及んでいない分野について、再び本書の成立の時代と背景に関してステファン・P・グレイス氏の二〇一四年度の博士論文『鈴木大拙の研究——現代「日本」仏教の自己認識とその「西洋」に対する表現——』（駒澤大学学術機関リポジトリ所収）の説を紹介して締めくくりたい。

大拙の本書には従来指摘したように、釈宗演の影響があることは、大拙の経歴からも当然のことであろう。いま一つステファン氏はジェームス・エドワード・ケテラー（James Edward Ketelaar）の *"Of Heretics and Martyrs in Meiji Japan: Buddhism and*

Its Persecution."(Princeton: Princeton University Press, 1993)や、特にジュディス・スノッドグラス(Judith Snodgrass)の"Presenting Japanese Buddhism to the West: Orientalism, Occidentalism, and the Columbian Exposition."(Chapel Hill: The University of North Carolina Press, 2003)の説に基づき、シカゴ万国博覧会の一部として開催された「The World's Parliament of Religions」(「万国宗教議会」)で日本の代表団が配布した『Outlines of the Mahāyāna as Taught by Buddha』(『大乗仏教大意』)というパンフレットの存在を次のように問題にしている。

大拙の事実上の処女作というべき一九〇七年の『Outlines of Mahāyāna Buddhism』(『大乗仏教概論』)は、当時の浄土宗学本校初代校長であったShintō Kuroda(黒田真洞)の著述にかかる、この『Outlines of the Mahāyāna as Taught by Buddha』(同じ一八九三年の『大乗仏教大意』の英訳)と、内容、構成、文体、さらにはレイアウトにいたるまで、非常に多くの共通点をもつ。両者があまりにもよく似ているので、大拙の『大乗仏教概論』が、黒田の『大乗仏教大意』に小許の変更を加えた「改訂増補版」のように見えるといっても決して過言でないほどである。シカゴ万国博覧会で配布された黒田の本を、大拙が見ていなかったとは考え難い。かりに直接読んだことがなかったとしても、大拙の仏教に関する表現が黒田の時代の知的パラダイムから決定的な影響を受けていたことは明白である。それは明治時代の新仏教すなわち「大乗仏教」のパラダイムを多分に含むものだったとSnodgrassは論じている。(同論文三三頁)

この説を承けて、ステファン氏は佐々木閑氏の「本書の持つ重要性」を次のように総括している。

佐々木も、この著作のなかの梵語の表記や仏教学の術語の使用に関する過誤を指摘しながらも、最終的にはこの書物を大拙の独自の思想を表現したものと認め、「『法華経』などの経典と同レベルに並ぶ『大拙大乗経』とも呼ぶべき新たな聖典の誕生を意味している」と評している。きわめて正当な評価と思われるが、ただし、その独自性は何も無いところから大拙が一人で考え出したものではなく、Ketelaar(1993)やSnodgrass(2003)が指摘するように、明治新仏教の思潮を継承しつつ独自の発展を加えたものだということも忘れてはならないであろう。佐々木のいう「大拙大乗経」は、また「明治新仏教の大乗経」でもあるのだった。(同論文七三頁)

このように本書の位置づけについては、大拙個人に限らず、広く明治時代の仏教の動向を視野に入れた考察も必要であろう。その研究の必要性をここでは指摘するに留めておきたい。

大拙の英文の本書が歿後四十年近くなってはじめて佐々木閑氏によって単行本として日本語に翻訳された。大拙の功績はまだまだ新たな方面から解明されねばならないが、その解明には埋もれた資料の公開も必要であろう。実際、近年になっても、英文の著述類をはじめ、その日本語訳が、目下、紹介しつづけられているのである。本書もまた大拙の解明の一助になり、大拙の研究が飛躍的に発展することを心から願っている。

大乗仏教概論《だいじょうぶっきょうがいろん》

2016年6月16日　第1刷発行
2024年5月24日　第6刷発行

著　者　鈴木大拙《すずきだいせつ》

訳　者　佐々木閑《ささきしずか》

発行者　坂本政謙

発行所　株式会社 岩波書店
〒101-8002 東京都千代田区一ツ橋 2-5-5

案内 03-5210-4000　営業部 03-5210-4111
文庫編集部 03-5210-4051
https://www.iwanami.co.jp/

印刷・精興社　製本・中永製本

ISBN 978-4-00-333234-4　　Printed in Japan

読書子に寄す

――岩波文庫発刊に際して――

岩波茂雄

真理は万人によって求められることを自ら欲し、芸術は万人によって愛されることを自ら望む。かつては民を愚昧ならしめるために学芸が最も狭き堂宇に閉鎖されたことがあった。今や知識と美とを特権階級の独占より奪い返すことはつねに進取的なる民衆の切実なる要求である。岩波文庫はこの要求に応じそれに励まされて生まれた。それは生命ある不朽の書を少数者の書斎と研究室とより解放して街頭にくまなく立たしめ民衆に伍せしめるであろう。近時大量生産予約出版の流行を見る。その広告宣伝の狂態はしばらくおくも、後代にのこすと誇称する全集がその編集に万全の用意をなしたるか。千古の典籍の翻訳企図に敬虔の態度を欠かざりしか。さらに分売を許さず読者を繫縛して数十冊を強うるがごとき、はたしてその揚言する学芸解放のゆえんなりや。吾人は天下の名士の声に和してこれを推挙するに躊躇するものである。このときにあたって、岩波書店は自己の責務のいよいよ重大なるを思い、従来の方針の徹底を期するため、すでに十数年以前より志して来た計画を慎重審議この際断然実行することにした。吾人は範をかのレクラム文庫にとり、古今東西にわたって文芸・哲学・社会科学・自然科学等種類のいかんを問わず、いやしくも万人の必読すべき真に古典的価値ある書をきわめて簡易なる形式において逐次刊行し、あらゆる人間に須要なる生活向上の資料、生活批判の原理を提供せんと欲する。この文庫は予約出版の方法を排したるがゆえに、読者は自己の欲する時に自己の欲する書物を各個に自由に選択することができる。携帯に便にして価格の低きを最主とするがゆえに、外観を顧みざるも内容に至っては厳選最も力を尽くし、従来の岩波出版物の特色をますます発揮せしめようとする。この計画たるや世間の一時の投機的なるものと異なり、永遠の事業として吾人は微力を傾倒し、あらゆる犠牲を忍んで今後永久に継続発展せしめ、もって文庫の使命を遺憾なく果たさしめることを期する。芸術を愛し知識を求むる士の自ら進んでこの挙に参加し、希望と忠言とを寄せられることは吾人の熱望するところである。その性質上経済的には最も困難多きこの事業にあえて当たらんとする吾人の志を諒として、その達成のため世の読書子とのうるわしき共同を期待する。

昭和二年七月

《東洋思想》〔青〕

- 易経 全二冊　高田真治・後藤基巳訳
- 論語　金谷治訳注
- 孔子家語　藤原正校訳
- 孟子 全二冊　小林勝人訳注
- 老子　蜂屋邦夫訳注
- 荘子 全四冊　金谷治訳注
- 新訂 孫子　金谷治訳注
- 荀子 全二冊　金谷治訳注
- 韓非子 全四冊　金谷治訳注
- 史記列伝 全五冊　司馬遷／小川環樹・今鷹真・福島吉彦訳
- 春秋左氏伝 全三冊　小倉芳彦訳
- 塩鉄論　曾我部静雄訳註
- 千字文　小川環樹・木田章義注解
- 大学・中庸　金谷治訳注
- 仁学 ―清末の社会変革論　譚嗣同／西順蔵・坂元ひろ子訳注
- 章炳麟集 ―清末の民族革命思想　西順蔵・近藤邦康編訳
- 梁啓超文集　岡本隆司・石川禎浩・高嶋航編訳
- マヌの法典　田辺繁子訳
- ガンディー獄中からの手紙　森本達雄訳
- ウパデーシャ・サーハスリー ―真実の自己の探求　シャンカラ／前田専学訳

《仏教》〔青〕

- ブッダのことば ―スッタニパータ　中村元訳
- ブッダの真理のことば 感興のことば　中村元訳
- 般若心経・金剛般若経　中村元・紀野一義訳註
- 法華経 全三冊　坂本幸男・岩本裕訳注
- 日蓮文集　兜木正亨校注
- 浄土三部経 全二冊　中村元・早島鏡正・紀野一義訳註
- 大乗起信論　宇井伯寿・高崎直道訳注
- 臨済録　入矢義高訳注
- 碧巌録 全三冊　入矢義高・溝口雄三・末木文美士・伊藤文生訳注
- 無門関　西村恵信訳注
- 法華義疏 全二冊　聖徳太子／花山信勝校訳
- 往生要集 全二冊　源信／石田瑞麿訳注
- 教行信証　親鸞／金子大栄校訂
- 歎異抄　金子大栄校注
- 正法眼蔵 全四冊　道元／水野弥穂子校注
- 正法眼蔵随聞記　懐奘編／和辻哲郎校訂
- 道元禅師清規　大久保道舟訳注
- 一遍上人語録 ―付 播州法語集　大橋俊雄校注
- 南無阿弥陀仏 ―付 心偈　柳宗悦
- 蓮如上人御一代聞書　稲葉昌丸校訂
- 日本的霊性　鈴木大拙／篠田英雄校訂
- 新編 東洋的な見方　鈴木大拙／上田閑照編
- 大乗仏教概論　鈴木大拙／佐々木閑訳
- 浄土系思想論　鈴木大拙
- 神秘主義 キリスト教と仏教　鈴木大拙／坂東性純・清水守拙訳
- 禅の思想　鈴木大拙
- ブッダ最後の旅 ―大パリニッバーナ経　中村元訳
- 仏弟子の告白 ―テーラガーター　中村元訳
- 尼僧の告白 ―テーリーガーター　中村元訳

ブッダ神々との対話 —サンユッタ・ニカーヤI— 中村元訳
ブッダ悪魔との対話 —サンユッタ・ニカーヤII— 中村元訳
禅林句集 足立大進校注
ブッダが説いたこと ワールポラ・ラーフラ 今枝由郎訳
ブータンの瘋狂聖ドゥクパ・クンレー伝 ゲンドゥン・リンチェン編 今枝由郎訳
梵文和訳 華厳経入法界品 梶山雄一・丹治昭義・津田真一・田村智淳・桂紹隆 訳注

《音楽・美術》〔青〕

ベートーヴェンの生涯 ロマン・ロラン 片山敏彦訳
音楽と音楽家 シューマン 吉田秀和訳
レオナルド・ダ・ヴィンチの手記 全二冊 杉浦明平訳
ゴッホの手紙 全三冊 硲伊之助訳
ロダンの言葉抄 高村光太郎訳 高田博厚・菊池一雄編
ビゴー日本素描集 清水勲編
ワーグマン日本素描集 清水勲編
河鍋暁斎戯画集 山口静一・及川茂編
葛飾北斎伝 飯島虚心 鈴木重三校注
ヨーロッパのキリスト教美術 —十二世紀から十八世紀まで— 全二冊 エミール・マール 柳宗玄・荒木成子訳

近代日本漫画百選 清水勲編
蛇儀礼 ヴァールブルク 三島憲一訳
セザンヌ ガスケ 與謝野文子訳
日本洋画の曙光 平福百穂
映画とは何か 全二冊 アンドレ・バザン 野崎歓・大原宣久・谷本道昭訳
漫画 坊っちゃん 近藤浩一路
漫画 吾輩は猫である 近藤浩一路
ロバート・キャパ写真集 ICPロバート・キャパ・アーカイブ編
北斎 富嶽三十六景 日野原健司編
日本漫画史 —鳥獣戯画から岡本一平まで— 細木原青起
世紀末ウィーン文化評論集 ヘルマン・バール 西村雅樹編訳
ゴヤの手紙 全二冊 大高保二郎・松原典子編訳
丹下健三建築論集 豊川斎赫編
丹下健三都市論集 豊川斎赫編
ギリシア芸術模倣論 ヴィンケルマン 田邊玲子訳
堀口捨己建築論集 藤岡洋保編

《東洋文学》〔赤〕

- 楚辞　小南一郎訳注
- 杜甫詩選　黒川洋一編
- 李白詩選　松浦友久編訳
- 唐詩選　全三冊　前野直彬注解
- 完訳 三国志　全八冊　小川環樹・金田純一郎訳
- 西遊記　全十冊　中野美代子訳
- 菜根譚　洪自誠　今井宇三郎訳注
- 阿Q正伝・狂人日記 他十二篇（吶喊）　魯迅　竹内好訳
- 魯迅評論集　竹内好編訳
- 歴史小品　郭沫若　平岡武夫訳
- 家　全二冊　巴金　飯塚朗訳
- 新編 中国名詩選　全三冊　川合康三編
- 唐宋伝奇集　全二冊　今村与志雄訳
- 聊斎志異　全二冊　蒲松齢　立間祥介編訳
- 李商隠詩選　川合康三選訳
- 白楽天詩選　全二冊　川合康三訳注
- 文選　全六冊　川合康三・富永一登・釜谷武志・和田英信・浅見洋二・緑川英樹訳注
- 曹操・曹丕・曹植詩文選　川合康三編訳
- ケサル王物語 —チベットの英雄叙事詩　アレクサンドラ・ダヴィッド＝ネール　アプル・ユンテン　富樫瓔子訳
- バガヴァッド・ギーター　上村勝彦訳
- ダライ・ラマ六世恋愛詩集　今枝由郎・海老原志穂編訳
- 朝鮮童謡選　金素雲訳編
- 朝鮮短篇小説選　全二冊　大村益夫・長璋吉・三枝壽勝編訳
- 尹東柱詩集 空と風と星と詩　金時鐘編訳
- アイヌ神謡集　知里幸惠編訳
- アイヌ民譚集 付 えぞおばけ列伝　知里真志保編訳
- アイヌ叙事詩 ユーカラ　金田一京助採集並ニ訳

《ギリシア・ラテン文学》〔赤〕

- ホメロス イリアス　全二冊　松平千秋訳
- ホメロス オデュッセイア　全二冊　松平千秋訳
- イソップ寓話集　中務哲郎訳
- アイスキュロス アガメムノーン　久保正彰訳
- アイスキュロス 縛られたプロメーテウス　呉茂一訳
- アンティゴネー　ソポクレース　中務哲郎訳
- ソポクレス オイディプス王　藤沢令夫訳
- ソポクレス コロノスのオイディプス　ソポクレス　高津春繁訳
- バッカイ —バッコスに憑かれた女たち　エウリーピデース　逸身喜一郎訳
- ヘシオドス 神統記　廣川洋一訳
- 女の議会　アリストパネース　村川堅太郎訳
- アポロドーロス ギリシア神話　高津春繁訳
- ダフニスとクロエー　ロンゴス　松平千秋訳
- ギリシア・ローマ抒情詩選 —花冠　呉茂一訳
- オウィディウス 変身物語　全二冊　中村善也訳
- ギリシア・ローマ神話 付 インド・北欧神話　ブルフィンチ　野上弥生子訳
- ギリシア・ローマ名言集　柳沼重剛編

《南北ヨーロッパ他文学》(赤)

ダンテ 新生　山川丙三郎訳
夢のなかの夢　タブッキ　和田忠彦訳
カヴァレリーア・ルスティカーナ 他十一篇　G・ヴェルガ　河島英昭訳
カルヴィーノ イタリア民話集 全二冊　河島英昭編訳
むずかしい愛　カルヴィーノ　和田忠彦訳
パロマー　カルヴィーノ　和田忠彦訳
カルヴィーノ アメリカ講義 ―新たな千年紀のための六つのメモ　米川良夫・和田忠彦訳
まっぷたつの子爵　カルヴィーノ　河島英昭訳
魔法の庭・空を見上げる部族 他十四篇　カルヴィーノ　和田忠彦訳
ペトラルカ ルネサンス書簡集　近藤恒一編訳
ペトラルカ 無知について　近藤恒一訳
美しい夏　パヴェーゼ　河島英昭訳
流刑　パヴェーゼ　河島英昭訳
祭の夜　パヴェーゼ　河島英昭訳
月と篝火　パヴェーゼ　河島英昭訳
ウンベルト・エーコ 小説の森散策　和田忠彦訳

バウドリーノ 全二冊　ウンベルト・エーコ　堤康徳訳
タタール人の砂漠　ブッツァーティ　脇功訳
ラサリーリョ・デ・トルメスの生涯　会田由訳
ドン・キホーテ 前篇 全三冊　セルバンテス　牛島信明訳
ドン・キホーテ 後篇 全三冊　セルバンテス　牛島信明訳
娘たちの空返事 他一篇　モラティン　佐竹謙一訳
プラテーロとわたし　J・R・ヒメーネス　長南実訳
オルメードの騎士　ロペ・デ・ベガ　長南実訳
セビーリャの色事師と石の招客 他一篇　ティルソ・デ・モリーナ　佐竹謙一訳
ティラン・ロ・ブラン 全四冊　J・マルトゥレイ　M・J・ダ・ガルバ　田澤耕訳
ダイヤモンド広場　マルセー・ルドゥレダ　田澤耕訳
完訳 アンデルセン童話集 全七冊　大畑末吉訳
即興詩人 全二冊　アンデルセン　大畑末吉訳
アンデルセン自伝　大畑末吉訳
ここに薔薇ありせば 他五篇　ヤコブセン　矢崎源九郎訳
フィンランド叙事詩 カレワラ 全二冊　リョンロット編　小泉保訳
王の没落　イェンセン　長島要一訳

イプセン 人形の家　原千代海訳
イプセン 野鴨　原千代海訳
令嬢ユリェ　ストリントベルク　茅野蕭々訳
アミエルの日記 全四冊　河野与一訳
クオ・ワディス 全三冊　シェンキェーヴィチ　木村彰一訳
山椒魚戦争　カレル・チャペック　栗栖継訳
ロボット(R・U・R)　チャペック　千野栄一訳
白い病　カレル・チャペック　阿部賢一訳
マクロプロスの処方箋　カレル・チャペック　阿部賢一訳
灰とダイヤモンド 全二冊　アンジェイェフスキ　川上洸訳
牛乳屋テヴィエ　ショレム・アレイヘム　西成彦訳
完訳 千一夜物語 全十三冊　豊島与志雄・渡辺一夫・佐藤正彰・岡部正孝訳
ルバイヤート　オマル・ハイヤーム　小川亮作訳
ゴレスターン　サァディー　沢英三訳
王書 ―古代ペルシャの神話・伝説　フェルドウスィー　岡田恵美子訳
中世騎士物語　ブルフィンチ　野上弥生子訳
コルタサル短篇集 悪魔の涎・追い求める男 他八篇　木村榮一訳

遊戯の終わり　コルタサル　木村榮一訳
秘密の武器　コルタサル　木村榮一訳
ペドロ・パラモ　ファン・ルルフォ　杉山晃・増田義郎訳
燃える平原　ファン・ルルフォ　杉山晃訳
伝奇集　J.L.ボルヘス　鼓直訳
創造者　J.L.ボルヘス　鼓直訳
続審問　J.L.ボルヘス　中村健二訳
七つの夜　J.L.ボルヘス　野谷文昭訳
詩という仕事について　J.L.ボルヘス　鼓直訳
汚辱の世界史　J.L.ボルヘス　中村健二訳
ブロディーの報告書　J.L.ボルヘス　鼓直訳
アレフ　J.L.ボルヘス　鼓直訳
語るボルヘス ―書物・不死性・時間ほか　J.L.ボルヘス　木村榮一訳
20世紀ラテンアメリカ短篇選　野谷文昭編訳
フエンテス短篇集 アウラ・純な魂 他四篇　木村榮一訳
アルテミオ・クルスの死　フエンテス　木村榮一訳
緑の家 全二冊　バルガス＝リョサ　木村榮一訳

密林の語り部　バルガス＝リョサ　西村英一郎訳
ラ・カテドラルでの対話　バルガス＝リョサ　旦敬介訳
弓と竪琴　オクタビオ・パス　牛島信明訳
ラテンアメリカ民話集　三原幸久編訳
やし酒飲み　エイモス・チュツオーラ　土屋哲訳
薬草まじない　エイモス・チュツオーラ　土屋哲訳
マイケル・K　J.M.クッツェー　くぼたのぞみ訳
ミゲル・ストリート　V.S.ナイポール　小沢自然・小野正嗣訳
キリストはエボリで止まった　カルロ・レーヴィ　竹山博英訳
クァジーモド全詩集　河島英昭訳
ウンガレッティ全詩集　河島英昭訳
クオーレ　デ・アミーチス　和田忠彦訳
ゼーノの意識 全二冊　ズヴェーヴォ　堤康徳訳
冗談　ミラン・クンデラ　西永良成訳
小説の技法　ミラン・クンデラ　西永良成訳
世界イディッシュ短篇選　西成彦編訳
シェフチェンコ詩集　藤井悦子編訳

《ロシア文学》〔赤〕

オネーギン	プーシキン	池田健太郎訳
スペードの女王・ベールキン物語	プーシキン	神西清訳
狂人日記 他二篇	ゴーゴリ	横田瑞穂訳
外套・鼻	ゴーゴリ	平井肇訳
日本渡航記 ―フレガート「パルラダ」号より	ゴンチャロフ	井上満訳
貧しき人々	ドストイエフスキイ	原久一郎訳
二重人格	ドストエフスキー	小沼文彦訳
罪と罰 全三冊	ドストエフスキー	江川卓訳
白痴 全二冊	ドストエーフスキイ	米川正夫訳
カラマーゾフの兄弟 全四冊	ドストエーフスキイ	米川正夫訳
幼年時代	トルストイ	藤沼貴訳
戦争と平和 全六冊	トルストイ	藤沼貴訳
トルストイ民話集 人はなんで生きるか 他四篇		中村白葉訳
トルストイ民話集 イワンのばか 他八篇		中村白葉訳
イワン・イリッチの死	トルストイ	米川正夫訳
復活 全二冊	トルストイ	藤沼貴訳
人生論	トルストイ	中村融訳
かもめ	チェーホフ	浦雅春訳
ワーニャおじさん	チェーホフ	小野理子訳
桜の園	チェーホフ	小野理子訳
チェーホフ 妻への手紙 全二冊		湯浅芳子訳
ゴーリキー短篇集		上田進・横田瑞穂訳編
どん底	ゴーリキイ	中村白葉訳
ソルジェニーツィン短篇集		木村浩編訳
アファナーシエフ ロシア民話集 全二冊		中村喜和編訳
われら	ザミャーチン	川端香男里訳
プラトーノフ作品集		原卓也訳
悪魔物語・運命の卵	ブルガーコフ	水野忠夫訳
巨匠とマルガリータ 全二冊	ブルガーコフ	水野忠夫訳

《哲学・教育・宗教》〔青〕

- ソクラテスの弁明・クリトン　プラトン　久保勉訳
- ゴルギアス　プラトン　加来彰俊訳
- 饗宴　プラトン　久保勉訳
- テアイテトス　プラトン　田中美知太郎訳
- パイドロス　プラトン　藤沢令夫訳
- メノン　プラトン　藤沢令夫訳
- 国家　全二冊　プラトン　藤沢令夫訳
- プロタゴラス　―ソフィストたち　プラトン　藤沢令夫訳
- パイドン　―魂の不死について　プラトン　岩田靖夫訳
- アナバシス　―敵中横断六〇〇〇キロ　クセノポン　松平千秋訳
- アリストテレス　ニコマコス倫理学　全二冊　高田三郎訳
- アリストテレス　形而上学　全二冊　出隆訳
- アリストテレス　弁論術　戸塚七郎訳
- アリストテレース詩学　ホラーティウス詩論　松本仁助　岡道男訳
- 物の本質について　ルクレーティウス　樋口勝彦訳
- エピクロス　―教説と手紙　出隆　岩崎允胤訳
- 生の短さについて　他二篇　セネカ　大西英文訳
- 怒りについて　他二篇　セネカ　兼利琢也訳
- エピクテトス　人生談義　全二冊　國方栄二訳
- 人さまざま　テオプラストス　森進一訳
- マルクス・アウレーリウス　自省録　神谷美恵子訳
- 老年について　キケロー　中務哲郎訳
- 弁論家について　全二冊　キケロー　大西英文訳
- キケロー書簡集　高橋宏幸編
- 平和の訴え　エラスムス　箕輪三郎訳
- 方法序説　デカルト　谷川多佳子訳
- 哲学原理　デカルト　桂寿一訳
- 情念論　デカルト　谷川多佳子訳
- パンセ　全三冊　パスカル　塩川徹也訳
- スピノザ　神学・政治論　全二冊　畠中尚志訳
- 知性改善論　スピノザ　畠中尚志訳
- スピノザ　エチカ（倫理学）　全二冊　畠中尚志訳
- スピノザ　国家論　畠中尚志訳
- スピノザ往復書簡集　畠中尚志訳
- デカルトの哲学原理　―附 形而上学的思想　スピノザ　畠中尚志訳
- スピノザ　神・人間及び人間の幸福に関する短論文　畠中尚志訳
- モナドロジー　他二篇　ライプニッツ　谷川多佳子　岡部英男訳
- 市民の国について　全二冊　ヒューム　小松茂夫訳
- 自然宗教をめぐる対話　ヒューム　犬塚元訳
- エミール　全三冊　ルソー　今野一雄訳
- 人間不平等起原論　ルソー　本田喜代治　平岡昇訳
- ルソー　社会契約論　桑原武夫　前川貞次郎訳
- 言語起源論　―旋律と音楽的模倣について　ルソー　増田真訳
- ディドロ　絵画について　佐々木健一訳
- 道徳形而上学原論　カント　篠田英雄訳
- 啓蒙とは何か　他四篇　カント　篠田英雄訳
- 純粋理性批判　全三冊　カント　篠田英雄訳
- カント　実践理性批判　波多野精一　宮本和吉　篠田英雄訳
- 判断力批判　全二冊　カント　篠田英雄訳
- 永遠平和のために　カント　宇都宮芳明訳

プロレゴメナ	カント 篠田英雄訳
学者の使命・学者の本質	フィヒテ 宮崎洋三訳
シュライエルマッハー 独白	木場深定訳
ヘーゲル 政治論文集 全二冊	金子武蔵訳
哲学史序論 —哲学と哲学史	ヘーゲル 武市健人訳
歴史哲学講義 全二冊	ヘーゲル 長谷川宏訳
法の哲学 —自然法と国家学の要綱	ヘーゲル 上妻精・佐藤康邦・山田忠彰訳
学問論	シェリング 西川富雄・藤田正勝監訳
自殺について 他四篇	ショウペンハウエル 斎藤信治訳
読書について 他二篇	ショウペンハウエル 斎藤忍随訳
知性について 他四篇	ショーペンハウエル 細谷貞雄訳
不安の概念	キェルケゴール 斎藤信治訳
死に至る病	キェルケゴール 斎藤信治訳
体験と創作 全二冊	ディルタイ 柴田治三郎・小牧健夫訳
眠られぬ夜のために 全二冊	ヒルティ 草間平作・大和邦太郎訳
幸福論 全三冊	ヒルティ 草間平作・大和邦太郎訳
悲劇の誕生	ニーチェ 秋山英夫訳

ツァラトゥストラはこう言った 全二冊	ニーチェ 氷上英廣訳
道徳の系譜	ニーチェ 木場深定訳
善悪の彼岸	ニーチェ 木場深定訳
この人を見よ	ニーチェ 手塚富雄訳
プラグマティズム	W・ジェイムズ 桝田啓三郎訳
宗教的経験の諸相 全二冊	W・ジェイムズ 桝田啓三郎訳
日常生活の精神病理	フロイト 高田珠樹訳
純粋現象学及現象学的哲学考案 全二冊	フッセル 池上鎌三訳
デカルト的省察	フッサール 浜渦辰二訳
愛の断想・日々の断想	ジンメル 清水幾太郎訳
ジンメル宗教論集	深澤英隆編訳
笑い	ベルクソン 林達夫訳
道徳と宗教の二源泉	ベルクソン 平山高次訳
時間と自由	ベルクソン 中村文郎訳
ラッセル教育論	安藤貞雄訳
ラッセル幸福論	安藤貞雄訳
存在と時間 全四冊	ハイデガー 熊野純彦訳

学校と社会	デューイ 宮原誠一訳
民主主義と教育 全二冊	デューイ 松野安男訳
我と汝・対話	マルティン・ブーバー 植田重雄訳
アラン 幸福論	神谷幹夫訳
アラン 定義集	神谷幹夫訳
天才の心理学	E・クレッチュマー 内村祐之訳
英語発達小史	H・ブラッドリ 寺澤芳雄訳
日本の弓術	オイゲン・ヘリゲル述 柴田治三郎訳
ことばのロマンス —英語の語源	ウィークリー 寺澤芳雄・出淵博訳
ヴィーコ 学問の方法	上村忠男・佐々木力訳
国家と神話 全二冊	カッシーラー 熊野純彦訳
天才・悪	ブレンターノ 篠田英雄訳
人間の頭脳活動の本質 他一篇	ディーツゲン 小松摂郎訳
プラトン入門	R・S・ブラック 内山勝利訳
反啓蒙思想 他二篇	バーリン 松本礼二編
マキアヴェッリの独創性 他三篇	バーリン 川出良枝編
ロシア・インテリゲンツィヤの誕生 他五篇	バーリン 桑野隆編

論理哲学論考　ウィトゲンシュタイン　野矢茂樹訳
自由と社会的抑圧　シモーヌ・ヴェイユ　冨原眞弓訳
根をもつこと　全二冊　シモーヌ・ヴェイユ　冨原眞弓訳
重力と恩寵　シモーヌ・ヴェイユ　冨原眞弓訳
全体性と無限　全二冊　レヴィナス　熊野純彦訳
啓蒙の弁証法 ―哲学的断想　M・ホルクハイマー　T・W・アドルノ　徳永恂訳
ヘーゲルからニーチェへ ―十九世紀思想における革命的断絶　全二冊　レーヴィット　三島憲一訳
統辞構造論 付『言語理論の論理構造』序論　チョムスキー　福井直樹　辻子美保子訳
統辞理論の諸相 方法論序説　チョムスキー　福井直樹　辻子美保子訳
快楽について　ロレンツォ・ヴァッラ　近藤恒一訳
古代懐疑主義入門 判断保留の十の方式　J・アナス　J・バーンズ　金山弥平訳
ニーチェ みずからの時代と闘う者　ルドルフ・シュタイナー　高橋巖訳
フランス革命期の公教育論　コンドルセ他　阪上孝編訳
フレーベル自伝　長田新訳
旧約聖書 創世記　関根正雄訳
旧約聖書 出エジプト記　関根正雄訳
旧約聖書 ヨブ記　関根正雄訳

旧約聖書 詩篇　関根正雄訳
新約聖書 福音書　塚本虎二訳
文語訳 新約聖書 詩篇付
文語訳 旧約聖書　全四冊
キリストにならいて　トマス・ア・ケンピス　大沢章　呉茂一訳
聖アウグスティヌス 告白　全二冊　服部英次郎訳
アウグスティヌス 神の国　全五冊　服部英次郎　藤本雄三訳
新訳 キリスト者の自由・聖書への序言　マルティン・ルター　石原謙訳
キリスト教と世界宗教　シュヴァイツェル　鈴木俊郎訳
水と原生林のはざまで　シュヴァイツェル　野村実訳
コーラン　全三冊　井筒俊彦訳
エックハルト説教集　田島照久編訳
ムハンマドのことば ハディース　小杉泰編訳
新約聖書外典 ナグ・ハマディ文書抄　荒井献　大貫隆　小林稔　筒井賢治編訳
後期資本主義における正統化の問題　ハーバーマス　山田正行・金慧訳
シンボルの哲学 ―理性、祭礼、芸術のシンボル試論　S・K・ランガー　塚本明子訳

ジャック・ラカン 精神分析の四基本概念　全二冊　ジャック＝アラン・ミレール編　小出浩之　新宮一成　鈴木國文　小川豊昭訳
精神と自然 生きた世界の認識論　グレゴリー・ベイトソン　佐藤良明訳
人間の知的能力に関する試論　全二冊　トマス・リード　戸田剛文訳
開かれた社会とその敵　全四冊　カール・ポパー　小河原誠訳

《歴史・地理》〔青〕

- 新訂 魏志倭人伝・後漢書倭伝・宋書倭国伝・隋書倭国伝 —中国正史日本伝1　石原道博編訳
- 新訂 旧唐書倭国日本伝・宋史日本伝・元史日本伝 —中国正史日本伝2　石原道博編訳
- ヘロドトス 歴史 全三冊　松平千秋訳
- トゥーキュディデース 戦史 全三冊　久保正彰訳
- ガリア戦記　カエサル　近山金次訳
- ランケ 世界史概観 —近世史の諸時代　鈴木成高・相原信作訳
- ランケ自伝　林健太郎訳
- 歴史とは何ぞや　ベルンハイム　坂口昂・小野鉄二訳
- 歴史における個人の役割　プレハーノフ　木原正雄訳
- 古代への情熱 —シュリーマン自伝　シュリーマン　村田数之亮訳
- アーネスト・サトウ 一外交官の見た明治維新 全二冊　坂田精一訳
- ベルツの日記 全二冊　トク・ベルツ編　菅沼竜太郎訳
- 武家の女性　山川菊栄
- インディアスの破壊についての簡潔な報告　ラス・カサス　染田秀藤訳
- ラス・カサス インディアス史 全七冊　長南実訳　石原保徳編
- コロンブス 全航海の報告　林屋永吉訳

- 戊辰物語　東京日日新聞社会部編
- 大森貝塚 —付 関連史料　E・S・モース　近藤義郎・佐原真編訳
- ナポレオン言行録　オクターヴ・オブリ編　大塚幸男訳
- 中世的世界の形成　石母田正
- 日本の古代国家　石母田正
- 平家物語 他六篇　石母田正　高橋昌明編
- クリオの顔 歴史随想集　E・H・ノーマン　大窪愿二編訳
- 日本における近代国家の成立　E・H・ノーマン　大窪愿二訳
- 旧事諮問録 —江戸幕府役人の証言 全二冊　旧事諮問会編　進士慶幹校注
- 朝鮮・琉球航海記 —一八一六年アマースト使節団とともに　ベイジル・ホール　春名徹訳
- アリランの歌 —ある朝鮮人革命家の生涯　ニム・ウェールズ　キム・サン　松平いを子訳
- さまよえる湖 全二冊　ヘディン　福田宏年訳
- 老松堂日本行録 —朝鮮使節の見た中世日本　宋希環　村井章介校注
- 十八世紀パリ生活誌 —タブロー・ド・パリ 全二冊　メルシエ　原宏編訳
- 北槎聞略 —大黒屋光太夫ロシア漂流記　桂川甫周　亀井高孝校訂
- ヨーロッパ文化と日本文化　ルイス・フロイス　岡田章雄訳注
- ギリシア案内記 全二冊　パウサニアス　馬場恵二訳

- 西遊草　清河八郎　小山松勝一郎校注
- オデュッセウスの世界　フィンリー　下田立行訳
- 東京に暮す —一九二八～一九三六　キャサリン・サンソム　大久保美春訳
- ミカド —日本の内なる力　W・E・グリフィス　亀井俊介訳
- 増補 幕末百話　篠田鉱造
- 幕末明治 女百話 全二冊　篠田鉱造
- トゥバ紀行　メンヒェン＝ヘルフェン　田中克彦訳
- 徳川時代の宗教　R・N・ベラー　池田昭訳
- ある出稼石工の回想　マルタン・ナド　喜安朗訳
- 植物巡礼 —プラント・ハンターの回想　F・キングドン－ウォード　塚谷裕一訳
- モンゴルの歴史と文化　ハイシッヒ　田中克彦訳
- ダンピア 最新世界周航記 全二冊　平野敬一訳
- ローマ建国史 全三冊（既刊上巻）　リーウィウス　鈴木一州訳
- 元治夢物語 —幕末同時代史　馬場文英　徳田武校注
- フランス・プロテスタントの反乱 —カミザール戦争の記録 全二冊　カヴァリエ　二宮フサ訳
- ニコライの日記 —ロシア人宣教師が生きた明治日本 全三冊　中村健之介編訳
- 徳川制度 全三冊・補遺　加藤貴校注

岩波文庫の最新刊

カント著／大橋容一郎訳

道徳形而上学の基礎づけ

カント哲学の導入にして近代倫理の基本書。人間の道徳性や善悪、正義と意志、義務と自由、人格と尊厳などを考える上で必須の手引きである。新訳。

〔青六二五-一〕　定価八五八円

カント著／宮村悠介訳

人倫の形而上学

第二部　徳論の形而上学的原理

カント最晩年の、「自由」の「体系」をめぐる大著の新訳。第二部では「道徳性」を主題とする。『人倫の形而上学』全体に関する充実した解説も付す。（全二冊）

〔青六二六-五〕　定価一二七六円

高浜虚子著／岸本尚毅編

新編　虚子自伝

高浜虚子（一八七四―一九五九）の自伝。青壮年時代の活動、郷里、子規や漱石との交遊歴を語り掛けるように回想する。近代俳句の巨人の素顔にふれる。

〔緑二八-一二〕　定価一〇〇一円

末永高康訳注

孝経・曾子

『孝経』は孔子がその高弟曾子《そうし》に「孝」を説いた書。儒家の経典の一つとして、『論語』とともに長く読み継がれた。曾子学派による師の語録『曾子』を併収。

〔青二一一-一〕　定価九三五円

……今月の重版再開……

久保田淳校注

千載和歌集

〔黄一三二-一〕　定価一三五三円

南原繁著

国家と宗教

―ヨーロッパ精神史の研究―

〔青一六七-二〕　定価一三五三円

岩波文庫の最新刊

ゲルツェン著／金子幸彦・長縄光男訳

過去と思索(一)

人間の自由と尊厳の旗を掲げてロシアから西欧へと駆け抜けたゲルツェン(一八一二―一八七〇)。亡命者の壮烈な人生の幕が今開く。自伝文学の最高峰。(全七冊)

〔青N六一〇-二〕 定価一五〇七円

ゲルツェン著／金子幸彦・長縄光男訳

過去と思索(二)

逮捕されたゲルツェンは、五年にわたる流刑生活を余儀なくされた。「シベリアは新しい国だ。独特なアメリカだ」。二十代の青年は何を経験したのか。(全七冊)

〔青N六一〇-三〕 定価一五〇七円

復本一郎編

正岡子規スケッチ帖

子規の絵は味わいある描きぶりの奥に気魄が宿る。最晩年に描かれた画帖『菓物帖』『草花帖』『玩具帖』をフルカラーで収録する。子規の画論を併載。

〔緑一三-一四〕 定価九二四円

ハインリヒ・マン作／今井 敦訳

ウンラート教授
あるいは一暴君の末路

酒場の歌姫の虜となり転落してゆく「ウンラート(汚物)教授」を通して、帝国社会を諧謔的に描き出す。マレーネ・ディートリヒ出演の映画『嘆きの天使』原作。

〔赤四七四-一〕 定価一二二一円

……今月の重版再開……

揖斐 高訳注

頼山陽詩選

定価一一五五円

〔黄二三一-五〕

魯迅作／竹内 好訳

野草

定価五五〇円

〔赤二五-一〕